公共图书馆服务模式的创新与发展

杨洁澎　陈少杰　康娟　主编

台海出版社

图书在版编目（CIP）数据

公共图书馆服务模式的创新与发展 / 杨洁澎，陈少杰，康娟主编 . —— 北京：台海出版社，2025. 5.

ISBN 978-7-5168-4211-9

Ⅰ . G258.2

中国国家版本馆 CIP 数据核字第 2025CT1795 号

公共图书馆服务模式的创新与发展

主　　编：杨洁澎　陈少杰　康娟

责任编辑：王慧敏

出版发行：台海出版社

地　　址：北京市东城区景山东街 20 号　　邮政编码：100009

电　　话：010-64041652（发行，邮购）

传　　真：010-84045799（总编室）

网　　址：www.taimeng.org.cn/thcbs/default.htm

E - mail：thcbs@126.com

经　　销：全国各地新华书店

印　　刷：衡水泰源印刷有限公司

本书如有破损、缺页、装订错误，请与本社联系调换

开　　本：787 毫米 ×1092 毫米　　　　1/16

字　　数：280 千字　　　　　　印　　张：20

版　　次：2025 年 5 月第 1 版　　　印　　次：2025 年 5 月第 1 次印刷

书　　号：ISBN 978-7-5168-4211-9

定　　价：88.00 元

编委会

主　编

杨洁澎　盐城市大丰区图书馆

陈少杰　巴林左旗图书馆

康　娟　土默特左旗文化图书馆

副主编

章利君　麻城市图书馆

张　琼　咸阳师范学院

于宏明　咸阳师范学院

陈婷婷　株洲市图书馆

刘全胜　武穴市图书馆

内容简介

公共图书馆是重要的文化教育场所,承担着传播知识、提供教育资源、促进文化交流等责任。然而,随着社会的不断发展和信息技术的快速进步,公共图书馆面临着新的机遇和挑战。随着人们获取信息的需求日益增加,图书馆需要创新服务模式,提供更加多元化、个性化的服务,以满足不同人群的需求。基于此,本书从公共图书馆的发展规划、公共图书馆服务创新发展、数字图书馆个性化服务发展、公共图书馆信息服务创新技术应用、公共图书馆知识产权信息服务发展、公共图书馆阅读推广发展、公共图书馆职能的拓展与发展方向、高校图书馆智慧服务建设、新媒体下高校图书馆读者服务的创新、公共图书馆跨界融合发展、公共图书馆未成年人阅读服务的发展等方面阐述公共图书馆服务模式的创新,并提出相应的创新策略,以期为公共图书馆的可持续发展提供理论与实践支持。

前　言

随着社会经济的发展和信息传播方式的革新，民众需求越来越多元化，对公共图书馆服务提出了新的要求。公共图书馆作为公共文化服务体系的重要组成部分，应紧跟时代发展的步伐，以人文关怀为驱动力，创新服务方式，通过打造特色空间、活动品牌及联盟建设，开展形式多样、内容丰富的社会文化活动，最大限度地满足民众的精神文化需求，重塑新时代图书馆精神。

近年来，公共图书馆着力为各行业、各年龄段的读者提供资源服务，以推动公共文化服务的均等化，保障民众的阅读权益。在互联网环境下，民众的阅读需求呈现出个性化、多元化的趋势，因此，公共图书馆应积极拓展服务的广度和深度，创新服务模式，提升服务水平，最大限度地满足民众的多元化阅读需求。

互联网时代，公共图书馆应秉承"图书馆+"理念，积极组建志愿服务团队，吸引社会各界人士参与公共文化活动，提高文化服务质量，弘扬社会主义核心价值观，扩大社会影响力，吸引更多的民众走进图书馆、利用图书馆。近年来，公共图书馆打造了颇具特色的阅读推广品牌，推动了全民阅读的开展。例如，"图书馆之城"作为深圳的城市文化名片，为市民营造了良好的阅读氛围。

本书共分为十一章，第一章为公共图书馆的发展规划，介绍了公共图书馆发展规划理论、战略规划下的公共图书馆智慧化发展、公共图书馆未来发展展望；第二章为公共图书馆服务创新发展，介绍了公共图书馆服务功能与对象创新、公共图书馆服务时空创新、公共图书馆资源建设与服务方式创新；第三章为数字图书馆个性化服务发展，介绍了公共图书馆数字化服务特征、图书馆个性化服务的重要性、国内外数字图书馆个性化服务发展、数字图书馆个性化服务的完善；第四章为公共图书馆信息服务创新技术应用，介绍了智慧图书馆信息服务发展、公共图书馆微博信息服务发展、大数据技术在图书馆信息服务中的应用、5G 通信技术在图书馆信息服务中的应用、云计算技术在图书馆信息服务中的应用；第五章为公共图书馆知识产权信息服务发展，介绍了公共图书馆知识产权信息服务理论基础、公共图书馆知识产权信息服务发展存在的问题、国外公共图书馆知识产权信息服务发展概况、公共图书馆知识产权信息服务的提升策略；第六章为公共图书馆阅读推广发展，介绍了公共图书馆阅读推广的内涵与特征、公共图书馆阅读推广的信息传播与动因、公共图书馆阅读推广的模式与机制、提升阅读推广服务成效的措施和效果、公共图书馆阅读推广组织结构的优化；第七章为公共图书馆职能的拓展与发展方向，介绍了公共图书馆职能的坚守与拓展、公共图书馆的发展方向、公共图书馆如何提升服务品质，实现高质量发展；第八章为高校图书馆智慧服务建设，介绍了高校图书馆智慧服务模式类型、高校图书馆智慧服务模式建构；第九章为新媒体下高校图书馆读者服务的创新，介绍了新媒体阅读的内涵及特点、新媒体对高校图书馆读者服务的影响、新媒体下高校图书馆读者服务的现状与创新；第十章为公共图书馆跨界融合发展，介绍了公共图书馆跨界融合概述、公共图书馆跨界融合可持续发展；第十一章为公共图书馆未成年人阅读服务的发展，介绍了公共图书馆在未成年人阅读推广中的作用、公共图书馆未成年人阅读服务创新发展。

本书由杨洁澎、陈少杰、康娟担任主编，章利君、张琼、于宏明、陈婷婷、刘全胜担任副主编，具体内容安排如下：

杨洁澎负责第一章至第三章内容编写，共计 10 万字；陈少杰负责第四章、第五章内容编写，共计 6 万字；康娟负责第六章内容编写，共计 4 万字；章利君负责第七章内容编写，共计 2 万字；张琼负责第八章内容编写，共计 2 万字；于宏明负责第九章内容编写，共计 2 万字；陈婷婷负责第十章内容编写，共计 1 万字；刘全胜负责第十一章内容编写，共计 1 万字。

由于时间有限，书中难免存在不妥及疏漏之处，敬请读者指正批评。

编　者
2024 年 9 月

目 录

第一章 公共图书馆的发展规划 …………………………………………… 1

第一节 公共图书馆发展规划理论 ……………………………… 1

第二节 我国战略规划下的公共图书馆智慧化发展 …………… 19

第三节 公共图书馆未来发展展望 ……………………………… 32

第二章 公共图书馆服务创新发展 ……………………………………… 39

第一节 公共图书馆服务功能与对象创新 ……………………… 39

第二节 公共图书馆服务时空创新 ……………………………… 52

第三节 公共图书馆资源建设与服务方式创新 ………………… 70

第三章 数字图书馆个性化服务发展 …………………………………… 77

第一节 公共图书馆数字化服务特征 …………………………… 77

第二节 图书馆个性化服务的重要性 …………………………… 80

第三节 我国数字图书馆个性化服务发展 ……………………… 91

第四节 数字图书馆个性化服务的完善 ………………………… 93

第四章 公共图书馆信息服务创新技术应用 …………………………… 109

第一节 智慧图书馆信息服务发展 ……………………………… 109

第二节 公共图书馆微博信息服务发展 ………………………… 124

第三节 大数据技术在图书馆信息服务中的应用 ……………… 127

第四节 5G 通信技术在图书馆信息服务中的应用 …………… 136

第五节 云计算技术在图书馆信息服务中的应用 ……………… 143

第五章 公共图书馆知识产权信息服务发展 …………………………… 149

第一节 公共图书馆知识产权信息服务理论基础 ……………… 150

第二节 公共图书馆知识产权信息服务发展存在的问题 ……… 155

第三节　国外公共图书馆知识产权信息服务发展概况 ……………… 160

第四节　公共图书馆知识产权信息服务的提升策略 ………………… 169

第六章　公共图书馆阅读推广发展 …………………………………… 177

第一节　公共图书馆阅读推广的内涵与特征 ………………………… 178

第二节　公共图书馆阅读推广的信息传播与动因 …………………… 191

第三节　公共图书馆阅读推广的模式与机制 ………………………… 196

第四节　提升阅读推广服务成效的措施和效果 ……………………… 206

第五节　公共图书馆阅读推广组织结构的优化 ……………………… 211

第七章　公共图书馆职能的拓展与发展方向 ………………………… 219

第一节　公共图书馆职能的坚守与拓展 ……………………………… 219

第二节　公共图书馆的发展方向 ……………………………………… 229

第三节　公共图书馆提升服务品质，实现高质量发展 ……………… 235

第八章　高校图书馆智慧服务建设 …………………………………… 241

第一节　高校图书馆的智慧服务模式 ………………………………… 242

第二节　高校图书馆智慧服务模式建构 ……………………………… 249

第九章　新媒体下高校图书馆读者服务的创新 ……………………… 263

第一节　新媒体阅读的内涵及特点 …………………………………… 263

第二节　新媒体对高校图书馆读者服务的影响 ……………………… 276

第三节　新媒体下高校图书馆读者服务的现状与创新 ……………… 279

第十章　公共图书馆跨界融合发展 …………………………………… 285

第一节　公共图书馆跨界融合概述 …………………………………… 285

第二节　公共图书馆跨界融合可持续发展 …………………………… 291

第十一章　公共图书馆未成年人阅读服务的发展 …………………… 297

第一节　公共图书馆在未成年人阅读推广中的作用 ………………… 297

第二节　公共图书馆未成年人阅读服务创新发展 …………………… 302

参考文献 ………………………………………………………………… 309

第一章　公共图书馆的发展规划

第一节　公共图书馆发展规划理论

一、图书馆的分类与发展

（一）图书馆的分类

国际图联（IFLA）发布的《国际图书馆统计标准》将图书馆分为国家图书馆、公共图书馆、高校图书馆、社区图书馆、学校图书馆、其他图书馆等六类。

1. 国家图书馆

国家图书馆是负责获取和保存其所在国家出版的所有相关文献副本的图书馆。"国家图书馆"的定义允许每个国家可有一个以上的国家图书馆。国家图书馆一般由政府直接或间接出资兴建、管理、运营，其服务对象是全体国民，有别于其他图书馆最根本的特点是，国家图书馆需要收藏本国出版的所有的重要出版物的副本，承担着国家总书库的角色。国家图书馆是一个国家公共信息资源的重要组成部分，在国家文化传承和发展、文化自信和国家形象建设等方面发挥着重要的作用。

2. 公共图书馆

公共图书馆是向公众开放的一般图书馆（包括主要为特定人群服务的图书馆，如儿童、视力受损者或医院病人），为地方或区域社区的全体人口服务，通常由公共基金资助，一般由政府、议会拨款，企业、社会团体等捐赠，以及图书馆开展经营活动。公共图书馆最大的特点就是不论种族、国籍、年龄、性别、宗教、语言、身体条件、经济及就业状况，对所有人平等开放，免费提供各类资源和基本服务，是重要的社会教育机构。

3. 高校图书馆

高校图书馆是以满足学习和研究需求为主要功能的图书馆。一般包括高等教育机构隶属的图书馆，以及一般的研究图书馆。高等教育机构一般指在中等教育基础上，提供高等教育和科学研究活动的机构，如大学、学院、研究所等。它们通常提供本科和研究生教育，也可能提供职业教育、继续教育和其他类型的课程。高校图书馆面向的主要是该机构的教师、学生、科研机构以及其他人员，所提供的资源和服务更偏学术性、教育性。

4. 社区图书馆

社区图书馆是指不属于一个地区的法定图书馆，不由地方或国家政府管理，或者完全资助的图书馆。社区图书馆提供图书馆服务可以由社区团体、慈善机构、非政府组织和其他机构管理和资助。然而，他们仍然可以从地方当局获得一些公共资金，根据不同的资助模式提供图书馆服务。

5. 学校图书馆

学校图书馆是附属于高等教育水平以下所有类型学校的图书馆，其主要功能是为学校的学生和教师服务，为了满足校内师生信息查询与获取的需求。

（二）我国图书馆的发展历史

在我国，图书馆发展历史较为久远，从文字产生到有载体记载时就陆续有了雏形。进入人类文明社会以来，它经历了十分漫长的"封建藏书楼"的演进，至今已经有千年以上的历史。纵向看，我国经历了古代图书馆、近代图书馆和现代图书馆三大阶段；横向看，有国家图书馆、省级图书馆、市（地）级图书馆、县（区）级图书馆、乡（镇）级图书馆以及新兴的村屯"农村书屋"；从部门看，有公共图书馆、企业图书馆、大专院校图书馆、部队图书馆、专业和科技科研部门图书馆、少数民族图书馆、基层图书馆等等。古代图书馆的历史发展较为久远，比如，甲骨文是具有严密文字规律的古代文字，文字的创造为古代典籍的出现提供了条件。史官有目的地收集、积累、整理和保管这些文献，形成古代典籍收藏的雏形。

在古代，我国的图书馆称谓较多，比如，西周的"盟府"和"故府"、秦代的"阿房宫"、两汉时期的"石渠阁"和"东观"、隋朝的"观文殿"、宋朝的"崇文苑"、明朝的"澹生堂"、清朝的"知不足斋"等。到了近代，图书馆概念与馆舍建设是在西方文化传入之后慢慢发展起来，为大众服务的公共图书馆逐渐出现。

中华人民共和国成立后，图书馆事业进入了一个新的发展阶段。根据图书馆发展要素及发展特点来划分，我国现代图书馆史可以划分为"三个阶段"：一是1949年—1976年，新中国图书馆事业的建立与曲折发展；二是1977年—1999年，改革开放后，图书馆事业快速发展的新时期及向现代化转型的时期；三是2000年—2020年，新时代图书馆事业发展繁荣时期。图书馆作为一个地区精神与物质的象征，其发展层次在一定程度上代表了一个地区的经济社会发展水平，是一个地区人文理念与文化特质的体现，也是一个地区历史文化发展的见证。一个恢宏的现代化图书馆的建立，对于一个地区快速发展来说是至关重要的。

在这个信息爆炸的时代，随着网络科技的飞速发展，人们获取信息的方式已经发生了翻天覆地的变化。手机、电脑等电子设备成为人们获取信息的主要途径，无论是看新闻、追剧、阅读小说，还是查阅资料，都只需要在搜索引擎中输入关键词，就能轻松获取海量信息。因此，去图书馆查看资料或阅读学习的人越来越少，图书馆这个概念已经逐渐淡出了人们的视野。

然而，对于图书馆来说，这无疑是一个严峻的考验。在新的时代背景下，如何发挥各级各类图书馆的积极作用，使其强力展示文化传播、文化获取的巨大功能，是我们图书馆人乃至社会各界的共同使命。同时，这也是一个紧紧抓住新发展机遇的关键时期。

从图书馆事业的发展趋势来看，图书馆数字化技术逐渐引进和应用，发达地区已经普及。实际工作中，电子计算机技术、多媒体技术和通信网络技术等普遍应用，可以说图书馆事业正在向着网络化和自动化的方向发展。

（三）图书馆的发展演变

1.从纸质图书馆到计算机图书馆

纸质图书馆是最原始，也是最基础的图书馆，在计算机发明之前的很长一个时期内，图书馆主要由纸质图书所构成，其服务与管理均属于人与人之间的协同。自20世纪60年代起，以美国为首的图书馆出现了计算机技术介入的图书馆管理与服务。70年代初期起，图书馆机读目录MARC面世，标志着纸质图书馆进入了计算机图书馆时代。

在计算机图书馆时代到来之际，诸多新兴的技术不断获得突破与开发，人们一度开发了联机编目、馆际互借、图书馆自动化集成系统与国际联机检索等技术。其中，联机编目最初由美国的俄亥俄州发起，而后扩展到全球，为世界各地图书馆所普遍采用；馆际互借则实现了由书目数据共享发展到信息资源共享，在联机编目的基础上实现了纸本互借的服务；图书馆自动化集成系统则是20世纪80年代后期出现的，由于硬件设备的更新所出现的技术上的革命，图书馆管理系统由小型机到 PC 服务器而后上升到云计算，进一步推动了图书馆的进步与发展。而国际联机检索则是计算机图书馆的高级阶段，然而，这种检索方式的不足之处便是需要通过国际长途电话进行访问，在互联网出现后，这种国际检索方式淡出了人们的视野。

2. 从计算机图书馆到网络图书馆

网络图书馆的出现，是互联网出现以后才发生的。20 世纪 90 年代中期，全球信息化随着互联网的出现，呈现出日新月异的态势，而网络技术的普及也推动了图书馆技术的革新，以图书馆信息资源数字化、数据商的出现以及电子阅读为表征，网络图书馆渐渐地出现在人们的生活之中。

首先，大量的网络化信息资源不断地产生，同时，还有大量的纸质化资源也不断地转化为电子资源，如电子书、电子印刷、电子期刊等一系列的线上作品，不断地由线下纸质作品转化而来。其次，随着电话连线的时代为光缆通信所取代，图书馆的线上作品更多地转化为现实，传统的编目技术发生了革命性的变革，以 OCLC 都柏林核心集的出现为标志，元数据迅速成为这一时期的重要标识。数据库进入了人们的视线，图书馆的所有纸质化资源不断地转向信息化资源，书目数据库也转向了全文数据库，进而催生了大量的以电子书、电子期刊为核心的数据供应商，于是，网络参考资料、电子文献传输迅速成为图书馆服务的主流。另外，电子图书的大量出现也催生了电子阅读器的流行，在北上广等大型城市的公共图书馆均有 iPad、Kindle 等电子阅读器的借阅服务，诸多用户选择了电子阅读器进行阅读，可以说，电子阅读器的出现为图书馆的应用体系提供了一个全新的路径。

3. 智慧图书馆的出现

当移动阅读渐渐成为一种流行，个人计算机与手持阅读器的时代一度不再，而被手机阅读所取代，从某种程度上来说，这一时期手机阅读更加流行与碎片化，大量免费的、新颖的手机数字图书出现，图书馆的信息化资源重新回归到了为学术研究服务的老路。而大众阅读需要新的媒介与技术融合，于是出现了智慧图书馆这一提法。从根源上来看，智慧图书馆的提出，人工智能技术的介入，促成了图书馆由网络图书馆走向智慧图书馆，使智慧图书馆从一个概念性的构建走向了实践探索。

智慧图书馆一词发端于美国，为 Smart Library，近年来也有不少人使用 Intelligent Library，国人将二者均译为"智慧图书馆"。从实际程度上看，"smart"

的意思是聪明，而并非智能，"intelligent"则更为贴切。随着人们对智慧图书馆的认知加深，学者提出了"智慧图书馆更多属于价值观与技术层面的合体"，换言之，智慧图书馆不仅仅是技术层面上的，更重要的是价值观上。在学者看来，智慧图书馆的出现对图书馆来说，具有颠覆性的意义。但是，从社会需求来看，图书馆的发展必然是一个不断革新的过程，智慧图书馆的特征则更加强调"智能化"，而智能则分为弱人工智能、强人工智能与超人工智能等三个方面，智慧图书馆则寻求"超强人工智能"。

二、公共图书馆发展规划理论内容

（一）公共图书馆发展规划的内涵界定

公共图书馆是指由各级人民政府投资兴办向社会公众开放的图书馆，是具有文献信息资源的收集、整理、存储、传播、研究和服务等功能的公益性文化与社会教育设施。公共图书馆旨在满足全体居民在生产、生活、学习、工作中的信息需求，即尽可能为用户提供免费和廉价的信息服务，因此公共图书馆分类一般可以从两个角度出发，一是根据行政区划，即根据地域覆盖面可以分为国家图书馆、省级图书馆、市级图书馆、县级图书馆等；二是根据群体特色可以划分为医院图书馆、盲人图书馆、军队图书馆等，这一部分的图书馆设置相对来说并没有统一的标准与门槛，不同馆舍之间的差距也很大，不再做细分。一般来说，公共图书馆主要指的是前者。

发展规划是一项包含着指导思想、目标愿景、重点任务、保障措施等因素在内的具有鲜明领域特点的未来一段时间的行动指南和计划方针。不同的部门、不同的行业、不同的国家对发展规划体例结构和行文用词都有着明显区别，但总体上都是对宏伟目标、远大理想的实现路径的描述，将目标和任务作为发展规划的出发点和落脚点。公共图书馆发展规划则是针对图书馆领域的专门规划，对公共图书馆如何实现目标，长远健康发展进行谋划。

（二）公共图书馆发展规划的主要作用

公共图书馆发展规划的制定可以为公共图书馆指明前进方向，明确宏伟目标，细化具体任务，完善保障措施，在未来一段时间可以督促指导自身向前发展。规划是公共图书馆发展的指路明灯。

首先，确定总体目标。公共图书馆在发展过程中会遇到各种各样的问题，如何在错综复杂的环境中找准目标，显得尤为重要。这样公共图书馆就避免了盲目发展，规避了朝令夕改、忙中出错的不良态势。实现了目标的整齐划一，行动有力且有规可循。在发展中能够使全馆上下步调协调，统筹安排。

其次，细化重点任务。公共图书馆需要发挥自身价值，以实现公共文化事业现代化发展为己任，当确定目标后，如何将目标分解成可操作性强的具体任务显得至关重要。从纷繁复杂的环境中抽茧剥丝，明确具体任务，针对性地开展工作，根据不同任务，合理安排不同工作，匹配不同的部门，将细化后的任务更高质量地完成才能真正实现公共图书馆的职能，达到更好的效果。当重点任务逐步完成后，总体的目标任务也就迎刃而解。

最后，完善保障措施。公共图书馆在工作中如何保证任务按时高效地完成离不开完善的保障体系。无论是内部的人员管理，制度的健全，还是资金的足额到位，都需要强有力的保障体系确保在实施目标任务时无后顾之忧，真正地激发干事创业的热情。公共图书馆发展规划不仅要制定，更要实施。最后实施的好与坏决定了规划的整体是否成功。因此，从总体目标到任务设置再到保障措施，公共图书馆发展规划的作用就是使其自身能够更加全方位地实现长远发展。

（三）我国公共图书馆发展规划的类型形式

根据公共图书馆不同的类型可分为不同种类的公共图书馆发展规划，在我国，按照行政区域，公共图书馆主要分为省（自治区、直辖市）、县（区）图书馆，其中省辖市、地、州、盟图书馆在公共图书馆系统中介于省级馆和县（区）图书馆之间，起着承上启下的作用，是省级馆联系县（区）馆的纽带，县（区）图书馆是我国公共图书馆的基础，数量多，联系群众面广。因此，公共图书馆的发展规划大致可按照公共图书馆种类的划分，分为不同的公共图书馆发展规划：省级（自治区）公共图书馆发展规划、副省级公共图书馆发展规划、市级（地、州、盟）公共图书馆发展规划、县级公共图书馆发展规划。此外，除了按照行政级别划分，还有针对图书馆发展事业的不同方面制定的更为细致的专门性的发展规划。此类规划是根据公共图书馆"十三五"发展规划的重点任务和具体目标进行更加具体的部署，与五年长期规划相互配合配套，相互促进。规划按照图书馆本身的业务服务来进行划分，规避了以往粗线条的发展规划模式，单独作为一项具体的长远愿景进行科学合理的规划，更加具有现实意义和推广价值，内容也更加具有针对性。

三、我国图书馆发展的理论特点

（一）图书馆价值的时代性

图书馆是社会建设的重要机构，应深深根植于经济社会实践。图书馆只有永远站在时代前沿，服务时代需要，才能保持自己的社会价值，并不断提升行业价值。

图书馆发展要瞄准国家重大需求。我国科学技术和经济快速发展，社会结构经历深刻变革，文化强国战略全面实施，图书馆面临重大发展机遇，同时也伴随着风险挑战。新时代，图书馆把握发展机遇，积极落实文化数字化战略，开展全民阅读、文化扶贫、信息扶贫、党史学习教育，通过文化专项工程落实社会需求，在服务全面建成小康社会战略决策、推动文化强国建设、提升国民素质、培育文化自信等方面发挥积极作用，真正肩负起"传承文明、服务社会"的历史使命。图书馆发展要瞄准国家重大需求，把握时代特征，体现时代价值，才能保持图书馆的社会主流地位。图书馆要成为社会的"锚机构"（Anchor institutions）和社会发展的"使能者"（Enabler）。图书馆只有始终保持"公共性"，回应时代需求，保持与时代发展同频，才能获得发展资源，获得社会认同，保持主流地位。

图书馆发展要坚持用先进的发展理念指导。新时代，我国把握图书馆事业发展规律，坚持发展的系统观，始终坚持创新、协调、绿色、开放、共享的新发展理念，为图书馆事业快速发展注入动力，通过内部结构优化与治理改革，实现图书馆的整体协调发展，融入生态文明建设战略，鼓励社会参与，提升开放共享水平，以共享发展促进图书馆事业发展水平的整体提升。深化体制机制改革和扩大社会参与，形成了开放多元、充满活力的图书馆服务体系。坚持新的发展理念，图书馆发展还要不断采纳先进技术，永远站在时代技术前沿。当前，人类社会正在进入以数字化生产力为主要标志的全新历史阶段，数字化成为经济发展和技术创新的重点。新技术已经深刻地改变了图书馆生态，并将继续改变图书馆的服务模式。如云存储、区块链、增强人工智能等技术为文化与数据资源发现、存储、检索、共享利用创造了新环境。图书馆应紧跟时代节奏，把握新技术带来的机遇，为公共文化数字化、智慧化发展做出新贡献，促进图书馆在未来的创新发展。

图书馆发展要以社会效益为中心。图书馆服务效能代表了图书馆社会功能实现的程度。作为提供知识信息服务的公益性文化机构，图书馆核心价值就集中体现于公共服务与知识服务的综合社会效益，图书馆的全部工作都是为了服务社会。

要进一步充分发挥图书馆文化整合功能，利用各类培训讲座，满足群众终身学习的需求，成为群众文化生活的标志性场所；充分发挥图书馆文化传承作用，建设成为当地文化地标，凸显图书馆文化凝聚力和引导力；充分利用资源优势，为国家重大决策、公共文化、教育、科技与人才服务，为经济社会发展、数字社会建设提供信息支撑。

（二）图书馆主体的人民性

未来的图书馆发展，是伴随现代化强国建设的新发展。中国人口规模巨大，全体人民共同富裕、物质文明和精神文明相协调的现代化道路设计，必然要求图书馆坚持以人民为中心的发展思想。新时代图书馆发展历程表明，图书馆发展必须始终坚持人民主体地位，充分调动发展的积极性、主动性，汇聚社会资源，促进图书馆事业快速高质量发展。

坚持图书馆为了人民的发展原则。我国文化强国建设始终坚持以人民为中心，人民性是社会主义文化的本质属性。保障人民基本文化权益是推动科学发展、切实改善民生的必然要求。随着国家经济社会持续快速发展和人民生活水平的不断提高，城乡居民的文化需求越来越旺盛，文化权益成为社会关注的焦点。让每一个人都能自由、平等地获取信息，是社会公平、人类文明进步的重要标志之一，公共图书馆承担着保障公民文化权利的责任。图书馆发展应以人民基本文化权益为导向，始终坚持以人为本、人民至上的文化理念。人民对美好生活的需要日益广泛，对美好生活的向往包含了更多的文化期待。最大限度地满足每一位公民对信息和知识的需求，是图书馆义不容辞的责任。图书馆将满足人民群众对美好生活的需求作为服务宗旨，不断更新资源、创新服务模式，拓宽保障人民文化权益的路径，以人民群众的文化需求为服务思路，将人民的满意度、获得感作为评价图书馆发展的根本标准。

坚持图书馆公共性，坚持平等服务。公共性也是一种公共精神，体现了开放、包容、平等的价值观。图书馆不分年龄、种族、性别、宗教、国籍、语言、社会地位和任何其他特征，向所有人提供平等的服务；给公众提供公平、平等、开放的阅读机会，公平保障人民群众基本文化权益，是现代公共图书馆的基本特征。人民主体性是我国图书馆事业发展应坚持的根本原则。图书馆依法设立、国家财政的投入为图书馆公共性的确立奠定了基础；免费开放、资源共享、总分馆等制度的确立不断拓宽图书馆公共性内涵，提升了人民群众的满意度，这才有了务工人员留言图书馆感动亿人的故事。在新的信息环境下，多样化信息渠道给图书馆带来了巨大的冲击，但人们对图书馆"公共"与"平等"的信念与期待从未动摇过。在智慧社会，图书馆肩负消弭数字鸿沟、提供可信服务的新使命，成为促进社会信息公平、社会信息诚信的坚实力量。公共图书馆提供服务，保障社会公众知识获取的便捷性、安全性，降低获取风险与成本，是智慧社会带给图书馆的历史机遇与时代挑战。

未来图书馆要充分关注发展效能。图书馆服务效能是图书馆为用户提供符合需求、均等化、专业化服务的程度。党的十八大报告中明确提出要"完善公共文化服务体系，提高服务效能"。文化和旅游部、国家发展改革委、财政部印发的《关于推动公共文化服务高质量发展的意见》部署了推动公共文化服务品质发展的方向和任务，包括公共文化空间提档升级、数字资源建设、深化均衡发展、推进城乡公共文化服务一体建设、开放发展等重点任务。中办、国办印发的《关于推进实施国家文化数字化战略意见》对"十四五"时期文化数字化发展提出了具体目标并部署了重点任务，包括关联形成中华文化数据库、夯实文化数字化基础设施、搭建文化数据服务平台、促进文化机构数字化转型升级、发展数字化文化消费新场景、提升公共文化服务数字化水平、加快文化产业数字化布局、构建文化数字化治理体系等。新时代以来，我国图书馆总体服务效能有了大幅提升。公共图书馆总流通人次、书刊外借册次、举办各类活动、活动参加人次、办理借书证数量都稳步上升。

未来图书馆发展要更加关注发展效能，提升人民群众的获得感。特别要加强基层、乡村公共图书馆建设，发挥国家对图书馆投资的整体效能，实现公共文化服务的均等化和全覆盖；全面推广法人治理结构，社会共同参与图书馆治理，将图书馆与社区及其他行业发生联系，拓宽图书馆服务范围，提升图书馆治理效能。

（三）图书馆本质的文化性

社会环境的变化不断促进图书馆转型。在丰富的信息环境中，图书馆之所以存在与发展，最根本的原因是图书馆坚持文化内涵。文化是社会永恒的需要，也是图书馆发展的社会动力。

图书馆是国家文化发展水平的重要标志。文化是一个国家、一个民族的灵魂，文化内涵性是图书馆的本质属性。人类的进步离不开对传统文化的借鉴和承袭，图书馆最完整、最广泛、最有序地保存和记录着人类社会发展的历史和文化。公共图书馆更是社区、城市乃至国家的文化中心，担当着文化传承、服务社会的使命。新时代图书馆功能不断拓展，涌现出很多的特色图书馆、主题图书馆，推进了很多新型服务，但其共同特征是以文化为基础，推进公共文化服务，成为当地的文化地标、展示城市文明的窗口。"城市书房""农家书屋""文化驿站"等成为各地公共文化服务的新载体，这些文化品牌积极传达人文主义的精神内涵，发挥图书馆的社会文化建构功能，有效提升文化软实力。

图书馆应以文化为基础延伸服务体系。在社会数字化进程中，图书馆与社会机构合作举办多种文化活动，成为社会新型综合性空间，但无论图书馆的形式、功能如何拓展变化，其保存文化、传承文明的根本属性不应改变。图书馆应始终以文化为基础凸显其社会效益，拓展自身的服务体系，向社会输出普遍、均等、可持续的公共文化服务；坚守平等性、公益性、开放性、人文性的文化特质，在数字化转型进程中彰显自身的公共文化内涵，在各类型文化互动中增强文化自信，实现引领和重建社会文化的使命与担当，在文化强国建设中发挥重要阵地作用。

应坚持图书馆与其他文化阵地的协同发展。新时代，人民群众对精神文化生活提出更高要求，希望更便捷、更全面地获取文化资源。与此同时，图书馆也面临与众多商业性文化机构的竞争，单一的公共文化资源、服务能力、经济实力并不占优势，图书馆应进一步加强与其他文化阵地如博物馆、档案馆、文化馆、城乡文化中心的资源融合与协同发展，实现跨领域的共建共享和服务集成，也更有利于实现数字文化资源建设的规范化和规模化，形成发展合力，有效提升文化、知识传播规模，促进我国社会文化资源保存、保护和利用。

（四）我国图书馆制度的基本性

作为公益性社会事业，图书馆的发展始终需要得到国家与社会的大力支持。只有建成图书馆基本制度，才能保障图书馆事业的健康可持续发展。基本制度的含义是从制度上保障图书馆发展所需的必备条件，并不因为其他政策的调整、行政变动、环境的改变而改变。

图书馆发展的法定性。图书馆事业的健康发展需要强有力的法律保障。将图书馆各项工作纳入法治轨道，才能从根本上协调和优化图书馆事业发展的内外环境及其运作机制。《中华人民共和国宪法》第二十二条明确规定："国家发展为人民服务、为社会主义服务的文学艺术事业、新闻广播电视事业、出版发行事业、图书馆博物馆文化馆和其他文化事业，开展群众性的文化活动。"从根本上确立了通过法律保障图书馆制度的依据。

《中华人民共和国公共图书馆法》建立了我国公共图书馆事业发展的基础法律框架，用法治思维、法治手段来推动图书馆实现和保障人民群众基本文化权益，使民众公平自由地享受宪法赋予的文化权利，从文化自觉走向了法律保障。这是我国公共图书馆治理体系和治理能力走向现代化的重要标志。

图书馆发展的制度稳定。图书馆是保障公民基本文化权益的社会制度，应具有长期稳定性特征。财政投入水平直接决定图书馆发展能力。新时代以来，我国公共图书馆财政投入占 GDP 比例保持在 0.18% 左右，虽然距离发达国家还有一定差距，但 GDP 占比相对稳定并呈现小幅上升趋势。《中华人民共和国公共图书馆法》《中华人民共和国公共文化服务保障法》中对"财政投入""政府主体责任"等的规定，为图书馆的稳定发展进一步提供保障。随着宏观治理层面的逐步完善，我国公共图书馆也应加快完善基本制度体系建设。如"主体责任制度"，明确政府的主体地位，强化国家义务，对图书馆建设经费、用地、人员和运行经费等做出制度安排；"免费开放制度"，虽然公共图书馆免费开放已经普及，但需进一步制定公共图书馆免费开放资金保障制度，并设定不同类型、不同层级图书馆的开放时间服务标准；"专业服务制度"，建立图书馆员职业资格认证制度，净化馆员队伍。只有将图书馆制度建设为基本社会制度，才能确保图书馆的投入连续性、长期性，保证其资源、队伍、设施稳定，有效保障公共图书馆事业充分、平衡、可持续发展。

图书馆发展的充分平衡。图书馆的充分发展对于提升整个社会公共文化服务水平、完善服务体系发挥着关键作用。我国区域、城乡经济发展不平衡，使得一些地区图书馆存在数量少、分布不合理、辐射范围小等问题。图书馆的均衡、充分发展有赖于法律法规和制度的保障，公共图书馆法治体系的完善，以及一些国家级图书馆发展标准规范的实施为图书馆的充分发展提供保障。在现有国家标准的基础上，各省应根据实际发展水平，进一步制定地方性标准规范，量化、细化、全面化发展指标，明确图书馆发展基本指标、基本服务内容，保障公众基本文化权益；通过总分馆制度、图书馆联盟加强图书馆之间的合作共享，实现资源互补，共享资源与服务，改善图书馆发展不平衡、不充分问题。

四、我国图书馆发展的内在逻辑

新时代经济社会和制度不断变革发展，变革是深层次的、根本性的。图书馆在与经济社会互动过程中获得了创新发展的机遇与动力。

（一）全面小康的战略推动

"十三五"时期，我国的主要任务是"全面建成小康社会"。全面小康，是物质文明和精神文明协调发展的小康，经济发展是全面小康的先决条件和重要基础，"知识资本"已经成为当今经济活动生产要素中最活跃的因素。图书馆利用本身的知识资源优势，为政府、企业等相关利益者提供更具智力因素的深度加工的情报资源和研究成果，协助决策。同时，在数据驱动经济发展的浪潮下，数据成为关键资产和核心资源，成为一种新的生产要素。图书馆在企业和用户存储数据、选择数据、分析数据等方面也发挥重要作用，履行服务经济发展职能。全面小康以人为本，增进民生福祉是发展的根本目标。

图书馆一方面要在推进基本公共服务均等化方面发挥专业优势，着力提升全体民众的信息素养，为民众的终身学习提供全方位的服务；另一方面，图书馆作为公益性公共服务机构，应针对贫困地区创新服务内容、服务模式，要在提高脱贫人口信息化素养和科学文化素质方面发挥积极作用。城镇化是全面建成小康社会、实现现代化的必由之路。城镇信息化建设为图书馆的服务提供了更便捷的基础平台，客观上推动图书馆数字化发展。同时，城镇化发展也对图书馆提出更高要求。为当地社会发展提供智力支持是公共图书馆的基本职责。公共图书馆在区域经济文化发展中的作用日益重要，从传统简单的信息传递服务走向更高深的知识服务，是信息时代公共图书馆职能拓展的重要表现。人口数量与结构的变化也对图书馆提出了新的要求。

对于图书馆，特别是医疗等领域的专业图书馆来说，这意味着用户群体发生了变化，图书馆也必须随之调整自己的资源配置和馆员结构。图书馆创新服务方式，完善符合不同用户群体需求的空间环境；针对特殊群体开展延伸服务，开展多样化的培训、讲座，提升服务品质，满足高质量发展要求，同时也为全面小康建设提供支持。

（二）传承文明的历史担当

文明是历史发展的动力，不同的文明构成了人类历史发展不同的时代特征和发展格局。文化是育人化人和塑造社会文明更基本、更深沉、更持久的力量，文化建设是提高社会文明程度的主要途径。图书馆在赓续中华文脉、弘扬民族精神、增强文化自信上发挥着关键阵地作用。中华民族五千多年来留存下来的经典名著、优秀篇章，是中华优秀传统文化的精华所在。2007年，中华古籍保护计划启动，至2022年，全国古籍普查完成270余万部，约3000万册件。普查成果通过"全国古籍普查登记基本数据库"和《全国古籍普查登记目录》向全社会发布，实现全时全域共享；2021年4月，中宣部印发《中华优秀传统文化传承发展工程"十四五"重点项目规划》，明确了23个重点项目，"国家古籍保护及数字化工程""中华经典诵读工程"均在其中。

图书馆除了担负着保留人类文明发展脉络、保护历史延续性的重要职责，还作为人们学习知识的终身课堂，一直以来发挥着社会教育职能和引领作用，尤其在知识经济时代，图书馆的教育、服务功能愈发凸显，在一定程度上，图书馆在传播知识方面处于核心位置。

在新发展阶段，图书馆应创新服务方式，通过活动赋能，提升图书馆对读者的吸引力和影响力；积极响应时代发展和读者需求变化，优化服务手段，强化数字资源整理推介，以智慧化服务提高文化传播效能，充分发挥引领作用，更好地实现文化传播、以文化人的目的，多方面提升公众的文化素养。

（三）公共服务的协同推进

建立健全基本公共服务体系，促进基本公共服务均等化，对保障人民群众最关心、最直接、最现实的利益具有重要意义。《国家基本公共服务体系"十二五"规划》《关于加快构建现代公共文化服务体系的意见》《"十三五"推进基本公共服务均等化规划》等政策文件中均在"促进城乡基本公共文化服务均等化""保障特殊群体基本文化权益""提升公共文化服务效能""保障数字文化服务平台建设"等方面对公共图书馆提出明确要求。作为服务范围最广、直接面向大众的各级公共图书馆，对于提高公共服务供给效能、保障公共服务的均衡性和协调性、提高公共文化服务质量起着至关重要的作用。公共文化服务体系的完善进一步扩大了图书馆服务的覆盖面，增强了服务的时效性，是促进图书馆服务融合发展，拓宽高质量发展的有效路径。图书馆在公共文化服务体系和公共数字文化建设中发挥主体作用，成为满足人民群众基本文化需求的重要阵地。新时代我国公益性文化事业取得长足进步，面向基层的文化惠民工程深入推进，贫困地区文化面貌大为改观，公共文化服务整体水平明显提高。县域图书馆总分馆制度的建立与实施，实现了农村、城市社区公共文化服务资源整合和互联互通，成为城乡一体化文化建设、乡村振兴的重要力量。

（四）数字技术的有力推动

数字技术的发展、信息基础设施的完善为图书馆管理水平与服务能力的提升提供了有力保障。2016年，中办、国办印发《国家信息化发展战略纲要》，随后，国务院印发《"十三五"国家信息化规划》，进一步为我国数字信息技术的发展提供方向指导。2021年3月5日，政府工作报告提出"'十四五'时期要加快数字化发展，打造数字经济新优势，协同推进数字产业化和产业数字化转型，加快数字社会建设步伐，提高数字政府建设水平，营造良好数字生态，建设数字中国"。

信息技术是推动图书馆进步的根本力量，信息技术的发展变化必然导致图书馆的革命。在现代社会信息技术呈现出高速度、大容量、泛在化、智能化的发展趋势下，以5G、人工智能、区块链、移动互联网等为代表的下一代信息技术和国际布局实施的新基建正在助推图书馆从信息化、数字化和智能化走向智慧化。

公共图书馆运用数字化技术实现数字资源的集成化管理、知识化组织，并提供智慧化服务成为发展的主要方向。数字环境也给用户提出了更高要求。2021年11月，中央网络安全和信息化委员会印发《提升全民数字素养与技能行动纲要》，这标志着我国开始迈入"数字文明社会"。在数字文明社会建设中，提升全民数字素养与技能是图书馆新的时代使命。数字素养不仅仅指人们获得单一技术技能，更多指人们深度理解数字环境，提升数字交互自由和风险意识。图书馆要在数字公民发展中起到引领作用，强调自身价值和自身肩负的公共利益使命，并在建立互联网问责制中发挥作用。图书馆应利用自身资源优势，在提升高品质数字生活、提升高效率数字工作、构建终身学习体系、激发数字创新活力、提高数字安全保护、强化数字社会法治道德规范等方面起到指导和引领作用。在此过程中，图书馆的自身价值和所肩负的公共利益使命得以进一步凸显。

五、我国公共图书馆"十四五"发展规划

（一）战略重点

"十四五"时期是我国全面建成社会主义现代化强国新征程的重要开端，坚

定文化自信,从文化大国走向文化强国,公共图书馆应有所作为和贡献。立足当下,展望未来五年发展,以国家发展战略及文化相关政策为指导,公共图书馆"十四五"战略规划的重点可以从以下几方面考虑。

1. 图书馆法治体系建设

党的十九届五中全会审议通过的《建议》提出"完善以宪法为核心的中国特色社会主义法律体系",完善法律制度体系依旧是"十四五"时期法治建设重点。《中华人民共和国公共图书馆法》于 2018 年 1 月 1 日正式施行,为公共图书馆事业发展提供法律保障。《中华人民共和国公共图书馆法》对全国公共图书馆行业进行原则性规定,需要地方立法予以落实和细化,以更好地满足地方发展需要,这也是宪法赋予地方立法权的初衷。但是地方性立法相对滞后,《中华人民共和国公共图书馆法》实施三年后,仅贵州省于 2020 年 10 月出台了《贵州省公共图书馆条例》,甘肃省、广东省佛山市等地区的公共图书馆立法工作尚在进行中,深圳市启动图书馆条例修订工作。"十四五"时期将会是地方性图书馆立法和修订的爆发阶段,图书馆法治体系将进一步完善,立法实施评估将成为关注重点。

2. 全民阅读新方式

随着信息技术的发展,用户阅读习惯的改变,数字阅读和有声阅读成为阅读方式新潮流。第十七次全国国民阅读调查结果显示,2019 年我国成年国民数字化阅读方式的接触率为 79.3%,较 2018 年的 76.2% 上升了 3.1 个百分点;成年国民和未成年人有声阅读继续较快增长,成为国民阅读新的增长点。全民阅读推广方面,随着 5G、AR 等新一代信息技术的应用,数字阅读和有声阅读将得到进一步发展,公共图书馆在资源建设、服务方式上应注重多样性,线上服务和直播活动将成为常态。知识付费市场发展也促使公共图书馆更加注重优质知识内容供给。近年来,广东省深圳市、贵州省、河南省、广东省、山东省烟台市、浙江省宁波市等地区陆续出台全民阅读促进地方性法规,为国家阅读立法提供了地方实践经验。

3. 文旅融合新发展

2019 年 3 月文化和旅游部门合并,拉开了文旅融合的大幕。各地纷纷出台文旅融合相关的制度、政策和规划,在推进文旅融合方面做出大量探索,并取得一定的实践成效。公共图书馆与旅游融合方面,主要有在景区建立分馆或服务点、发展民宿图书馆、建设旅游专题资源、开展研学活动、开发文创产品等形式。文旅融合尚处于起步阶段，在融合广度、深度和层次方面均不足。大众旅游时代，"十四五"时期文旅融合大有所为，公共图书馆应顺势而上，应势而为，充分发挥公共图书馆教育、文化、交流的功能，挖掘图书馆的馆藏、空间、活动资源，以文载旅，服务新时代群众需求，推进全民阅读。

4. 智慧图书馆建设

智慧图书馆的有关理论早在 2010 年就出现，相关研究持续不断，并在"十三五"期间成为图书馆界研究热点之一。虽然随着 RFID 技术、物联网技术、人脸识别技术、数据挖掘技术等信息技术在图书馆的应用，图书馆变得更加智能和便利，但是离智慧图书馆还有差距。2020 年 5 月，"加强新型基础设施建设"被写入 2020 年政府工作报告，以 5G、人工智能、物联网、工业互联网、数据中心为代表的新型基础设施建设上升为国家战略。新一代网络信息技术将得到快速发展和应用，我们将迈进一个万物互联的全新时代，这也是我们探索和建设智慧图书馆的最佳时机，智慧馆舍、智慧资源、智慧服务、智慧阅读……技术将重塑图书馆空间、重构图书馆资源、革新图书馆服务方式，并倒逼图书馆在管理模式、业务流程、人员配置等方面进行全方位变革。

5. 多元共治共享

党的十九大报告明确提出要"打造共建共治共享的社会治理格局"。"十三五"期间，公共图书馆在图书馆治理方面也取得一定实践成效。2017 年，中宣部、文化部等 7 部门联合印发《关于深入推进公共文化机构法人治理结构改革的实施方案》，各地县级以上公共图书馆纷纷建立以理事会为主要形式的法人治理结构，引入社会力量参与，形成多元治理结构。党的十九届四中全会、五中全会也再次提出"打造共建共治共享社会治理新格局"的社会治理新目标。"十四五"期间公共图书馆也必须进一步加强图书馆治理体系建设，建立社会治理参与机制，促进图书馆治理主体的多元化、治理方式的多样化，以适应图书馆体系建设的发展和运营模式上的创新。例如，培育专业型阅读推广组织和阅读推广人，鼓励公众参与图书馆治理。同时更加注重图书馆服务的群体、城乡和区域的均等化，促进治理成果的共享性。

（二）发展规划重点建设内容

1. 重视用户服务，广泛开展全民阅读活动

用户服务一直是图书馆工作的重中之重，长期以来，各地图书馆均本着平等、

开放、共享的原则，根据《中华人民共和国公共图书馆法》等法律法规和读者服务制度，针对政府机关、社会公众、企业单位和社会团体等服务对象的实际需求，高质量快速推进文献借阅、信息检索、参考咨询、讲座、培训、展览、阅读推广等服务工作。

在上述分析过程中，用户服务节点共有 221 个参考点数，主要内容涉及参考咨询、立法决策、特殊群体服务、阅读推广、知识服务等方面。大部分省级公共图书馆的"十四五"发展规划中提及要加强面向企业和公众的科研、教育参考咨询服务；积极开展舆情监测服务；发挥智库作用，提升决策咨询服务质量等。面向特殊群体的服务也备受重视，很多省级公共图书馆提出关爱特殊群体，推进服务均等化；计划采取一系列措施为残障人士、老人、儿童等特殊群体提供服务。从数据分析来看，在用户服务这一节点下，阅读推广参考点数占据近一半，27份"十四五"发展规划文件均涉及"全民阅读""阅读推广"等，各省级公共图书馆计划围绕各类节庆日，以及自身原有的品牌活动，在未来几年持续、深入地开展全民阅读系列活动，提升阅读服务质量，打造新型服务品牌。

2. 加强资源建设，搭建多元资源保障体系

满足本地区经济社会发展和人民群众阅读学习的文献信息资源需求是每个省级公共图书馆的基本任务。"十四五"期间，各省级公共图书馆提出积极拓展完善多元立体馆藏资源体系，优化馆藏结构，丰富资源载体，大力推进文献信息资源建设，为图书馆高质量的发展、高品质多样化的文化产品和服务提供切实保障。

推进古籍、民国文献、地方特色文献资源建设，持续优化数字资源建设、评价和利用，建成富有本省特色的文献信息资源体系。为了促进中华优秀传统文化的传承、利用和发展，各省（区、市）在古籍的修复、保护、利用等方面具有高度趋同性，重点工作内容主要包括古籍普查登记、古籍抢救保护、古籍修复、古籍数字化、古籍开发利用等。加强古籍保护利用是新时代文化工作的重要内容，对坚定文化自信，推动文化繁荣具有重要意义。少数省级公共图书馆提出未来将利用语义网、关联数据等技术强化对特色数字资源内容的加工、组织和深度揭示，提升知识服务水平。

3. 完善基础设施，数智赋能转型升级

鉴于元宇宙背景下 5G、大数据、人工智能、云计算等技术的应用，各省级公共图书馆在"十四五"期间面临向智慧图书馆转型升级的机遇和挑战。省级公

共图书馆在未来发展中紧跟创新技术，力图做好图书馆智慧化的相关工作。上海图书馆、浙江图书馆等计划部署基于新技术的下一代图书馆管理系统，对图书馆资源、空间、设备、用户行为等数据进行动态采集与智能挖掘，实现图书馆各项业务工作及服务活动的全流程智慧化管理。山西省图书馆利用馆舍再造，重新部署馆内服务空间；甘肃省图书馆、黑龙江省图书馆等设置各类新型公共文化空间和智慧服务空间，为用户提供沉浸式阅读体验项目，打造集学习、科研、创新、交流、娱乐于一体的场所；贵州省图书馆提出建设智能立体书库，推进智能书架应用，提升借阅服务效能；广东省立中山图书馆、广西壮族自治区桂林图书馆等提出推进智能导览等智慧服务场景的应用，利用现代信息技术驱动图书馆的智慧化建设，构筑立体化、全方位、广覆盖的知识服务体系，为广大读者提供高效、便利、精准的服务。

4. 加大交流合作，不断扩大影响力

在交流与合作方面，各省（区、市）提及最多的是文旅融合和文旅合作，计划通过与文化产业、旅游产业、精准扶贫等多形式的融合，打造文旅融合新品牌，挖掘地方文化特色，把图书馆与生态建设、乡村振兴、红色旅游等有机结合，增强场馆之间的互动性，形成主题明确、内容丰富的文化景点组合，探索图书馆文化旅游模式，促进文化与旅游的融合发展。此外，部分省级公共图书馆提到要加强国际交流合作和国内区域合作。

例如上海图书馆提出注重与国际图联等组织的合作，加强与国际大都市图书馆的互动交流与项目合作；浙江图书馆要引领全省图书馆开展国际业务合作，参与图情相关的国际活动，推广与OCLC合作的成功经验。部分省级公共图书馆提出要加强区域馆际交流和合作。例如四川省图书馆计划以成渝地区双城经济圈建设为契机，推动成渝地区公共图书馆联盟进一步融合发展；安徽省图书馆提到积极参与中部六省公共图书馆联盟的各项活动，持续深化与长三角地区公共图书馆的合作等。还有部分省级图书馆提到要构建图书馆与社会相关机构之间多层次、多类型的协同合作平台和联盟。例如甘肃省图书馆提出建设"文溯四库"文旅品牌综合体，与北山风景区合作，打造九州台《四库全书》主题展馆；广西壮族自治区桂林图书馆计划打造"图书馆＋社会力量＋媒体平台"三方合作的深度阅读推广活动模式，提升图书馆服务效能。

5.配套保障措施，完善各类管理机制

推进国家文化治理体系和治理能力现代化是图书馆管理体制改革的重要目标。各省（区、市）在"十四五"发展规划中提及"十四五"期间要着力提升文化治理能力，推进法人治理结构改革，发挥理事会作为决策机构和监督机构的重要作用，探索健全社会力量参与图书馆建设与服务的机制，推动图书馆向"以人为中心"转型升级，以适应高质量发展要求。超过60%的省级公共图书馆在"十四五"发展规划文本的保障机制和措施章节中提到要不断优化运行机制，完善涉及安全保障、应急管理等多维度的综合治理体系，提升管理效能和服务效益；健全财政保障机制，积极争取中央转移支付资金和专项资金；完善人力资源管理，加强人才队伍建设，提升科研水平；完善考核机制和评价体系，建立健全规划实施评估制度等。

第二节 我国战略规划下的公共图书馆智慧化发展

时代发展和用户需求对公共图书馆服务提出了新的更高的要求。新时期，新技术条件下的公共图书馆智慧服务能力提升包含以下几个方面：一是以新技术为支撑，变被动服务为主动服务，利用技术设备和各种渠道获取用户信息，挖掘数据价值，通过"两微一端"、短视频平台、有声广播等提供智慧化知识服务，打造多元化服务路径，升级服务内容，丰富服务形式，帮助用户获取便捷高效的阅读服务。二是深化技术应用，有序推动功能完善。公共图书馆智慧服务能力的提升是以技术迭代进步为基础的，智慧服务能力提升应该是一个由量变引发质变、稳步提升的过程，不能盲目崇拜技术，而应客观地将技术作为智慧服务能力提升的工具，逐步深化技术在各项服务中的应用，同时强化自主研发，形成智慧服务新样板。三是向专业化纵深发展，由资源聚集向知识服务方向转变。专业化是公共图书馆智慧服务能力提升的显著特征，通过技术应用和设备完善对用户需求进行精准预判，同时强化资源的结构化整合，为不同背景、专业的用户提供分众化、精准化服务，提升用户的信息获取效率，实现智慧服务能力为专业服务精准赋能。

一、公共图书馆智慧服务的核心要素

（一）智能技术

《"十四五"公共文化服务体系建设规划》明确提出要强化智能技术应用，将其应用到公共文化服务的各个场景中。在未来的信息产业服务布局中，技术作为核心要素支撑实现智慧服务，同时能使现阶段服务功能得到强化，推动综合服务效能显著提升。从现有的文献看，我国多数县级以上公共图书馆已经开始使用智能化技术优化自身服务，在数字化转型中强化智慧服务能力。此外，一些省市级公共图书馆已开始尝试使用数字孪生、超级人工智能、传感仪器、物联网、区块链等技术和设备升级自身服务功能，并取得了阶段性成果。

（二）知识服务

随着智能技术的普及和互联网的迅速发展，数字化信息资源的增长呈指数级上升趋势，信息资源的形式也在发生结构性转变，复杂程度不断提升，迫使公共图书馆必须使用对应的智能化处理手段对信息进行处理和加工，妥善处理图书馆资源提供与用户需求之间的矛盾，将结构化罗列的知识转化为可以为用户提供的知识服务。传统的图书馆用户服务专注于资源的聚集或存储，随着智能化服务终端的发展和用户使用习惯的巨大转变，公共图书馆正在通过大数据技术应用、用户画像构建等手段了解用户所需，提供全面精准的知识服务。

（三）融合共享

公共图书馆智慧服务能力提升需要多种要素的融合交汇：一是要强化新技术和新媒体工具与馆藏资源的深度融合，强化图书馆的物理环境优化和服务功能提升，将原有的传统服务升级转型为集视听感于一体的感知化、沉浸式服务，同时提供休闲性、娱乐性、交流性的新型体验式服务。二是利用物联网、云存储等技术强化公共图书馆实体馆藏与虚拟空间之间的融合，根据用户需求对现有的服务流程进行优化或重塑，使用户能够在全新模式的知识服务中感受图书馆服务个性化、便捷化、智能化的新特征，获得不一样的阅读体验。三是公共图书馆智慧服务能力提升是一项综合性强、复杂度高的项目，跨界协同是圆满达成这一目标的必要手段，因此，公共图书馆应在了解用户需求、摸清自身实际的情况下主动开展跨行业、跨领域服务，将有利于公共图书馆智慧服务能力提升的人才、资源、技术等要素汇集起来，促进自身智慧服务的全域性融合发展。

（四）智慧管理

管理智慧化既是公共图书馆智慧服务能力提升的重要抓手，也是实现从经验管理到科学管理的必要举措。管理智慧化强调从整体到部门必须协同调动图书馆的各项要素，以科学的管理提升各要素效能的发挥，为公共图书馆智慧化转型发展保驾护航。公共图书馆智慧管理主要通过智能化设备收集馆藏资源信息和用户基础信息、阅读偏好等，并将二者进行精准匹配，使公共图书馆的管理和决策有精准的数据作支撑，降低自身管理风险与运营成本，同时体现公共图书馆智慧服务的高效性和科学性。公共图书馆智慧服务不但需要对原有的服务架构进行重组，还需要成立智慧化馆员服务团队，使他们具备一定的数据素养、信息素养，在长期的服务实践中形成多元化知识储备，成为智慧服务的灵魂。

二、公共图书馆智慧化转型的影响因素

公共图书馆智慧化转型就是推动实现公共图书馆管理、空间、资源、技术等的全面智慧化升级。公共图书馆智慧管理系统将对公共图书馆集成管理系统进行智能化加工，实现对公共图书馆线上和线下服务的融合发展，促进管理过程的智慧化，提高公共图书馆智慧化转型效果。具体内容包括：一是微服务架构管理系统能够支持公共图书馆各种业务的开放接入，有利于系统数据的深度挖掘与整合利用，提高智慧化服务效果。二是终端设备管理系统能够有效嵌入各种智慧终端设备，有利于提升智能化服务水平，提高智慧化服务效果。三是知识共享管理系统能够高效促进知识的传播与共享，有利于丰富馆藏知识内容，提高智慧化服务效果。四是馆际协作管理系统能够促进公共图书馆之间，以及公共图书馆与其他文化机构之间的资源与服务共享，提高智慧化服务效果。

公共图书馆智慧服务空间将对公共图书馆网点空间系统进行智能化升级改造，实现对公共图书馆线上虚拟空间和线下实体空间的智慧化管理，提高公共图书馆智慧化转型效果。具体内容包括：一是线下智慧实体空间能够实现阅读环境的空间智能化，为读者提供适宜的温度、湿度、光线等，打造舒适的环境感知，提高智慧化服务效果。二是线上智慧虚拟空间能够实现跨时空阅读，基于虚拟现实、增强现实等智能化技术提供沉浸式服务体验，提高智慧化服务效果。三是智能交互阅读空间能够实现针对兴趣偏好相似群体的智能化推送，提升读者阅读兴趣和阅读效果，提高智慧化服务效果。四是个性化服务空间能够实现读者的专属

空间打造，为读者提供智能化的系统化和持续化服务，提高智慧化服务效果。公共图书馆智慧资源整合将对公共图书馆知识服务运营环境进行多层次智能化升级改造，实现公共图书馆知识创作、发布、存储、传播、利用等全链条社会化合作机制，提高公共图书馆智慧化转型效果。具体内容包括：一是立体资源能够实现知识资源的多角度、多维度、多层次整合，打造数字化立体资源体系，提高智慧化服务效果。二是资源挖掘能够实现知识资源的内容审核和加工，为资源数据的智能化分析提供支撑，提高智慧化服务效果。三是知识关联能够为知识生产者、知识服务者和知识消费者等不同角色的知识活动提供衔接与互通，提高智慧化服务效果。四是知识图谱能够对图书馆知识资源进行系统整合，构造横向圈层式和纵向链条式知识体系，提高智慧化服务效果。

公共图书馆智慧技术应用将对公共图书馆体系运行的云基础架构进行全方位智能化升级改造，实现公共图书馆高度集成化运行管理，提高公共图书馆智慧化转型效果。具体内容包括：一是5G技术能够显著提升公共图书馆的服务速率，快速响应，智能支持，提高智慧化服务效果。二是物联网技术能够实现互联网环境下的自动语义关联和规范控制，提高智慧化服务效果。三是高速互联网能够自动抽取和构建满足用户需要的知识结构及相关资源体系，提高智慧化服务效果。四是云应用接口能够为各级图书馆的知识采集、生产、加工提供一站式支持与服务，共同建设标准统一、数据共享、监管有效的仓储管理体系，提高智慧化服务效果。

三、公共图书馆智慧化战略规划重点

（一）技术赋能，灵活应用

技术是图书馆智慧的第一和直接推动力。5G可实现低成本的规模覆盖，极大地促进万物互联的发展，并可连接起传感网、物联网和知识网。人工智能的算法特征与公共图书馆的信息索取、知识服务等需求十分契合，其既可借助机器学习、智能计算对馆藏资源深度加工，也能利用自然语言处理、生物识别等技术简化服务流程。区块链技术的诞生有效解决公共图书馆原生数字资源在实践利用中的版权保护与资源管理等难题。云计算以低廉的成本为图书馆提供了大量的存储空间、软件平台与计算能力等内容，且可拓展性强、安全性高。大数据技术则用于公共图书馆"大数据""小数据"等的分析挖掘，以数据画像为图书馆的个性化、人性化服务提供支撑。先进的人机交互与显示技术结合的 VR、AR、全息影像、裸眼 3D 技术等，有助于打破虚拟与现实的分界，元宇宙则利用云计算、XR、5G、3D 图像渲染、边缘计算、人工智能等技术构建出虚实融合的数字新世界，两者均属于智慧图书馆建设的前沿技术实践，将为智慧图书馆发展带来更多的可行机遇与发展空间。

（二）资源奠基，内容重构

智慧图书馆的资源建设在数字图书馆所关注的实体资源与数字化实体资源基础上，更注重原生数字资源和创新型数字资源的建设，以创新知识内容生态，促进用户智慧生成。

1. 知识发现：资源的语义关联与知识提取

在数据、信息、知识、智慧的转化过程中，知识在智慧的获取中发挥了关键的中介作用。智慧图书馆知识资源建设关键在于资源的结构化、语义化与可计算化。首先，对汇集的信息资源进行精细化加工与揭示，如细颗粒度内容标识、关键知识点标签标引、专题化与主题化分类揭示等操作。其次，针对上一步形成的知识单位，以语义网、关联数据和本体等技术实现互联网环境下的自动语义关联、规范控制与知识内容整合。最后，利用各种技术建设面向用户的知识发现、仓储与分享的知识共享智慧平台，推动知识资源的故事化呈现，如广东省立中山图书馆对馆藏《华商报》展开了细颗粒度内容标识、关键知识点的标签和标引建设，打造老报纸数字化展示平台，在智慧图书馆体系建设上进行了有益探索。

2. 资源聚合：特色资源整合与开发

特色资源建设正逐步成为智慧图书馆资源建设的核心，是公共图书馆彰显独特性、差异性与创新性的重要形式。在地方特色文献建设方面，国内公共图书馆立足地方与民族特色，针对含有历史文化、传统技艺、红色经典、山水风光、乡村建设等内容的文化资源进行采集、挖掘、组织与开发，不断提高地方文献揭示的深度，如桂林图书馆对于兴安灵渠、桂林运河的特色开发。在特色数字资源建设中，以古籍资源、文化记忆、特色资源知识库的打造为主，如深圳图书馆为推进数字特藏服务打造的"深圳记忆"城市文化项目。对于多媒体特藏建设，图书馆可对特色资源进行创造性转化与创新性发展，包括但不限于音视频、微视频、专题片以及 VR、AR 等新型文化资源。

3. 融合重构：数据资源与生态构建

数据是打通智慧图书馆与用户连接的关键"钥匙"，是公共图书馆智慧服务的源泉。其数据建设的具体举措如下：图书馆构建自身的数据标准体系，对图书馆的业务、空间、用户行为等多源数据进行动态采集，丰富馆藏数据形式与内容；注重多源数据的整合与筛选，引入数据质量管理系统，实现各类型海量数据的有效管理；重视虚拟平台建设，加强自有数据库建设，同时将数据迁移至云平台，建立数据仓库与数据集市；建设智慧化图书馆大数据分析平台，为各项工作提供决策支撑、问题预测和及时预警。

4. 集成流转：纸电资源一体化管理

智慧图书馆需要整合已收录的纸质资源、电子资源，为资源提供纸电一体化管理服务。在资源采集方面，推动"纸电同步采购""纸电互荐"等平台建设，借助"PDA 采购""云采购"等模式，引入 AI 智能实现智慧采编。对于资源的存储与管理，拓展实体书库与云端存储空间，推动构建专题数据库、应急知识库、数字资源库群等项目，并以多类型、多来源、多载体文献资源全流程统一管理为导向，保障资源的合理调配与有序流动。

（三）空间再造，数实融合

智慧图书馆应在"空间再造"的基础上，将物理空间、数字空间通过各种数字技术进行融合，构建"书书相联、书人相联、人人相联"的数字融合空间，为用户提供智慧化的数字公共服务。

1. 智能升级：重构新型基础设施

新型基础设施本质是信息数字化的基础设施，是推动数字转型、智能升级、融合创新等服务的基础设施体系。在信息网络设施方面，落实弱电线路改造、服务器、存储设备与核心网络设备升级；建设智慧专网、数据中心、区块链系统等智慧项目并增大新基建投入；加强信息网络安全保障，增强业务系统容灾能力，完善自动监控与风险预警处理机制。在云基础设施方面，构建"本地＋云端"的基础设施体系，通过建设本地专有云、租用公有云空间等方式扩大数字资源存储能力，如宁波图书馆利用阿里云和本地专有云建设为社会与用户提供更为高效与便捷的服务。

2. 整合集成：搭建智慧服务平台

随着大数据、人工智能等技术的发展与应用，公共图书馆的运行与服务面临更多的机遇与挑战,新一代图书馆系统平台建设刻不容缓。具体的做法包括:构建智慧图书馆系统,对图书馆集成管理系统进行智能化升级改造,逐步推动图书馆各业务模块智慧化,如上海图书馆构建的灵活可拓展的基于 FOLIO 微服务架构的新一代图书馆管理系统;搭建智慧图书馆资源服务基础支撑平台,完成接口层的建设,拓展智慧图书馆服务的领域与边界;建立图书馆数据中台,集成智能化数据采集系统、长期保存系统、大数据管理体系、数据服务分析系统。

3. 多元探索:打造柔性功能空间

全国智慧图书馆体系明确指出要建设线上线下融合的空间,包括实体智慧服务空间和在线智慧服务空间。在空间的类别创造中,大体有以下 5 种功能导向:特色主题空间,如上海图书馆持续推进"数字阅读、创新空间、表演艺术等系列主题馆"建设;创客空间,使用户在参与创造与技能学习中达到知识传播的目的;文化交流空间,如广东省立中山图书馆提出"联合社会力量建设新型公共文化空间,开展文化交流活动";特殊群体服务空间,如上海图书馆对图书馆线下、线上空间进行无障碍改造,购置、更新无障碍服务设备,做到环境、信息无障碍,为特殊群体提供更立体、温情的服务;文旅融合服务空间,将图书馆与旅游相融合,探索文旅融合新场景,打造文旅融合专题阅读推广服务。

4. 情境感知:构筑智慧场馆

智慧空间的环境要素引入需要关注感知要素与设备要素,分别聚焦于"智慧场馆"的打造与智慧设备的嵌入。"智慧场馆"是指具有智慧化功能的图书馆空间,一方面从视觉、听觉、嗅觉、光感、人机工程学等维度进行空间设计,与用户建立积极情感互动的同时引发愉悦的空间利用与阅读体验。另一方面,可充分利用 RFID、无线传感器等技术,对图书馆环境进行实时检测与智能感知,在确保舒适性基础上实现绿色节能。图书馆智慧化建设的另一重要方式是通过引入智慧设施设备来实现部分图书馆功能,将服务机器人、盘点机器人应用在智慧咨询、智慧送书、智慧盘点等业务场景之上。

(四)服务升级,智慧增值

服务是公共图书馆的灵魂、核心和基础,如何开展智慧服务是秉持"以人为本"理念的图书馆应对、满足数智时代读者需求的关键所在。

1. 实时交互:实现智慧连接服务

智慧连接服务内容主要可以分为 3 类:一是资源与用户之间的连接。一方面公共图书馆根据用户需求建设资源，"实现纸质文献与数字资源的一站式检索与集中揭示"。另一方面公共图书馆为资源找到合适的用户，"构建统一的用户标识体系，通过人脸轨迹和数据回溯集成，实现对读者'一对一'服务和资源的精准推送"。二是资源、用户与虚拟空间之间的连接。公共图书馆通过打造全媒体服务平台，使其服务覆盖微博、微信等新媒体和如电视、广播等传统媒体，推动智慧图书馆服务的"全员可达"。例如宁波图书馆为数字电视用户提供电视图书馆服务，读者足不出户就能免费享受各类图书馆资源服务。三是资源、用户与实体场馆之间的连接。一方面图书馆利用定位技术、AR、机器人等方式为用户提供对图书馆空间、资源的指引。如安徽省图书馆提供的 AR 导览服务。另一方面图书馆对其物理空间进行延伸，为用户提供不受时空限制的泛在化自助服务。如深圳图书馆依托大数据技术智慧化选配自助图书馆的图书。

2. 融合情境：创新智慧阅读服务

缺乏深度的、碎片化的信息获取形式会降低用户对信息的敏锐度，对读物的拓展性和传播性造成不利影响。因此，越来越多的公共图书馆为了促进全民阅读、吸引读者群体，通过开发多元化阅读形式、富媒体式阅读渠道、宽领域阅读资源与智慧服务理念等方式，推动阅读服务的智慧化转型。公共图书馆在智慧阅读服务方面的规划和具体举措包括：创新读物供给；建设智慧阅读平台；打造智慧阅读空间；开展智慧化阅读推广。如杭州图书馆"借助 5G、大数据、元宇宙等新技术，新应用构建智慧化阅读场景，提升读者阅读兴趣和阅读体验感"。2021 年由上海图书馆牵头并联合安徽省图书馆、南京图书馆、浙江图书馆发布的《长三角智慧阅读倡议书》，更是将公共图书馆的智慧阅读服务突破了单馆的物理场所，以共建"智慧阅读生态系统"和"多层级、立体化智慧服务体系"的方式，实现区域图书馆阅读服务的智慧化转型和升级。

3. 领域拓展：创新知识服务

图书馆知识服务通过对用户需求的把握以及对信息资源的分析处理，为用户提供精准的知识内容，如上海图书馆的家谱知识服务平台为读者提供家谱常识普及和智慧寻根服务。智慧图书馆的知识服务不限于图书馆提供的公益性知识资源和服务，还为商业性、非营利性知识服务机构提供开放接口，打造智慧化知识服务运营环境，服务类型涵盖情报服务、智库服务、立法与决策咨询服务、专题知识服务、信息定制服务等，服务对象包括省（市）人大、政协、机关单位、企事业单位、私营企业、个人等。如河北省图书馆构建面向政府科学决策与现代化治理的智慧服务支撑体系，另有上海图书馆计划基本形成新型公共科技智库框架。

（五）智慧管理，敏捷高效

公共图书馆的智慧化转型需要对其智慧资源进行全方位的系统化管理，运用智慧管理方法指导智慧资源的内嵌，从而实现图书馆的服务创新、核心能力创新和价值实现。在此过程中既要重视外部环境对管理的制约和促进作用，也要加强对内部环境的控制和反馈。

1. 业务重塑：全流程智慧化升级

业务的全流程智慧化管理是智慧图书馆的特征之一。图书馆积极应用现代信息技术推动业务管理领域的智慧化转型创新，具体从 3 个方面进行升级：图书馆重点优化升级原有业务管理系统，以此推动图书馆业务全流程的智慧化转型。如首都图书馆建设集资源管理、读者服务、运营管理、考核评估、综合办公等功能于一体的信息化业务服务平台。图书馆基于数据优化图书馆业务管理，如深圳图书馆利用数据以提升馆员在馆藏、借阅、活动、空间等业务领域的工作效率。图书馆具体业务工作重构，如贵州省图书馆建设智能立体书库，集文献采编、保存、借阅、调配、流通周转、数据管理、分析等功能于一体，实现馆藏图书全流程智慧化管理。

2. 赋能成长：建设智慧化馆员队伍

智慧图书馆的核心驱动力在于"人的智慧 + 物的智能"，要求馆员具备应用智能技术和智能设备的能力、一定的学科专长、信息分析能力、综合运维能力等一系列人才要求。当前图书馆重视跨学科背景和综合型、专业型人才队伍建设，应定期开展馆员技能培训，更新馆员的知识储备，着力培养一支包括学科馆员、数据馆员、交流馆员、科研信息助理、智库专家、知识产权服务专家、情报分析专家等专业人才在内的新型人才队伍，实现对智慧图书馆的可持续支持。如甘肃省图书馆提出"人才强馆"战略，"完善员工绩效考核和评价机制，科学制定人才发展规划，建立高层次人才选拔、培养和激励机制"，支撑图书馆的智慧化转型。

3. 科研创新：引领产业智慧化生态

公共图书馆积极参与智慧图书馆相关的学术交流、科研项目与成果产出等活动，集思广益以支持智慧图书馆的建设。如广州图书馆"积极参与行业内技术平台合作项目开发，共享科技应用最新成果"。注重具有本土特色的智慧图书馆理论的搭建，如山西省图书馆计划成立智慧图书馆研究实验室，以全省智慧图书馆与图书情报研究发展成果引导全省智慧图书馆科学发展；上海图书馆着手进行FOLIO 的本土化工作，目前云瀚平台与云瀚社区建设已初具规模。

4. 规范秩序：深入探索智慧图书馆建设标准

智慧规范是智慧图书馆科学化、集约化、可持续建设的基础，能够为各类、各级图书馆的智慧化转型提供强有力的标准支撑。有学者构建了一个由基础标准、技术标准、资源标准、服务标准、空间标准和管理标准等 6 个方面标准构成的智慧图书馆标准体系框架，以规范和引导智慧图书馆的科学发展。目前我国的智慧图书馆标准化实践在不断深入中：公共图书馆在平台建设时遵循标准，如建设基于微服务架构的新一代智慧图书馆服务平台；公共图书馆在公共数字文化服务建设时遵循标准，如落实《国家基本公共服务标准》以推动全市公共数字文化工程建设标准化。

（六）协作协调，均衡发展

要逐步建成资源丰富、运行高效、互联互通的智慧图书馆服务体系，不能仅靠单个智慧图书馆"闭门造车"，需要向全国性和区域性智慧图书馆体系发展，多方力量共同合作，促进智慧资源与服务集成共享。

1. 业务引领：建设立体化智慧图书馆服务体系

在智慧图书馆建设中需发挥省级公共图书馆的引领作用，对基层图书馆的智慧图书馆建设提供专业化帮扶，以此扩大智慧图书馆服务的可及性，使资源能够合理分配到每一个人。如黑龙江省图书馆计划针对省内基础薄弱的重点地区以"结对子，共建设"方式与省馆形成上下联动、资源共享、联合推广的智慧化服务生态，助力乡镇服务点智慧化服务能力提升。除了由上向下的帮扶之外，上海图书馆还积极推动周边区域的图书馆达成合作，打造区域智慧服务体系，充分发挥上海图书馆作为我国智慧图书馆建设的先行引导作用。

2. 资源互惠：构建智慧图书馆数字资源体系

智慧图书馆建设需要加强各方资源合作，可分为联合编目、联合开展资源建设、国际合作 3 个方面。在联合编目方面，如黑龙江省图书馆建立黑龙江省地方文献书目数据库，编制全省地方文献联合目录。在联合开展资源建设方面，如"建设广东省公共数字文化资源总库"。在开展国际合作方面，如黑龙江省图书馆计划"联合俄罗斯、蒙古国等周边国家图书馆，面向省内外和周边国家、地区民众提供公共数字文化资源和移动、远程数字文化服务"。

3.服务升维：社会力量参与智慧图书馆建设

当前我国的公共文化服务供给，正在形成政府主导和社会力量参与的协同供给格局。公共图书馆开始与政府各职能部门及其所属文化机构以外的企事业单位、社会组织和个人合作开展智慧图书馆业务活动，促进多方资源、技术、信息等方面的密切协作：图书馆与社会力量合作建设新型智慧公共文化空间，扩大智慧图书馆服务的辐射范围；图书馆与权威、主流媒体合作，加强对其文化活动的宣传推广；图书馆引入市场力量或是社会组织参与公共数字文化设施的管理和运营，参与软件平台的开发与维护；图书馆与国内外社会机构开展资源合作；图书馆与实体书店、线上书店及物流公司合作，为读者提供智慧借阅。

四、公共图书馆智慧化转型的策略

（一）响应新时期国家政策要求

根据目前我国各部门出台的公共图书馆事业发展规划文件,国家从技术能力、资源整合、管理对策、优惠政策等方面加大了改革力度。在这一背景下，有关部门要积极响应国家政策，根据所在地区的发展状况，科学规划公共图书馆的智慧化转型方案，为大数据时代公共图书馆的可持续发展奠定坚实基础。当前，全民阅读已经成为政府部门关注的焦点，政府从政策保障方面给予了支持，这为公共图书馆智慧化转型创造了良好条件。各地公共图书馆储备了丰富的信息资源，具有人才优势和较为完备的基础设施，为了实现智慧化转型目标，有关部门要响应新时期国家政策要求，不断创新发展，为公共图书馆智慧化转型提供强有力的资源保障。

（二）掌握智慧化转型的核心技术

大数据时代，公共图书馆只有掌握智慧化转型的核心技术，根据自身建设发展的独特优势和基本需求，合理运用人工智能、云计算等技术，设计全新的服务体系，构建优质的知识服务空间，才能更快实现公共图书馆智慧化转型的目标。例如，使用人工智能技术定期进行信息的收集、存储、分析和利用，在为用户提供阅读服务时，合理运用智能算法，收集分析用户行为数据，为公共图书馆的内部管理和技术应用创造有利条件。云计算可以在公共图书馆的资源分析、数据存储过程中提供技术支持，更好地为用户提供增值服务；物联网可以有效连接网络平台与公共图书馆，在用户识别和获取公共图书馆内部储存数据的同时，实施全方位智能化监管，并根据用户需求提供个性化服务，提高服务的效率和质量。

在掌握各项技术的同时，公共图书馆管理人员要明确图书馆发展和技术变革的根本要求，深化智慧化管理思维。例如，管理人员要整理以往公共图书馆的管理经验，探讨并掌握数据分析、定制服务等的基本原理，结合各类用户的行为和阅读规律，为公共图书馆的智慧化转型奠定基础。以定制服务为例，管理人员要注重改变传统服务模式，将目光集中于应用技术和存储数据上，在数据的挖掘和加工中获取更多信息，提高用户对定制服务的满意度。

（三）重视公共图书馆顶层设计

从本质上讲，顶层设计就是综合考虑项目建设、管理的各个层次和各项要素。对公共图书馆智慧化转型而言，顶层设计的目的是以全局视角发现和解决问题。进入大数据时代，公共图书馆要应用先进技术完成跨界创新，提高资源获取效率，优化用户体验。

首先，管理人员要明确公共图书馆智慧化转型的发展方向和建设思路，综合考量资源、服务、文化、管理等要素，注重结合所在地区的文化宣传和服务需求，体现公共图书馆的资源优势和技术价值。

其次，全方位统筹公共图书馆的建设目标、实施原则和发展规划，确保公共图书馆智慧化转型满足大数据时代的发展要求。当前，以云计算、大数据、5G通信为代表的信息技术为大众提供了全新的阅读渠道，公共图书馆面临全新的机遇。公共图书馆通过调整发展方向和工作模式，应用先进技术，建设完备的数字资源体系和科学高效的智慧化服务平台，助推我国公共图书馆的可持续发展。

（四）建设智慧型服务平台

大数据时代，公共图书馆的服务要始终坚持以用户为本的基本原则，以先进技术作为有效支持，逐步引导业务服务向智慧化和个性化的方向发展，突破传统技术应用的限制，有效对接信息资源、业务服务和用户需求，形成嵌入式智慧型服务平台。从实践应用角度来看，公共图书馆智慧型服务平台要建立统一的数据标准和管理流程，在此基础上进行资源建设、导航设计、信息推广等，转变传统单一化的管理模式，将全样本数据看作决策管理的重要依据，以此让用户在使用公共图书馆时体会到智慧化服务的优势。信息技术的深度融合是构建智慧型服务平台的核心，云计算、大数据等技术在充分融合的过程中逐步扩大了公共图书馆的服务空间，用户可以根据自身需求选择智慧化服务的类型，这不仅能优化用户的阅读体验，还可以为实现公共图书馆的可持续发展提供技术支持。

（五）重新构建服务模式

当前，公共图书馆的智慧化转型发展目标是改变传统工作模式，创新现有服务内容，为用户提供高效优质的阅读体验。在这一过程中，公共图书馆管理人员要深入了解用户需求，始终遵循科学性和系统性的发展原则，积极引入更多现代化管理理念和技术方法。具体工作包括以下几个方面。第一，管理人员可以通过人工智能技术获取用户行为信息，确定全新的服务要求和改革方向，在大数据技术的支持下，深度挖掘更多有价值的信息，满足用户多样化的需求，创建优质的公共图书馆服务环境，让更多用户感受到公共图书馆优质的服务。第二，将信息服务转化为知识服务，始终从用户角度入手，改变传统服务模式，为公共图书馆智慧化转型奠定坚实基础。第三，公共图书馆要扩大服务范围，充分展现自身的数据存储优势和应用技术的价值，建设立体化的推广服务平台，注重评估用户的服务效果反馈，为用户提供优质的增值服务。第四，公共图书馆要与其他相关主体建立良好的合作关系，积极探索大数据时代"图书馆+"的发展模式和业务功能、技术方法等发展方向，最终为用户创建沉浸式的阅读环境，打造集阅读、教育、休闲、实践为一体的智慧化公共图书馆。

（六）加大复合型专业人才培养力度

大数据时代，理论技术的革新速度越来越快，公共图书馆智慧化转型的要求越来越高，同时也对公共图书馆从业人员提出了更高的要求。因此，如何培养优秀的复合型专业人才，是目前公共图书馆亟待解决的核心问题。一方面，公共图书馆要自主挖掘和培养高素质高水平的专业人才，鼓励、支持公共图书馆馆员学习和运用先进的技术，逐步强化自身的数据处理和服务能力，以有效应对智慧化转型的业务要求；另一方面，公共图书馆要与各地高校建立良好的合作关系，整理分析现有人才教育、培养中存在的问题，学习借鉴国内外公共图书馆智慧化转型的优秀案例，注重培养复合型专业人才，以确保公共图书馆智慧化转型工作的有序进行。

第三节 公共图书馆未来发展展望

一、公共图书馆未来发展模式

我国公共图书馆已经从全人工管理变革为半智能化管理，自助设备已进驻公共图书馆，大数据逐渐为人们所熟知，自动化软件也开始广泛使用。总分馆制管理在我国得到普遍认可，总分馆呈现的是"放射性网状＋复制"的管理模式，即以总馆为基准，所有遍布全城的分馆由总馆统一制定管理规范，并向各个分馆"复制粘贴"。当前，公共图书馆服务更多地向休闲娱乐倾斜，且国家提倡大力推广全民阅读，不断丰富民众的业余生活，满足他们对美好生活的向往，公共图书馆在确立总分馆管理模式并运转成熟的同时，大量使用智能自助设备，从而完全转化为智能公共图书馆。随着公共图书馆的技术革新，馆长带领的将不再是金字塔式的层级工作人员，而是平行的多个团队。图书选购团队专门负责图书的优选采购，学科研究团队专攻图书情报知识研究，古籍修复团队确保古书的良好保存，读者活动团队组织精彩的读者活动，宣传推广团队设计夺目的广告内容，智能技术团队提供稳定的技术支撑。多个团队互相合作，构筑起以团队为主体的公共图书馆新型工作模式。

（一）公共图书馆未来职业规划

目前，我国公共图书馆的部门设置大致可分为综合办公室、物业、安保、采编、借阅、报刊、古籍、数字资源、地方文献、社会教育、网络技术、少儿、学会、研究辅导等，具体工作大致包括文秘、人事、档案、环保、采购、修葺、安全、编目、上架、整架、借还、修复、整理、数字化、读者活动、技术支撑、研究、宣传、辅导、推广阅读等。由于近年来公共图书馆的社会职能加入了文化娱乐职能，读者活动在公共图书馆的服务占比逐年增多，再加上很多书店在运营模式上推陈出新，广受公众好评，公共图书馆更要不断创新读者服务工作模式。未来，爱书、读书之人才能成为合格的图书馆员，年阅读量、知识积累量是对馆员的基本要求，馆员只有博览群书、开阔眼界，才能为公众带来更优质的服务。馆员在制定未来职业规划时，需要对自身进行合理定位，专业基础、岗位类型、激励机制都是职业规划中馆员需要考虑的内容。公共图书馆从图书加工到读者借阅的整个流程都可依托智能技术实现无人工化服务；馆员的职业方向主要集中在行政工作、研究工作、技术工作和读者活动上，他们需要对自身有一个准确的评估，从自身的教育背景、兴趣爱好、压力承受力等角度进行评估并规划工作方向。

（二）公共图书馆未来服务模式

1.线上＋线下服务

随着线上读者服务规范的不断完善，公共图书馆未来服务路径将分为线上服务部分和线下服务部分。线上服务部分服务的读者群体是喜爱电子图书、杂志、报纸和影像资源的读者。公共图书馆将面向线上读者提供24小时线上咨询、申请、查阅、预约、共享等服务，如线上共享展览、读书会、音乐会、电影、培训、图书推广会等。线下服务部分服务的读者群体是喜爱实体书的读者，线下服务同时提供馆内学习和娱乐设施，包括自习区域、阅览区域、黑胶唱片区域、老电影区域、培训区域等。读者线下活动是公共图书馆线下服务部分的亮点，读者可以参加形式各样、精彩纷呈的线下活动，公共图书馆将从寓教于乐的角度策划、组织大量精品读者活动。公共图书馆未来服务模式是线上＋线下服务模式，新的服务模式是在公共图书馆原有的服务模式基础上发展而来，将更加顺应社会的发展和读者的需求。人们对知识的接收和对休闲娱乐的选择方式都将有更广阔、更多样化的选择，人们对生活的安排会更具目标性，更倾向于个性化的私人订制服务。公共图书馆线上＋线下服务将面向读者提供个人服务，包括阅读种类的选择、阅读目标的制定、完成目标的奖励，根据读者自身爱好提供活动安排或培训计划。

2.资源共享

公共图书馆未来的服务是全面覆盖的服务体系和全方位的服务模式，公共文化资源将平等地面向每一位公民开放，每位公民享有公共文化资源的权利是平等的，如：异地公共图书馆可以调配实体书到读者所在地公共图书馆，公共图书馆联盟可以帮助实现异地资源查询，一场别开生面的线上活动可以面向全国读者播出。未来的公共图书馆将以一个整体形象面对读者，将我国所有公共图书馆的知识集合在一起，为所有民众提供平等的公共文化服务。

（三）公共图书馆未来价值体现

公共图书馆馆员对馆藏进行研究后，将精华部分或是对现代社会发展有促进作用的信息整合之后向公众输出。信息是基础，包含馆藏中所有的知识点，如历史记录，经济发展情况等。馆藏资源数不胜数，很多保存良好、颇具历史价值的馆藏并没有被使用或阅读，大多数读者没有明确的目标图书，可能碰巧看到了新书推荐，也可能被一本书吸引。很多馆藏之所以被忽略掉，不是读者不去阅读，而是没有出现在读者的视野中。如果被动地等待读者，公共图书馆只能面对馆藏利用率越来越低的现实。

整合是行动，公共图书馆的研究型馆员要能够如数家珍般地了解馆藏，需要对馆藏进行定期盘点，只有将所有馆藏的价值进行提取整合，才能分析馆藏在目前能带给公众什么样的信息。传统公共图书馆的工作重点是对馆藏进行编目、上架、借还，维持基本的运转，目前物质生活水平持续提高，买书阅读对于很多人来说已经是司空见惯，公共图书馆更需要展现其社会价值。

与私人书房相比，公共图书馆的优势是馆藏量大、年代全面、馆藏丰富，读者通过公共图书馆可以咨询、获取信息。因此，公共图书馆应明确自身优势，盘活馆藏，整合信息，使价值最大化。输出是根本，馆藏信息经过整合后，根本目标和用途是向读者输出，信息被使用是输出的根本目的。

根据读者的需要，公共图书馆可将信息进行分类，如实用类、科普类、欣赏类、教育类、科学类、艺术类等；也可按读者的类型进行分类，如针对学生、教师、法律研究者、经济从业者等输出信息。输出的信息首先需要经过严格把关，其次需要具备一定的使用价值，再次需要符合我国的国民需求。向外输出是一种主动的推广，是面向读者展示公共图书馆的使用价值。公共图书馆提供的信息可能没有媒体新闻的时效性，但公共图书馆的信息是连续性、经验性、研究性的。

新闻给公众输出的是一个结果，虽然新闻也包含评论员的分析和预测，但公共图书馆的信息输出是包含前因后果的。读者在公共图书馆获得的信息是知识的本源，就是读者想了解什么，只要公共图书馆的馆藏包含这方面的信息，读者就能系统了解。公共图书馆未来的最大价值就是公共图书馆信息的整合输出。有读者认为未来的公共图书馆环境优美、空间感强，可以充分感受自由阅读带来的美妙感受和心灵迸发的灵感瞬间；有读者认为未来的公共图书馆方便快捷，只需要将自己所需的资料名称输入系统，即可得到全部的资源；有读者认为未来的公共图书馆就像一个大社群，交流互动功能强大；有读者认为未来的公共图书馆是没有馆员的全智能化平台，更倾向于个性化服务，是每个人背后强大的信息资源库。

公共图书馆未来的发展格局，不仅是馆员的工作导向，还是读者对公共图书馆未来的期待。只有得到整个社会的普遍认可，才是公共图书馆未来发展格局的目标。当前，公共图书馆逐渐科技化，概念外观、智能书库、自助借还、虚拟图书馆、机器人咨询员相继投入使用。未来我国日益强盛，科技发达，公共图书馆将以更人性化的服务、更丰富的馆藏资源、更完善的管理模式为读者创造公共图书馆的美好愿景。公共图书馆在人类的幼年期、儿童期、少年期、青年期、中年期、老年期均提供了不同的文化和精神力量，公共图书馆是人类的终身大学，是精神的栖息地。它的力量是温柔的，带给人内心的宁静；它的力量又是刚强的，带给人内心的强大。在所有人的期待、关注和见证中，公共图书馆未来将会发展得更加美好，更具包容力，更加朝气蓬勃。

二、现代化公共图书馆高质量发展展望

党的二十大报告全面擘画了以中国式现代化推进中华民族伟大复兴的光辉前景，提出中国式现代化是全体人民共同富裕的现代化，是物质文明和精神文明相协调的现代化，要推动文化自信自强，铸就社会主义文化新辉煌。公共图书馆作为丰富人民精神世界和培育文化自信的重要场所，站在新的历史起点，理应着眼于2035年基本建成中国式现代化和文化强国的战略目标，明确战略任务，以更加专业化、体系化、智慧化、社会化、全球化的发展思维，全面开创人民精神生活共同富裕新图景。

（一）面向文化强国战略加快推进中国特色世界一流城市图书馆建设

城市图书馆作为城市的知识中心、学习中心和文化交流中心，是一个城市文化发展和文明水平的重要象征，是滋养民族心灵、培育文化自信的重要场所。建设具有中国特色、世界一流水平的城市图书馆，是增强城市文化软实力、彰显文化强国新形象的创新举措。近年来我国上等级图书馆数量持续增多，带动城市图书馆整体水平显著提升，然而与世界一流水平尚有差距。对标文化强国战略目标，应坚持扶优、扶强、扶特原则，加快建成一批具有国际影响的世界一流城市图书馆，打造"高原"上的"高峰"，为文化强国提供强力支撑。文化强国战略中的世界一流城市图书馆建设，是一个长期的过程，应以动态的、发展的眼光来看待。

其包含三个层次的逻辑内涵和战略目标：一是城市图书馆的核心功能和社会职能得到充分展现，在满足公众需求、促进城市发展、建设文化强国中发挥不可替代的作用；二是城市图书馆在主要共性指标上需达到世界一流水平，综合服务效能显著提升；三是城市图书馆在建设过程中形成鲜明中国特色，能够向世界贡献"中国智慧"和"中国方案"，并在多个维度引领世界城市图书馆的发展。这就要求公共图书馆应做好以下三点：一是立足新时期国家战略、城市发展和民众

需求，重新思考城市图书馆的专业价值、功能定位和核心优势，通过深入推进全民阅读、深化社会教育支持服务、传承创新中华优秀传统文化、增进国际交流与合作等提升综合实力，打造一批与国家文化软实力相匹配的新一代现代化、创新型、地标性城市文化设施和服务综合体，重塑城市图书馆在文化强国中的新形象；二是主动对标国际，以代表世界先进水平的城市图书馆作为对照标杆，在创新和高质量发展中补短板、强弱项，实现主要共性指标达到或超越世界一流水平；三是建立促进城市图书馆创新发展的常态化机制，持续推动"中国创造"和"中国方案"的形成和发展，探寻"中国经验"走出去的多元路径，用富有中国特色的最佳实践向国际社会讲好"中国故事"，展现文化自信，切实提升我国城市图书馆的国际影响力和传播力。

（二）在中国式现代化进程中扎实推进公共图书馆服务城乡一体建设

乡村一直是图书馆服务的薄弱地带，城乡发展不均衡问题依然突出。全面建设社会主义现代化国家，最艰巨最繁重的任务也在乡村。如何在中国式现代化进程中推进乡村图书馆高质量发展，实现图书馆服务城乡一体和优质均衡，助力全体人民精神生活共同富裕，是新时期面临的关键议题。为此，要进一步深化总分馆制建设，通过做强县级总馆、提高乡镇分馆和基层服务点质量，切实打通优质文化资源向乡村的辐射延伸。

做强总馆，重点是强化并确保县级馆具备统筹协调、组织指导、服务援助分馆建设的能力；提高分馆和基层服务点质量，重点是加强分馆和基层服务点的软硬件设施，使其能够真正提供与总馆质量大体相当的服务，避免形式主义的"翻牌式"分馆和基层服务点。创新实施文化惠民工程。中国式现代化明确提出要"健全现代公共文化服务体系，创新实施文化惠民工程"，这就需要结合时代新要求创新思路和方法，切实增强文化惠民工程的覆盖面和实效性。对已有文化惠民工程，要进一步创新工作思路和服务方式，如深入实施农家书屋融合发展工程，推进农家书屋与新华书店、乡村文旅中心、公共图书馆服务体系等的融合发展，发挥资金、资源、人才的集聚优势以改变农家书屋孤岛运行、效益不高的问题，提升综合服务效能。同时，要谋划一批体现新发展理念、构建新发展格局、着眼于补短板强弱项、推动高质量发展的新文化惠民工程，如创新实施乡村儿童阅读推广工程、乡村新型阅读空间建设工程等。

近年来，各地涌现出一批面向乡村留守儿童的阅读推广项目，如"小眼睛大世界"乡村儿童绘本阅读志愿服务项目、"梦想书架"乡村少儿公益阅读推广建设项目，在弥补乡村儿童学前教育不足、乡村优质阅读资源和阅读引导人缺乏，培养乡村儿童阅读兴趣和阅读习惯等方面成效显著。公共图书馆可充分发挥自身的资源优势、体系优势、专业优势和人才优势，尝试在全国推广运行乡村儿童阅读推广工程，切实保障好乡村特殊群体的基本文化权益。新型公共文化空间建设是城乡一体高质量发展的重要标志，应及时总结"城市书房""智慧书屋"的建设经验，紧密结合美丽乡村、特色小镇建设及文旅融合发展，推进新型公共阅读空间向乡村延伸，重点加强对乡镇综合文化站、农家书屋的创意性改造，让乡村公共阅读服务与城市大致上同量同质。

（三）围绕国家文化数字化战略统筹推进智慧图书馆体系建设

中共中央办公厅、国务院办公厅印发的《关于推进实施国家文化数字化战略的意见》（以下简称《意见》）从国家战略高度对文化数字化建设进行了总体部署，为新时期公共图书馆的数字化、智慧化转型提供了重要指引。近年来，我国公共图书馆在推进数字化转型过程中，逐步建成较为先进的数字文化基础设施、较为丰富的数字文化资源库群和较为完备的数字文化服务体系。

国家文化数字化战略机遇下，公共图书馆要将推动智慧图书馆建设、加快构建全国智慧图书馆服务体系作为迈向世界一流的"最大增量"，聚焦资源、空间、服务和管理的智慧化建设，实现图书馆业务的全方位重塑。

一方面，要推动建立全国统一的智慧图书馆标准规范体系，实现各级图书馆已建和在建资源数据的逻辑关联和共建共享，打通"数据孤岛""资源孤岛"。在此基础上，统筹推进大数据管理分析平台建设，深度挖掘各级图书馆在馆藏利用、业务管理、资源流通、用户使用、设备运行中的资源数据，将大数据资源转化为优化服务流程、辅助管理决策的重要支撑，提升基于数据驱动的图书馆智慧协同治理能力。

另一方面，加快推进线下智慧服务空间建设，积极贯彻落实《意见》及《虚拟现实与行业应用融合发展行动计划（2022—2026年）》中的相关要求，充分依托虚拟现实、增强现实、混合现实、全息影像等现代信息技术，对各级公共图书馆特别是县以下图书馆及基层服务点的空间场馆、设施设备进行智慧化改造，全方位打造线上线下一体化、在线在场相结合、大屏小屏相补充的沉浸式、互动式数字阅读体验空间和中华文化创新成果展示空间，拓展智慧应用服务新场景，引领全民阅读获取方式、欣赏方式和体验方式的变革。

第二章 公共图书馆服务创新发展

第一节 公共图书馆服务功能与对象创新

一、公共图书馆服务的内涵

（一）图书馆服务的概念

图书馆服务是图书馆工作的主要组成部分，它有着丰富的内涵和外延，是图书馆联系社会和用户的桥梁，是图书馆工作价值的最终体现，也是图书馆工作的出发点和归宿。正如彭斐章教授在其《数字时代的图书馆学研究》中所说的："图书馆学是强调服务的科学，服务观念应成为图书馆学的主要因素，离开了服务，图书馆事业就失去了存在的价值；离开了服务，图书馆学研究也就偏离了方向。"对图书馆服务概念的认识，对于开展图书馆服务工作和进行图书馆服务研究有着十分重要的意义。

图书馆服务通常所指的就是图书馆读者服务。由于现代图书馆服务功能的不断扩大，服务形式的丰富多样，图书馆的服务对象已经不再局限于读者这个传统的主要群体，而是扩大为其他需要图书馆提供各种类型服务的用户。因此，从广义上讲，图书馆服务已经包含了图书馆读者服务的内容，图书馆服务这一提法更加符合图书馆的工作实际，更有利于对图书馆服务进行深入的研究。当前图书馆界对图书馆服务概念的界定众说纷纭。有人认为，图书馆服务是根据用户的文献信息需求，充分利用图书馆资源直接向用户提供文献信息的一系列活动。还有人认为，图书馆服务并不仅仅是指满足用户的信息需求而开展的各项工作，还应包括图书馆的服务理念、服务质量、服务环境和图书馆服务过程中馆员的业务能力、服务态度等内容。又有人认为，图书馆服务是图书馆运用图书馆资源满足用户对文献信息需求的行为和过程。还有人把图书馆文献的使用和服务工作，以及用户发展、用户研究、用户培训等一系列工作称为图书馆服务。

从上述对图书馆服务概念的众多界定中可以得出以下共同点：一是图书馆的服务对象——图书馆用户，是以读者为主体的社会各种组织和个人。二是图书馆资源（也可称为"图书馆服务资源"）应包括文献信息资源、人力资源、设施资源等一切可以用于提供服务的资源。三是图书馆服务的内容是以文献信息为主，也包括有需求的其他各种形式的服务。四是为满足社会和用户所需的各种服务手段和方式，是实现服务效果的前提条件。综合而论，"图书馆服务就是图书馆为了满足社会和用户的文献信息等多方面的需求，利用自身的资源，运用多种方法所开展的一系列服务活动"。

（二）公共图书馆服务的内容

1.文献服务

文献服务是提供馆藏文献原件或替代品的服务，也称全文服务。主要包括外借、阅览、复制、展示、剪报、编译、视听等服务。除此外，基于馆藏资源互借与传递的馆际互借和文献传递服务也属于文献服务范畴。近些年，虽各馆馆藏文献资源的借阅率出现不同程度的下降，但我们仍有理由相信，作为文献保藏机构的图书馆其馆藏资源仍然是图书馆的服务主体，文献服务地位依然很重要。正如吴晞和甘琳在研究中表述的"无论技术环境如何发展变化，馆藏文献尤指传统的纸质文献，仍然是图书馆最为基础的资源体系，馆藏文献的提供仍是图书馆最为重要的服务方式。舍此，图书馆的特质、功能、作用等则无从谈起"。

2.信息服务

信息服务是指提供文献线索或信息产品的服务，也称书目服务。主要包括书目检索、目次页报道、新书通报、公共查询、编制二次文献、建立数据库、网络导航等。信息服务是伴随计算机和互联网的发展而产生的，它为读者查找文献信息节约了时间和精力，提高了文献查找的速度和效率。

信息服务相对于文献服务来说，不同之处在于服务内容上的变化。如果说文献服务是以"种"揭示文献和提供服务，那么信息服务就是以"篇章字词"揭示文献内容和提供服务但信息服务仍然较偏重结构化信息和显性知识，难以有针对性地解决用户的个性化知识问题。

3.知识服务

知识服务是指提供解决问题的知识或知识产品的服务，也称内容服务。主要包括知识参考、信息调研、信息定制、科技查新、专业咨询、情报研究、竞争情报服务等。知识服务不仅是用户目标驱动的服务，还是面向知识内容、面向解决方案、面向增值服务的服务。在哈佛大学商学院图书馆的等级服务模式中，最高等级的服务是知识增值服务，即解决读者个性化的深层次问题，提供方案决策及富有价值的信息产品，进行知识创新和增值服务。

知识服务是近 20 年来，图书馆学研究和图书馆界实践探索的热点问题。知识服务要求图书馆提供个性化、定制化的服务内容以满足用户解决问题的需求，要求提供知识增值服务满足用户新的知识增值产品需求，要求图书馆从信息中心向知识中心转型，满足用户创造知识、共享学习的需求。目前国内比较成功的知识服务有数字图书馆、学科门户、知识地图、知识导航、协作式数字参考咨询服务等。

4. 方法服务

方法服务是指提供利用文献、信息、知识的方法的服务。图书馆开展方法服务的主要形式有：入馆教育、宣传辅导、课程教育（如信息检索、阅读学、竞争情报、信息文化等课程）、数据库讲座等。常言道：授人以鱼，不如授之以渔。要让用户高效率地利用图书馆，图书馆本身除要做好自身的服务工作外，还要做好方法传授工作。让用户了解图书馆，走进图书馆，认识图书馆，掌握各类馆藏资源的利用方法和服务设备的使用，从而提高信息检索能力和信息处理能力，提高馆藏资源的利用率，这也正是图书馆开展方法服务的目的和意义所在。

5. 文化服务

文化服务是指提供知识文化和精神文化的服务，包括以下两方面的内容。

文化展示。通过人文地理、历史回顾、社会热点、科学普及等方面的内容举办多种形式的主题展览，扩充用户知识结构和文化视野。如洛阳理工学院的李进学艺术馆、李先生纪念馆、河洛地区精品碑刻陈列室等主题展馆。

文化活动。通过图书捐赠、读书有奖知识竞赛、图书漂流、精品图书展览、污损图书展览、经典视频展播、读书箴言征集、名著影视欣赏、名著名篇朗诵、品茗书香思辨赛、优秀读者评选、搜书大赛、书法作品展、读书摄影比赛、读书微视频比赛、读书达人秀、一站到底读书、书模表演等阅读推广活动，普及文化知识，提高整体国民素质。文化服务不是简单的一般性服务过程，而是一种智慧化服务过程。这个过程既是高层次的信息文化服务过程，又是一个教育的过程，二者缺一不可。

6. 空间服务

空间服务是指利用图书馆的空间环境为用户提供的服务。包括环境空间服务和信息空间服务两大方面。不可否认，无论是文献服务、信息服务，还是知识服务、文化服务都离不开图书馆的空间环境。正如上海图书馆馆长吴建中对图书馆空间的描述：图书馆是人与人交流的最佳场所，是聚集信息资源和人的资源的知识空间，并鼓励用户按照他们的想象来重新设计超越传统图书馆的新空间。

读者对图书馆的关注和来图书馆的目的发生着改变，需要多样化的空间环境，促生了图书馆的空间服务。读者需求的不断变化也使图书馆的空间设计实现从信息共享空间到学习共享空间，到学术共享空间，到创客空间的完整规划。多元化的空间服务不仅提升了图书馆的人文气息和学习环境，还提高了图书馆的运行和服务效率。

7. 智能化服务

智能化服务是指将通信技术、网络技术和物联网技术综合运用在图书馆的各项服务中，为用户提供数字化、网络化、自动化和智能化的服务模式。主要包括数字网络平台服务、RFID 自助借还服务、自助打印复印扫描服务、一卡通服务、一站式检索服务、移动图书馆服务、云屏阅读点播服务、自主选座服务等。如今智能化的图书馆建筑环境日趋成熟，为智能化服务奠定了硬件基础。4G 网络、云计算、互联网与传感器的融合等新兴技术的产生和发展助推图书馆的智能化服务向高端智能发展。目前各个图书馆都开展了智能化服务，只是智能化的程度不同而已。智能化服务是一个不断发展和完善的服务过程，其智能化和现代化的道路是无止境的，现代图书馆要完全转型为全面智能化的图书馆还有很长一段路要走。

8. 移动服务

移动服务是指图书馆借助移动工具提供浏览、借阅、咨询等服务。主要包括 WAP 浏览＋短信、移动 OPAC、移动阅读、移动参考咨询、O2O（Online to Offline）、移动图书馆等服务形式。具有泛在性、便利性、自主性、移情性和社交性等特征。随着时代的发展，目前微博、微信公共服务平台、移动图书馆成为移动服务的三大主流模式。

微博、微信和移动图书馆 APP 三个国内使用规模最广的移动服务平台有各自的优势和不足。基于微博的移动服务，会在短时间内集聚用户群，用户之间、用户与馆员之间交互性强，但自主性弱，只能使用微博运营商提供的功能，服务内容有限，多是新闻和信息发布、一般性参考咨询服务。基于微信的移动服务近几年发展迅速，功能强大，服务内容丰富，且可和移动图书馆完美集成。如中原工学院的"中工图书馆"微信服务平台可实现图书查询、借阅查询、在线咨询、云阅读、新书通告、好书推荐、移动图书馆集成等十多项功能。不足之处是关注的用户量有数量限制，且推送信息一天只能发一次。移动图书馆APP是数字图书馆移动服务的一种完美开发，具有独特的资源和内容服务优势，但不足的是互动性较差。在不断深化的移动服务中，如何进行功能优化和服务融合，找到移动服务的最佳范式将是移动服务创新的方向。

二、公共图书馆服务理念

（一）以人为本的服务理念

1.普及人文理念，构建良好的人文风气

普及人文理念，使图书馆内部拥有良好的文化风气是图书馆管理与服务创新必须践行的措施。这就需要图书馆在服务过程中具备浓厚的人文意蕴、人文氛围，在服务过程中给予读者人文关怀，让读者深刻感受到图书馆服务中的人文精神。图书馆应逐步加强对馆员的培训，通过具体有效的培训计划、教育体系逐步提升馆员的人文素养。要增强馆员服务的主动性，培养自觉意识，在服务中能针对读者提出的各类问题科学解答、细致解决。如读者在咨询馆员查找文献资料时，馆员要保持良好的服务态度，当找不到读者需要的材料时要向读者报以歉意，掌握适当的方法平复读者因无法快速获得资源而产生的失落感，给予读者更多的人文关怀。

2.建立人性化的管理制度体系

图书馆作为服务广大读者的知识服务机构也要有人性化的管理制度体系。图书馆提供服务的主体是广大馆员，读者服务工作质量的高低很大程度上也取决于馆员，因此需要图书馆构建人性化的管理制度。这需要从招聘、管理、团队建设3个方面入手，在招聘方面要确定图书馆未来发展目标，通过社会招聘、高校招聘等途径，择优录取；在管理方面，制度指标设置、制度条文编纂都要体现出人性化特点，给予馆员人性化关怀，激发馆员工作的积极性；在团队建设方面，要重视具有不同能力特长人才的合理搭配，使各类人才充分发挥优势，促进图书馆发展。

3.建立以读者为中心的服务机制

图书馆在服务过程中要建立"以读者为中心"的服务机制，结合读者的需求、心理特点、学习预期、成长目标等多方面因素综合设置。图书馆要关注读者的生存状态、发展状态、生活态度，重视结合读者需求提供不同的借阅指导项目、服务项目。"以读者为中心"的服务机制还要建立反馈机制，即能在特定的服务周期获得读者的反馈，这样不仅能及时了解读者的需求变化情况，还能及时调整服务方式，创新服务模式，使读者需求得到满足。

（二）共享的服务理念

图书馆在自愿、平等、互惠基础上，通过建立图书馆与图书馆之间或与其他相关机构之间的各种合作、协作、协调关系，利用各种技术、方法和途径，开展共同揭示、共同建设和共同利用信息资源，以最大限度地满足用户信息资源需求的全部活动就是信息资源共享。《图书馆服务宣言》第5个目标指出"图书馆开展信息资源共建共享。各地区、各类型图书馆加强协调与合作，促进全社会信息资源的有效利用。"《中华人民共和国公共图书馆法》第三十条指出国家支持公共图书馆开展联合采购、联合编目、联合服务，实现文献信息的共建共享，促进文献信息的有效利用。

由于单个图书馆资源建设和服务能力是有限的，在现代信息技术的支持下，资源共享已成为提高图书馆服务效率、满足全社会信息需求的必然趋势。近年来，中国公共图书馆的资源共享活动取得了良好的效果，产生了全国文化信息资源共享工程、数字图书馆推广工程、全国公共图书馆讲座联盟、全国图书馆联合参考咨询联盟等一批资源共享项目和组织。部分大中城市建成市、县、乡、村公共图书馆服务网络，实现了区域群整体上的资源整合和业务整合，实现了一馆办证、多馆借书，一馆借书、多馆还书的通借通还目标。

（三）平等的服务理念

1.因地制宜开展总分馆体系

为保障公民平等地享受服务，《中华人民共和国公共图书馆法》结合国际惯例和中国公共图书馆开展的实践，要求以县级人民政府为主导，建立县域总分馆体系。总分馆体系不是图书馆间的松散结合，而是区域性的图书馆融合，其核心在于形成统一采购、统一编目、统一配送的图书馆服务体系，完善数字化、网络化服务体系，充分发挥图书馆资源与服务优势，以达到共建共享的目标。

从本质而言，这是图书馆管理体制和运行机制的变革，中国公共图书馆总分馆体系的基本地域是县域，这是中国地域、行政体制等现实因素所决定的。应当注意的是，总分馆体系建设不是一个模板的照搬照抄，由于经济条件等客观因素的制约，需要走因地制宜、分类指导、可持续发展的道路。为保障公民平等地享受公共图书馆服务，要进一步缩小地区之间、城乡之间的差距，做大做强县馆，逐步提升和充分发挥县级公共图书馆对乡镇、村图书馆的辐射作用，这也是普遍均等、惠及全民的公共图书馆体系能否建成的关键所在。

2. 为弱势群体提供专门服务

平等理念所提倡的公共图书馆服务，是一种阳光普照式服务，但是受限于身体的主观原因或部分提供条件限制等客观原因，一些图书馆服务对未成年人、老年人、残障人士等弱势群体有一定的"门槛"，即使常规服务也显得遥不可及，例如适合于低幼儿童阅读的文献信息、老年人和残障人士所需的无障碍设施、阅读障碍者所需的辅助阅读设施。因此为保障所有人平等地享受图书馆服务，《中华人民共和国公共图书馆法》第34条特地强调服务向弱势群体有所倾斜。除了向所有人免费开放外，公共图书馆为弱势群体提供专门的服务，包括但不限于以下措施：

针对未成年人，根据《中国儿童发展纲要（2011—2020年）》要求，应当在制定法律法规、政策规划和配置公共资源等方面优先考虑儿童的利益和需求，公共图书馆在馆舍布局、文献资源配备等方面对未成年人有所侧重，不得提供不适宜的文献信息，并对馆员提出针对性要求；

针对老年人、残疾人等群体，引导具有较高水平的公共图书馆开设老年阅览区域、设立盲人阅览室，设置盲道、无障碍通道等设施，并加强盲文图书、有声读物等专用文献资源建设和触屏读报系统以及阅读辅助设备等设施建设，利用互联网技术开展线上远程服务，保障弱势群体平等地享受服务，体现图书馆的人文关怀。

3. 防范读者权利失衡的禁止性规定

公众平等地享受图书馆服务，必须是建立在"合法"的基础上。《中华人民共和国公共图书馆法》赋予公众可以自由平等地利用图书馆的权利，同时为防止读者权利失衡做出禁止性规定，以限制权利的行使，不能以妨碍他人、危害社会、破坏良俗为代价，其实质也是为了保障公民的基本文化权益。规定的对象包含公共图书馆和公众两个方面。"法无禁止即可行",一方面,要求公共图书馆不得开展无关的商业经营活动,保障公众利用图书馆的资源和机会,不能从事与公共文化设施职能定位不符的市场经营活动,树立正确的服务理念;另一方面,规定公众应当履行的义务,"应当遵守公共图书馆的相关规定,自觉维护公共图书馆秩序,爱护公共图书馆的文献信息、设施设备,合法利用文献信息;借阅文献信息的,应当按照规定时限归还",也是保障他人的读者权益;此外,对实施破坏或扰乱行为并经劝阻不改的公众,公共图书馆可以拒绝提供服务,并约定公共图书馆拒绝提供服务的三个前提。《中华人民共和国公共图书馆法》为保障公众平等利用图书馆划定权利的界限,厘清义务的范围,其实质是个人的"平等"不能以损害他人的"平等"为代价。

(四)开放的服务理念

1. "引进来"与"走出去"相结合的社会教育

公共图书馆承担社会教育职能,要采取"引进来"和"走出去"相结合的策略。"引进来",即利用公共图书馆的品牌优势、资源优势、体系优势和空间优势,强化硬件设施建设,吸引公众到馆,通过提供多样化和个性化服务留住读者,支持正规和非正规教育,支持终身学习的开展,为良好学习环境的创设建立技术保障、服务保障和制度保障。"走出去",即公共图书馆提高社会教育服务设计的水平,参考借鉴国外公共图书馆在阅读能力和兴趣培养方面的成功实践,如英国婴幼儿阅读起跑线等项目,以阅读推广活动、讲座等形式提升公众的文化素养,让图书馆服务融入生活,在建设"书香社会"和知识型社会中发挥作用。近年来公共图书馆社会教育职能作用不断增长的表现之一便是"全民阅读"活动,从某种程度而言,公共图书馆以文化之名行教育之事,"全民阅读"与其说是一项文化政策,毋宁归于高层次的"扫盲"需求,是国家战略层面的继续教育。

2. 延伸传统服务内容和形式

在公共文化空间的概念中,"公共"表明"空间"的属性,"文化"则需要依托于"空间"这个载体。作为一种物理形态的场所,图书馆的建筑和设备要先进、方便、适用、美观,体现人文关怀;图书馆的环境要体现出宽松、开放、温馨、亲切,富含文化意蕴,充满人文气息;图书馆的资源要数量丰富、质量优良、结构合理、方便实用,营造人文氛围,全方位提升图书馆的吸引力。同时,图书馆应重视开展各种读者活动,利用图书馆的场地、设施,组织读者沙龙、论坛、设立读者共享空间，为公众提供自由交流空间；为读者开展培训，这种培训可以是图书馆利用技能的培训，还可以包括网络使用知识、专业生产技能方面的培训，为读者与馆员、读者与读者之间交流提供平台；还可以借鉴国内外移动创客空间的成功案例和服务经验，开发重点创客项目，如 2013 年上海图书馆建立的全国首个公共图书馆创客空间"创·新空间"，建立五大功能区，将图书馆传统服务项目和 3D 打印、多媒体展示及培训活动融为一体，成为上海文化创意产业信息中心和中小企业公共服务示范平台的服务窗口。

3. 融合发展

融合发展是开放理念的重要体现，在《中华人民共和国公共图书馆法》第九条、第三十条和第四十八条均有体现。公共图书馆融合发展，一方面，以公共图书馆、文化馆、博物馆、美术馆、乡镇社区文化站为代表的骨干性公共文化机构要打破行业部门壁垒，改变一定程度的"老死不相往来"的局面，走优势合作、深度融合、协同发展的道路，各级各类机构聚焦共同的目标，发挥各自优势协同推进，实现功能和服务融合，提高综合服务效能，如图文博美协同推进阅读推广、全民艺术普及等活动，进而将图书馆先进的服务理念、服务实践向整个公共文化领域传播、辐射，放大图书馆的示范效应、扩大影响范围、彰显职业价值。

另一方面，深化文旅融合成为新时代"大文化"建设的重点任务，如何推动公共图书馆与旅游公共服务融合发展也成为高质量发展的重难点问题。公共图书馆要发挥信息整序和传播的专业优势，可以开展旅游推介服务，增强旅游信息服务的专业性；还可以以标志性文化设施串联旅游路径，或是嵌入景区方便游客了解当地人文和自然知识。近些年来图书馆助推研学游的融合模式也成为公共文化服务与旅游服务融合发展的强劲增长点，如何寓教于乐、增强吸引力也成为图书馆发展的新挑战。

（五）无障碍的服务理念

无障碍服务是指增加残疾人能力并促进其融入社会的一种手段，包括信息通信技术和互联网两个范畴。《公共图书馆宣言》指出："公共图书馆必须向由于各种原因不能利用其正常的服务和资料的人，如残疾人等，提供特殊的服务和资料。"《公共图书馆》规定："政府设立的公共图书馆应当考虑老年人、残疾人等群体的特点，积极创造条件，提供适合其需要的文献信息、无障碍设施设备和服务等。"

近年来，中国公共图书馆利用信息技术和上门服务等多种方式为残疾人提供无障碍服务取得了较大进展。例如，首都图书馆建设无障碍图书馆，引进阳光读屏电脑、盲文点显器、助视器等帮助盲人读者上网、阅读；上海图书馆制作有声读物和无障碍电影。

三、公共图书馆服务功能创新

（一）公共图书馆服务职能

十一届三中全会以来，随着国民经济的快速发展，综合国力日益增强，国家对具有公共服务职能的图书馆建设的投入不断加大，我国图书馆事业也有了长足的发展。特别是近10年来，随着国家综合实力的提升和"科教兴国"战略的实施，各类型图书馆在经费、馆舍、馆藏和现代化服务手段等方面的投入加大，也使图书馆的公共服务职能得到了明显的增强和提高。作为现代国家公共服务体系之一的"图书馆"（library）是"承担着搜集、整理、收藏和流通图书资料，以供读者进行学习和参考研究的文化机构。……是重要的宣传、教育阵地"（源自《辞海》）。关于图书馆的作用，或说图书馆的社会职能，1975年国际图联（国际图书馆协会联合会，简称：IFLA）在法国的里昂召开的图书馆职能科学讨论会上，一致认为有如下几种：

保存人类文化遗产的职能：图书馆的功能之一，就是要收集、加工、整理、科学管理文献资源，以便广大的读者借阅使用。图书馆作为保存各民族文化财富的机构而存在，保存人类文化典籍，是图书馆最古老的职能。它是以文献为物质基础而开展业务活动的。

开发信息资源的职能：图书馆依靠收藏的文献信息资源进行科学的整理和开发并广泛地推介给读者传播利用，这是图书馆的重要职能之一，它是图书馆承担各种职能的基础。

参与社会教育的职能（或称道德教育的职能）：图书馆利用文献资源吸引读者，引导读者在利用文献信息时培养使他们毕生受益的道德情操、正义感和社会责任感等。

开发智力资源职能（或称文化素质的教育职能）：图书馆为社会所有成员读者提供最完备的学习条件：资源、场地、设备，教育他们获取文献资源的过程和方法，掌握进行终身学习所必需的技能。读者可以长期地、自由地利用图书馆进行自学。图书馆还是学校教育的重要组成部分。在学校里，图书馆是最基本的教育设施，它被誉为"知识宝库""知识喷泉""大学的心脏""学校的第二课堂"，直接承担着培养人才的重任。

文化娱乐的职能：健康的文化娱乐是人类社会生活中不可缺少的组成部分。图书馆是社会文化生活中心之一，在传播文化、活跃群众业余文化生活方面具有很重要的地位和作用。

作为具有公益性和服务性双重特点的图书馆行业，非营利性是其显著特点，服务大众又是其运营的重要目标和核心价值观所在。所以，图书馆公共服务职能的基本定义应该是：收集、保存、整理人类文化信息资源以最大限度地满足社会公众的一切教育成长的信息资源需要。

（二）省级公共图书馆服务功能优化

省级公共图书馆作为我国公共文化服务体系中"承上启下"的重要存在，理应转变发展定位，充分发挥服务效能，为国家发展大局和区域多元建设提供更强大的助力。

1. 深化政务服务功能，建立区域共享共治体系

第一，省级公共图书馆应推动政务服务体系向基层"下沉"和延伸。在《中华人民共和国国民经济和社会发展第十四个五年规划和 2035 年远景目标纲要》落地实施后，加快改革文化服务体系建设和体制机制创新，优化城乡服务资源配置，推进城乡公共文化服务体系一体化建设，创新实施惠民工程，依然是省级公共图书馆的核心任务。

第二，省级公共图书馆应发挥新型智库效能，助力地方政府科学决策。长期以来，省级公共图书馆在我国公共文化服务体系中始终处于承上启下的重要位置，在发展定位上不仅要"向下"（基层百姓）提供全面多元的服务，还要"向上"（地方政府）提供科学决策参考服务。新形势下，省级公共图书馆作为国家文化事业大发展大繁荣进程中的重要组成部分，理应积极响应国家号召，充分发挥文献情报的前端和智力支持功能，为国家和地方政府的发展和决策提供高效服务。

2. 强化经济服务功能，推动地方经济和文旅产业发展

第一，省级公共图书馆应服务区域经济建设发展。为地方经济建设提供资料与研究支持是我国地方图书馆的使命和任务。2021 年 6 月，《中共中央　国务

院关于支持浙江高质量发展建设共同富裕示范区的意见》正式发布，支持和鼓励浙江先行探索高质量发展道路，建设共同富裕示范区。该文件的发布，不仅对区域经济建设提出了新要求，也对地方公共图书馆事业具有深远影响。随着近年来移动互联网、信息技术、社交媒体平台的下沉发展，"直播带货"风潮迅速兴起，不少地方公共图书馆开展直播助农活动，带动了地方经济发展，这也对浙江图书馆助力区域经济建设发展提供了新启示。浙江图书馆积极利用自身特色资源和区域文化禀赋，策划、承办和参与了一系列文化艺术活动，对区域招商引资产生了积极作用。

第二，省级公共图书馆应引领地方文旅、文创产业创新发展。随着"图书馆+文旅/文创"发展模式的进一步深化，省级公共图书馆在区域经济建设与发展过程中的引领作用进一步凸显。

3.完善文化服务功能，助力地方文化传承弘扬并强化区域精神文明建设

第一，省级公共图书馆应助力地方文化传承弘扬，以地方故事的传播增强国家文化软实力。新形势下，省级公共图书馆要加快对地方优秀传统文化资源的创造性转化和创新性开发，提升地方文化的吸引力、传播力。近年来，浙江图书馆积极创新文化服务模式，不仅加快对馆藏资源如古籍文献资源的开发与维护，构建优质共享、具有浙江特色的资源体系，打造多层级文献资源矩阵，从而为地方文化的传承与弘扬提供强力支持，还注重引入新兴技术，如5G、人工智能、大数据、云计算等，为自身的数字文化工程建设提供助力。

第二，省级公共图书馆应强化区域精神文明建设，以丰富多彩的活动、全面的产品矩阵和多元的跨界合作机制推动全民阅读事业纵深发展。新形势下，省级公共图书馆要进一步强化"龙头"作用，实现从活动、产品到体制机制的全面创新目标，引领地方公共文化服务事业长效发展，为区域精神文明建设做出新的更大贡献。一方面，省级公共图书馆可以用丰富优质的活动和产品打造区域文化新品牌，加速文化惠民工程落地实施，助力地方精神文明建设。另一方面，省级公共图书馆可以积极探索跨界协同发展模式，通过与社会各界、各行业建立多元合作关系，加快推进区域精神文明建设目标。这些合作为区域精神文明建设和地方文化国际交流传播提供了重要助力。

四、公共图书馆服务对象定位与创新

（一）公共图书馆服务对象定位

公共图书馆服务对象的功能化定位，就是根据公共图书馆的职能来定位其服务对象，即先定职能，再定对象。公共图书馆不同的职能所面向的服务群体不同，职能越强大，其面向的服务群体数量往往越大，覆盖范围往往越全面，服务深度精度往往越细致。公共图书馆四大职能中最弱的是情报职能，尤其是在学术科研职能上，建立科研机构、申报项目课题、开展学术研究等服务的开展更多由高校图书馆和科学院图书馆承担，公共图书馆无论是在科学性、专业性和独立性上都有所欠缺。公共图书馆的情报职能以面向企业等集体用户为主，然而仍然与众多高校图书馆和科学院图书馆之间存在竞争关系。但是，公共图书馆在涉及公共、社会项目上与企业展开的情报传递与分析、参考咨询与智库服务是可圈可点的，如科技知识服务与企业情报服务，为本地区重点教育和其他部门提供专题知识服务以及近年来兴起的智库服务和大数据服务等。因此公共图书馆情报职能的服务对象中往往科研工作者、大学生较少，以该地区大型企事业单位和教育部门为主。公共图书馆的文化和教育职能决定了其服务对象的社会性与广泛性。公共图书馆的文化职能包括娱乐消遣、保存古籍等文化遗产、文化传承以及建设公共文化服务体系，教育职能包括全民阅读推广、特殊教育、信息素养教育以及思想科学文化教育。因此，公共图书馆的服务对象中绝大多数是高校图书馆无法兼顾的中小学生，参加讲座、培训、展览、阅读推广活动以及馆内外学术活动的上班族，处于相对弱势地位的工人、农民以及残障人士等，还包括地方文化机构、特色文献中心、古籍档案库等公共文化事业机构。

（二）少儿图书馆服务对象分级定位

有别于普通公共图书馆以职能作为服务对象定位的主要依据，少儿图书馆的服务对象定位十分明确，一般指的是 0 ~ 16 岁的少儿。少儿图书馆是一类特殊的公共图书馆，存在两种不同的馆设形式，一是依附于各级公共图书馆内的少儿小馆或少儿空间，各省级图书馆、大多数地市级图书馆以及少数县级图书馆内设有未成年人服务专区，有些以单独的少儿小馆形式存在，有些以馆内藏书分区的形式存在，不一而足。二是专门设立的少儿图书馆，从分布的地区与密度来看，以各直辖区以及长三角、珠三角等发达地区为标杆，与人口密度分布一致。其中，上海图书馆、南京市图书馆等已经形成较为成熟的少儿群体服务模式，有规划地开展形式丰富、内容新颖、质量过关的少儿阅读服务、素质拓展服务和个性化服务。面对少儿这一特殊的服务对象，"分级阅读"呼声越来越高，这一在发达国家已良好运转60多年的少儿阅读模式在国内的应用也被许多学者提出。公共图书馆有责任和义务开展分级阅读工作，从各国实践看，可按年龄分、按媒体形式分、按知识结构分以及按性别分。"分级阅读"的"分级"正是对少儿这一服务群体按年龄再细分为0~6岁低幼儿童、7~12岁小学儿童、13~16岁中学儿童，这三个年龄阶段的儿童群体有着较为明显的心智和情感差异，是"分级阅读"实践的最佳试点。

第二节 公共图书馆服务时空创新

一、公共图书馆时空服务拓展模式

国家在政策层面对于公共图书馆的服务时间有明确规定。《公共图书馆服务标准》规定"公共图书馆应有固定开放的时间，双休日应该对外开放。省级馆每周开放时间不少于64小时；地级馆每周开放时间不少于60小时；县级馆每周开放时间不少于56小时。独立建制的少年儿童图书馆每周开放时间不少于40小时"。由此可见，省级馆、地级馆、县级馆平均每天开放时间需分别达到9.1小时、8.5小时、8小时。1995年开始实施的《国务院关于职工工作时间的规定》确立了8小时工作制度，即职工每日工作8小时、每周工作40小时。在人员数量充足的情况下，可以通过倒班制确保职工劳动权益。但是，在人员不足的情况下，省级馆和市级馆每天的平均开放时间均超过8小时，如果一味地追求开放时间，就会有悖于8小时工作制度、有损职工劳动权益，长此以往，也不利于事业发展。从公共图书馆服务时间的供给来看，图书馆的开放时间与上班一族、学生一族的上班、上学时间几乎是同步的，当他们在闲暇之余想利用公共图书馆时却已经闭馆，因此，公共图书馆服务的时间供给与公众需求之间存在矛盾。

当前，我国公共图书馆在服务空间供给与国民需求之间的矛盾主要表现为：一是网点分布不均，服务覆盖范围存在盲区。一座城市的公共图书馆基本位于城区中心区域，但随着城市化进程的加剧，城市涵盖范围迅速向周围扩张，公共图书馆的文化服务辐射范围十分有限，服务触角无法深入主城区中心以外的区域。特别是我国公共文化服务体系目前尚不健全，覆盖全社会的总分馆体制尚未建立，许多离中心城区距离较远的群众无法便利享受公共文化服务。二是空间表现力不足，与现代读者需求相去甚远。2014 年《中国青年报》的一项调查显示，近七成读者指出因为 24 小时书店开放阅读空间环境温暖舒适、安静优美而愿意到访。由此可见，国民倾向于在安静、舒适的环境中阅读。但就目前而言，公共图书馆在服务空间的供给上显得平庸。有的公共图书馆提供给读者的阅读空间以阅览室、自习室为主，有时难免嘈杂或是一座难求。有的公共图书馆在空间布局、空间视觉效果上，唯美性不够，空间表现力不足，对读者的吸引力偏弱；有的公共图书馆设施设备比较陈旧，无法满足现代读者对环境温暖舒适的要求。当公共图书馆的服务空间不能满足读者的需求时，更多的读者开始转向城市中环境较好的 24 小时书店。

（一）公共图书馆时空服务拓展模式对比

从 20 世纪 80 年代中期以后出现的流动图书箱、流动书车到 20 世纪 90 年代末出现的远程文献传递，再到 21 世纪初至今出现的 ATM 机型 24 小时自助图书馆、移动数字图书馆、场馆型 24 小时自助图书馆，虽然它们对于公共图书馆在时间与空间上进行服务拓展的作用是一致的，但是这些模式之间也存在一定的差异。

1.搭载载体不同

公共图书馆在时空之维拓展服务的模式，在搭载载体上，流动图书箱模式以小型图书箱为图书存放的空间，公共图书馆以图书箱为依托，将文化服务下沉到基层或中心城区图书馆覆盖不到的服务盲区；汽车图书馆模式以汽车为图书存放空间，公共图书馆将汽车开进社区、工厂、学校等地方，便利群众为其提供图书借阅、借还服务；文献远程传递，以互联网为载体，将电子资源通过邮件、网络社交工具传递；移动数字图书馆以移动互联网及手持移动设备为依托，为读者提供泛在化实时在线服务；ATM 机式的 24 小时自助图书馆以图书 ATM 机为图书存放载体，读者自助完成图书借还；场馆型 24 小时自助图书馆以实体建筑空间、图书架为图书的存放空间及设施，读者可自由出入获取相关服务。

2.技术手段不同

80 年代中期，公共图书馆在服务拓展模式上几乎没有技术成分，如图书流动箱及早期的汽车流动服务。2000 年是汽车图书馆技术水平提升的分水岭。广州图书馆首次使用大型客车，将人工登记改为 ILAS 登记，实现了人工操作到自动化登记的转变。文献远程传递通过信息远程传输技术实现服务；移动数字图书馆依托的是移动通信网络技术；ATM 机式的 24 小时自助图书馆依赖的是 RFID 技术、图书传输自动控制技术、图书馆分拣自动控制技术、通信数字技术和数据处理及相关安全技术；场馆型 24 小时自助图书馆依靠 RFID 技术、门禁系统等。

3. 服务内容不同

公共图书馆在时空之维的服务拓展模式，从早期的流动图书服务来看，无论是图书箱式的流动图书服务还是汽车流动图书服务，在服务内容上基本以图书借阅、图书借还为主。汽车流动图书馆在后期加入了书目查询、下载电子文献等服务。从虚拟数字化服务来看，文献原文传递的服务内容主要是向咨询读者提供相关电子文献。移动数字图书馆的服务内容包括书目查询、短信提醒、图书下载、图书在线阅读、新书推荐等多种服务项目。从固定点图书服务来看，ATM 机式的 24 小时自助图书馆的服务内容就是图书预约、图书借还。场馆型 24 小时自助图书馆的服务内容有提供阅览空间、自助借还、数字资源下载、资源检索、小型读书活动等。

4. 服务人员不同

服务人员主要有三类：合作方负责人、公共图书馆工作人员及志愿者。图书箱式的流动图书服务，主要依靠合作方负责人，公共图书馆负责提供图书资源及定期更新图书，平时的图书借阅服务由流动点合作方负责人负责。汽车流动图书服务、文献远程传递服务的提供者是公共图书馆工作人员。移动数字图书馆的服务是读者在移动图书馆APP上进行自助服务，其服务人员是读者自己与智能系统，公共图书馆工作人员为辅助服务人员。ATM 机式的 24 小时自助图书馆是读者自助服务，公共图书馆工作人员定期更新图书、维护机器等。场馆型 24 小时自助图书馆的服务人员有读者自己、志愿者、智能系统、合作方负责人、公共图书馆工作人员。

5. 优势劣势不同

在优势上，从流动图书服务来看，图书箱因其微小而不受场地限制，最具灵活性，对于公共图书馆将图书服务分散下沉至多个基层十分有利；图书箱因其建设成本低廉而不增添公共图书馆运行成本，最具可操作性，有利于保障基层读者读书、看报等最基本文化权益。汽车图书馆的优势在于在图书数量的提供上比书箱式流动图书馆更多，服务点的流动性更强，汽车图书馆可以在一天之内定点服务，也可以换点服务，服务辐射面更广。从虚拟数字化服务来看，无论是文献远程传递还是移动数字图书馆在打破时空限制、提供泛在化服务上优势是相同的，同时数字化服务在实现文献资源共享上优势较为突出。

此外，数字化服务免去读者舟车劳顿的烦恼，十分便利群众。从固定点图书服务来看，ATM 机式与场馆型 24 小时图书馆的优势在于，能够为读者提供纸质版图书，且服务时间达到了极致。对于早期流动图书服务模式来说，24 小时自助图书馆的图书数量相对可观。值得一提的是，场馆型 24 小时自助图书馆可以提供真正的阅读空间、服务内容和多样化手段，可以满足不同读者的不同需求，为读者较好地解决了就近阅读的问题，极其便利群众。在劣势上，从流动点图书服务来看，书箱式图书馆难管理、图书数量不多且服务内容单一。公共图书馆工作人员需要定期交换图书箱或者更新图书，汽车流动图书馆服务内容有限，汽车体积较为庞大，在道路较为狭窄不便通车的地方无法进行服务。从虚拟数字化服务来看，服务读者类型具有一定的局限性，不会使用电脑、不会上网等信息素养不足的老年人和少年儿童无法使用公共图书馆的数字化服务。此外，文献远程传递的服务内容也十分单一。从固定点图书服务来看，ATM 机式的 24 小时自助图书馆在场地的选择上具有比较高的要求，场地的选择要根据图书 ATM 机的尺寸，且不能淋雨；图书 ATM 机造价不菲，维护成本也比较高，而且易发生故障，从而降低了读者的体验感。场馆型 24 小时自助图书馆的劣势在于在阅读空间建设上成本相比其他模式要高很多。

（二）对未来拓展服务模式的思考

通过对我国公共图书馆在时间和空间两个维度拓展服务模式的梳理，可以看出我国公共图书馆努力适应时代需求，不断拓宽服务空间，延长服务时间，拓展服务内容，肩负起满足市民文化需求、提供均等文化服务、建设覆盖全社会的公共文化服务体系的责任与使命，以及对精神文明建设的文化担当。

面对城市居民的文化需求，公共图书馆作为公共文化的主要建设者，要充分考虑本区域群众对公共图书馆服务的需要，既要兼顾公平也要考虑效益，在不大幅度增加公共图书馆运行负担的情况下，继续拓展公共图书馆服务的时间与空间。在当前社会环境下，场馆型 24 小时自助图书馆相比其他服务拓展模式更契合现代读者需求，将是未来公共图书馆建设馆外服务网点、优化服务网络的主要模式。

场馆型 24 小时自助图书馆读者覆盖面更广，既能提供传统阅读服务也提供现代数字化服务。对于信息素养不足的老年人群体，部分学生群体等来说，纸本图书借阅相比文献远程传递、移动数字图书馆操作简单得多。场馆型 24 小时自助图书馆具有实实在在的建筑空间，能够为市民提供相对较好的阅读环境及阅读氛围，同时也能促进邻里交流，共建文化社区，对于提高城市文明形象大有裨益。

此外，场馆型 24 小时自助图书馆在空间的选择上更加灵活，不像图书 ATM 受机子尺寸的制约且还需考虑天气因素。24 小时自助图书馆可以是现有农家书屋的再利用，可以与社区综合服务站、邻里中心合作，可以利用街道的咖啡店、茶楼，可以在公园内另建新空间，还可以与住宅小区的地产商合作，这样既方便了周边群众，也提高了小区的文化服务，文献原文传递的服务内容主要是向咨询读者提供相关电子文献。

二、公共图书馆服务时间拓展

（一）从固定服务到流动服务

把图书馆馆藏资源分散到居民生活的各个社区，是公共图书馆服务拓展和延伸的有效手段。将流动服务作为固定服务的补充，是公共图书馆读者服务向纵深发展的标志，也是公共图书馆强化其社会职能的应有之举。

美国公共图书馆服务早在 20 世纪初期就积极变被动为主动，并不断发展创新。1905 年起，美国公共图书馆领域就开始使用流动图书馆，以解决公共图书馆系统不够完善、分馆数量少、网点覆盖面小等问题，并重点解决特殊人群和节假日等服务时间的问题。流动图书馆服务从此在国际上被广泛使用，并一直是公共图书馆在服务时间、服务内容和服务方式上的一种重要扩展手段。根据美国图书馆协会（ALA）的《美国 2012 财年公共图书馆统计》，约 1/6 公共图书馆提供流动服务，全美有 683 个流动图书馆。

1925 年，德国的第一辆流动图书车出现在沃尔姆斯市（Worms），虽在"二战"时期被迫中断，但 1945 年 8 月其又重新提供流动服务。1980 年，德国共有 128 辆流动图书车，1993 增加至 189 辆，其中，88% 的流动图书车会停靠在学校、幼儿园及人口密集的社区。仅以 2013 年柏林米特区（Mitte）的图书馆流动服务为例，米特区作为首都柏林市的功能核心区，有 7 座公共图书馆、3 辆流动图书车，在全区范围内提供33个移动服务点，流动图书车在每个移动服务点停留 2 ~ 3

个小时不等，服务点主要设置在中小学校附近，既能服务学校的学生和教师，也能覆盖学校周边的居民，为区内的市民提供送书上门服务，且基本能保证周一至周五的服务时间达九个半小时，周六也能服务约 4 小时。流动图书车早已成为了米特区公共图书馆在时间和空间上的有力支持和补充，将图书馆服务"搬"到市民家门口，把图书馆馆藏资源分散到各个街区，使更多的公共图书资源进学校、进社区、进家庭。

公共图书馆的流动服务尤其对于那些公共图书馆扮演着社区文化娱乐中心和信息交流中心角色的发达国家来说，有着十分重要的社会意义。公共图书馆以开展流动服务的方式参与到社区文化建设中，在时间和空间上丰富了社区文化，满足了市民对于知识和信息的需求，也从一定程度上提高了公共图书馆的图书外借率，使其扩大了读者群，使社区居民享受就近、便捷的文化服务。同时，流动服务也可免去一部分场地、人员和设备的投入，具有很大的灵活性和适应性。

（二）从传统服务到数字服务

一方面，数字化的飞速发展使得人们对信息的需求量不断增加；另一方面，飞速发展的科技为数字图书馆创造了所需的技术手段和设施，满足了用户的个性化需求，实现了信息资源的区域性、全球性共享。在此形势之下，图书馆通过网络资源的有效利用，优化数字馆藏，打造新型的数字图书馆，以实现在"互联网+"时代下，自身服务范围和服务方式的延伸拓展。

国外利用网络技术开展图书馆延伸服务较早，技术也相对成熟，其主要发展方向为数字图书馆服务、移动图书馆服务和利用社交网络等实现图书馆数字化服务。其服务内容主要包括移动图书馆网站门户服务、流通服务、移动馆藏服务、语言引导服务等，构建了灵活、扩展性强的移动数字图书馆服务系统。以 OCLC 虚拟参考咨询系统 Question Point 推出的"24/7 参考咨询服务"（24/7 Reference Cooperative）为例，"24/7 参考咨询服务"能够在线 24 小时为用户提供免费的参考咨询服务，通过 Question Point 虚拟管理软件，实现全天候 24 小时在线提供真实、可靠、一对一的参考咨询服务。

Question Point 是 OCLC 和美国国会图书馆共同开发的虚拟参考咨询服务系统，具有遍布世界的合作图书馆网络，以及基本软件结构和交流工具。该系统为图书馆提供了通过使用实时咨询、电子邮件、网络表单、页面推送、共同浏览等能够与用户以多种方式进行互动的工具，是一种独特的虚拟咨询服务，得到世界范围内合作图书馆所组成的全球网络以及软件工具和通信架构的支持。Question Point 同时也是由成员馆的协作网络构成的独特的集中式知识源。用户的提问都由经过资格认证的参考馆员通过互联网实时解答，这也使成员馆利用更多的合作力量保证为用户提供一周 7 天、每天 24 小时的参考咨询服务成为可能。澳大利亚医学图书馆联盟与英国的医学图书馆合作，两国轮值的咨询馆员利用两个国家的工作时差实现"一周 7 天、每天 24 小时"的全天候在线咨询服务。该系统早在 2004 年就被全世界超过 20 个国家的 1000 多所图书馆使用，在其知识库中存储了 7000 多组可供检索的问题与答案，是一个更强大的、动态反馈的虚拟参考咨询服务系统。这种数字化的管理方式，让图书馆的概念超越了"四堵墙"的空间限制和开馆时间约束，使读者在任何时候、任何地点都可以在网上远程跨库获取所需的信息资源，达到高度的资源共享。

近年来，人们的阅读习惯发生了很大的变化，从纸质书到电子书以及现在流行的"BYOD"（Bring Your Own Device，即自携设备）的"O2O"模式。这些变化要求公共图书馆也要跟上时代潮流，实现"互联网+"以扩大公共图书馆的服务范围、服务对象、服务内容。数字化、网络化所提供的是虚拟的、没有围墙的图书馆。公共图书馆数字化服务把众多图书馆、信息资源、知识碎片组成联合体，把不同地理位置上的、不同类型的、不同时间的信息按统一标准加以有效存储、管理，并通过易于使用的方式提供给读者，满足读者的多种需求，使公共图书馆服务实现从"图书馆+"到"互联网+"的转型升级，更是公共图书馆服务时间拓展的典型体现。

（三）从 24 小时自助借还机到 24 小时自助图书馆

随着公共图书馆网络技术、服务方式的不断更新，数字图书馆、手机图书馆、24 小时自助借还机等逐渐走进人们的日常生活，成为读者更便捷的借阅方式，是公共图书馆场馆服务的有益补充，使公共图书馆完全可以利用现代信息技术实现"全天候"服务。公共图书馆 24 小时自助服务为读者提供了一个自助、自主、自由享受的服务空间。

在国内，东莞图书馆于 2007 年推出了图书馆 ATM 机，即 24 小时自助借还机，它延长了公共图书馆的服务时间，引发了很多的读者关注，取得了一定的社会影响。近几年来，24 小时无人值守图书馆在苏州地区开始出现，以张家港"24 小时图书馆驿站"为代表，在全国也大有效仿之势。以偏重技术发展型的深圳图书馆为例，其开放时间为周二到周日的 9 点—21 点，24 小时服务通过自助借还机得以实现，这种补充和延伸的理念值得赞扬。

欧洲的不少城市利用街头开放式的城市公共书架来作为公共图书馆在服务时间方面的补充和拓展，为城市营造书香街头的氛围。以德国为例，2011 年开始，德国大中型城市的街头和社区就陆续设立了这些简易方便的"24 小时街头公共书架"。书架的倡议者和组织者迈克尔·阿布曼（Michael Aubermann）是德国一家 IT 公司的经理，也是科隆市民基金会（Cologne Citizen's Foundation）的创始人。每座这样的书架造价 5000 欧元，这样一座配有玻璃门的四层钢材书架能够存放约 200 本书，从小说到工具书应有尽有。街头书架向全体市民 24 小时免费开放，不论是什么年龄、什么教育水平的市民，取书不登记、还书日期不固定，市民可以在此随意拿取这些书架上的图书，也可以将自己的图书放进书架，供他人阅读、收藏。"24 小时街头公共书架"的设立旨在为任何喜爱阅读的人提供服务，不仅在市民的日常生活中嵌入了阅读、潜移默化地逐步培养市民的阅读习惯，更为广大喜爱阅读的"地铁一族""公交一族"创造了便利、轻松的阅读途径，无形之中让阅读成为生活的一部分。这些书架通常设立在地铁站、公交车站、商场、公园等人流量密集之处，书架旁通常会安置一些座椅，市民既可以就近阅读，也可以将书拿到公园、咖啡馆慢慢品味。诸如此类的书架通常是由基金会资助，由当地志愿者维护，大约每六周完成一次图书轮换，当然，这类公共设施正常运转更需要全民的自觉维护和道德监督。目前，这些街头公共书架在社区、郊外和小型城镇中逐步推广运用，在全社会范围内培育阅读的土壤。

作为传统图书馆的补充，自助图书馆可以不受场地限制，自由分布在文化广场、高楼大厦旁及小区等公共场所。自助图书馆一直以来以方便、快捷的借阅服务为宗旨，即 24 小时服务、随时借还、自助服务。从推动图书馆的自助服务到设立 24 小时图书馆，不仅延长了公共图书馆的借还书时间，实现了 24 小时开放的理念，还促进了馆藏文献流通，向社会提供了人性化、多元化的服务手段，其"无人值守"和"全天候开放"的特征更契合了现代城市文明的进程。

24 小时服务是对公共图书馆正常服务时间的一种延长和补充。公共图书馆作为公共文化服务体系中重要的一部分，它的服务方式从普通的固定服务，到现在的流动服务和数字服务，都在很大程度上延长了自身的服务时间，拓宽了服务范围。

三、公共图书馆空间服务创新

（一）空间与服务的关系

　　法国列斐伏尔空间生产理论里把空间当作一种具有特殊意义的产物，空间并不是带有"自然属性"的物理概念，而是一种有机的、复合的可以生产的社会概念。空间并非一种静止的、形而上的东西，它可以与附属在空间内的其他介质进行互动，嵌入到一定的生产关系中，从而具有生产性。空间生产理论出现后又经历了不断的补充和完善，形成了一个完备的空间生产体系，并被利用在社会的方方面面。传统的图书馆认为馆藏才是核心，图书馆依赖馆藏为读者提供服务，而在现代社会中，利用图书馆的群体已经从"读者"变成了"用户"，用户想从图书馆获取的不仅仅是馆藏资源，还有场所、馆员服务、参考咨询等。高校图书馆空间再造的目的正是解决图书馆"边缘化"的尴尬境地，提升服务效益，而在这过程中空间再造就成了依靠空间提供空间服务的前提和基础，而提升服务则成了高校图书馆空间再造的最终目的，二者成为一种辩证的关系，好的空间结构可以衍生出新的服务形式，而服务的效益也会不断地促进空间进化与变革。

　　空间与服务是辩证统一的关系。高校图书馆为用户提供服务的方式有很多种，比如依靠馆藏的借阅服务、依靠馆员的参考咨询服务和依靠场地的空间服务。然而社会的发展让以往的空间布局不再适应用户的需求，面临着入馆量下降、资源利用率下降等时代难题，因此想要提升服务效益的前提便是进行空间再造。空间再造后的高校图书馆充分结合了用户需求与时代发展趋势，从形态到内涵都有效提升了高校图书馆的服务效益，交流共享空间有效促进了学生之间、师生之间、用户与馆员之间的交流和合作。创客空间、智能体验空间引进各种高精尖的技术和设备、数字化多媒体设备、3D打印技术、影像技术从而带给用户全新的体验，从空间氛围到设备体验都很有助于用户开展创新创业项目，有效推动国家"双创"政策。反过来说，空间再造也是服务提升的目的和意义，只有真正达到了提升服务的目的，空间再造活动才是有意义的，作为一种可生产的"资源"，最终生产出具有价值意义的"产品"，才是空间生产活动的目的，否则只会造成更多的资源浪费。空间再造和服务提升是相辅相成、相互转换的辩证统一关系，空间与服务在一个统一的关系里相互促进、相互转化。好的空间再造可以衍生出新的服务方式，完善高校图书馆服务体系，从而提升服务效益，而满足用户需求的新的服务方式又可以促使图书馆进行新的空间再造，调整空间布局，打造新型空间，提升用户体验。

空间再造创新了高校图书馆的服务方式。首先，新型空间的打造吸引了大量的用户入馆，有效遏制了高校图书馆入馆量连年下降的趋势。新型空间带给了用户全新的体验，尤其是主题阅读空间的建设，大大推动了高校图书馆阅读推广活动，在主题宣传思想与和主题相契合的空间设计共同作用下，让用户陷入"沉浸式"阅读体验，对阅读活动更加感兴趣。

其次，空间再造扩充了高校图书馆的新功能，支撑创新创业。高校图书馆作为人才培养中心，每年都要向社会输入大量人才，而培养结果的好坏甚至直接影响到社会的发展。大众创新、万众创业理念的提出让全国人民都积极参加创新创业活动，高校图书馆空间再造为其用户提供了创新研究所需要的基础设备，并为其提供平台，十分有助于推动创新创业进程。

另外，高校图书馆空间再造让图书馆服务变得主动，鼓励馆员"走出去"为用户提供服务。新型空间的投入不仅对高校图书馆管理的要求变高了，同时对馆员队伍建设的要求也变高了。空间再造后的高校图书馆需要更加有服务意识、专业能力更强且更具有前瞻性眼光的馆员，转变传统的被动服务思维定式，主动向用户提供服务，并积极与用户进行协同交流，共同促进空间服务的完善和发展。

最后，高校图书馆空间再造大大促进了虚拟空间的建设与发展，延伸了图书馆的服务触角。以往的图书馆空间再造只注重实体空间和创新空间，随着信息技术的发展，虚拟空间的再造与完善也成了空间再造的重点内容。虚拟空间可以突破时间与空间的限制，所提供的书目检索、参考咨询、资源获取、虚拟社区读书交流分享等服务让用户可以获得 24 小时不间断的服务。虚拟空间服务与实体空间服务相互渗透、相互结合，更能为用户提供全方位的服务，延伸了高校图书馆的服务触角，完善了服务体系。

（二）图书馆空间服务形成

1.基于要素的图书馆服务

单核心结构实体图书馆中，由馆藏图书、设备中的阅读工具、读者空间中的阅读空间能直接构造出六种基础服务，这些基础服务形成服务体系。其中，借还服务和阅览服务是单核心结构图书馆的核心服务。各服务之间具有层次性，随着服务中要素种类的增加，服务的功能、复杂性依次提升，而灵活性依次降低。借还服务、阅读工具租赁服务、阅读空间服务的功能最弱、灵活性最高，而研究空间服务的功能最强、灵活性最低。

2.图书馆服务中的空间服务

以借还服务、阅读工具租赁服务为一组，以阅读空间服务、阅览服务、阅读工具共享服务、研究空间服务为一组。第一组服务只涉及馆员空间，类似于饭店的窗口外卖服务，读者阅读图书或使用阅读工具所需的空间，由读者自行解决。第二组服务只涉及读者空间中的阅读空间。阅读空间服务，读者在阅读空间中可阅读自带的图书；阅览服务，读者在阅读空间中只能阅读馆藏图书；阅读工具共享服务，读者可在阅读空间中使用配备的公共阅读工具进行阅读活动。这种服务中，空间要素的位置从前台向后台逐步隐退，相对重要性递减。第二组服务就是单核心结构实体图书馆的四种基本空间服务，类似于饭店的堂食服务。这些服务均为读者自助服务，馆员参与服务，依据相关规章制度维持阅读活动的秩序、环境。

3.空间服务中的阅读空间

图书馆空间服务中的阅读空间是由阅读活动定义的物理空间，既非个人阅读空间，也非单纯的物理空间。空间服务中的阅读空间是公共空间。图书馆空间服务是自助式公共服务，其承载空间是公共的、共用的、共享的公共空间，而不是个人的、自用的、独占的私人空间，通常不允许被个人以某种方式完全占有，这有别于个人或私人阅读空间。馆内阅读空间的公共属性继承自读者空间。

空间服务中的阅读空间是承载读者群体阅读活动的特殊的、专用的空间。单个读者的阅读活动体现单个读者与图书之间的交互、关联。一群读者的阅读活动包含若干单个读者的阅读活动，且这些阅读活动之间彼此独立，不产生联系。读者群体阅读活动是单个读者阅读活动的集合，所以空间服务中的阅读空间是承载单个读者与图书之间交互集合的空间，而非承载读者之间交互集合的空间，这是特殊性。另外，空间服务中的阅读空间内，以管理规定等形式支持、鼓励读者的阅读活动，支持、鼓励读者与图书之间的交互，抑制读者之间的交互，限制同阅读活动冲突的其他公共活动，这是专用性。这种特殊性、专用性形成公共阅读氛围和公共阅读空间环境。

（三）公共图书馆空间服务类型

1.数字空间服务

数字空间服务是当前公共图书馆重要的服务之一。数字空间服务有多种定义，但在大多数情况下主要包含两个方面的内容：一是描述数字图书馆，二是表明这是由图书馆员创建和管理的公共机构或服务。在知识社会中，物理空间（即书架）与数字空间相比变得不那么重要。因为在物理空间中保护馆藏文献成本较高，而数字化存储使复制和共享数字文档更加便捷。数字空间服务内容除了提供数据库和检索服务，还有挖掘读者兴趣、定制推送服务等内容更丰富和功能更高级的服务。数字空间服务使读者不必亲自来到图书馆，而是通过网络就可以享受到图书馆的绝大部分文献服务。图书馆员通过网络，可以有更多的机会接触读者，读者需求数量的增长与多样化则为馆员做好读者服务工作带来了更多的挑战。

2. 物理空间服务

物理空间服务在信息世界、公共空间、创新和知识社会中扮演着特殊的角色，属于城市的"软文化"建设。因此，很难用"硬事实"来衡量它在城市基础结构中的作用。公共图书馆除了是"公共场所的制造者"外，还可以帮助振兴一个城市，激活社区与图书馆或城市项目的合作。目前，公共图书馆的物理空间服务以"儿童阅读空间""模块工作空间""会议空间"和"学习空间"最为常见。作为吸引读者的因素，一般还有可提供餐饮的休闲空间。此外，必要的技术也在物理空间里实施，以满足社区读者的需求，如3D打印机。公共图书馆作为信息素养技能的促进者，提供的不仅是无形的培训，这些有形的基础设施和技术工具也可以为读者创造一个非常好的物理空间。

3. 创客空间服务

近几年，随着读者需求的改变，越来越多的公共图书馆提供了一种相对新的空间服务，这就是所谓的创客空间服务。创客空间配备了各种材料、机器和技术，以便能够开展创造性活动，促进读者之间创造性的协作和互动性的学习。创客空间鼓励读者在实践中学习，并联合同行进行培训交流；提倡知识消费，倡导通过实践创造知识。随着创新成为知识社会中日益重要的因素，公共图书馆可以通过为读者提供创客空间服务来支持个人和国家的发展。有研究表明，经常使用创客空间可以提高读者的整体创造性思维能力以及其他相关技能。

（四）图书馆空间创新服务策略

1.精准把握图书馆空间创新的主旋律，兼顾空间多元化理念

从图书馆学基础理论角度看。图书馆学基础理论中强调图书馆的公共性、包容性，服务均等性、精准性，其中公共性是第一位的。图书馆的第三空间创新趋

势正是公共性在文化领域的扩展，其社会意义和需求满足范围远远大于小众的特殊空间。天津滨海新区图书馆是外部环境建设造型创新的典范，赫尔辛基颂歌中央图书馆是内部环境建设功能创新的典范，实现了城市第三空间的功能，因此均成为"网红图书馆"。包容性是公共性的延伸。空间包容性就是要包容不同时代图书馆的不同学习方式，适应不同的用户需求，但图书馆不可能包含人类知识活动的一切过程和提供知识创造需要的一切要素，只能根据图书馆的性质、任务和服务宗旨有选择有重点地建设和创设服务空间。图书馆服务的均等性和精准性是相辅相成的，均等和精准都受需求驱动，均等的要旨在用户对空间服务的普遍可获得性、使用可持续性，精准的核心在空间服务的针对性和个性化。

实践证明，一个图书馆一味强调均等服务，精准服务空间就无法创设，如果没有均等服务空间，精准服务也做不好。从图书馆事业性质角度看，图书馆的公共文化事业性质决定了其功能作用主要体现于公共文化空间。最引起社会关注的是东莞图书馆的农民工留言（空间的公众化），最受欢迎的是邻里图书馆项目（空间的社会化），生存空间（落脚空间、闲适空间）等第三空间是公众对图书馆空间的基本定位。同样，在大学里，独立备考复习空间、完成学业自习空间，也远远超过其他创新空间需求。可见，无论图书馆空间如何转型、如何创新，图书馆如果弱化了普通民众将图书馆视作身体、精神双重层面"避难所"的功能，忘记了读者利用图书馆"阅读点亮人生"的追求，脱离了"书"与服务的体验，图书馆只是一个空洞的公共空间，也就不能称其为图书馆了。

2. 遵循空间创新"三段式"进路，多形态空间循序推进

用户空间利用的"感知—行动—调适"三段式。从认知论看，具身认知强调了空间的用户身体嵌入环境，要求空间的开放性、互动性，同时不能忽略必要的立身环境，要注重"给养"与效能的输入输出匹配，环境给养和学习效能间的关系是认知理论的基本论题。环境给养是图书馆为用户学习提供的物质和精神供给，学习效能是指学习者采取行动的能力，环境给养与学习者的效能之间是相互界定、相互决定的关系。例如：门把手可以转动只有对具备转动把手效能的行动者而言才是真实存在的，对力量不够的婴儿而言则是不存在的。这个比喻生动地回答了为什么在一些图书馆创客空间的创设不能实现，为什么有用户对研究包厢、文化空间、学习交流空间会产生不适应的困惑，因为这些图书馆用户主体缺乏适应这类空间的行动能力。

另外，图书馆员与用户各自具体投入的角度不同导致对空间情境的具身认知也存在差异，这与空间创新的初衷和使用效果相关。具身认知视角下，学习者与学习环境之间的关系实际上具有双向建构、自我生成和自我循环的特征，这与生态环境中人与自然的相互作用关系非常类似。"感知—行动—调适"机制能够让学习者及时留意那些即将到来的可选行动（肯定或否定的"给养"）的信息，以促进自身与学习环境的耦合性交互。也就是说，学习者对空间环境的适应不是由供给侧的图书馆员设定的，而是学习者在与环境的交互中不断自我调适导致的。在这个意义上，图书馆的空间创新和环境布设应该以用户感知为中心，以用户以往感知适应的环境为基础（不要随意改造原有环境），留意观察用户的给养需求变化和趋势，调整给养和改善"养料"才是空间创新的立足点。另外，学习理论的建构和模式本身就是多元的，不同用户的学习习惯自有其自身适应性，可以影响和培育，却不可强加功能于偏好之上。堪尼诺声称基于"信息共享"理念的图书馆设计不符合用户对图书馆的期望，这种空间促进的非结构化的社会交往，实际上可能不利于学生的学习过程。克劳斯特也认为，在信息共享空间中发生的新型社会活动，可能会阻碍大学图书馆作为支持和体现学生和教师独立思考的学术工作空间的传统角色，这些都是在图书馆空间服务实践中需要图书馆来考虑的。

用户知识活动的"信息—知识—智能"三段式。从知识论看，图书馆的空间创新主要围绕知识生产和智能生成展开，但千万不要忽略了原始的信息接收。知识传播是图书馆的基本功能，没有传统的信息服务基础，知识服务就是无本之木、无源之水。建立学习型社会，普及科学文化知识图书馆任重道远，过分追求时髦和高大上，往往得不偿失。智能空间建设是智能技术与智能服务的结合体，从长远发展看，图书馆的智能空间也是受众极广的"公共空间"。

信息素养的"个人建构主义、社会建构主义和实践、批判主义"三范式。正如前文分析，三种信息素养范式对应了三类图书馆空间形态，而三种信息素养范式的并存，需要三类图书馆空间形态共存，另外，认定一个人具有信息素养的说法不能成立，因为在多数情况下，我们都是针对特定事物才表现出信息素养。"一个精通晚期维特根斯坦复杂思想的人可能根本无法检索化学文摘数据库，因为在化学领域他是信息素养匮乏者。"一个到图书馆寻求空间舒适的农民工是不需要拥有 3D 打印机的创客空间的，同样一个到图书馆从事学术交流的科研人员也不会奔着图书馆的第三空间功能而来。信息素养理论还提醒我们，图书馆的空间研究要与用户形成共识。学术思想也许可以超前公众认知，但服务实践万万不可超越公众认知。

阅读方式的"单向阅读—第一媒介—第二媒介"转换三段式。阅读方式转换的三段式是图书馆创设空间环境在资源形态给养和技术配置上的追求依据，相比较各种动手操作实用工具的引入和全 3D 化的设施配备，学习层面上阅读媒介设施的跟进更符合图书馆的根本功能。有学者提出，创客空间并不一定需要 3D 打印，不要使各种高成本的技术在空间创新中变成了图书馆"昂贵的放纵"，这确实是一个善意的提醒。

3. 创新空间环境与完善空间体验

创新空间环境。互联网时代，如果换一种视角来看学习，那就不会再为资源的缺乏而苦恼。已有的图书馆学习空间建设研究，大多还局限于图书馆视角下的环境与空间主观意旨。大多数的读者行为研究与环境间交互效应的深刻机理并没有被挖掘出来，尚未形成环境视角下针对读者行为的学习空间理论。从这个意义上看，图书馆空间创新的给养优化目标在"环境"。环境优化体现在细节的个性化，是与用户利用图书馆空间行为的个性特征适配。适合的环境构成，并不是简单给空间一个定义、一个名称，或者添置一两个新设备就能实现，还涉及家具设备、灯光设施、技术工具等各个方面。菲斯特认为适合的灯光、舒适的家具、暖色调的色块和提供餐食的吧台，是图书馆设计最重要的因素。图书馆创新空间环境，要向布局更加人性化、绿色生态、营造趣味性、具有灵活性与可持续发展方向努力。

另外，环境的景观化也将成为图书馆空间创新的重要内容。要完善空间体验。法国社会学家鲍德里亚认为"消费是一种体验"，体验就是一种商品和服务。东莞图书馆也正是其环境空间对农民工的"身体嵌入"的吸引，让吴桂春有了其日常生活环境以外的体验，在这种情境中体验到与知识接触的快乐，体验到身体的意志和归属。情感的心智和理智的心智在这种情境中双双获得成长，才有了轰动全国的读者留言。一位叫乔伊斯·卫科夫的读者又从另外一个角度表达出对 21 世纪图书馆的向往："我去图书馆不是为了看书，而是为了获得信息、知识、智慧和教育。因此，我想见到的不是一排排书架，而是人。他们在谈论书，在传授某种知识，在研究某一主题，在创立新的思想。"这两种体验都应该是图书馆在空间创新中不断追求的。因此，图书馆在空间创新中需要围绕"体验"诸如身体空间、身体周围空间、导航空间的空间知觉方面探索，从"物理场所"与"精神场所"关联的视角切入，展开关于空间用户行为特征及行为效能的影响分析，尝试从空间体验角度，寻求读者行为与体验优化的路径。

（五）图书馆空间创新服务发展趋势

面对知识爆炸时代大数据智能技术和多元主体知识传播发展的挑战，图书馆正在经历颠覆式创新与变革的复杂过程。麻省理工学院"图书馆未来"提出数据资源管理、存储、使用的技术，馆藏资料浏览模式、图书馆空间配置、有形和数字媒体的可供性等转型方向。新加坡"未来智慧图书馆：颠覆和创新"会议提出图书馆空间改造、全年龄层服务升级、数字基础设施建设等图书馆变革要素。学术界也围绕这一主题开展研究，从空间、资源、服务、管理等维度分析图书馆转型变革的理念及路径，如数据时代图书馆空间创新理论依据、后图书馆时代知识服务供给侧结构性改革、图书馆"地心说"到"日心说"的转型变革、图书馆转型要素等等。

1. 图书馆空间再造

图书馆空间是学术社区依托的重要空间形态，空间创新是图书馆服务方式和管理方式改变的基础，图书馆实践进化的必然，与阅读方式特征和信息素养范式息息相关，新冠疫情时期图书馆服务的挑战使得人们再次理性回归这一焦点主题。图书馆空间要素经历了从物理意义上的实体建筑向物理、虚拟交织的复合型空间的转型，智能技术的融合发展又将数字图书馆和复合型图书馆引向深入，使得图书馆的定义从"机构"转变为"场所"，正如《生活图书馆——世界各地社区的房子》（*Living Libraries-The house of the community around the world*）一书中将图书馆称为促进成长、联系和交流的"第三场所（Third Place）"。图书馆建筑从最初的为藏书和相关物理设施而设计向更加注重为人、社区及其交流创新而设计转型，即从传统的以资源为主体向以学习和交流为特征的知识中心转型升级，实现无限空间和泛在服务。

国际图联将灵活性、可持续性、学习空间等作为图书馆奖评价标准，可见图书馆空间设计的柔性化是支持其价值发挥并应对更多发展可能的重要保障。

物理馆藏空间。全面数字化时期，馆藏结构发生明显变化，数字信息所占馆藏份额快速增长，许多图书馆逐步从以纸质资源为主转向以数字资源为主，耶鲁大学图书馆和加州大学伯克利分校图书馆 2019 年数字资源购置经费占比 60%，但这并不意味着未来图书馆将抛弃纸质资源拥抱数据，物理馆藏资源作为图书馆竞争力的重要指标，需要与数字资源（虚拟馆藏）建设双线并举、深度融合。

2021年第86届国际图联世界图书馆和信息大会开幕以"转型的力量：开放获取和图书馆馆藏（Power of Transformation：Open Access and Library Collections）"为主题，使得开放科学背景下图书馆核心资源与馆藏能力建设再次成为焦点。数字资源的发展（多模态化、多媒体化）伴随着人类阅读方式特征的转变，针对实体馆藏资源的空间再造，大型智能化密集型书库，即高密度自动仓储书库，或将成主要趋势，而这一采用自动存储系统的书库类型的使用并不新鲜，北美十年前已初步建成近70个高密度藏书库，国内实践相对起步较晚，近年苏州第二图书馆建成藏书容量达700万册的大型智能书库。图书馆馆藏仓储化既可传承包含人类知识记录的纸本阅读文化遗产，又能释放更多空间用于多元的读者活动。

知识服务空间。数字信息多样化、教学形态演化、科研范式变化等迫使图书馆工作不再以资源收藏为核心，而是利用资源为读者提供所需的知识服务，实现这一目标需要图书馆必要的空间配置或现有空间的建设重组。相较于以馆藏为中心、单向阅读的第一代图书馆和藏阅合一、双向互动的第二代图书馆，我们已进入"藏阅互补、以人为本"第三代图书馆阶段，知识服务空间更加注重人的需求、可接近性和开放性，需要具备促进知识流通、创新交流环境、注重多元素养、激发社群活力的功能。图书馆作为人与组织交流的共同体，概念店（IdeaStore）、创客空间、共享空间、智能空间等空间形式层出不穷，未来势必会发展成为支持人人交互、人机交互、沉浸式阅读的复合功能空间与包容性文化设施，尤其是泛在化的知识聚集性、智能型空间形态，而其中涉及的空间功能与技术创新的融合、与用户认知体验的平衡是实践成效的重要突破口。

2. 多模态资源关联融合

数字环境下图书馆信息资源建设是服务变革的重要驱动力，伊利诺伊大学图书馆"2019—2023战略规划"将"整合管理知识、促进学习创新"作为图书馆发展目标。图书馆浩瀚的馆藏资源本质上是一个巨大的知识集合，随着图书馆数字化业务的发展与不断深入，这个集合日益数据化和可计算化，实体馆藏与数字资源的有机结合、资源/数据间的关联融合成为新形势下资源不断增值和发挥价值的钥匙，进而提高科学的"信息速率"，促进科学生产力。在此之前，实体资源的数字化成为不可回避的趋势，究其原因，在数字学术技术的推动下，研究领域不断发展，GIS 分析、数据可视化等扩展了信息收集和共享的方式，为图书馆保存和挖掘藏书带来重大机遇。

以新兴的数字人文领域为例，实体馆藏尤其是特色资源，数字化技术的发展极大地增强了这一类"文化产品"的可见度和影响力。随着开放科学、数字科研及网络化的发展，除购买的图书、文献类资源外，图书馆通过多元采集手段获取高质量开放学术资源及科学数据、重要网站公开信息、课件等资源，覆盖文字、图像、音视频等多媒体形态，包含数值、图表、文本、公式、工具等数据类型，各类资源之间存在着或强或弱的内容跨越和语义关联，各数据对象可结构化、语义解析化、标注和链接，跨媒体多模态数据尤其是声音、动画、视频等动态资源的语义相关性分析挖掘和深度融合既可以形成新的数据对象和知识内容以补充和拓展传统基于文本的知识体系，又可以支撑关系发现、跨模态检索等智能知识服务和沉浸式阅读体验，提高资源的可揭示性和可获取性。

通过自然语言处理、机器学习、语义网、知识图谱等智能技术的集成应用，图书馆所有的资源孤岛最终将组织、连接、融汇成一个支持交互的有机体，促进资源的本地仓储、长期保存、共建共享和信息增值。图情领域的多模态资源关联融合与发现服务研究尚处于起步阶段，较为先行的案例有大英博物馆利用语义技术对馆藏的文本、图片等各类静态数字资源进行语义标注、组织与关联并提供多样化知识服务形式。

3. 多元化服务模式

依托图书馆空间和资源的创新服务一直处于发展之中，人工智能和物联网将人、设备、内容、服务、交易连接成不断扩张的网络，极大地扩展了图书馆服务的效用和覆盖范围，为读者提供个性化、专业化的图书馆体验，更有效地将他们与最符合目标的资源联系起来。同时，步入以沉浸式阅读为特征的第三媒介时代，图书馆在战略规划中结合新媒体和沉浸式技术至关重要，必须跟上存储和发布数据、学术记录和出版物格式不断发展的步伐，如视频、可视化、虚拟现实等等，以匹配更大的社会消费趋势，服务于用户沉浸其中从事知识生产和智能活动，把阅读变成一种主动、探索和构建的过程。

未来图书馆空间功能创新将支持人人交互、人机交互、沉浸式阅读等服务模式，实现人与人、人与物、人与知识的互联互通，其中，人人交互有赖学术交流中心、研讨空间、创客空间等予以实现；人机交互是将机器人等智能设施引入图书馆图书盘点、咨询、问答、阅览等真实情境中，结合图书馆丰富的知识库与语料库资源优势打造人机交互智能环境，通过可视化交互、智能交互提升知识服务质量与效率；沉浸式阅读则引导读者思考、分析和创造，是图书馆服务转型的革命性要素。

"沉浸式"阅读最初的应用场景是网页或者阅读器终端的静态文本阅读，如微软 OfficeLens 的沉浸式阅读模式、亚马逊的 Kindle Oasis，相比碎片化阅读，它在知识吸收的深度和系统性方面优势尽显。随着沉浸式体验技术的发展，沉浸式阅读逐渐应用于教育、图书馆阅读空间（实体空间和虚拟空间），融入视频、音频、图像、动画、文本等富媒体信息，以期打破虚拟环境与知识实体间的壁垒，充分提升读者的感官和认知体验。

于研究人员而言，学科的交叉融合和创新周期不断地缩短使其很难在繁忙的科研工作之余系统性地吸取知识，更多的是采用科技创新领域主流的知识获取方式——面向问答或结果的碎片化阅读，沉浸式阅读可以通过多模态知识及其关联赋予读者具象的释义、联想和体验，帮助其快速了解某个专题的概念、关系、发展脉络等，甚至可以动态重组文章和数据进行试验推理。对学术界以外的跨年龄跨学历大众读者而言，科学、艺术、地理、历史等科普沉浸式阅读能充分调动其乐趣与动力，提供满足读者精神需求的人文关怀。可以预见，沉浸式阅读必将成为智能时代图书馆满足用户系统化知识需求的核心服务理念，支撑图书馆实体空间和虚拟空间的对接融合，极大提升图书馆读者服务的质量和效率。

第三节 公共图书馆资源建设与服务方式创新

一、公共图书馆智慧资源建设与服务模式创新

（一）公共图书馆智慧资源建设与服务模式的价值

对于公共图书馆的可持续发展而言，智慧资源建设与服务模式具备一定的现实价值，需要在科学认知的基础上加强实践。具体而言，价值体现在可以实现标准化管理，为社会公众提供更便利的服务体验。

1. 实现集成性更优的标准化管理

在互联网信息技术迭代发展的过程中，公共图书馆在资源建设方面有了一定

的完善与优化，初步实现了信息化建设目标。在智慧资源建设下，公共图书馆可以针对馆内资源进行标准化管理，提高管理效能。一般而言，公共图书馆的资源建设可以分为宏观与微观两个维度，宏观资源建设体现在地区及馆际协同发展，微观资源建设集中表现在图书文献资源的收集、整理及存储。在智慧化转型后，公共图书馆可以对纸质图书文献资源进行数字化处理，提高资源存储和检索效率。

2. 为社会公众提供更便利的服务

在互联网信息技术推动下，社会公众可以依照自身的喜好，选取不同的信息内容，相应地对信息服务提出了更高要求。作为公共文化传播主体，图书馆应当对此引起重视，结合社会公众的需求变化，在图书服务过程中进行适配和优化，为社会公众提供更便利的服务，实现自身在公共文化传播方面的价值。在此过程中，智慧化服务模式有明显的优势，能提供良好的交互体验，实现多元共享的资源服务。

（二）智慧资源建设与服务模式的实践策略

在推动智慧资源建设与服务模式实现的过程中，公共图书馆应当充分考量自身当前的发展状况，以便采取符合自身特色的策略。具体而言，公共图书馆可以引入"互联网＋"技术，建构统一的数据资源处理平台，满足社会公众多样化阅读需求，推动数据资源实现智慧化共享与传播，推动智慧资源建设和服务模式有序实现。

引入"互联网＋"技术建构数据资源处理平台。在"互联网＋"时代背景下，公共图书馆可以引入多种技术，建构互联互通的数据资源处理平台，为智慧资源建设和服务模式的实现创造必要的条件。具体而言，公共图书馆应当优先针对数据资源进行可视化处理，科学整理和集成馆内资源，借助云端为用户提供便捷的资源获取渠道。考虑到用户对服务渠道多元化要求较高，公共图书馆要立足于自身资源优势，以跨界合作的方式，接入统一处理平台，确保用户更加便捷地完成数据资源借阅。

围绕人文关怀满足公众多样化阅读需求。在具体的服务过程中，人文关怀是必不可少的关键要素，直接影响服务质量与用户的实际体验。在公共图书馆智慧资源建设及服务模式实现过程中，需要确保各项互联网信息技术的引入，为用户提供更具人文关怀的服务。具体而言，公共图书馆可以借助大数据技术，分析用户群体的偏好，以便在资源建设过程中进行结构化的整合，迎合用户图书文献资源获取的需求。与此同时，公共图书馆还可以为用户提供反馈渠道，充分听取用户对智慧化建设的意见和建议，在后续的实现过程中予以体现。

推动数据资源实现智慧化共享与传播。除智慧资源建设及服务模式外，公共图书馆还可以围绕资源开放共享，探索继续提升智慧化服务覆盖面的可能性，实现更加理想的转型效果。具体而言，可以组织各地市范围内的公共图书馆达成合作，统一制定元数据交换标准，促成馆际资源的智慧化共享和传播。公共图书馆还应探索跨界合作的可行性，以资源开发共享与价值延伸为基准，与其他相关机构开展合作，为用户提供更加便利的资源获取体验，实现公共文化传播的价值。

基于智慧服务强化馆员队伍建设。在实现智慧资源建设及服务模式的过程中，图书馆工作人员是实践主体，馆员在专业化能力与信息素养方面的表现较为关键，可以直接影响智慧化转型的质量。公共图书馆应当对智慧化资源建设及服务模式提出的实际诉求进行确认和分析，强化馆员队伍建设力度，为智慧资源建设提供人力保障。为此，公共图书馆应当定期为馆员群体提供专业化知识能力培训，帮助馆员实现更加理想的自我发展。

二、公共图书馆数字资源服务模式创新

（一）公共图书馆数字资源概论

目前，网络信息化时代已经到来，智能手表、手环、手机以及计算机等现代移动网络设备的普及力度日益加大，在日常生活中随处可见，且广泛运用于工作、学习与生活中。各行各业紧跟时代发展步伐，抓住发展时机，各种电子商务网站日益兴盛，机关单位网络化办公、电子政务为广大群众提供了方便，借助互联网，学校实现了电子化教学、网络远程授课以及网络选课，立足于此，公共图书馆应提高重视度，和时代发展保持同步，加大对各种先进技术的引入力度，如数字图书馆、虚拟图书馆、手机图书馆等，并对数字资源进行深入开发，以此来提高其利用率。

1. 数字资源的含义及类型

数字资源，将计算机技术、通信技术、多媒体技术进行有效整合，且选择数字形式对信息资源进行保存、发布与利用。现阶段，公共图书馆的类型主要有三类，分别为网络信息资源、自建数据库以及外购数据库。对于数字资源而言，其拥有多样化载体，时空对其影响并不明显，能够做到实时更新资源，且可便捷使

用，检索与传播速度较快，且允许多个用户同一时间使用，备受用户的喜爱。

2. 数字资源服务的含义

数字资源服务，则是在网络虚拟环境中，以数字信息为媒介，为广大读者提供资源的能力，其是以计算机技术、网络技术、信息技术为支撑，所以服务能力的环境、技术方式、运行机制也发生了改变，表现出同传统图书馆服务能力完全不同的表现方式。值得注意的是，知识服务核心作用并未发生改变。

（二）公共图书馆数字资源开发与服务模式创新路径

1. 构建数据中台

国家图书馆应努力实现可视化数据治理、集成和处理，对读者云门户平台进行合理运用，构建强大的资源池，以便于广大图书馆更好地提供云计算服务、云发布 SAAS 级的资源，访问量和服务质量较高。

在这一形势下，公共图书馆应紧跟时代，引入互联网思维，转型与升级，构建公共图书馆数据中台，加强图书馆内部、线上线下、第三方机构等异构数据之间的联系，进一步确定数据相关标准，对全域数据进行针对性治理，提高其质量，形成难得的数据资产，共享信息，加大对智慧运营服务、创新服务等的推广力度。就公共图书馆数据中台来说，可以将其分为三个层次，即数据服务、数据治理以及数据集成。其中，数据集成则是各种系统同数据平台之间不可或缺的桥梁，是数据中心互联互通、数据共享、统一标准的关键基础。

采取实时、离线、全域的采集方式，充分掌握所有公共图书馆应用各系统、第三方平台中形成的异构数据，关联、融合与对比这些多元化异构数据，并予以有效地管理。数据治理是数据中台的重中之重，统计这些数据的标准，溯源管理数据，明确相关权责，对资源整个生命周期进行全方位监控与有效管理，加深对资源使用情况的了解，最大化提高数据资产的价值，为公共图书馆有效治理全域数据提供保证。

针对数据服务，应想方设法提高数据接口的标准性，提供多样化、个性化服务，形成系统、全面的知识图谱，为前端业务提供优质、精确的服务，实现灵活多变以及能够进行调节的相关数据服务，确保后端管理系统对数据交互的稳定、持续需求得到满足，真正能够互通与共享各数字资源与数据。中国联通以及阿里云在长期发展过程中，积累了大量数据中台建设经验，能够健全数据中台方案与相应数据中台产品，诸如数据开放套件、数据计算引擎等。

对于图书馆数据中台方案而言，结合中国联通与阿里云的先进经验，总结出了 30NE 理论，根据数字化图书馆涉及的运用情境，构建将读者、资源作为中心的"存""通""用"闭环。同时，在数字化图书馆中，大数据中台属于核心模块，其从采集到加工，再到服务输出建设，需得到相应生产力工具的支撑，诸如标签工厂、数据质量管理、数据资源以及数据 API 平台等。

2. 打通线上线下服务渠道

基于数据中台，公共图书馆需要将读者需求作为重点，发挥自身基础作用以及社会力量的辅助作用，构建涉及"采、编、借、阅、购"全流程服务模式，并推动线上线下渠道的结合。

构建线上线下多渠道的资源采选模式。对于公共图书馆而言，需要将读者需求作为基础，优化资源采选模式，加强管理员推荐、读者需求以及互联网榜单的结合。公共图书馆对专业学科馆员进行调查分析，针对不同学科读者推荐相应的书籍清单。同时，给予知名互联网平台更多的重视，诸如豆瓣等，此类平台会发布热门书籍，抑或设置年度热门图书排行榜，对读者的需求十分了解。另外，图书馆可从抖音、微博微信、网站等新媒体平台，对读者需求进行广泛收集，激发读者推荐图书的热情，使得读者能够成为图书推荐的重要群体，这样图书馆所采购的图书才能够真正迎合广大读者的真实需求。

建立纸本文献与电子资源的融合服务机制。公共图书馆立足于互联网化思维，建立纸本文献与电子资源进行结合的服务模式。首先，通过对数据中台进行分析得知，纸质文献同电子资源之间属于互相对应的关系，数字化处理已经入藏的纸质文献或不断地完善相对应的电子资源；对于将要采购的纸质文献或电子资源，最好统一进行采购，并结合不同场景面，向广大读者提供线上线下相统一的阅读与检索服务。同时，针对数据中台，公共图书馆可尽力构建统一的数据共建共享机制。图书馆应与出版社以及资源提供人员等之间进行合作，并于资源采购的过程中，通过第三方对书目数据信息进行获取，对其予以加工与优化之后，开放给各公共图书馆和外部机构，共享资源。除此之外，公共图书馆还需积极建立元数据信息流、资源流、物流等，有利于统一线上线下资源，创建线上线下融合服务体系。

建立良性循环的"读者—作者—图书馆"互动交流机制。基于数据中台，公共图书馆应立足于自身，构建相对应的资源评价制度，积极主动地同相关机构开展深入合作，获取更多的评价数据，并进行共享。同时，要利用阅后提醒等形式引导读者评价图书资源，如购书环节的服务体验、借阅后对内容的评价等。这样基于评价平台，能够尽早形成读者、作业与图书馆之间畅通的信息沟通路径，实现多方信息的互通互知，继而反向推动图书馆优化图书服务与图书质量，收获更多忠诚的读者。

加强与社会力量合作，构建共赢的服务模式。我国在国家治理体系和治理能力现代化建设中反复提到：鼓励社会组织参与社会公共文化环境建设、深化、升华。在现代信息技术与社会环境快速融合与发展环境下，图书馆在读者看来应是更加先进的、人性的、智慧的，对此图书馆要积极引进新技术、新方式，打造适应性强的阅读环境，如移动阅读、智慧分类、无纸化阅读的眼睛保护功能等。在经费开支、专业人员技能、资源服务保障水平等方面，公共图书馆同各商业机构（出版社、互联网电商、资源拥有者等）各具优势，应加强合作，致力于互利共赢，为读者服务提供更多样化的形态。另外，公共图书馆应严格贯彻执行公益服务理念，但是商业机构则致力于自身利益，两者在开展合作过程中，公共图书馆往往代表着国家与社会大众之间的利益，因此在合作中应占据核心地位，但是也要注意对各方权益进行平衡，如此才能够确保两者之间的合作更加持久。针对合作形式，应引入互联网平台入驻经验。其中，公共图书馆是主要枢纽，即平台的基础，而其他合作单位、个人则属于填充元素，将自己的文献资源填充到这一平台中去。针对这些图书资源、文献以及研究成果的数字资料，图书馆应基于读者的喜好、需求，科学分类，比如最简单的教学图书资源、科研图书资源、社会服务图书资源等。同时，也要进行细化分类，如提供模糊、精细、系统、综合的检索服务。若读者检索的内容源自图书馆，那么会优先为客户提供免费资源，当然也可给予检索服务，选择优先看付费资源。若检索内容源自其他平台，那么会主动连接到资源提供平台。这不仅能够为读者提供完整的服务，统一检索整个国家的书库，还能为读者提供更加精准的图书服务，实现图书资源效益的最大化。当然，其中的付费获利可为公共图书馆资源建设、平台优化等提供资金与技术支持，从而能够真正地实现两者共赢。

基于新媒体渠道创新读者服务模式。目前，在数字技术、信息技术、物联技术以及国家政策等推动下，公共图书馆无论是资源量还是服务质量均有较为明显的提高，可借助于抖音、微博、微信等新媒体平台同读者进行密切交流与互动。同时，在营销方式和内容上，公共图书馆可利用现代各种媒体平台提升自身曝光率，提升读者黏性，吸引更多的读者参与其中。此外，现代技术是图书馆发展的核心推力之一，所以公共图书馆应清醒地认识到这一点，巧妙借助 5G、物联网、新媒体的新技术，对用户图像进行精准刻画，为其提供更加个性化、更具针对性的推荐服务。例如，长春市图书馆致力于创建数字阅读读者活动品牌——"爱尚 e 读活动"，借助所采购的数字资源，大范围推广新型阅读形式，积极同网站、第三方数字资源平台合作，利用 AR/VR 技术，开展一系列资源使用培训、有奖问答、体验课等趣味性活动。当这一品牌活动兴起后，再慢慢地进行面对面资源直接推广。这一活动吸引了很多读者的参与，且大多数转变为线上资源的忠实用户。该活动的品牌效应明显，影响力大，并借助阅书房、微信群及学校，开展了一系列群体活动。积极同社会团体进行合作，植入宣传数字资源。

3. 开放数据共享

为进一步提升公共图书馆服务效率、质量，其应基于绿色、共享、和谐等元素，打造更加开放、智慧的图书馆环境。对于信息融合方面，应明确图书馆平台数据与外界图书资源交互的数据标准。由于当前并未完全统一数据标准，导致不同平台间的图书资源形式、类型区别较大，虽然也能有效满足部分读者的资源需求，但不利于资源的整合、流通。据此，为提升图书资源流通效率，应结合国家制度，设计更加规范的图书资源流通标准。同时，在此基础上公共图书馆应结合平台资源数据需求，加强与外界资源供应者的联系，完善自身资源系统，并明确图书资源开发规则，如阅读等级与权限规则等。

需注意，在开放过程中要注意数据资源的安全性，即要打造更加安全的数据资源保护体系，如存储体系、防篡改体系、防泄漏体系等。同时，在开发过程中，为减轻服务压力，一方面可聘请第三方专业服务机构，设计更加高效的服务体系、内容模式等，另一方面可邀请社会志愿者进行图书资源服务。

当然，在服务的同时，也要针对读者实际需求，动态完善开放方式与开放的内容，比如为提升读者黏性，可基于其实际需求，及时上传其所感兴趣的图书资源。这样所创建的以公共图书馆为主、社会力量为辅的线上线下服务融合体系，能提供更便捷的服务。由此可以看出开放数据关系到每一个行业，能够进一步提升图书馆的服务质量和效率，能够为群众精神层次的满足奠定基础。需要重视的是公共图书馆应对数据中台进行全面开放，要注重数据质量，以及更丰富、更优质的服务的建设等。

第三章 数字图书馆个性化服务发展

第一节 公共图书馆数字化服务特征

一、公共图书馆数字化服务内容

（一）网站服务

公共图书馆网站服务是较早开展的数字化服务之一，是将公共图书馆与互联网连接在一起的纽带，依托着早期计算机和互联网的基础技术平台，在信息化时代将互联网作为工具去完善自身服务体系，紧跟时代步伐，通过数字化服务转型改革来提高图书馆自身的核心竞争力。公共图书馆利用网站为广大读者服务，是对图书馆传统业务的革新。图书馆网络服务的发展，为读者提供了更便利、更快捷的阅读体验，也为图书馆提供了更高效、更精准的服务手段。

（二）新媒体服务

图书馆新媒体服务的工作重点即体现在"新"上。新媒体是依托于一种数字信号实时传递为技术基础，不受时间地点所限制，以计算机、手机、平板等数字设备作为传播载体的媒介。随着移动设备的不停发展优化，智能手机几乎成为人手一台的设备，而正因如此，公共图书馆新媒体服务也在此得天独厚的条件下走向了发展的快车道。

（三）数字资源服务

在公共图书馆中，数字资源可以分为两类：一种是馆藏数字资源，另一种是网络信息资源。馆藏数字资源是指将图书馆原有的文献资料（比如书籍、期刊、报纸、音像资料等）进行数字化处理后，在数字化设备的支持下，以数字化的形式存储，并通过互联网提供给远程用户进行检索、查询和利用。而网络信息资源是指可以通过计算机网络获取的信息资源，包括互联网网页、数据库、电子期刊、电子书籍、电子邮件、社交媒体等，这些信息资源能够满足人们的一部分信息需求。

需要注意的是，并非所有网上的信息都是数字资源，数字资源指的是经过数字化处理，以数字化形式存储的信息资源。这两部分资源有一定的交叉与融合。

这些数字资源是现代图书馆不可或缺的一部分，对于提高图书馆的文献服务水平和满足用户多样化的信息需求具有重要的作用。图书馆的数字资源主要有两种获取途径，首先是将图书馆已获得权限的馆藏资源进行数字化，其次是图书馆通过购买、租赁等方式获得出版商的各种电子出版物。

公共图书馆数字资源服务的发展，使公共图书馆能够更好地适应数字化时代图书馆服务的需求，为读者提供更便捷、更高效的服务，也提高了公共图书馆服务的效率和质量。在第七次全国县级以上公共图书馆评估定级工作中，主要考察的是在本馆网站（包括合建、共享）及新媒体平台提供被读者利用（浏览、下载）的数字资源总量。通过浏览和下载量，可以客观地看出读者对该馆的数字资源服务的认可度，也反映出了馆内的数字资源服务质量。

二、公共图书馆数字化服务的特征

公共图书馆作为社会知识的聚集及传播的重要场所，肩负着传播文化、储藏历史文献、为广大用户答疑解惑的重任。它是一个国家的文化中心、知识中心、文典的储藏中心。在传统图书馆的基础上，经过互联网、大数据、云计算等信息化手段的加持，公共图书馆正在形成一套自身特有的数字化服务管理体系，通过互联网平台的搭建，对馆藏资源不断优化、归纳、总结、分类，对用户的阅读历史进行分析，更为精准地进行推送阅读等活动，有效提高了人们的阅读兴趣。数字图书馆的数字化服务有以下几个主要特征：

公共性，是指数字图书馆的服务是面向大众，面向社会的。智慧性，是指数字图书馆的服务是在互联网、云计算的基础上，对馆藏文献、资料、信息、数据进行整合、分类，针对用户的阅读喜好进行自动精准的推送服务。

管理集群化，是指数字图书馆通过搭建自身的互联网平台，向用户推出一站式综合服务，让用户体会到更加便捷的服务。协同性，是指数字图书馆正在加强区域化合作，加强数字图书馆联盟建设，将区域内甚至全球的馆藏资源实时共享，打破服务用户的时空限制。

资源丰富性，是指数字图书馆为广大用户提供的服务内容，不仅包括丰富的文献资料，还包括数字化、信息化资源，并通过电子文档、多媒体播放等众多形式向广大用户进行服务推送。

三、公共图书馆数字化服务创新的原则

用户至上的原则。公共图书馆秉承用户至上、服务第一的原则，这就要求公共图书馆将广大的读者需求放在第一位，以读者的需求为中心，所有的资源、信息，包括硬件软件的建设都要围绕着读者需求这个中心点，想读者所想，充分满足读者不同的需求，是数字图书馆服务创新的第一原则。

高效快捷的服务原则。在数字图书馆建立数字化服务平台，是通过互联网搭建，读者所有的需求及疑问也是通过互联网平台进行咨询，这就要求服务平台能够快速地做出反应，珍惜每一位客户，尽快给予每一位读者满意的答复，充分体现数字图书馆服务平台的高效快捷。

服务形式及内容要做到与时俱进，跟紧时代潮流。在当今网络时代，人们的阅读习惯已由原来的纸质读物转变为电子设备阅读、移动阅读、手机阅读的模式，而通过网络获取的大量信息也在改变着人们的生活、工作以及思维习惯。微信、QQ、微博等沟通方式以及无纸化办公，网络办公已超越了国界。而大量的电子出版物更是充斥着网络，人们足不出户，就可知天下事，得到各种信息。在这种形势下，公共图书馆要跟紧时代潮流，无论硬件、软件、管理及制度的建设，都要和新时代下用户的需求紧密相连，服务内容随着电子产品、出版物、数据库、数字技术的变化而变化。

移动优先的原则。随着网络带给人们生活方式的改变，人们足不出户就可以完成诸如购物、点餐等活动，同样，人们针对资料、信息、刊物的需求，不再单一地选择去图书馆，各种需求通过网络就可以完全满足，因此数字图书馆要根据人们这种习惯的改变，在提供服务时遵循移动优先的原则。

自助服务原则。数字图书馆要尽可能为用户提供自助服务的平台，并对用户加以指导。数字图书馆的用户相对素质高，能够相对迅速地学习并使用自助服务平台，可以使他们能够快速有效地利用图书馆的各种资源。

第二节 图书馆个性化服务的重要性

一、图书馆个性化服务的内容与特点

（一）图书馆个性化服务的概念

图书馆个性化服务，就是指图书馆根据读者的需求，依据各种渠道对读者所需的资源进行收集、整理和分类，向读者提供和推荐相关信息，以满足读者的需求。公共图书馆个性化服务也是指图书馆在数字信息环境下，主要利用传统技术、网络和信息技术为个性化用户提供充分满足其个体信息需要的集成性信息服务。主要包括服务对象、服务时空、服务方式和服务内容的个性化。区别于传统的定题服务，定题服务不属于完全意义上的个性化服务，是典型的早期的个性化服务，由于受到环境和条件限制，服务的深度和广度受到局限，个性化服务表现得不充分；而个性化服务则是针对不同的用户，即使提出相同的检索课题，所提供的信息也应该是有所不同的。

（二）图书馆个性化服务的特点

1.需求个性化

以读者群阅读、科研等需求为导向，广泛提供传统纸质和网络技术以及数字化的资料，包括政府公开信息、学科发展前瞻信息等查询服务。这种阅读需求具有确定性和不确定特点，作为公共图书馆既要满足读者群明确表述的需求，同时还要提供尚未表述清楚或者边缘学科的需求，一并为读者群提供智力支持。同时，作为公共图书馆的服务者应做好备课，不但要了解读者个体的知识结构情况，而且还要了解读者个体所要研究的这一学科领域大体的发展前沿，从而提供完善的读者个体所需信息。

2. 内容个性化

虽然公共图书馆为读者提供的内容具有多样性和集成性特点，但是其服务内容更具有专属性。信息的提供和获取不再是单向传递，而是读者与图书馆之间的双向互动过程。借助于技术手段，图书馆可以及时、准确地将符合个体需求的信息传递给读者，实现内容的个性化服务。

3. 形式个性化

现代化信息技术在图书情报领域广泛应用，因此为用户提供的个性化服务不

再局限于人工、非数字信息服务（纸质的传统媒介），而是广泛采取自动化、网络化、数字化服务。读者与图书馆之间通过互动式的服务，可以真正达到效率快捷、资源共享的效果。

（三）个性化服务资源建设的特点

个性化服务资源建设具有针对性和差异化。与传统的服务资源建设相比，个性化服务资源建设更加注重用户个体的需求和兴趣。而传统的服务资源建设则更加注重对所有用户的服务。个性化服务资源建设更加关注用户对服务的满意度，更加精准、差异化地为用户提供服务。

个性化服务资源建设需要充分了解用户需求。个性化服务资源建设的关键在于充分了解用户的需求和偏好，建立定制化服务模式。因此，图书馆需要加强与用户的互动，收集用户的反馈意见和需求，建立用户画像，为用户提供精准服务。

个性化服务资源建设需要涉及大量数据处理。个性化服务资源建设需要涉及大量用户画像数据的处理，包括用户偏好、阅读历史、检索记录等。这些数据的处理需要相关技术支持，包括数据挖掘、机器学习、人工智能等。

（四）个性化服务的主要形式

1.网络导航服务

图书馆要充分利用自身的技术优势和专业优势，根据用户需要把网络信息资源进行有目的、有针对性的选择、整理和组织后链接到本馆主页，为用户建立一个网络导航系统，使其可以迅捷地检索到所需信息资源。

2.定题情报服务

定题情报服务是为学科建设、科研项目等专门开展的一种特殊的检索服务。是图书馆根据教学科研人员的需求把数字化文献信息等馆藏资源收集和整理出最新的相关信息及线索提供给相关人员，并对其进行跟踪。

3.电子剪报服务

图书馆可利用文字处理软件按照电子剪报成品的格式对搜集到的信息进行整理加工，形成完美的信息产品。电子剪报丰富的信息量和多样化的载体形态可以使用户在第一时间根据来源、日期、类别了解到最新的信息。

4.提供特色馆藏服务

提供特色馆藏服务是指图书馆根据自身优势把长期积累的具有专项特色或学科特色的文献资源和实物资源提供给用户，满足用户的定向需求。

5. 信息分类定制服务

数字图书馆根据馆藏内容及学科优势，把具有相似信息需求的用户进行分类，同时把馆藏制作成多个服务模板。用户可以根据自己的需求在模板中查找自己的选项，并在数据库中检索到所需信息。当用户再次登录网站时，服务器会直接将查询结果提供给用户，使其拥有一个完全的个性化信息空间。

6. 信息推送服务

信息推送服务是数字图书馆中传统定题服务的一种个性化主动信息服务方式。目前信息推送服务可分为两种：依靠人工进行的信息推送服务和由软件完成的全自动智能推送服务。它通过了解用户信息需求进行专题信息搜索并定期进行信息反馈，其主要特点是突出了以人为本的主动性。

7. 信息垂直门户服务

信息垂直门户服务是指针对于某一个特定的学科范畴、用户群体或者特殊需求提供的有相应价值的相关数据信息服务，具有专业性、精准度、深度挖掘的特点，可以为用户提供更加专业化、个性化、网络化的信息资源。

8. 信息检索服务

馆员要根据用户需求对检索课题的主题结构、专业范围等进行分析，确定检索的范围，开展信息检索服务，然后借助网络检索工具查找所需信息。搜索引擎作为主要的网络检索工具，使用起来方便快捷，搜索范围广，但是检索的准确性不高，相比之下，通过如超星、知网等数字图书馆、万方数据库资源系统等在线数据库进行查询是用户获取学术信息的有效方式。

9. 信息呼叫中心服务

目前我国部分大型图书馆已经引进呼叫中心技术并开展了相关服务，主要用于数字参考咨询。现在信息呼叫中心可以通过自动话务处理（ACD）、交互式应答（IVR）等功能，使用户以电话、传真或宽带等方式与数字图书馆系统建立连接，在人工服务或者自动导航下进行访问，获取相应的信息，这大大促进了图书馆数字化的进程。

（五）数字图书馆个性化服务关键技术

1. 推送技术

推送（push）技术是一种按照用户指定的时间间隔或根据发生的事件，把用户选定的数据自动推送给用户的计算机数据发布技术。这种技术的开发应用不过

10 年的时间（1996 年由美国 PointCast 公司提出并研究应用于网络信息服务），而应用于数字图书馆的个性化服务，也只是近几年的事。与传统的拉取技术（pull technology）相比，基于 push 技术的信息推送服务减少了用户的盲目搜索，具有主动、灵活、智能、高效的显著特点。

　　基于 push 技术的数字图书馆个性化服务，其首要的任务是收集和更新用户信息（这一点在前文已做了分析）。运用了 push 技术开展的个性化服务，主要方式有频道推送、页面推送、电子邮件推送、移动通信推送等。其工作流程为：首先是建立用户需求管理数据库，用户需要在这里完成注册，表述自己的信息需求，经过统计分析做成一个有效的电子身份证。其次是建立信息库，即从 Web 上搜集信息并进行分类整理、确定标准，把个性化的信息标准设立出来并进入信息库。最后是 push 服务器的信息推送，即 push 服务器根据已建立的用户和信息的对应关系，在适当的时间、以适当的方式、把适当的信息主动推送到用户的计算机上。

　　2. 智能过滤技术

　　构建数字图书馆智能化过滤信息、个性化推荐服务系统并不困难，如何有效实现个性化信息推荐服务才是其关键，而智能过滤技术是服务系统中的重要组成部分。智能过滤技术主要从两方面表现。一方面是其关键技术，以内容过滤、协同过滤和聚类分析为基础实现个性化服务。内容过滤基于个性化系统中的用户信息模块进行，通过管控用户的信息需求和信息描述，将用户可能感兴趣的信息传输给用户，传统的过滤技术多以内容过滤为主，其方便快捷但也简单粗暴，很容易将数据信息一刀切，使部分有用的信息被屏蔽掉。协同过滤技术是分析用户的兴趣，并从数据库中筛选出类似的用户信息，利用用户之间的相似需求进行推荐服务，提升了内容的信息含量和质量。协同过滤技术在面对专业性的数据信息时较为有效，但在信息涉及较为广泛或用户检索范围较大时，推荐服务无法达到个性化的要求。聚类分析是将数据信息本身进行简化分类，根据用户浏览的集合进行推荐，简单来说聚类分析类似于数学概念中的交集，当用户检索的数目越多，其推荐服务信息的个性化越强。另一方面是通过智能过滤构建的基于用户个人的信息化服务，多是以个人历史记录、个人书架、个人导向服务等形式出现，本质上并不是信息推荐服务，而是建设多样的信息获取渠道，从多方面收集用户信息的服务系统。

3. 智能搜索引擎技术

智能技术引擎是搜索引擎运用先进的人工智能技术的新一代产物（又称第三代搜索引擎）。它以其高度的智能化功能和突出的个性化优势，在数字图书馆个性化服务系统的构建过程中，起着十分重要的作用。它以其良好的自然语言理解、知识逻辑推理能力，来判断、分析和处理用户的各种信息需求提问，发挥着数据挖掘和知识发现的作用；从知识（或概念）区域上同时匹配处理基于关键词的精确检索模式，以及基于自然语词的非规范表达句式，给用户提供检索问题的准确答案以及相关资料，使用户获得较高的检全率和检准率。

基于智能搜索引擎的数字图书馆个性化服务系统，既能体现智能搜索引擎综合现有系统许多功能的集成优势，简化、节约系统的技术结构内容，又可凭其良好的智能化与人性化功能，大大提高系统的工作效率，加速业务流程运行，使用户获得更为主动、快速、准确的个性化信息服务。在个性化服务系统中，知识库是智能搜索引擎的基础和核心；它是在数字图书馆信息资源库的基础上提炼、拓展而成的，是对数字图书馆信息资源库的判断、抽取、分析与概括。因此，智能搜索引擎的信息"源泉"，是极为丰富的数字图书馆信息资源。

4. 数据挖掘技术

数据挖掘技术是大数据时代下的重要数据分析技术之一，又称为数据处理技术，数据挖掘技术是从数据本身来考虑，通常数据挖掘需要有数据清理、数据变换、数据挖掘实施过程、模式评估和知识表示等 8 个步骤。数据挖掘的具体操作方法有 8 种，分别为：神经网络、遗传算法、决策树算法、粗集算法、覆盖正例排斥反例方法、统计分析法、模糊集方法以及挖掘对象。一般数据挖掘技术在应用过程中的挖掘对象都是根据信息存储格式，用于挖掘的对象有关系数据库、面向对象数据库、数据仓库、文本数据源、多媒体数据库、空间数据库、时态数据库、异质数据库以及互联网等。

数据挖掘技术简单来讲就是在数据库中发现线索或者知识、进而对这些线索知识进行分析。数据挖掘一般是指从大量的数据中通过算法搜索隐藏于其中信息的过程。数据挖掘通常与计算机科学有关，并通过统计、在线分析处理、情报检索、机器学习、专家系统（依靠过去的经验法则）和模式识别等诸多方法来实现上述目标，而数据挖掘技术的研究目的就是出于人们的简单需求，通过用户使用各种软件的需求量以及定向性来进行数据处理以及数据挖掘工作，进而更加方便地挖掘用户的心理及用户的需求信息，以便于进一步为用户提供定向性个性化的服务。目前，数据挖掘技术已经被广泛地应用到人们的生活之中，在零售业以及网购平台中的有效应用也是数据挖掘技术的一个成功案例，因此，在研究数据挖掘技术在高校数字图书馆中的应用时，也可以对该技术的某些其他领域成功案例进行借鉴分析，进一步提高数据挖掘技术在数字图书馆技术中的有效应用。

数据挖掘技术的主要应用方向就是在个性化推荐服务之中，数据挖掘技术可应用在个性化推荐之中可以使学生更好地得到所推荐的书目，在大数据的环境下，数字图书馆的研发人员可以通过数据挖掘技术中的具体算法进行更为深入的研究与发掘，进而提高个性化推荐的精准度，使数据挖掘技术更有效地应用在数字图书馆个性化服务之中。

文献关联算法的应用。在具体的数据挖掘算法应用过程中，研发者可以参考数据挖掘技术在网络零售行业内的成功案例，通过对学生搜索或者使用的文献之间的关联性进行其文献关联算法的应用，并结合学生在最近阶段的浏览历史以及查阅的文献内容类别进行文献关联，进而提高个性化推荐的精准度。

用户评分分析算法的应用。一般每个学生在查阅文献或者寻找书籍时，其大体寻找的文献书籍相似度较高。在进行推荐时对学生进行更为精准的优化推荐，就需要在这些相似文献中进行用户评分分析测算，即通过学生对相似文献的打分情况以及阅读时间进行测算分析，进而为学生提供同类别文献内的最优选项。

自动过滤算法的应用。在个性化推荐服务中，不仅需要通过测算进行文献书籍的推荐，而且还需要通过过滤算法进行文献的过滤工作，通过对学生的需求测算，从学生的历史浏览以及用户评分等方面为学生过滤掉其不喜欢的内容，这样可以提高学生的文献查找精度，并且为学生带来更好的文献查询体验。现阶段，数据挖掘技术的过滤算法有3种，协同过滤推荐、基于物品的协同过滤推荐、基于模型的协同过滤推荐。

混合推荐算法的应用。最后，数据挖掘技术在个性化服务中还有一个研究方向就是混合推荐算法的应用。混合推荐算法是数据挖掘技术中推荐技术内的多种推荐结果合并的算法，这种算法的优点在于可以为学生提供一个全方位的推荐书目，避免学生出现对文献需求过度的现象。

数据挖掘技术在个性化检索、推送中的应用深度明显要低于在个性化推荐中的应用。在进行具体的个性化推送以及检索时，可以将数据挖掘技术应用于检索引擎中，通过对检索引擎内的各种链接数据以及用户搜索关键字词的分析测算进行检索优化。在推送中可以借鉴个性化推荐中的测算方法进行推送，进而提高推送质量，过滤掉质量较差的推送内容，避免出现推送内容单一的情况。

5.动态网页生成技术

动态网页生成技术可简要表述为：一个用户可以将一个 HTML 请求发送到一个可执行应用程序（而不是一个静态的 HTML 文件）；服务器将会立即运行这个限定的程序，对用户的输入做出反应，并将处理结果返回客户端，或者对数据的记录进行更新；通过这个模型，就可以在服务器和客户之间有效地进行交互。动态网页生成技术主要包括公用网关接口（GGI：Common Gateway Interface）、动态服务器网页（ASP：Active Server Pages）、超文本预处理器（PHP：Hypertext Preprocessor）、Java 服务器网页（JSP：Java Server Pages）等。其中，SUN 公司的 JSP 和 Microsoft 的 ASP 是目前两种比较成熟的动态网页生成技术。

JSP 和 ASP 都是面向 Web 服务器的技术，客户端浏览器不需要任何附加的软件支持；两者都提供了在 HTML 代码中混合某种程序代码、由语言引擎解释执行程序代码的能力。在 ASP 或 JSP 环境下，HTML 代码主要负责描述信息的显示样式，而程序代码则用来描述处理逻辑。普通的 HTML 页面只依赖于 Web 服务器，而 ASP 和 JSP 页面需要附加的语言引擎分析和执行程序代码；程序代码的执行结果被重新嵌入到 HTML 代码中，然后一起发送给浏览器。

JSP 和 ASP 所具有的动态网页生成功能，为包括数字图书馆在内的信息机构开展富有成效的个性化服务，提供了强有力的技术支持。目前，在开发动态网页方面，国内数字图书馆大都采用 ASP 技术，而对于 JSP 技术的应用还处于尝试阶段。但相比之下，JSP 是一个开放的技术，它所具有的安全、高效、稳定和可维护性，比相对封闭的 ASP 更具有个性化优势，因而在数字图书馆个性化服务中有着更为广阔的应用前景。

（六）数字图书馆的个性化信息检索关键技术

1.智能 Agent 技术

目前，关于 Agent 技术的概念颇具争议，得到普遍认同的观点由英国 Wooldridge 博士和 Jennings 教授所提出，即认为 Agent 技术属于一个具有自主性、社会能力、反应性和能动性等性质的计算机系统。综合智能 Agent 技术的特点，包括了智能性、代理性、自主性、机动性、合作性等。在数字图书馆的个性化信息检索中，智能 Agent 技术属于其中的关键所在，利用 Agent 技术的基本结构，可以构建起较为灵活的服务网络。基于智能 Agent 技术的设备层，由适配器模块、引擎模块、知识模块、库模块、视图模块等构成。智能 Agent 技术在实际应用中，通常通过分析用户信息需求，以智能 Agent 方式启动检索程序，基于用户信息需求分析基础上，自动与数字图书馆服务器对话，并在 Web 页面实施自动检索、分析和处理，并将所获取的内容依据用户习惯进行转化，再将最终成果向用户提供。这种服务方式改变了以往的机械化应用，使信息检索的体验得到大幅增强。

2. 信息过滤技术

在数字图书馆技术应用中，由于其涵盖海量信息资源，为快速缩小信息检索的范围，信息过滤技术应用显得十分必要。实际上，信息过滤技术（Information Filtering，IF）属于一种人工智能技术，它会根据用户个性化的信息检索需求和兴趣，从大量信息中筛选出符合用户需求的信息，对数据进行特征提取，例如抽取关键词、提取文本特征、提取图像特征等，以便更好地区分不同的数据类型和内容，以此提高信息检索的准确性和效率。

目前，为适应数字图书馆个性化信息检索要求，信息过滤技术摒弃了传统的检索模型，开始积极拥抱智能化信息检索技术，即利用布尔罗逻辑模型、向量空间模型等实施信息检索，以此满足不同的信息过滤需求或特点。通常情况下，由于数字图书馆的信息源与用户需求并不直接互通，导致用户兴趣难以被挖掘，而信息过滤技术可以介于两者之间完成衔接，即将信息源中的信息过滤给用户，有效攻克信息过载的现象。

3. 信息推送技术

信息推送技术（Pushtechnology）是一种主动向用户推送信息的技术。它能够根据用户的兴趣、历史行为、位置等信息，自动筛选和推送符合用户需求的信息，提高信息获取的效率和便捷性。在数字图书馆个性化信息检索中，依托其检索的主动性、新颖性、及时性特点，为用户提供优质的信息推送服务。具体而言，信息推送技术的核心是信息获取，当用户在使用数字图书馆信息检索服务时，可以依据自己的个性或偏好定制相关内容，服务器对用户的需求进行存储与处理，并通过信息推送技术在用户需要时，及时向用户推送相关的信息内容，而无需用户重复登录数字图书馆页面，大幅提升了信息检索的效率，并且所呈现的内容也符合用户个性，为用户提供更加精准的信息资源。目前，信息推送技术的推送方式，通常包括频道式推送、邮件式推送、网页式推送、专用式推送等，具体由CGI 服务器、用户 Aengt 和 PUSH 服务器予以实现。

（七）数字图书馆个性化服务的发展转变

1.数字图书馆个性化服务发展之"更系统"

由数字图书馆个性化服务特征可知，个性化服务（Personalized service）过程是基于用户需求，对原始知识与文献资料进行吸取（absorb）、创新（innovate）、重组（recombination）与再利用（recycle）的过程。个性化服务的目标在于提升用户对数字化图书的满意程度。在知识经济时代背景下，用户在日常学习、生活与工作中，对信息与知识的需求不断增多，且不同用户知识与文献需求不同。对此数字图书馆在提供文献与知识服务时，依据文献咨询与文献传递、信息咨询与信息传递等存在的关联性，将在同一系统中形成一体化服务模式，以满足用户多样化需求，包括信息查询、文献资料咨询、文献与信息下载、信息推广、用户教育等。因此，数字图书馆在信息技术支撑与先进图书馆管理理念应用下，将呈现更系统化的发展，形成完善而科学的个性化服务体系。

2.数字图书馆个性化服务发展之"更广泛"

传统图书馆由于时间与空间上的限制，其服务对象规模较为狭窄，服务对象根据图书馆所在位置存在一定限制，如高校图书馆，其服务对象以教师、学生、科技研究人员为主；社会公共图书馆，服务对象多以政府部门工作人员、科研机构人员、工程技术人员为主。而基于信息技术、网络技术应用形成的数字图书馆，依托网络开放性特征，打破传统图书馆时间与空间上的制约，其服务对象、服务对象规模得到拓展，信息与知识传播范围更广阔。与此同时，在经济、文化等全球化发展背景下，图书馆之间的联合发展将成为必然趋势，即通过构建一体化管理制度与技术规范，促进数学图书馆之间的沟通，实现信息共享，从而服务更多群众。

3.数字图书馆个性化服务发展之"更标准"

"万物物联"理念的提出以及物联网技术、云计算技术、云存储技术等的推广与应用，将进一步推动信息服务合作化发展，为数字图书馆之间的互联互通奠定良好基础。因此，数字图书馆在未来发展过程中，当信息描述标准（进行身份、信息录入与识别）、数据库或知识库标准（用于数据与知识的收集、管理、分析、存储、利用、判断等）、系统传输协议（用于信息传输与交换）达成统一后，数字图书馆个性化服务将呈现更标准化发展,从而提高多元化信息整合利用率,提高个性化服务质量与效率。

4. 数字图书馆个性化服务发展之"更精准"

个性化服务质量与效率的提升,不仅取决于数字图书馆信息服务的提供速度,更在于服务品质与特色。在大数据时代背景下,面对海量的数据信息,只有不断增强数字图书馆功能特色,为用户提供更为精准的信息,才能推动图书馆可持续竞争发展。例如,在构建图书馆个性化服务模式时,利用信息协同过滤技术,能够根据收集到的用户信息,进行用户需求判断,对系统信息进行过滤,将信息与需求进行匹配,从而提升信息推荐的精准度。与此同时,基于大数据挖掘技术,能够对用户阅读习惯、图书喜好等进行用户需求深度挖掘,并在权重分析中实现预测,构建专属数据库,增强个性化服务的个性,提升整体服务质量与效率。

5. 数字图书馆个性化服务发展之"更简便"

通常情况下,用户应用数字图书馆进行信息收集与获取的根本原因在于:在第一时间获取所需要的资料,以满足实际需求。这在一定程度上决定了数字图书馆的应用应更具体验性、便捷性,即用户不需要付出过多的精力与时间,就能准确找到所需要的信息。对此,在进行系统设计与构建时,应提升系统操作简便性。例如多伦多大学数字图书馆,在目录设计中构建了链接渠道,使用户资源的发现与获取更加快捷,系统操作更方便。此外,用户信息获取过程中,信息传输与用户资料管理的安全性同样至关重要。对此,随着《中华人民共和国网络安全法》《中华人民共和国公共图书馆法》以及安全技术的完善,数字化图书馆将呈现更安全发展趋势。

总而言之,数字化图书馆的个性化服务是图书馆服务的一种新型方式,能够根据用户实际需求,通过信息收集、整理与分析,为用户提供精准、优质的服务。随着数据挖掘技术、互联网技术、信息技术、云存储技术、软件编程技术等的创新与应用,数字图书馆个性化服务将趋向更系统、更广泛、更标准、更精确、更安全的方向发展。

二、图书馆个性化服务资源建设的重要性

(一)满足多样化的用户需求

个性化服务资源建设可以基于用户的阅读历史和借阅记录等信息,通过分析

用户的阅读行为和偏好，为其推荐与其兴趣相关的图书和阅读材料，例如：对喜欢历史题材的读者，图书馆可以推荐与历史相关的书籍、期刊和文献资源，让他们更容易找到感兴趣的内容。同时，个性化服务资源建设可以根据用户的学科领域、学习目标等信息，为其提供定制化的学习资源和教育培训方案。对于学生用户，图书馆可以根据其学习阶段和专业方向，为其推荐相关的教材、参考书籍和学术期刊，帮助他们更好地学习和研究。

（二）提供定制化的服务体验

个性化服务资源建设可以为用户提供定制化的学习资源。根据用户的学科领域和学习目标，图书馆可以提供相关的电子课本、参考书籍、学术期刊等资料，使用户可以更便捷地获取到与其学习内容相关的最新、高质量的资源，例如：对于学生用户，图书馆可以根据其所学专业领域提供特定的教材和参考书籍。另外，根据用户的学习目标和需求，图书馆可以提供个性化的学习计划、教育培训方案和指导建议。

（三）提高图书馆服务的精准性和效率

个性化服务资源建设可以帮助图书馆提高服务的精准性和效率。通过对用户的需求和兴趣进行分析和细分，图书馆可以为用户提供更加个性化和精准的服务。个性化服务资源建设可以为用户提供个性化推荐服务，推荐系统可以根据用户的兴趣偏好和历史阅读记录，为用户推荐相关的图书、学术期刊和文献资源。此外，通过了解用户的学科领域和学习目标，图书馆可以建立针对性的文献检索系统，为用户提供更加精准的检索结果。用户可以根据自己的需求和兴趣，更加方便地搜索到自己需要的文献资源，提高信息检索效率。

（四）加强用户与图书馆的互动与参与度

图书馆可以通过各种渠道与用户进行互动，如在线聊天工具、社交媒体平台、用户调研等。通过这些渠道，图书馆可以主动了解用户对图书馆服务的评价和建议，收集用户的反馈意见和需求，进一步优化和改进服务。通过加强用户与图书馆的互动与参与度，用户能够深入体验图书馆的服务，感受到图书馆的关注和关怀。用户的反馈和建议可以直接影响图书馆的决策和服务改进，让用户的需求得到更好的满足。同时，用户参与图书馆的活动和项目，可以拓展个人的学术和社交圈子，增强对图书馆的认同感和忠诚度。

第三节 我国数字图书馆个性化服务发展

为了进一步满足不同用户的需求，国内的许多图书馆也进一步开展了对数字图书馆个性化信息服务的研究。2000 年初，汕头市图书馆、华南农业大学图书馆等试用深圳图书馆开发的 ILAS Ⅱ 网络版；中国科学院国家科学数字图书馆开发了"我的数字图书馆（MyLibrary）"；武汉大学图书馆开发的"我的图书馆"和上海图书馆的"MyLibrary"等个性化信息服务系统。浙江大学图书馆开发研制的 MyLibrary 系统同时也提供图书馆通知、新书通告、最新资源、数据库、我的收藏夹等栏目以满足校外用户个性化定制服务。我国数字图书馆合作组织主要有图书馆学会、系统图书馆、中国数字图书馆工程建设联席会等，但是由于其集中管理方式、思维方式，以及资金和技术上的问题不能很好地实现资源共享，因而往往不能满足用户个性化服务的要求。由于我国数字图书馆起步比较晚，在个性化信息服务方面和国外图书馆还存在很大差距，在图书馆界还没有形成统一的共识。为了适应数字图书馆的发展和用户对信息的需求，图书馆界对个性化信息服务的研究和探索在进一步加强，这种差距正在逐渐缩小。

MyLibrary 系统作为图书馆个性化信息服务系统最早是 1997 年提出和建立的。目前该系统已经取得了初步成果，进入了实际应用阶段。在中国，MyLibrary 系统已经在北京大学图书馆、浙江大学图书馆、清华大学图书馆等机构中使用。

构建一个完整的 MyLibrary 系统一般要具备以下几个功能：

（1）书签功能。该功能类似浏览器的网络收藏夹，可以让用户自由挑选 Web 页的 URL 存入书签中，有所不同的是，用户收藏的网页的 URL 保存在 MyLibrary 系统中，这样，用户不论在任何时间、任何终端登录系统，这些链接都可以访问、方便地使用。

分类定制图书馆数字资源功能。这一功能最能体现和支持用户的个性化特性。用户可以根据自己的需要，把常用的电子资源、网络数据库等信息资源放于定制的页面上，而且还可以随时修改定制的内容。

（2）推送功能。MyLibrary 系统对用户建立"个性化档案"后，用户的个性化关键词与图书馆新进的信息进行定期对比，当用户访问个性化信息服务系统时，MyLibrary 系统会主动把与其相关的最新资源，推送给用户。

良好的学科导航功能。MyLibrary 系统应建立与网络学术资源的链接，根据学科分类，整合各类资源信息，为用户提供个性化的浏览、检索服务。比如提供国内外著名大学图书馆的网址及其他由图书馆员组织整理的网络免费资源库链接。

（3）情报咨询功能。设置诸如"AskAlibrarian""我的咨询馆员"等图书馆虚拟参考咨询的接口。用户可以通过 MyLibrary 系统网页上的咨询服务链接口，提出各种咨询问题。

（4）个人定制 Web 页面样式的功能。用户可以根据自己的需求和爱好设定 MyLibrary 系统页面内容和布局，利用动态网页生成用户的个性化网页。

（5）用户个人信息安全保密功能。数字图书馆建设中个人隐私保护问题不容忽视。图书馆应当制定出较为完善的用户隐私保护策略，MyLibrary 系统中需采用先进的系统安全保护技术，保证用户使用和系统安全。

MyLibrary 系统提供了一个全新的服务模式，让用户能够更迅速、准确地找到所需要的资源，提高了服务效率。但任何一个新事物都处于不断发展和完善的过程中，MyLibrary 系统也不例外。它今后的发展趋势主要表现在以下几个方面：

（6）资源团体共享服务。团体定制服务就是对具有相同或相似需求的一组用户，提供统一的定制服务。如相同专业的学生、同一课题组的研究人员，需求的资源相同或相似，可以把他们设为一个团体，提供相同资源的服务。另外，我们可以对这个组的成员设置不同的权限，这个"虚拟的共享图书馆"将大大提高整个小组的工作效率。

（7）与图书馆管理系统相结合。今后图书馆自动化系统将会与 MyLibrary 系统更加紧密结合，现在越来越多的自动化系统供应商也开始关注个性化服务这一方面，提供个性化服务功能。

（8）信息发布个性化。在今后的发展中 MyLibrary 系统可以根据每个用户的需要不同，将图书馆所发布的最新信息、服务分类筛选后，对用户只发布与其有关的服务信息。

（9）更加强大的互动性。未来的 MyLibrary 系统将进一步增强用户和学科馆员的互动性。系统会为用户提供一个功能非常强大的交流平台并且形式多样，可以采用即时互动软件，如 QQ、MSN、网络电话等，也可以用 E-mail、留言板等方式。这样用户在利用系统时如果有疑问可以及时获得帮助。个性化信息服务是今后图书馆信息服务的方向，是满足用户信息需求、培养个性、表现个性的服务。MyLibrary 系统的出现，开创了图书馆发展的道路，为图书馆在信息服务市场中的竞争和发展带来了无限的生机与活力，是提高信息时代图书馆生命力的关键所在。

第四节 数字图书馆个性化服务的完善

一、数字图书馆与传统图书馆的比较

（一）数字图书馆与传统图书馆的区别与联系

1.区别

（1）馆藏分布的区别

传统图书馆主要就是将纸质作为信息的载体，可以与其他类型载体并存，其所具有的拒借率和副本概念并不会完全消失；但是数字图书馆主要就是将数字信息、电子出版物以及网络信息等作为管理对象，其在存储介质方面不再仅仅局限于印刷品，而是具有声音、影视、文本以及图像等多种媒体，而且在储存载体方面也有录音带、光盘以及其他相关的电子化和数字化装置。

（2）服务类型的区别

从服务的角度分析，传统图书馆主要就是围绕物理图书馆为读者提供服务，具有一定的被动性，并且经常会受到空间、地域以及时间的限制，所以只能在特定时间和地点为读者服务；但是数字图书馆具有较强的开放性，属于分布式的一种图书馆群体。在实际发展中，数字化图书馆可以利用无线宽带网络技术将分布在某一范围内的大量信息资源和图书信息等组成一个整体，并且根据统一标准将各种信息形式和各地区信息等进行存储、处理和管理，采用最为便捷、简单的方式展现到读者眼前，打破了传统图书馆在时间和空间上的限制，方便读者运用网络在任意地点、任意时间跨库获取自己想要的信息资源，实现了馆内信息资源的高效共享。

（3）工作性质的区别

从工作性质的角度分析，传统图书馆主要就是将编目和采购中的阅览工作、流通工作作为主要工作；但是数字图书馆主要是将收集和整理信息、网络导航以及文献参考和咨询等作为主要工作内容，在图书馆信息管理工作中成为一名真正的导航员。随着技术的发展和完善，数字化图书馆已经可以在各工作站之间、数据库之间以及服务之间等实现可互操作，具有较强的互动性。其主要就是运用协调性和联合性软件，在相似类型的服务对象和数据信息中获得一致性的检索内容。

（4）信息载体的区别

从信息载体的角度分析，传统图书馆主要就是将纸张作为信息载体，长久以来，还没出现一种较为轻便的信息载体可以比纸质的保存更加长久，只要保管方法得当能够保存上百年；但是电子载体的保存条件却极为苛刻，使用寿命也相对较短，而且数字化信息通常会受到各种病毒软件的侵害，使得文献数据和信息永久丢失，当图书馆由于经费不足无法对网络数据库进行修订时，那么网络数据库中的文献内容则会全部消失，给图书馆造成严重的经济损失。

（5）经费适用的区别

传统的图书馆发展起来较慢，建设完成之后花费的费用相对并不多，而数字图书馆花费投入量偏高，资金与设备等各方面的投入都具有其特点，并且信息资源的共建与共享也需要投入更多的资源。

2. 联系

虽然数字图书馆与传统图书馆存在大量的区别，但是这些区别并不是一种本质上的不同，而只是发展模式的不同。传统图书馆的主要任务是信息的收集和整理，与数字图书馆具有密切的联系性，是其发展的基础。传统图书馆必须积极面对信息化以及数字化的挑战，适应社会发展的需要，借助网络环境以及信息化手段来不断创新图书馆管理的方法。

从图书馆发展的历史上来看，数字图书馆是图书馆发展的一个阶段性的标志，并不是图书馆的代名词，它只是说明某些开创性的技术应用于图书馆中。随着数字图书馆的普及，这些专有名词也将会逐渐消失，下一个研究的方向应该是智能化图书馆。从大的方向来看，数字图书馆只是图书馆发展的一个中间的历史阶段。

传统的图书馆服务模式还有存在的必要吗？答案是肯定的，在图书馆发展中，技术是推动图书馆进步的主要力量，但是决定图书馆是否生存还是要根据社会上的需求。数字图书馆中对于网络信息的获取不再受到时间和空间上的限制，使得网络资源查询以及访问获取更为方便。但是传统图书馆也有着数字图书馆所不能拥有的功能，比方说传统图书馆能够为社区提供阅览等传统的信息服务，只是图书馆中的印刷馆藏逐渐缩小，仍然有着大量的社会需求。

（二）二者的优势

数字图书馆能够给用户提供更加方便快捷的服务，而传统图书馆有着悠久的发展历史，自然也具备一定的优势。

1. 数字图书馆的优势

（1）获得更多的信息记录发布途径

在信息记录和发布的过程当中，印刷并不是最佳的发布途径，而数据库有可能是存储资料的一个更加优势的方式。使用计算机对数据进行分析，可以帮助人们随时欣赏到更加优美的音乐以及更精彩的影音作品，并且数字图书馆是一个能够将知识与信息以及娱乐相互交融为一体的大规模多功能文化体育教育中心。

（2）及时获取信息

印刷资料是不能够及时更新的，如果想要进行更新就必须要全部重印，同时还需要将老版本及时替换。而如果能够将版本以数字化的方式在计算机上得以保存，那么维持最新的版本将会较为简便，很多图书馆都具有指南以及百科全书等各方面的参考版本，一旦收到一些出版商的修订版本，那么这个修订版本就可以立即被装载到数字图书馆的计算机上，使读者能够立即查阅。

（3）检索功能便捷

传统图书馆当中印刷型的文章读起来比较容易，然而发现信息却比较难。虽然一些文献工具可以起到一定的帮助作用，但是要将一个图书馆利用起来仍然还是比较困难的任务，因而数字化的文献在组织方面就显得更具逻辑性，能够及时将电子信息资源通过先进的手段提取出来，例如可以通过索引文件或者一些超文本技术等，让信息能够按照读者所需要的逻辑关系，组成一个更加直观易懂的网状结构，使用户在检索与查询的过程中对文献资料的使用发挥出更多价值，尤其是目前检索引擎变得更加强大，不但能够进行全文的检索，同时还可以使图像的检索也变得更加便捷。

（4）信息共享优势

任何用户都可以通过数字图书馆所提供的接口或者搜索引擎来访问图书馆当中的所有文献资源，真正地能够做到全球共享，让信息的传递与反馈的速度能够变得更快，并且数字图书馆可以超越时空的限制，不会因为文献借给某一个读者而造成其他读者没有办法使用，也不会被偷窃或者独占而破损遗失，即便读者是在家中或是在工作单位，数字图书馆也可以及时将信息发挥至更多价值，让用户及时检阅，读者不需要专程去图书馆的实体大楼，而只需要有一个可以联网的计算机，就能够随时借阅图书馆当中的任何文献。

2.传统图书馆的优势

传统图书馆是人们精神文明的宝库，不管社会环境发生了怎样的转变，传统图书馆在保存人类的文化遗产以及丰富人们的精神生活方面都是任何一个社会机构所没有办法完全取代的。目前虽然科技在不断地发展，但是印刷文献在人类的文明当中所扮演着的角色仍然是非常重要的，印刷文献的信息储存以及传递的地位也是不会消失的。传统图书馆能够满足任何年龄与任何文化知识阶层以及任何经济条件的读者和用户对文献的基本需求，而传统的印刷品在众多的传统媒介当中仍然能够发挥难以取代的作用，纸质文献能够随时携带，同时也可以随时进行翻阅，更加符合人们长期以来所养成的一种固有的阅读习惯，所以传统图书馆的位置仍然是不可取代的。通过考察可以发现，未来不管网络技术发展到了怎样一个先进的程度，纸质的载体与数字化的电子载体都会处于一个长期共存的状态。数字图书馆将作为传统图书馆的一个比较有力的补充，计算机以及互联网是传统图书馆服务功能的补充，而传统图书馆与数字图书馆之间可以进行优势互补相辅相成，能够在人们发展的过程当中发挥出更大的价值，随着数字图书馆的形成，其自身固有特征也被逐步展现出来，对现在图书馆的建设也将会产生非常重大的影响，因此人们必须要充分了解图书馆真正的使命，并对图书馆的设计做出更严格的规划，使图书馆的社会角色能够变得更加丰富，从而发挥出更多的价值。

由上述分析可以看出，数字图书馆和传统图书馆将在很长阶段内处于共存状态，互为补充。但是随着网络技术的飞速发展，电子期刊以及门户网站移动式客户端的出现，给人们提供了日益便捷的阅读服务，以传统图书馆为基础的数字图书馆必然成为发展的主流模式。

二、数字图书馆个性化服务的机遇与挑战

（一）数智环境为公共图书馆个性化服务提供的机遇

1.结合法律法规加强隐私保护管理机制

随着数智技术的蓬勃发展，相关法律法规也在该过程中逐渐完善。在这样的

情况下，公共图书馆应当结合当前的政策背景，巧妙且妥善地把法律法规运用到管理体系中来；同时，也可以加强对于数智环境的应用，利用数智环境下公共图书馆的特征对有关事项加以宣传。馆方在开展个性化服务的同时，应该做到将法律法规深入地融入工作实际，制定完善的规章制度，明确奖惩措施。

与此同时，加强宣传，通过线上线下相互结合的方式将法律法规广泛传播，在个性化服务的工作真正开始之前，先让工作人员明确自己的职责。同时，也应当对工作人员进行相关专业技能的培训，用户隐私的保密与否，关系到的不仅是馆方工作人员的责任意识问题和道德问题，还有工作能力问题。数智环境之下，用户的隐私数据掌握在馆方手中，工作人员的数据安全技能至关重要，只有在这一点得到保证的情况下，公共图书馆的数据安全维护能力才能随之提升，用户的个人隐私才能得到更加全面的保障。但是要想真正保证隐私保护机制完善落实，用户本身也需要参与隐私保护，在数智环境下，人的综合素质对于图书馆本身的建设而言至关重要。而个性化服务的完成需要馆方和用户的相互配合，因此，公共图书馆在用户使用个性化服务时应当帮助其提高自身的隐私保护意识，充分运用数智环境特征，将个人隐私保护相关规定通过数智技术传播渗透，让用户在使用个性化服务的同时对个人隐私政策有充分的了解，明确责任归属，正当行使权利，让馆方与用户保持高质量健康供需关系。

除此之外，公共图书馆应当在妥善利用目前所掌握信息技术的同时开发有关方面的全新技术，加强信息系统建设，完善保护机制，做到在数据采集、数据存储、数据分析处理、数据传输和数据分析使用等每一个环节都严加监测，尽最大的可能保证用户的个人隐私安全。

2. 重视有关信息技术人才队伍建设

随着数智环境的发展，越来越丰富的新业态不断涌现，与之相对应的是高涨的社会需求。高校作为向社会输出人才的场所，必然也会有对口的高素质人才被培养出来，这部分人才资源应当被妥善挖掘和利用。公共图书馆个性化服务的使用对用户及馆员的个人信息素养都提出了更高的要求，并且随着数智技术的不断发展提升，这一事实也将会不断延续下去。公共图书馆要想真正找到立身之本，就不能忽视自身对于人才队伍的建设，而人才队伍建设的途径主要有两种：一是从外部吸纳高学历高素质的有关人才，结合当地有关政策和法规，在恰当的时候开设引进渠道；二是在公共图书馆内部开展相关的培训课程，充分利用现有的人才资源。

通过这两种渠道,让人才队伍在养成的过程中充分地认识到在数智环境之中,馆员的信息技术水平、责任意识、技术的妥善应用都是极其重要的。图书馆要在有效利用现有人才资源的前提下,秉持开放共容的原则和态度,主动吸收新兴的人才力量,达成让不同的图书馆人互通有无、共同进步的目的。只有这样,在个性化服务开展的过程中,才能拓宽视野,积累经验,增强应对风险的能力,回归图书馆本身的服务性质,在交流中加强自身的服务意识,妥善地解决用户对馆方提出的特殊性、私人化的问题,降低服务成本,实现共同进步的目的。

3.将数智环境与自身情况有效结合

数智环境虽然容易让图书馆本身落入同质化的窠臼,但数智技术本身丰富的内涵一旦和图书馆自身的实际情况及特点相互结合,同样也可以给不同的图书馆提供发展独具特色的服务项目的机遇。每一家公共图书馆都应当立足于自身所处的实际环境,避免走入对科技盲目应用的误区。为了达成这个目的,馆方需要对公共图书馆的整体设计、未来规划、现实处境、读者反馈进行深入思考,在以上几点和信息技术的应用之间找到平衡,充分发挥前瞻性的优势,从宏观角度把握好公共图书馆在数智环境下的建设方向。要达成以上目的,第一,馆方自身需要对目前所掌握的信息技术有准确的认知,避免技术浪费。第二,要做到善用图书馆积累起来的人才库,加强同一岗位和不同岗位之间人才的交流,根据实际情况多加探讨,了解相关技术应用的优劣性。可以定期召开专业技术研讨会或是在馆际之间发起交流会,互相"进言",汲取多方宝贵经验,达到集思广益的目的。在沟通交流的过程中做到去芜存菁、精益求精,筛选出最恰当的应用方向,在个性化服务开展之前做好技术控制,保证技术得到善用而不是滥用,让技术的进步充分带动公共图书馆的发展。

(二)公共图书馆个性化服务面临的挑战

根据文献研究可知,个性化服务的核心是以人为本,以用户的需求为首要准则,为其量身定制出一套专门的服务体系。而公共图书馆个性化服务开展的过程中要以用户在公共图书馆的内部系统里留下的个人行为数据作为参考样本,进而分析其个人好恶,描摹准确的用户画像,对其以智能手段梳理整合,使用户从纷乱复杂庞大的数据库中获得满足自己需求的服务,以此形成公共图书馆个性化服务的本质与核心。在这样的前提下,数智环境中的公共图书馆也面临着来自多方面的一系列挑战，这些挑战需要从个性化服务所处的实际情况与图书馆员的专业视角出发进行研判。

1. 数智环境与用户个人隐私之间的冲突带来的挑战

公共图书馆个性化服务存在的基础是用户在图书馆相关信息平台上留下的痕迹以及保存的个人信息，例如用户所提供的姓名、工作单位、电子邮箱等。也有部分公共图书馆在提供个性化服务时会要求用户将其目前所处的科研领域填写到系统，在大数据时代的背景之下，要想量身打造出符合用户需求的个性化服务，个人信息是不可或缺的要素，而这个步骤本身会造成用户信息的泄露；除此之外，在用户真正使用公共图书馆个性化服务的同时，内部系统也会持续跟进用户使用的资源、使用的时间、频次、检索关键词、用户终端类型以及服务时间和内容等，并且将这部分数据存入后台数据库中，最终加以利用，识别出其中规律，起到在用户下一次使用相关平台时更加精确地推送相关信息的作用。因此，馆方应当遵守保密原则，严守用户的个人隐私，防止信息外泄给用户带去损失。然而，在实际情况中，很可能会出现工作人员的保密意识薄弱且公共图书馆的管理机制不够完善等问题，进而造成公共图书馆读者的个人隐私无法得到保障的情况。将用户直接曝光在被侵犯个人权益的风险之下，对于图书馆的长远发展十分不利。

2. 图书馆员个人及管理机制落后于数智环境带来的挑战

个性化服务是围绕用户需求展开的，但用户也并非全然被动，在接受个性化服务的同时，用户的个人信息素养也正在经受相应的考验。这在无形之中将部分用户与目前所发展衍生出的公共图书馆个性化服务分隔开来，最终可能会造成个性化服务本身和用户之间出现隔阂，导致原本围绕着用户的个人需求开展的服务无法落地，更进一步造成用户对个性化服务丧失信心和兴趣，导致图书馆的发展非但没有因为技术的进步而进步，反而因此失去发展的空间。为了防止这种局面发生，馆方内部的工作人员理应对用户施以援手，与此同时，也对相关专业人员的信息素养和服务能力提出了要求，而馆员的专业能力与馆方的人员管理机制和人才培养能力紧密关联。数智环境下的个性化服务脱胎于用户的实际需求，无论是用户还是工作人员都不可与之分割，因此，人的综合素养尤其是数据素养能力成为智慧图书馆建设的核心基础能力。但是并非所有的公共图书馆都具备妥善为用户排忧解难的能力，僵化死板的组织结构、落后于技术发展之浪潮的个人能力培养机制、服务意识的不足，都会造成问题的堆积和资源的浪费，导致服务成本的增加，进而造成公共图书馆的服务效能低下，产生不良后果。

3. 单一图书馆服务模式与数智环境之间矛盾带来的挑战

数智环境的背后是蓬勃发展的信息技术和锐意进取的创新意识，但是当数智化真正落实到公共图书馆内部时，经常使之陷入同质化过高、失去个人特色的窠臼。诸多图书馆在开展数智化服务模式的同时，并没有结合自身实际情况去衡量和制定标准，也并没有根据读者的实际需求将信息资源进行最大化利用，造成了资源、技术的滥用和堆砌，看似是将技术应用到了实处，却并没有解决用户所面临的实际问题，这是数智环境下图书馆普遍应用的"重建设，轻运营"、唯技术论的建设方式所导致的。究其根本，是因为技术的应用和特定的公共图书馆建设逻辑与管理体系之间脱节。因此，个性化服务的开展难度大，馆藏资源不能得到充分利用，不同图书馆的异质性和独特性也难以体现。在失去了个人特色的图书馆服务面前，用户可能会自发地压缩自身对于个性化服务的需求，最终导致公共图书馆的个性化服务发展受到抑制。因此，在这样的情况下，技术的进步最终可能造成公共图书馆本身发展的慢行或停滞。

三、图书馆个性化服务模式的设计

（一）设计原则

在网络数字化和大数据的时代，图书馆的信息管理也需要与时俱进，不断适应读者的需要开展个性化的服务，更利于读者便利地检索到所需要的图书和资料信息。在进行图书的个性化服务之前，首先要进行个性化服务的设计，在进行设计时，要遵循以下设计原则。

1. 以读者为中心

图书馆应该以读者为中心，充分了解读者的需求和兴趣，为读者提供个性化的服务。通过大数据技术对读者的借阅历史、搜索记录、阅读偏好等进行分析，推荐符合读者兴趣的书籍和服务，提高读者的阅读效率和满意度。

2. 保护读者隐私

在图书馆进行大数据分析时，必须保护读者的隐私权。图书馆应该建立完善的数据保护机制，确保读者个人信息的安全和隐私不被泄露。

3. 提高数据质量

为确保图书馆数据的准确性、完整性和可靠性，应该加强数据质量管理。通过建立数据清洗、标准化和验证等机制提高数据的质量，确保数据分析的有效性和准确性。

4. 坚持可持续发展

图书馆应该坚持可持续发展原则，注重利用大数据技术提高服务效率和质量的同时，不断探索和创新，提高图书馆的社会效益和经济效益。同时，图书馆还应该加强与相关机构的合作，共同推进图书馆信息化建设，实现可持续发展。

5. 加强人机交互设计

图书馆应该加强人机交互设计，使得读者能够更加方便、快捷地获取所需的信息和服务。通过建立友好的人机交互界面，提高读者的使用体验和满意度。

（二）设计要求

大数据背景下图书馆在进行个性化服务设计时，应该注意以下几点。

1. 数据的规范化和标准化

图书馆应该建立数据的规范化和标准化机制，确保数据的准确性和可靠性。数据规范化是将不同格式、不同来源的数据转换为相同格式和标准的数据，便于数据的统一管理和分析。数据标准化是将数据按照特定的标准进行分类和编码，便于数据的管理和分析。

2. 数据的清洗和预处理

大数据分析需要处理海量的数据，其中可能存在许多脏数据、重复数据和缺失数据等。因此，图书馆需要建立数据清洗和预处理机制，对数据进行清洗、去重、过滤、填充等处理，提高数据的质量和可用性。

3. 数据的分析和挖掘

通过大数据分析和挖掘技术，图书馆可以深入了解读者的阅读习惯、兴趣爱好和需求，提供更加个性化的服务。

4. 信息安全和隐私保护

图书馆在进行大数据分析和挖掘时，必须保护读者的隐私权和信息安全。图书馆应该建立完善的信息安全和隐私保护机制，采取安全措施，加强数据的保护和管理，避免数据泄露和滥用。

（三）图书馆个性化功能性的需求分析

每个人的需求是不一样的，所以基于大数据的图书馆个性化服务系统面临的环境是十分复杂的，并且是多层次、多样化的。以下是图书馆个性化功能性的需求分析。

1. 个性化推荐服务

通过大数据分析和挖掘技术，图书馆可以根据读者的阅读历史、借阅记录和搜索行为等数据，为读者推荐符合其兴趣和需求的书籍和服务。

2. 个性化搜索服务

图书馆可以通过大数据分析技术，优化搜索引擎算法，为读者提供个性化的搜索服务。个性化搜索服务可以根据读者的搜索历史、借阅记录和兴趣爱好等数据，为读者提供更加准确和符合其需求的搜索结果。

3. 个性化阅读服务

图书馆可以根据读者的阅读习惯和兴趣爱好，为读者提供个性化的阅读服务。个性化阅读服务可以包括为读者提供相应主题的书单、读书笔记和阅读建议等服务，帮助读者更好地了解和探索自己感兴趣的领域。

4. 个性化学习服务

图书馆可以通过大数据分析技术，为读者提供个性化的学习服务。个性化学习服务可以根据读者的学习需求和兴趣爱好，为读者提供相关的学习资源和服务，帮助读者更加高效地学习和掌握知识。

（四）提高图书馆个性化服务可用性需求

在大数据背景下，图书馆的个性化服务不仅需要考虑其功能性需求，也需要关注其可用性需求。以下是提高图书馆个性化服务可用性的需求分析。

1. 用户友好的界面设计

个性化服务的用户体验至关重要，因此，图书馆应该在系统界面设计上注重用户友好性。图书馆应该采用简洁、直观的设计风格，使用户能够快速、准确地找到自己需要的服务。

2. 多语言支持

图书馆的读者可能来自不同的国家和地区，因此，为了满足不同读者的需求，图书馆应该提供多语言支持。多语言支持可以使非母语读者更容易使用图书馆的个性化服务。

3. 数据隐私保护

在提供个性化服务的过程中，图书馆需要收集读者的个人信息和阅读数据。为了保护读者的隐私权，图书馆需要采取措施保护读者的个人数据。这包括数据的安全存储、传输和处理，以及数据使用的透明性和控制性。

4. 多终端适配

现代读者越来越倾向于使用移动设备来访问图书馆的服务，因此，图书馆应该提供多终端适配的个性化服务，包括对不同屏幕大小和分辨率的支持，以及对不同操作系统和浏览器的兼容性。

5. 快速响应和稳定性

图书馆的个性化服务需要能够快速响应且具备稳定性，以确保读者能够及时、准确地获取所需的服务。图书馆应该采用高效的技术和系统架构，保证服务的快速响应和稳定性，避免因系统故障或网络延迟等问题而影响读者的使用体验。

四、数字图书馆的个性化信息检索的设计与实现

（一）结构体系

针对数字图书馆个性化信息检索需求，在技术应用与设计优化中，主要将其划分为四大层次，即用户、个性化信息检索模块、用户建模模块、用户信息收集模块等。在该结构中，用户信息的收集、加工、整理及储存等功能，通常由用户信息收集模块负责，在完成用户信息采集后针对性建模，形成用户专属的用户模型，以便为用户提供个性化信息检索。另外，个性化信息检索模块属于结构中的核心构成，它可以依据用户的个性化需求，对数字图书馆中多元化信息资源进行处理，并将筛选结合向用户传递。当用户获取相关的推送信息后，可以对服务进行相关度评价，系统将对用户评价进行反馈，并对用户模型进一步优化，从而提升个性化信息检索的匹配度。

（二）系统模块

1. 用户信息收集模块

数字图书馆个性化信息检索，核心在于对用户需求及偏好进行收集，以判断用户的信息检索特点。因此，在系统设计中的用户信息收集模块，属于提供个性化服务的基础单元，通常是实现用户的量身定制服务，其中对于用户信息的收集至关重要。在用户信息的收集方式上，一般会包括诸多方式：

通过网络调查收集。以页面、APP 等为基础平台，对用户进行相关需求的调查了解，采取网上问卷、在线调查、征集活动等方式，全方位采取用户的相关信息及检索倾向，更好地了解用户需求和兴趣。

通过系统自动收集用户信息。在用户登录数字图书馆系统过程中，服务器及后台会实时整理所检索的数据，并利用数据挖掘技术筛选类似信息。在收集中通常会以网页关键词、借阅记录等为主，有效判断用户的信息检索行为。

通过电子邮件收集。在用户与数字图书馆之间的电子邮件往来中，可以收集用户的检索内容，在信息传递中及时收集用户需求，从而分析用户在一段时间内的信息特点，再结合其他要素进行匹配，制定个性化服务的方案。

2. 用户建模模块

在有效收集用户的需求信息后，则应将相关数据交由系统进行处理，针对用户的实际需求建模，通过技术处理的方式构建个性化服务模型。比如，根据系统所掌握的用户基础数据和信息偏好，可以从兴趣的维度进行分析，包括用户在某一段时间对何种信息、哪类图书、哪类网页感兴趣，再实施数据的综合处理和分析，以此定义用户的信息检索行为，再结合数字图书馆数据资源，对类似信息进行提取和推送。从用户建模模块的实现而言，需要从不同的维度进行分析和计算，通常涉及两种比较成熟的方式。

通过调查关键词计算兴趣度。《数字图书馆现状与发展》中对于个性化信息检索的研究认为，用户信息检索关键词与用户的兴趣度具有紧密关联性，即可以通过定量分析的方式掌握其兴趣度。比如，当某用户在一定时间内所检索的关键词，会形成不同的信息端点，而利用这类信息端点可以进行区域连接，所形成的线段及覆盖的区域则为用户的兴趣区域，系统可以根据相关趋势进行分析计算，判断检索词与内容间的关系，再以此为依据向用户提供所需内容。

通过访问时间和频率计算用户兴趣。在针对用户的信息检索兴趣分析时，往往会由于用户访问的随意性，使计算产生一定的误差，但其中也会呈现出某种规律，如用户在访问时会在感兴趣的页面停留更长的时间，或者出现重复访问的情况，这些均可以作为兴趣判断的依据。在实际分析和计算时，可以按照相应的公式进行计算，其中，节点访问次数用 n 表示；访问的总次数以 N 表示；节点访问所消耗的时间以 t 表示；网页访问的总时间用 T 表示；访问的节点数用 l 表示；网页的总节点数用 L 表示。从分析与计算的特点来看，其中会受到诸多因素的干扰，如用户访问的时间存在差异，以及网页长度因素变化等，使得系统在用户需求的分析中，每次兴趣度分析均有意义。在计算过程及结果中可发现，当 n、t、l 的数据越大，则 F 数据就越大，表明对用户兴趣度的判断越准确。

3. 个性化信息检索模块

所谓个性化信息检索模块，即以用户模型为基础向用户提供检索内容及相应策略的模块，重点在于实现检索信息与用户需求的高度匹配，以完成向用户提供个性化信息检索服务的功能。结合个性化信息检索模块的特点，可以在数字图书馆信息检索服务中实现三个方面的功能。

检索矢量的模式转换。即以用户建模模块所提供的信息为基础，利用检索矢量将其信息转化为适应检索引擎的检索提问，用于替代用户直接检索的行为。在具体的技术设计及实现中，为适应当前主流的个性化信息检索模式，仍然采用布尔检索系统的智能 Agengt 封装策略，其优势在于能够保持良好的稳定性和兼容性，并帮助用户解决烦琐的检索过程，也可以提升系统的检索效率。

聚类用户所有感兴趣的信息。在数字图书馆个性化信息检索中，为适应用户信息检索的需求，可以采取层次式聚类的技术方式，将用户感兴趣的所有信息进行聚合，为用户提供离线式的信息检索服务。具体而言，即采取有效的定时处理机制，对执行层的相关信息资源进行更新和存储，形成一种行之有效的聚类算法，以数字图书馆中的文档为基础，通过预处理、词分类映射的自组织、词分类映射、文档编码、文档映射的自组织、文档映射等流程，以实现具体的感兴趣信息的聚类工作，从而在海量资源中为用户提取相应信息。

（三）实现结构

现阶段，数字图书馆已经成为一种信息服务新选择，它具备强大的信息资源服务功能，能够满足大部分领域的信息需求。为实现个性化信息检索功能，必须建立起相对完整的技术结构，突出"以用户为中心"的技术服务理念，搭建技术服务框架和功能。其中，用户既是个性化信息检索的执行者，更发挥着对于信息检索服务的反馈作用，可以为数字图书馆个性化信息检索提供客观建议，以进一步优化信息检索服务的功能。当前，结合数字图书馆的个性化信息检索特点，已经形成了比较完善的实现结构，总体由客户端与服务器端进行信息交互，客户端所承载的功能主要是对用户以及用户信息建模分析，使后续个性化信息检索得以实现。同时，在服务器端主要是以个性化信息检索为核心，对所获取的信息数据加以处理和反馈，保证数据信息收集和应用的准确性，体现出个性化信息检索的功能特点。但在该实现结构中仍然存在一定的缺点，即由于需要收集大量的用户信息，并要求实现用户模型的相互传输，这将导致在信息处理过程中出现隐私侵犯风险。基于目前数字图书馆的个性化信息检索而言，该结构越来越突出合作式的个性化信息检索，更好地发挥了服务器实现的优势，其信息安全风险也得到有效控制，具有极强的实用价值。

五、数字图书馆个性化服务的完善路径

（一）更新服务理念

在这个信息科技飞速发展的时代，各行各业都在飞速发展。与之相比，公共图书馆的发展显得缓慢与艰难。其中发展迟缓的一个重要原因是公共图书馆的服务理念与管理理念滞后。公共图书馆要想提升服务效能、实现长足的发展，需要与世界接轨，持续更新图书馆的服务理念，不仅要时刻关注业内服务的发展，更需要跨界去了解其他行业优秀的服务理念及思考如何提高员工服务意识。

（二）整合服务内容

目前，公共图书馆各项资源与服务较为分散，服务对象需要在两个区域之间奔波，耗时过长，对于服务对象的服务体验产生了很大影响。因此，缩短服务对象获取信息的时间是提高其服务体验的关键。在面对这一问题时，人们往往首先考虑整合资源来解决。然而，在操作层面上，整合资源存在一些困难，需要解决诸如知识产权、技术支持、资源质量评估与筛选、资源类型多样性和资源数量庞大等问题。这些问题都不是短时间内能轻松解决的。因此，可以换个思路，采用服务整合来替代资源整合。传统的资源整合方法是将不同的资源集中在一起，以完成项目目标，而服务整合是通过整合不同区域、不同种类的服务，实现项目目标。这种方法相较资源整合更灵活、更高效、更经济。以服务对象的需求为出发点，满足他们的需求，节约他们的时间与精力，从而提升他们的服务体验与满意度。

（三）明确服务定位

大数据技术的出现，使国内公共图书馆将服务定位开始由个性化信息服务转向普遍性服务。这种服务定位，必然会耗费大量的人力与财力，需要大数据来支撑。但很多公共图书馆缺乏专业的技术人才与经费，短时期内无法成熟掌握这些技术，使大数据技术成了普遍性信息服务发展最大的阻碍。更关键的是，提供普遍性服务会存在服务被动、读者参与度不高、服务对象借阅数据少、读者需求获取不足、资源推荐的针对性不够、无法了解服务对象阅读体验等问题，可见开展普遍性服务目前而言是行不通的。公共图书馆必须明确服务定位，即要为服务对

象提供具有针对性的服务，明晰自己的核心用户群体有哪些，通过开展有针对性的调查和研究，发现他们的需求，并想办法满足不同用户的需求。因此，明确服务定位、开展个性化信息服务对公共图书馆而言是一项极其重要的选择和策略。

（四）持续开展服务效能评估

个性化信息服务是根据用户需求提供的服务，不能凭主观感觉行事。在缺乏服务调研和满意度反馈的情况下，盲目提供服务是不可行的。因此，定期进行调研和回访服务对象，通过反馈找到存在的问题，并及时解决问题非常重要。个性化信息服务调研是确定服务对象需求的基础，其中满意度测评则是提升服务质量的关键。在许多服务行业中，满意度测评对工作人员来说是非常重要且唯一的评估标准，如果服务满意度低于90%，工作人员会受到警告。服务效能评估包括五个方面：一是服务质量，包括服务稳定性、服务态度、解决问题的能力等；二是服务满意度，包括服务对象的阅读体验反馈、服务反馈、投诉率等；三是服务成本，包括人力、物力、财务等各方面成本；四是服务效率，包括服务速度、服务反馈后的服务调整与投诉处理效率等；五是数据安全，包括对服务对象信息的保密性、数据传递的安全性等。

（五）制定服务规范

个性化信息服务是一种高度关注整体服务体验的服务模式。在这种模式下，每一个环节、每一个员工都被视为整体服务的一部分。因为任何一个环节的不专业、不完善、不周到，甚至服务流程的耗时都可能直接或间接地影响到服务对象的服务体验。实际上，很多时候工作人员并非不愿意做好工作，而是对什么是好服务概念模糊，不知道如何提供优质的服务。因此，服务岗位需要制定相关详细的服务细则，为服务人员提供明确的参考标准。通过这样的方式，服务人员将清楚地了解优质服务的要求。与此同时，还要建立配套奖惩机制，对优秀或不规范的服务表现进行奖励和惩戒。这样一来，服务人员将有明确的依据和动力来提供高质量的服务，从而确保服务质量的可靠性。通过制定服务细则和建立奖惩措施，个性化信息服务将能够更好地满足客户的需求，并提供出色的服务体验。这种整体服务模式将有助于提高服务质量，增强客户满意度，并为公共图书馆赢得良好的口碑和竞争优势。

第四章　公共图书馆信息服务创新技术应用

第一节　智慧图书馆信息服务发展

一、智慧图书馆概述

（一）智慧图书馆的概念

对于智慧图书馆如何定义的问题，图书馆界有多种阐述。从国内外最早对智慧图书馆的研究来看，Aittola 等指出智慧图书馆是一个不受空间限制的、可被感知的移动图书馆服务，严栋认为智慧图书馆就是以一种更智慧的方法，通过利用新一代信息技术来改变用户和图书馆系统信息资源相互交互的方式，提高交互的明确性、灵活性和响应速度，从而实现智慧化服务和管理的图书馆模式，他们分别将智慧图书馆阐述为一种服务或一种模式。在以后的发展过程中，国内其他传播度高的观点有：智慧图书馆是以数字化、网络化、智能化的信息技术为基础，以互联、高效、便利为主要特征，以绿色发展和数字惠民为本质追求，是现代图书馆科学发展的理念与实践；初景利等认为智慧图书馆是数字图书馆、移动图书馆、第三代图书馆和新型图书馆的核心内涵，是驱动图书馆未来发展的主体动力要素，是图书馆的新定位、新形象、新能力，是未来图书馆的主导模式与最高形态。综合这几种观点可以得出，智慧图书馆是图书馆的未来模式，它将改变图书馆的服务形态，重塑图书馆与用户的交互方式，为读者提供更多不受时空限制的便利服务。

（二）智慧图书馆主要技术

智慧图书馆的建设，主要建立在运用大数据、物联网、人工智能以及虚拟现实等技术的基础上，如今 5G、区块链等最新技术也在逐渐加入其中。大数据技术是智慧图书馆数据分析能力的基础，大数据不是对数据量大小的定量描述，而是指在种类繁多、数量庞大的多样数据中进行快速信息获取，其关键技术包括云计算和 MapReduce、分布式文件系统、分布式并行数据库、开源实现平台 Hadoop。物联网是指将各种信息传感设备及系统，如传感器网络、射频标签阅读装置、条码与二维码设备、全球定位系统和其他基于物 - 物通信模式（M2M）的短距无线自组织网络，通过各种接入网与互联网结合起来而形成的一个巨大智能网络，智慧图书馆广泛运用的 RFID 技术更是属于物联网范畴。人工智能指机器（软硬件）能根据分配的任务或规定的目标自动对各种媒介的信息内容（数据、知识等）进行输入（感知识别）、加工整理、分析、决策、输出，并能自主进行反应（反馈与互动）与操控等，它对图书馆的信息资源建设、服务、馆员、图书馆建筑与环境、管理等各个方面都有深远影响。虚拟现实技术指利用传感交互技术和三维图形技术创建逼真的虚拟世界，身处其中的用户可以通过视、听、触等感官与虚拟环境中的物体交互，这让读者在智慧图书馆下仿若置身于真实的环境，为促进用户体验的提升提供了动力。

（三）智慧图书馆主要特征

全信息化。全信息化是智慧图书馆的突出特征，与以往图书馆信息化程度低的阶段相比，智慧图书馆实现了图书馆内各项工作的信息化转型升级，形成了与资源、管理和服务相配套的全流程信息化解决方案，这不仅促进了工作效率的提高，也确保了工作的细节得到更准确的掌握，实现更精准的管理决策。在硬件方面，智慧图书馆拥有广泛分布于图书馆内的智能借还书机、电子阅读屏、机器人、人脸识别门禁等信息化设备，使读者从入馆至出馆全过程享受到高质量服务。在软件方面，智慧图书馆通过文献资产管理系统、运行数据管理系统、电子资源管理系统（ERMS）、用户管理系统等信息化管理系统的运用，可以详细、精确地了解馆藏资源情况、用户使用情况以及其他运行情况，并进行科学合理的分析和调度，超越了以往利用纸质台账管理或简单数字化管理的管理水平。

智能化。因为人工智能、大数据、物联网等技术的运用，智能化已融入了智慧图书馆的方方面面。从知识整合到内容推送，从空间管理到与读者交互，都可以通过数据挖掘、用户画像和机器智能等方式，在后台实现自动的、智慧的迅捷处理，在减少人力资源投入的同时，也能发挥出人力所不能达到的效果，比如对读者需求的感知和响应更加及时，汇聚的知识更具有广度和深度，对空间内人、书、设备等各项要素掌握更加全面，做到全时在线向读者提供智能咨询、虚拟聊天等智能交互服务。智慧图书馆的智能化有效发挥了图书馆的主观能动性，为读者解决了信息不对称的困境，让读者可以更加便捷地获取所需的资源。

精准化。智慧图书馆唤醒了图书馆海量"沉睡"的数据，在数据驱动业务流程的过程中让数据成为了图书馆精准化管理和服务的压舱石，实现了数据所蕴含的价值。智慧图书馆是通过数据驱动的，通过全面掌握图书馆文献数据、读者数据、运行数据、外部数据等海量动态数据，并根据需要进行针对性的数据分析，将为输出符合读者需求的精细化内容、选择效果最佳的服务方式提供指南，达到精准地满足读者个性化需求，另一方面，也使得管理方式进一步优化，实现精准化的资源管理、人力资源管理和财务管理等。在未来，数据种类与数量的进一步扩充，将助推智慧图书馆管理和服务的精准化程度向更高水平发展。

（四）智慧图书馆的核心要素

1.智慧资源

智慧资源是智慧图书馆建设的核心内容，不仅包括传统图书馆和数字图书馆利用各种信息技术呈现的所有资源，还包括原生数字资源和创新型数字资源，这也表明单个图书馆所拥有的资源在整个信息资源中所占的比例越来越小。另外，图书馆处理资源有收集、加工、流通和保存四个程序，用传统方式处理资源只能在流通环节实现增值，但在智慧图书馆时代，以上每个程序都可以使资源增值。

故图书馆可通过打造智慧资源成为知识革命的中心，从容面对商业机构的竞争。随着科技和网络技术的发展，学术记录的形态更加丰富与多元，图书馆馆藏资源结构也随之转变，馆藏资源成为各形式资源的集合体。因此，智慧图书馆不能单纯依赖本地馆藏资源，要扩大资源收藏范围，构建智慧资源。智慧资源建设可在保障本地馆藏的基础上，借助各种途径建设"大"馆藏资源，以提升其满足不同人群研究学习需求的能力。智慧资源建设要注意以下两点：一是以用户需求为中心。馆藏不仅是"拥有"更是"获取"，要通过整合现实馆藏资源和利用全球网络资源来建设智慧资源。如突破机构限制，将"借来的"馆藏、共享印本（共有）、共享数字资源、新型学术资源、商业资源（租用）、"需求驱动"的资源以及外部资源进行整合。二是要重塑边界。智慧资源建设不再仅是收藏"正式出版物"，而是要加大对"非正式出版物"的收藏，并形成馆藏特色。通过突破资源服务的边界，以满足用户的深度服务需求为中心，构建图书馆的"学术圈"，让资源在与用户的互动中焕发无限的生机和活力，实现迭代生长。

2.智慧服务

智慧服务是智慧图书馆的第二维度，可以描述为智慧城市的"创新精神"在现代图书馆服务发展中的应用。智慧服务最本质的特征就是通过提供创新、智能化的精准服务，为用户、馆员、图书馆以及社会创造价值。作为技术应用，智慧化服务将使图书馆进行业务重构，要求图书馆重新审视工作流程，改变管理架构，成为新范式的制订者；作为使能者，智慧化服务将带来生态赋能，要求图书馆重新审视行业，开放平台架构，创新业务模式，成为新生态的维护者。图书馆业务重构的动力来自于用户需求的变化和信息技术的快速发展，因此图书馆业务重构要以用户的数据需求和智慧化服务为核心，以适应新技术和用户诉求的变化以及新一代图书馆服务系统。一般来说，目前智慧服务主要涉及新技术在图书馆的应用，例如 RFID 技术、远程协助、移动和无线访问、语义网、人工智能、物联网、机器翻译、语音和图像识别、人工智能、自然语言处理、虚拟现实（AR）等，以丰富图书馆读者的用户体验。智慧意味着基于对使用的评估而对新工具和服务进行开发，用户可定义图书馆的功能。智慧服务实际使用情况的评估包括移动人群感知，以支持智能移动性、图书馆空间的使用、对图书馆设施的访问、敏捷管理、UX 设计以及基于算法的个性化信息发现，但这些创新工具和服务只有在对用户友好和以用户为中心的情况下才是智慧的。与其要求用户适应现有的图书馆服务，不如要求智慧图书馆使自己适应用户的需求。

3. 智慧人员

智慧图书馆是专为智慧人员设计的，以用户为中心并提供友好服务，是基于用户是知识的主动或共同生产者，而非信息的被动消费者这一愿景而设计的。智慧人员包括智慧用户，智慧用户即智慧型公民，在公共生活中具有灵活性和创造力，他们的能力水平是人力和社会资本的价值，需要通过服务来促进这些特征和技能的发展。智慧用户也是知识的产生者，与其他用户一起共同产生知识。"为智慧用户实现信息和知识共享"是描述智慧图书馆用户角色和行动愿景的术语体现，这一愿景与图书馆"公共平台"的概念相契合。在图书馆的特定环境中，智慧人员不仅包括智慧用户，还包括智慧馆员以及智慧馆员的技能。在智慧图书馆中，智慧馆员必须了解图书馆中人工智能管理工具和语义网的使用方法，如相关数据的生产、分析或发现工具等，其新角色任务是在研究中收集信息并提供技术指导和信息的使用方法。智慧馆员是各种可靠信息的提供者，也是用户的连接者，他们可将图书馆转变为个性化、智能化、敏感化和生活化的图书馆。

4. 智慧场所

图书馆的建筑物和其物理空间被视为充满智慧的场所，通常我们可以用"智能环境"和"环境监控"来描述这个维度。实际上,我们还可以从两个不同的方面对其进行深入理解。

首先,从可持续发展的角度来看,建设智能场所需要考虑如何利用可持续建筑评级系统,采取废物管理、增加自然条件的吸引力、减少污染以及资源的可持续管理等措施。例如,图书馆可以采用绿色建筑材料,减少能源消耗,优化室内环境质量,提高建筑物的可持续性。这些举措不仅表明图书馆对可持续发展和生物多样性有着积极的贡献,同时也为城市的环境质量做出了贡献。

另一方面,智能场所也可以被描述为与建筑物和装置有关的智能生活。这包括对建筑物的监视和控制、对电气设备的监视、保护人身安全以及为员工和公众提供的健康环境。例如,图书馆可以通过智能化系统实现对室内环境的实时监控和调节,确保员工和公众在一个舒适、安全的环境中学习和阅读。同时,智能化的安全系统可以提供更加及时、有效的安保服务,确保图书馆的安全运营。

智慧场所融合了绿色图书馆和环境能源可持续性的创新品质,这使得传统图书馆建筑和功能得以转变为智慧场所。这个过程不仅提高了图书馆的服务质量和吸引力,更为城市的可持续发展及智慧建设做出了巨大贡献。通过采用智能化的设备和系统,图书馆可以更好地满足读者的需求,提高运营效率,同时也可以为城市的环境质量、能源可持续性和智慧化发展做出更多的贡献。

5.智慧治理

智慧图书馆的第五个维度,也是其不可或缺的一部分,是智慧治理。它涵盖了与城市"智慧治理"概念相对应的所有图书馆功能,例如协作、合作、伙伴关系以及用户参与。智慧治理的核心在于社区,这就意味着在了解信息技术在图书馆发展过程中的潜力后,我们应该将此作为新生态系统对图书馆进行再投资的手段。

在这个维度下,我们可以将其细分为两个方面。首先,是智慧管理。智慧图书馆管理包括多种举措,例如让用户成为图书馆的利益相关者,与图书馆建立信任合作关系,参与决策与管理,以提高图书馆管理的效率和透明度。其次,是智能网络。智能网络让图书馆在社会和文化环境中的开放性和嵌入性得到了充分体现。

此外,图书馆的决策应该在综合更大生态系统中的各要素后产生,而不是单从图书馆这一个孤立的机构中产生。智慧治理的关键词是集体智慧,它是基于图书馆工作人员、图书馆和其他机构之间共同责任的治理，也是提高社会凝聚力的一种方法。集体连贯性将是增强未来公共政策吸引力的关键因素。

图书馆可以通过多种方式为地区文化和教育事业做出贡献，提高社会大众获取信息和服务的能力。由于智慧图书馆的概念适用于公共图书馆和学术图书馆，因此，智慧图书馆发展的潜在资助者，如地方政府、大学、学术资助机构、基金会等将成为实际资助者。在公共投资已成为稀有资源的时代，智慧图书馆恰恰是证明图书馆投资合理性的一个论据。

6.可持续发展的技术平台和环境

"科技＋创新生态"不断驱动着智慧图书馆发展。科技是指以云计算、大数据、移动互联网、物联网、人工智能为代表的新一代信息技术；创新生态指知识社会环境下逐步孕育开放创新的生态环境因素。当前应用可持续发展的技术平台和创新生态环境打造智慧环境，构建智慧图书馆的驾驶舱。可持续发展的技术平台有利于图书馆的资源管理并能满足图书馆的有关需求。平台围绕智慧图书馆的可持续发展目标，基于强大的技术和开放的创新生态，以开放互联、可扩展为核心，提供丰富的应用场景和多维度服务，构建一个支持图书馆发展的"生态环境"，实现图书馆的可持续发展。可持续发展的技术平台和环境促使图书馆通过机构重组、业务调整、人员培养开展以用户为中心的智慧服务，进入自我优化的良性循环阶段，实现知识组织和服务的链接，实现知识生产、传播、扩散和利用，成为知识生产者和消费者之间的桥梁，实现图书馆服务的融合、整合、联合和聚合，带来图书馆生态环境的全面升级，形成图书馆可持续发展模式。

二、智慧图书馆信息服务智慧化要素

（一）数智化技术升级与应用

在智慧图书馆信息服务体系中，数智化技术的升级与应用是推动整体智慧化的关键因素。从技术实现层面上讲，智慧图书馆是以大数据、云计算、物联网等技术手段为基础来实现智慧服务。不同数智技术（如人工智能、大数据、物联网等）的融合，为图书馆信息服务提供了更高效、精准的支持。服务平台的搭建则为用户提供了更便捷、一体化的服务体验。业务管理技术与设备的升级，使得图书馆能够更灵活、迅速地适应用户需求变化。空间运维技术与设备的智能化，提高了图书馆空间的利用效率，进一步优化了资源配置。

（二）多类型资源整合与共享

多类型资源的整合与共享是实现智慧图书馆信息服务智慧化的关键一环。资源建设的不断完善、资源整合的深入推进、资产管理的科学化，是图书馆提供多元高效服务的基础。深度整合资源，提供统一的信息资源检索和获取路径，实现图书馆资源的便利化运用，是图书馆智慧服务的必备要素。资源互联互通则使用户能够更便捷地获取到所需信息。

（三）全场景数据获取与利用

充分利用全场景数据是提升图书馆信息服务水平的关键。数据来源包括用户行为数据、图书馆内部运营数据等，通过业务数据分析和用户数据挖掘，图书馆能够更好地了解用户需求，为用户提供个性化的服务，在提高用户体验的同时也为图书馆的决策提供科学依据。总之，图书馆应灵活采用统计分析、可视化、数据挖掘、机器学习、人工神经网络、社会网络等大数据分析技术，实现对图书馆大数据生命周期全过程的管理与控制，达到图书馆大数据价值最大化的目标。

（四）服务空间智能化

对智慧图书馆而言，实体图书馆仍然是其基础服务的重要开展场所与工作核心，对实体图书馆空间功能的延伸成为了智慧图书馆服务范畴的重要拓展方向。智慧图书馆服务空间的智能化包含空间布局的改进、环境感知技术的应用等，通过智能化手段提升图书馆内部空间的效率和适应性。智能服务设施的应用使得用户在图书馆内能够更便捷地获取服务，多功能物理空间的创新则为用户提供了更丰富的学习和交流场所。虚实融合空间的设计将现实与虚拟相结合，进一步提升了服务体验。

（五）服务内容多元化

服务内容的多元化是为满足不同用户需求而设计的重要策略。新型业务方式将给图书馆用户带来高效智能的全新体验，实现多用户多业务功能的并行与协作。个性化体验、沉浸式交互、泛在化服务、社会性服务、协同生态式服务、用户素养服务以及决策支持服务等多方面的内容，使得图书馆的服务更具深度和广度，满足用户多层次、多维度的需求。

（六）知识服务精准化

知识服务的精准化是智慧图书馆信息服务的重要目标。知识的深度发现与知识的定制推荐相结合将持续推动大数据环境下图书馆学科服务、参考咨询等知识服务模式的创新。智能搜索、推荐系统等技术在提供精准化知识服务方面的应用，可以满足用户个性化需求，提升信息服务的效果和用户满意度。知识组织的优化和知识管理的升级则为图书馆提供了更高效的知识服务。

（七）集体智慧激发

"人"是图书馆的主体，也是图书馆发展的动力来源，用户需求是外在动力，馆员是内在动力，所以，图书馆的改造和变革都要围绕"人"来进行。图书馆的智慧内涵应是充分调动一切主客观力量来帮助用户进行智慧活动，辅助和推动人的智慧产生过程。一方面要构造个体进行智慧活动的条件，另一方面要尝试激发集体的智慧和创造性来提升图书馆的价值。图书馆帮助人实现智慧，就是在发挥自己的智慧，也就是在践行用户为本的核心理念。

上述 7 项要素从图书馆空间、资源、服务等层面总结了智慧图书馆信息服务的智慧化特征，除此之外，智慧图书馆信息服务的体系构建也离不开管理体系与保障机制的升级。在大数据环境下智慧图书馆融合多元主体庞大、结构复杂、关联度低的数字资源，如何进行协同高效管理是图情工作者的研究重点。智慧图书馆管理体系的解构和重塑过程，涉及图书馆内部管理结构的重要变革，服务理念的深化使图书馆更注重用户需求，新的管理体系可以提高服务效率和创新能力，在促进决策的灵活性和图书馆整体运营效能方面有重要作用。智慧图书馆要实现多元主体协同，从无序到有序，使整体系统效能最大化，需要完善的保障机制进行有效约束；通过健全的保障机制，维护和协调多元主体有序稳定的平衡状态，使各主体效能在整体系统环境下能得以充分发挥。

三、智慧图书馆信息服务架构模型及核心技术

（一）架构模型分析

1.用户层

用户层主要是进行用户管理和信息服务反馈。通过建立用户综合管理系统，可以进行线上平台的用户注册与认证、跨系统或跨区域的身份信息认证和管理等操作，实现智慧图书馆用户与应用之间的交互功能；在管理方面，对线上的资源与用户权限进行统一管理，进一步拓展服务范围和模式；用户可以根据自身的兴趣与需求，对门户或平台的个性化页面进行操作使用。用户信息服务反馈是通过信息技术挖掘出不同业务系统的知识数据并以最适当的方式反馈给特定用户；同

时，用户对于智慧图书馆的使用信息将被知识挖掘系统以恰当的形式表现出来，为智慧图书馆信息服务提供决策管理依据。

2. 业务应用层

业务应用层是整个系统的核心，也是智慧图书馆信息服务业务功能正常运行的关键，主要包括以下六个子系统：资源采集系统、资源加工系统、资源服务系统、资源组织与管理系统、智慧感知系统、高性能计算应用系统。资源采集系统通过对多元化的数字资源进行转换和数字化加工，建立严格的工作流程管控制度，构建完整的资源库，对资源进行自动化管理，将无序化分散的资源规整统一，从而实现向特定用户推送专题资源，且多方用户均可通过资源平台实现电子资源的缴送与获取所需信息。资源加工系统是对资源库的数据、资源进行格式与标引等二次处理，使资源具备智慧图书馆的基本管理与服务需求。它融合所有资源库、数据库等，为资源提供其所需的系统与空间，构建知识资源与数据资源一体化的检索平台，使得元数据建设工作更高效。资源加工系统的建设可以满足多元的知识组织需求，优化智慧图书馆的资源管理与资源服务。

资源服务系统是将自建、外购资源的平台、系统、网页等进行统一管理，将不同类型的资源发布在其归口平台或是系统上。例如参考咨询、馆际互借等传统平台和智慧社区、云平台等新媒体服务，可以根据不同的业务需求与发布特点进行发布。同时，在发布的基础上，它还能提供满足用户需求的各种应用手段，例如新媒体服务。系统可以向用户推荐个性化信息，用户也可以进行全方位的检索服务，包括资源、服务、多媒体等。资源组织与管理系统是业务应用层的保障体系，将不同介质之间的资源有效调度与深度融合，对数据与资源的存储安全进行管理，包括资源与数据的级别、安全、调度、权限等。它通过建立基于 OAIS 系统原型的资源长期储存机制，进行资源加工、数据管理、资源发布等全过程管理，实现智慧图书馆信息资源的全面管理。

智慧感知系统是图书馆信息服务智慧化的直接体现，通过各类感知技术获取实时感知数据，并体现于实际业务工作中。比如通过用户信息的智慧感知，进行用户画像，确定服务范围和服务内容；通过抓取动态监测数据，将流通人数、书籍借还等数据体现在智慧墙上；通过物联网进行环境感知，实时对馆舍温湿度、烟雾、噪声、水、电、光照等数据进行监测，对文献资源进行定位，实时感知各阅览室座席使用情况；联动馆舍智能消防、安防系统，全面提升智慧感知体系。

高性能计算应用系统利用云计算、大数据、人工智能、区块链等技术，提升智慧图书馆信息服务的高性能运算和超大容量存储能力，为智慧图书馆开展信息服务所需的超强运算需求提供支撑，如基于三维立体虚拟沉浸式体验、大数据决策分析系统、基于读者偏好的馆藏智能推荐、3D建模的文献修复术等应用服务。

3. 应用支撑层

应用支撑层是根据智慧图书馆的业务需求建立的，用于支持各个子系统之间的业务协同、互联功能，实现智慧图书馆各个系统之间的无缝融合。应用支撑平台基于面向服务架构（SOA）和企业服务总线（ESB）进行构建，主要实现智慧图书馆业务流程、应用服务、数字资源的整合等。SOA是一个组件模型，将应用程序的不同功能单元进行构建联系，形成统一的具有交互性的系统服务模式。利用原有系统，进行模块化重组功能，实现新型适用的组合，避免重新开发，减少总体成本。ESB是传统中间件技术与XML、Web服务等技术结合，提供开放的、基于标准的消息机制，通过通用接口，来完成粗粒度服务和其他组件之间的互操作，能够满足大型异构环境的集成需求。在应用支撑平台的组成部分中，数据引擎通过建立访问接口，连接智慧图书馆信息服务系统各业务模块之间的数据访问与路由识别，实现各业务子系统之间的数据互通、共享、交换与集成；业务引擎是通过业务配置使其运转形成有效的业务流，自动联系并执行各业务子系统的处理工作，实现智慧图书馆的业务协同与集成；安全引擎是通过各类权限认证与日志记录等，保障业务子系统运行中数据访问与业务程序安全执行。

4. 数据层

数据层通过建立各个类型的数据模块，有效处理数据之间的互联问题，实现数据集成，支撑整个体系架构的数据运行；同时，通过数字化建设、资源整合与开发以及资源的采集与再加工等方式，实现对自建、外购、网络采集、合作建设等数字资源的收集和长期保存。

5. 基础设施层

基础设施层为整个系统提供网络服务器、通信链路上的支持，通过系统软件和平台支持软件对应用系统提供数据和运行环境上的保障。通信系统的建立链接了智慧图书馆与外部系统，形成了一个跨连各类网络的全方位信息传播通道，为智慧服务奠定了基石。同时，存储系统将资源进行有效调度、备份管理与长期保存，计算系统处理资源的检索、链接与管理等，为智慧图书馆的业务服务提供基础运行条件。而计算系统则采用计算机集群技术，进行规模化的资源检索、封装、管理等工作。感知设备包括传感器、探头、定位器、移动设备、RFID 等，对馆内事物动态信息进行抓取与传输，是智慧感知系统的运行前锋。

（二）核心技术应用分析

开展智慧图书馆信息服务，要在充分运用现代信息技术的基础上实现读者、资源、图书馆等多种要素之间相互联系的智慧协同。图书馆利用 RFID、AI、可穿戴、大数据等先进信息技术，可以实现全面感知、无感借阅、交互导航等智慧空间服务。可穿戴技术、传感器技术、AI 技术、RFID 技术、视频监控技术共同延伸了智慧图书馆的"触觉""感觉"与"视觉"功能，为智慧图书馆信息服务提供了良好的智慧生态圈。同时，在数智环境下，还应增强数据可视化、虚拟现实、增强现实等技术在智慧图书馆信息服务中的应用。

1. 数据可视化技术

数据可视化是指利用图形、图像处理、计算机视觉及用户界面，通过交互式可视化、多维度视图或动画等方式将数据以视觉形式展现。在大数据环境下，图书馆资源价值密度低、结构多样化、数据分析难度加大，数据可视化技术以高密度地分析多源数据，促进对抽象化数据的理解、认知和创新，使数据展现更加清晰明了。在智慧图书馆信息服务过程中，知识的收集、知识的组织等都离不开"知识可视化"，通过矢量图形、可视化图表、三维建模等实现图书馆数据资源的可视化，使隐性知识显性化、模糊知识清晰化、抽象知识具体化。数据可视化处理错综复杂的数据关系，将数据维度转换为视觉维度，进而挖掘隐藏在数据内部的知识结构和发展趋势，为智慧图书馆开展资源建设和信息服务提供决策参考。在大数据和人工智能环境下，数据可视化技术将以其可拓性、可及性和交互性，增强对数据的理解，预测事物发展趋势，从而推动数据驱动决策，促进智慧图书馆发展。

2. 虚拟现实技术

虚拟现实技术具有计算机生成的视觉、触觉、嗅觉功能为一体的三维效果，通过综合利用三维图形、多媒体及仿真等技术，以逼真可视的场景让用户身临其境地享用交互式服务。虚拟现实技术的多重感、可视性、渗透性、沉浸化特点使其在智慧图书馆建设中得到大力推广和应用。目前虚拟现实技术主要应用于图书馆的虚拟馆舍之中，让用户"漫步"其中，与虚拟空间自由关联并获得具有立体感和真实感的用户体验。当用户"走进"图书馆虚拟空间时，可以了解图书馆的整体布局，还可以获得信息咨询服务，以最直观的方式浏览图书馆的运行模式，充分体现智慧图书馆优越的运行机制，这也适当地弥补了图书馆网站获取信息的片面性和局部化，增强了用户对智慧图书馆亲和力的感知。

3.增强现实技术

增强现实技术是将虚拟信息借助计算机处理技术反映到真实世界中，实现虚拟物体、情景、动作等对象合为一体并运用到真实情景中去。增强现实技术为图书馆服务多样化改造提供了技术革新和服务理念转型。智慧图书馆引进增强现实技术为读者营造舒适的智慧虚拟空间，让读者在场景化的服务中增强享受图书馆服务的欲望。增强现实技术属于虚拟现实技术的特殊形式，具有交互性强、虚拟与现实集成化、三维定位特点，引入了三维注册、虚拟兼容等技术。图书馆要想高效拓宽公共文化服务的范围，就应该引入增强现实技术，以全新的形态向读者展示服务模式，以高质量的资源建设展现图书馆自身优势。如首都图书馆通过建立线上虚拟图书馆空间、制作数字馆藏、读者虚拟形象打造、AR 导览、VR 体验等加强智慧图书馆虚拟空间建设和应用服务。

四、智慧图书馆信息服务实践探索

（一）基于读者偏好的馆藏智能推荐

不同的用户有不同的兴趣爱好和不同的信息需求。馆藏智能推荐基于大数据技术，利用互联网图书读者评论数据、社会思潮、热点读者话题、互联网书评、馆藏数据、图书馆借阅数据、出版社图书出版数据等构建馆藏智能推荐模型，依据用户的兴趣存储单元和用户信息行为，按照"用户—资源"的推荐形式进行精准化服务，对用户的信息行为进行深度挖掘，增加服务的敏感度，推荐用户感兴趣的知识信息。"用户—资源"的映射结构源于数据仓储中的用户信息（兴趣爱好、检索内容、评价、点评、借阅数据、检索下载、账号活跃度、关注度等信息输入行为）以及馆藏信息，根据读者具体情况运用对应的信息推荐算法来满足用户的信息需求，并输出精准的服务预测，包括用户兴趣预测、对象推荐等。其中用户兴趣预测主要根据用户专业背景、搜索内容推荐与用户搜索行为相匹配的用户信息；对象推荐主要体现在资源推荐、图书馆书籍推荐等，通过获取用户的借阅日期、用户统计、用户分析、用户类别，为用户提供专业相关文本资料、排名靠前和欢迎度最高的图书，完成准确的荐阅服务。同时也可进行阅读服务的创新，如听书和多媒体阅读，支持游戏化场景的阅读推广。上海长宁区图书馆的"馨叶"AI数字人、广东省立中山图书馆的"智能借阅·小书童"，均能根据不同用户的借阅喜好，个性化地推荐馆内新书和热门图书。

（二）古籍三维立体虚拟沉浸式体验

古籍三维立体虚拟沉浸式体验通过对古籍文本进行知识提炼，对馆藏古籍的渲染和 VR 建模，建立古籍三维立体虚拟沉浸式体验平台，让藏在古籍里的文字以故事画面、动画、游戏等形式展现给用户。国家图书馆于 2020 年启动了"全景文化典籍"项目，利用虚拟现实技术，将国图的四大专藏之一《永乐大典》打造为 VR 全景文化典籍，通过运用"5G+VR"、全息影像等先进技术，实现虚拟现实技术与文化典籍的阅读推广深度融合，推动古籍的活化利用。对古籍资料进行数字化加工和整合，并将其根据原版资料以书本的形式进行复原；通过全景拍摄或 3D 建模的形式对藏书的环境进行复原，让读者产生一种身临其境的感觉；通过对古籍描述的内容进行 3D 建模，还原书籍中描述的场景，让读者真切地感受到作者当时所处的环境，帮助读者更好地理解文中的内容与意境。古籍三维立体虚拟沉浸式体验为古籍爱好者、学生、古籍研究人员更加生动、形象地了解、学习和研究古籍提供了全新的体验。

五、智慧图书馆信息服务发展趋势

智慧图书馆生态体系建设要求立足人的智慧活动需求，应用智慧化技术手段，提高管理和服务效能，主动为用户提供专业、精准的知识信息服务。其核心是应用大数据等"技术智慧"，大力提升知识服务等领域的"图书馆智慧"，以激活创新创造过程中的"用户智慧"。依托已有数字图书馆基础设施、资源及服务网络建设成果以及较为成熟的行业协同网络，充分发挥图书馆在知识信息的采集、汇聚、加工整合及关联揭释等方面的专业技术优势，整合知识资源内容开发、知识服务产品集成等方面的市场经验，联合打造面向未来的下一代图书馆智慧服务体系和自有知识产权的智慧图书馆管理系统，推动实现图书馆空间、资源、服务、管理等的全面智慧化升级，其总体架构可归结为 1（云上智慧图书馆）+3（所搭载的全网知识内容集成仓储、智慧图书馆管理系统和智慧化知识服务运营平台）+N（实体智慧服务空间）。智慧图书馆信息服务是智慧图书馆体系建设的重要内容。数智环境对图书馆信息服务提出了个性化、精准化等新要求，信息服务应主动变革与升级，才能更好地应对技术发展和用户信息需求。当前，智慧图书馆信息服务相关研究已迈入生态体系智慧化阶段，把握新一代图书馆信息服务的发展趋势，揭示信息服务智慧化转型特征，以期为优化图书馆服务和技术应用模式，推动智慧图书馆建设与信息服务升级提供参考借鉴。下文从服务内容、服务效能、服务空间、馆员用户、保障环境方面揭示智慧图书馆信息服务转型的发展趋势。

（一）智慧服务内容多元协同

数智时代浪潮下，大数据、物联网、云计算等数智技术有效推动智慧图书馆信息服务加速转型变革。面向未来的智慧图书馆信息服务将更加密切关注用户多元化需求，丰富服务类型与手段，以营造个性化、沉浸式、泛在化、协同交互的用户体验。图书馆信息服务智慧化转型过程中，需强化服务的普惠性，促进服务内容多元化，以满足各层次群体需求，如提供适老化服务、多场景感知服务、数字素养教育、社区服务等。通过丰富信息载体、推送渠道，借助微信公众号、小程序、微博等平台，采用"线上＋线下"的服务模式，实现服务场所的泛在化，有效降低服务门槛。同时，打通总分馆、上下游、图文博等多渠道，实现知识信息跨机构、跨类型、跨区域集成利用与共享，促进知识服务生态链条的全域联通。整合与利用多模态、多主题的优质信息资源，建立特色专题资源库、专家知识库，借助虚拟现实建模技术推动古籍等纸本资源的活化推广等，实现知识内容高质量生产、传播与创新融合，打造培育一体化知识协同共享环境。

（二）知识服务效能提质升级

图书馆应在遵循法律规范、数据伦理的前提下，结合服务目标与用户需求，运用数智技术手段，创新知识内容生成、检索和服务体系，优化知识组织、知识关联与发现、传播与利用等全流程环节，提供更加精准化、定制化的知识服务，推动知识信息服务提质增效。图书馆通过开发知识服务平台、大数据管理分析平台等系统平台，集成馆藏资源数据、管理数据、服务数据、用户数据等全量数据，并对其进行挖掘分析与评估，实现馆藏资源知识的图谱化管理和自动更新、精准化知识检索、个性化知识推荐以及智能问答等，如运用云计算、物联网等技术，促进信息资源的互联互通，构建数字资源的集成共享平台，为用户提供一站式信息检索咨询服务；借助知识图谱等技术，细化资源粒度，加强知识关联，形成具有高附加值的知识服务生态体系；运用数据挖掘技术分析业务管理数据、用户行为数据、领域动态与网络舆情,生成用户画像,预测用户信息需求,提供个性化问答与推荐服务。

(三)智慧服务空间创新再造

在技术变革和用户需求的双重驱动下,图书馆将迎来服务空间的创新与再造。数智技术将赋能于馆舍物理空间、设施设备等全方面,通过增设智能书库、智能点检、沉浸式阅读体验等设备以及开辟虚实融合空间、创客空间等新场景,打造线上线下联动、虚实交互、开放共享的信息获取与交流环境,最大限度发挥图书馆交互式学习、阅读和交流共享的空间价值,提升用户的服务满意度与认同感。智慧图书馆的服务空间将更加突出智慧化技术与人本理念的结合。一方面,基于对用户需求、行为特征的追踪分析,定制个性化、智慧化的学习阅读与交流创新场景,为用户随时随地使用信息服务提供便捷支持。另一方面,运用 VR/AR、区块链、数字孪生等技术,丰富空间服务形态,搭建虚实融合的服务空间,营造沉浸式交互体验,提升用户感知的智能性与舒适度。

(四)馆员用户智慧强化激发

智慧人才建设与用户智慧激活,是智慧图书馆生态体系建设的重要环节。面对信息服务智慧化转型的迫切需求与必然趋势,一方面,需要提升馆员队伍的数智素养与创新意识。另一方面,作为服务的使用者,用户也需具备一定的技术素养与数据素养,以便更好地运用智慧服务。

为更好地提供专业、精准的知识信息服务,未来智慧馆员将运用数据技术进行原始数据挖掘、组织与分析,进一步针对用户偏好绘制知识图谱和用户画像,开发面向科研信息、网络舆情、知识产权、数据分析等相应个性化的智慧服务。通过丰富队伍人才构成、培训数智技术使用方法、强化数据安全意识、熟悉智慧服务流程、引入智能问答机器人等手段,来提升智慧馆员的专业性与创造性,使其将工作重点从基础重复性工作(如书籍盘点等)转移至为用户提供定制化服务内容。同时,图书馆将借助虚拟数字人等新兴技术,创造具有图书馆特色的虚拟"馆员",为用户提供智能化咨询服务。图书馆虚实融合的交互式服务空间将为用户智慧激发提供无限可能。图书馆通过面向用户开展数字素养、信息素养、创新素养教育,来提升用户对于智慧服务的接受程度与使用水平。打通图书馆与用户的协同创新通道,如在元宇宙场景中,将增设用户个人知识空间,促进用户利用馆内资源进行知识创造与转化,助力用户发布传播个人经验总结、观点看法、文献资料，实现用户的自我实现与自我表达。

（五）保障管理机制健全完善

图书馆智慧化转型发展的过程中，机遇与挑战并存。隐私泄露、数据安全等一系列技术风险问题以及个性、多元化的用户需求，给现有图书馆相关法律法规及制度体系带来较大冲击。图书馆界应积极思变，总结智慧图书馆场景下的业务管理与技术应用规范，洞察所涉及风险与法律制度空缺，主动推进我国相关行业标准与法律的修订。智慧图书馆信息服务高质量发展离不开健全完备的标准、评价等相关制度体系的保障支持。体系规范的制定，将始终贯彻"以用户为中心"的服务理念，强调智慧服务的包容性、设置用户服务评价与反馈机制，关注用户隐私信息的保护与技术伦理道德风险等，注重科学性与创新性，同时，加强制度体系的示范性和可操作性，如依据《中华人民共和国公共图书馆法》第十一条完善与智慧图书馆业务发展相适应的制度体系，结合《中华人民共和国数据安全法》《中华人民共和国个人信息保护法》等法律法规，明晰智慧服务过程中所产生的数据治理问题，如用户行为数据的管理制度、采集范围等。构建涵盖智慧图书馆关键技术可用性、可及性和适用性的评价技术和方法，研制技术应用导则或规范，与国内外大数据、人工智能等方向的通用技术标准以及国家文化大数据标准体系等领域的标准衔接，助推智慧图书馆智慧服务持续健康发展，引导生态体系智慧化建设转型。

第二节 公共图书馆微博信息服务发展

互联网时代信息技术的发展为图书馆进行信息服务带来了新的可能性，使信息服务的内容与模式更加多元化、特色化、个性化。公共图书馆是公民获取信息服务的主要平台之一，单一的信息服务已经无法满足用户日益增长的对数字信息资源的需求。为了适应时代发展与用户需求的变化，我国许多公共图书馆陆续开通了微博账号提供信息服务。充分挖掘和利用微博等社交媒体在省级公共图书馆信息服务中的功能，对提高图书馆信息服务水平具有重要的意义。

一、图书馆微博信息服务存在问题

图书馆微博服务平台宣传度低。省级公共图书馆微博开通率不足，说明仍有公共图书馆未意识到微博信息服务的重要性。在互联网社交媒体平台流行和发展的今天，如果不顺应时代潮流的变化，将不利于图书馆信息服务的开展。用户往往通过公共图书馆线上网站和微信公众号等来获取信息服务，缺乏从官方微博账号获取图书馆信息服务的意识。这说明各省级公共图书馆对其官方微博账号的宣传和推广力度不够，使用户对公共图书馆在微博平台提供的信息服务认知度和使用率较低。

图书馆微博传播力较弱。粉丝数量与微博转发、评论、点赞数量是衡量微博内容传播影响力的重要指标之一。根据数据可以看出，我国省级公共图书馆官方微博账号粉丝数量、转赞评数量均较少，因此传播力较弱。图书馆通过微博评论、私信、点赞可以获取用户的信息需求，不断改善、提升图书馆信息服务水平，针对不同用户提供精准的信息服务。

图书馆微博功能利用不足。充分利用微博功能可以提升图书馆微博信息服务的水平，但目前省级图书馆微博功能的利用率还不够高。第一，微博账号简介部分可以放置链接，但只有极少数的图书馆在其微博首页上展示了图书馆的官方网站链接，用户在浏览其微博账号时可以直接访问其图书馆官方网站。另外，首都图书馆、山东省图书馆、重庆图书馆等不仅在微博首页内放置图书馆官方网站，还放置了其他的链接供用户点击查看或访问，比如图书馆开放时间公告、办证指南、书目查询、咨询反馈等。第二，微博是一种可以发布文字、图片、视频等多媒体形式的社交媒体平台。大部分公共图书馆仅发布文字与图片结合的微博，很少有图书馆发布文章、视频类型的微博，文字微博所呈现的内容有限且较为单一。第三，图书馆微博发布的主要内容为书目推荐、活动宣传、通知公告、逸闻趣事、热点新闻等主题，内容种类较多且具有随机性，不利于用户精准查阅。在编辑、发布微博内容时，可以添加标签，如首都图书馆在图书推荐主题微博内添加"荐书""京彩首图""主题"等标签，方便用户在微博首页进行检索，点击"首都图书馆"微博主页任一标签，会检索出在此标签下所有相关的微博内容，可以有效汇总某一主题下的所有微博，方便用户系统性查阅。

图书馆微博内容单一。通过对各省级图书馆微博主页的访问，发现目前大多图书馆微博发布内容较为单一，大多数为书目推荐、活动预告与宣传等。另外，有些仅追求微博发布数量而忽视了微博内容的质量，内容较为枯燥，无法吸引用户对其账号进行持续关注。例如，有的公共图书馆在介绍当地风采时只是单纯的文字和图片，这些内容只能帮助读者粗浅地了解一些知识；有的图书馆账号在进行知识分享时，内容不具备吸引力，无法满足用户的个性化信息需求。

二、图书馆微博信息服务发展策略

微博具有信息发布方便、快捷，时效性高，方便用户获取等特点，图书馆应增强微博的信息服务意识，加大图书馆微博账号的宣传力度，优化微博内容质量与类型，充分挖掘微博可利用的功能，向用户提供精准的个性化信息服务。

加强公共图书馆微博信息服务宣传力度。公共图书馆只有吸引到用户关注其官方账号，才能在微博平台为用户提供信息服务。如何吸引用户关注公共图书馆微博官方账号是目前图书馆开展线上信息服务时面临的一个重要问题。对于尚未开通官方微博账号的省级公共图书馆应该尽早开通，并且培训专人负责微博账号的运营，开展公共图书馆微博信息服务的工作。开通账号初期，可以设置转发微博赠送书籍的抽奖活动，通过微博的用户社交关系，使更多的用户看到并关注其账号。对于已经开通官方微博账号的省级图书馆，其微博粉丝数、互动数较少说明知道图书馆微博的人很少。因此图书馆应加大图书馆官方微博账号的宣传力度，积极进行各种推广活动，以增强图书馆微博的知名度。宣传推广方式可以选择社交媒体平台推送，如微信公众号、抖音平台；图书馆官方主页首页进行宣传；在图书馆内摆放海报宣传等。

充分利用微博功能，提供精准个性化信息服务。充分挖掘用户信息以及用户借阅信息，从中挖掘出有价值的信息，如用户的阅读喜好、借阅习惯等，在此基础上提供针对用户的个性化信息服务。通过微博私信、评论等信息交互行为，收集用户对于图书馆建设的意见，如图书馆馆藏资源是否得到充分利用，资源配置是否平衡等问题。微博相较于微信公众号、图书馆官方网站，具有可以即时分享信息、交互性强、透明度高等的优势。因此，对于用户在微博的评论、转发以及私信，图书馆微博官方账号应及时处理并回复。图书馆微博内容直接决定了其微博账号的信息服务水平，优质的微博内容才能吸引用户进行持续关注，不能仅仅追求微博数量而忽视微博内容的质量。

制定图书馆微博服务制度。微博账号作为图书馆向用户提供信息服务，获取用户信息需求的平台，使图书馆和用户可以及时、快速进行信息交流，因此图书馆利用微博账号提供信息服务也应该成为图书馆日常工作中的一部分。目前，图书馆微博内容的发布具有随意性，并没有专门的运营人员。提高图书馆微博服务的水平，图书馆应制定明确的微博内容发布目标和计划，对设置哪些内容主题、每个主题下应发布哪些内容等方面做出计划。设置专人负责图书馆微博运营的工作，组织相应工作人员进行相关培训，提高工作人员信息素养。

结合当地文化特色。我国幅员辽阔、地大物博，各个区域都展现出了其独特的风貌和深厚的文化传统，结合当地的文化特色，如文化知识普及、文化故事宣传、旅游景点介绍、特色美食文化宣传、以当地文化为背景的书目介绍等内容，进行专题信息服务，吸引感兴趣的用户持续关注图书馆官方微博账号。

第三节 大数据技术在图书馆信息服务中的应用

我国图书馆行业经历了较长的发展历程，在具体的图书馆运营过程中，通过不断的工作积累，图书馆内储存了大量的数据和信息。庞大的信息数据管理和储存都对图书馆的运营工作提出了更高的要求，这些数据对图书馆的未来发展具有重要的作用，通过对这些重要数据的分析和处理，可以为图书馆的发展提供重要的数据支持。传统的图书馆数据管理是一项效率低下，且工作内容繁重的工作，庞大的信息数据处理和分析给数据管理工作带来一定难度。随着信息技术的发展，大数据时代背景下，图书馆的数据信息管理工作迎来了新的变革和发展机遇，为图书馆的数据处理和储存提供了更多的可能性，同时有效提高了图书馆信息处理管理工作的效率和质量，加强传统图书馆服务理念的变革和创新。大数据信息设备的应用，对有效地促进图书馆行业的建设发展，为读者提供更好的服务，满足市场发展的要求具有重要的意义。

一、大数据与图书馆信息服务之间的联系

图书馆信息服务管理水平在新时代背景下有新的要求。随着信息技术的发展与进步，传统的图书馆信息服务管理水平无法满足当代人们的需求，整体管理观念落后，管理水平低下，在一定程度上制约了图书馆管理工作的发展，这就要求

在新时代背景下，对传统的数据处理方式进行转变和优化，不断提升管理工作的理念。产生图书馆现实管理问题的主要原因是随着科学技术的发展，各种新媒体技术和信息技术被广泛应用到不同的工作领域，信息技术改变了人们的生活方式。由于电子阅读工具和互联网技术的普及，人们不再受制于传统的阅读方式，很多信息和资料能够快速进入大众的视野，整个信息获取途径更加灵活多变，传统的阅读方式受到很多条件的制约和限制。在大数据背景下，传统图书馆的报纸和书刊信息传播手段逐渐被大众遗忘，这就导致整体图书馆信息服务管理水平低下，无法满足当今社会人们的阅读要求。信息传播技术产品的更新换代导致信息服务类型发生变化，传统的图书服务依赖于信息和关键词的搜索，用户可以根据关键词进行资料的查找和获取，这种数据和信息获取方式准确率相对较低，通常会与人们的信息需求产生偏差，整体信息服务类型缺乏便携性和精准度。新时代背景下，要求图书馆信息管理服务不断地提高信息的获取准确性和便携性，满足不同客户的个性化信息需求，要对不同的客户进行深度的信息挖掘，通过大数据技术对用户个人需求数据进行获取，有效实现了大数据技术和图书馆信息服务两者的结合。

图书馆信息服务应用大数据技术的必要性。图书馆的信息管理工作中由于应用电子化和网络化技术手段，会产生大量的零碎数据信息。传统的信息处理手段具有一定的局限性，无法对这些大量的零碎信息进行有效的储存和管理，造成了大量的数据资源浪费和丢失，不利于提高数据信息的利用率。随着信息技术的发展，人们对图书馆的服务理念和服务模式提出了更高的要求，图书馆在信息处理与管理工作中需要满足不同客户的个性化服务需求，在图书馆服务工作领域，需要从不同的工作层面进行服务质量的提升，在资料搜索以及对图书类型和图书内容的选择上，都需要进一步地优化和完善服务模式。这就要求图书馆管理工作需要打破传统的服务理念和思维，应用先进的信息技术手段，不断地提高数据的分析能力和储存能力，深度挖掘用户的服务需求倾向，目的是为读者和用户提供更加精准的图书馆信息服务。

二、数字图书馆信息服务的数据环境变化

（一）从"数字化"到"数据化"

如今，大数据已经充斥在人们生活的各个领域内。大数据不仅仅带来了新的

工作、交流的方式，也将个人、企业、设备和政府连接了起来。这样节约了交易、协作之间的成本。但是，除此之外，对象之间的交互，即所谓的带有传感器和 ip 地址的物联网，为整个组织和社会增加了大量的数据源。大数据分析的典型特征是"关注数量繁多的、非结构化的和高速的数据"，它可以被看作是以前的概念和术语的演变，如"决策支持""在线分析处理"和"商业智能"。大数据分析技术的进步，在很大程度上决定了当今数字产品和服务的功能范围。通过以极低的成本大规模对数据进行处理、存储和传输，数字化有能力改变几乎任何与数据和认知相关过程，直接或间接相关的人类劳动和生活方式。越来越多的复杂的软件促进了基于机器的数据解释。它能够自主决策，并在传统价值创造活动中更深入地集成。因此，数字化和大数据分析相结合可能会打开新的机会，同时也会带来新的挑战——类似于工业化时代必须面临的挑战。数字图书馆"数据化"的主要特点是资源对象的细粒度化、语义关联与数据可视化。大数据是一个面向各个领域的新型资源，大数据的特性使得其可以实现数字图书馆信息服务平台所有数据内容的更小单元数据化、结构化并进行语义关联，用计算机语言对其进行标注，并且这些标注对象可以随意进行切割、组合、重构，可以根据自身需求形成全新的数据内容。

（二）大数据思维模式的形成

大数据改变了我们传统的生活方式以及世界的思维方法。以前的技术已经不能承载如今人们生活中产生的信息数据。企业投标、购物大数据分析等大数据分析的成功案例让我们开始重视数据价值，而如何利用大数据、如何进行深度挖掘与已成为各个行业的热门话题。数据是核心。大数据技术极大地增加了我们处理大量数据的手段，但人们的认知能力并没有增加。大数据通过算法的自动化帮助我们决定如何集中我们的注意力，来决定我们要看什么，并使我们忽略掉其他任何东西。大数据时代我们的计算模式应该做出改变。在以往图书馆信息服务中我们将过程作为服务的核心内容，如若不做出改变必将被淘汰。数字图书馆信息服务形式随着信息技术的发展也在不断改变，大量数据的收集整理为数字图书馆带来了极大的难度，但也成为数字图书馆信息服务发展方向。其新目标是对信息资源数据、服务记录数据等进行收集、利用，同时为用户提供大数据服务。利用大数据技术我们可以第一时间将用户需要的服务主动推荐给用户。数据是价值。以往功能是价值的时代已经过去，互联网时代数据的价值被极大地开发。对数据进行挖掘，数据可以告诉我们用户需要什么、需求是什么。数字图书馆通过数据总量的增加，实现从量变到质变的过程。信息数量的变化造成了信息形态发生改变，进行数据挖掘后信息可以转变为知识，所以图书馆进行信息挖掘能够创造价值。数据是效率。这句话在图书馆信息服务中，就是过去追求精准，现在追求效率。图书馆服务由传统的手工服务，向着智慧服务转变，而大数据是智慧服务的核心。

（三）大数据应用的趋势

大数据是一种文化、学术和技术现象，创造了知识生态系统，并影响了我们对知识本身的看法。例如，数字人文学科的研究领域，研究了人文学科中的人类知识和文化方面。隐私，以及我们每天都留下的数字足迹。通过智能聊天代理，以及劳动力生产力监控，最终可能会成为"老大哥"。

在服务方面，用户对个性化信息服务的需求增加。大量数据的持续生产使得获取有效的信息更加困难。因此，从海量碎片化的数据中找到用户需要的数据，减少不相关信息，成为提高用户满意度的关键。通过提供个性化的服务，可以极大地提高用户服务的多样性，为用户提供相关的信息资源，减少了用户的时间成本和与组织图书馆信息相关的成本。在大数据时代，图书馆应该识别用户感兴趣的数据，根据用户的兴趣不同提供不同的推荐，以便满足用户不断变化的信息需求。同时，我们考虑了用户访问多设备终端的可能性，以提高各方面的服务水平。可视化允许用户以一种更直观和更方便的方式访问数字图书馆服务。在未来，各种技术预计都将出现，如虚拟现实和可穿戴技术。在资源建设方面，传统数字图书馆的资源形式主要是文献数据、数据库资源和数字资源。而结合大数据技术进行建设需要改变现有数据的储存形式、加强数据资源的利用、丰富数据规格和种类并将大数据资源整合。

技术方面，数字图书馆信息服务的发展离不开大数据。传统技术已经不能满足用户不断变化的需求，必须利用大数据技术对信息服务模式进行改进，如信息采集、信息存储、信息分析、数据挖掘技术。新的技术解决方案，如分布式框架、并行计算、大数据和人工智能，将成为正在进行的数字图书馆创新的基础。

用户方面，用户是服务对象。数字图书馆信息服务的目的就是满足用户需求。从用户的角度进行思考才能有效地改进信息服务，个人用户的需求推动了数字图书馆服务从资源共享发展到面向用户的服务。例如，图书馆用户的信息素养发生了巨大的变化。由学科图书馆员所服务的科学研究人员具有图书馆员所没有的数据资源和数据处理能力。因此,数字图书馆信息服务从帮助用户的模式向智能推荐、嵌入式服务的方向转变。

三、图书馆信息服务的大数据环境新方向

(一)信息服务新定位

把数字图书馆的信息服务过程比作为一个"数据—技术—服务—用户"的过程。这个过程也是数字图书馆的核心组成部分。资源建设、平台建设、新媒体服务、标准建设,在大数据环境中,这个过程的每一步都有自己的改进方向和改变方法。

传统数字图书馆中数据一般为文献数据、数据库数据还有数字数据。而基于大数据的资源建设更加强调了对数据资源的存储和利用,以将新生成的数据和相关网络数据整合到原有数据中。

技术是数字图书馆进行信息服务的主要载体。随着技术不断更新,数字图书馆信息服务的方式也随之改变。传统的技术平台通过结合大数据技术,将数据采集、数据存储、数据分析和数据挖掘等技术应用到其中,不仅提升了服务效率,也让数字图书馆的信息服务开启了一个新篇章。

服务是数字图书馆为用户提供所需数据资源的过程。而在大数据时代,服务也迎来了变革。传统的服务是用户走进图书馆或使用数字图书馆后图书馆对其进行服务,而现代信息服务需要数字图书馆主动地去接收并分析用户数据,对用户喜爱以及需求进行分析,在了解用户的需求是什么之后主动为用户提供服务。同时,为了提高数字图书馆信息服务质量,可视化技术也可以应用在数字图书馆,让用户能够以更直观的方式对数字图书馆进行访问。在未来,各种技术预计都将出现,如虚拟现实和可穿戴技术设备。

用户是数字图书馆服务的对象,数字图书馆信息服务的目标就是满足用户的信息需求。从用户的角度出发,考虑用户需要什么,才能有效地改进信息服务。因此,用户的需求推动了数字图书馆信息服务的变革。例如,对于一般的图书馆用户,随着信息技术的不断普及,图书馆用户的信息素养发生了巨大的提升。用户也具备了一定的信息处理能力。因此,图书馆由传统的被动提供服务转变为主动式推荐或嵌入式服务。

(二)信息服务新机制

21世纪是信息的世纪,信息技术的发展直接影响数字图书馆的发展。数字

图书馆是一种利用信息技术的创新图书馆服务，数字图书馆的几乎每一个主要发展阶段都伴随着重大的技术变化。从信息文明的角度来看，信息技术的改变使图书馆的信息服务模式也随之改变。随着图书馆应对移动互联网服务和人工智能等技术的发展，预计创新将继续进行。从这个角度来看，大数据将不可避免地对现代数字图书馆提供的信息服务产生深远的影响。现代有关数字信息密集型科学的研究正在成为新时代的一种趋势，对多种类型的数据进行挖掘都有着对应的处理方法。对数字图书馆而言，一方面，需要合理的元数据结构，合理的元数据设计，以及新的元数据机制；另一方面，图书馆员也需要相应的元数据处理技术。在大数据环境下，传统的信息采集、信息储备、信息管理、信息分类、信息聚类等信息处理方法开始向数据采集、数据存储、数据挖掘、数据分析等方面发展。探讨基于数据的发现机制将成为数字图书馆服务的基本任务和馆员的必备技能。大数据环境下如何利用大数据技术去进行信息服务也成为数字图书馆的重中之重。数字图书馆信息服务应该面向全数据，将大数据技术与信息服务的优势相结合，开发服务新机制。

（三）信息服务新模式

大数据时代的信息服务模式具有以下特点：服务功能强大，服务方式多样，数据内容丰富，数据资源共享，协同创新，以及个性化和智能化。根据这些特点，其发展导向主要有以下几个方面。

个性化服务。大数据时代，了解读者的需求是图书馆发展的方向，想要提供个性化服务，必须对新型资源、高价值资源进行挖掘，充分了解读者的需求。同时也要对个性化服务进行合理的设计，把有相同需求的读者分为一类，过于分散的个性化服务会增加图书馆的运营成本，对个性化服务进行合理构造成为了数字图书馆应当思考的问题。结合大数据技术能够让图书馆的个性化服务更加智能，通过数据分析来了解读者的信息需求。

集成服务。随着物联网、信息技术、数据处理技术的快速发展，单个图书馆的资源已经不能满足用户的需求。信息资源的共建共享是能完美解决这一问题的方案，对信息资源开展集成式服务，统筹各个数字图书馆之间的信息资源并进行整合，才能使得用户获得的信息资源达到最大化。而大数据技术的应用能够提高有效解决集成服务在数据传输数据存储上的效率。

知识服务。大数据知识服务是一种基于网络的智能化、泛在化形式而衍生的服务形式。大数据知识服务多用于解决多维度信息，是一种嵌入式、个性化的信息服务模式，也是信息服务未来发展方向。把资源、服务过程以及读者进行有机融合，并运用现代网络技术进行协调，以达到能满足读者急剧扩张的信息需求的能力。

智能化服务。智慧是能灵活正确地对事物进行处理，而图书馆的智慧是利用现代技术快速有效地对读者的需求进行分析，挖掘出用户的潜在信息需求。同时也保障管理与运营的全部过程，合理地分配资源，确保信息服务的高效、灵活。

四、大数据技术在图书馆信息管理中的应用

（一）数据采集与整合

现代图书馆不再局限于实体书籍和文件，涵盖了广泛的数字资源，从电子书和在线期刊到多媒体内容。多样化的数据源提供了丰富的信息，但也给访问和整合带来了重大挑战。大数据技术使图书馆能够利用各种来源，如在线目录、数据库、数字存储库和社交媒体平台，以收集全面的数据集。大数据技术中的采集方法涉及利用网络抓取技术、API（应用程序编程接口）和数据馈送的数据检索自动化过程。图书馆采用先进的工具和软件来简化采集过程，确保从不同来源高效收集数据，并遵守版权和数据隐私法规。数据处理涉及清理、过滤和结构化数据，以消除不一致并提高其质量。Hadoop、Spark 和 Kafka 等大数据技术在高效处理大量数据方面发挥至关重要的作用。集成技术侧重于将各种来源的数据整合到统一的存储库或数据仓库。此集成过程涉及映射数据属性、解决冲突以及在不同数据集之间建立关系。图书馆利用 ApacheNifi、Talend 和 Informatica 等数据集成平台和工具来编排数据流，并确保其连贯性和一致性。数据收集和集成技术之间的协同作用使图书馆能够构建包含各种资源的综合数据库。通过利用大数据的力量，图书馆可以为用户提供来自不同来源的大量信息，增强他们的研究能力并丰富他们的学习经验。大数据技术在数据收集和整合中的应用有助于将图书馆转变为动态的知识中心。通过利用先进的技术和方法，图书馆可以克服数字时代带来的挑战，并继续履行其为所有人提供信息访问的使命。

（二）数据分析与挖掘

在数字时代，图书馆生成大量数据，如流通记录、用户交互、目录搜索和数字馆藏。分析这些数据为图书馆提供了有关用户行为、资源利用率和馆藏有效性

的宝贵见解。大数据分析工具使图书馆能够有效处理、可视化和解释这些数据。ApacheHadoop、ApacheSpark 和 Elasticsearch 等工具通常用于库中的大数据分析。这些工具提供分布式计算功能，使图书馆能够快速、高效地处理大型数据集。

图书馆还利用 Tableau、PowerBI 和 D3.js 等数据可视化工具创建交互式仪表板和数据的可视化表示形式，使利益相关者能够一目了然地获得见解。采用描述性分析、预测性分析和规范性分析等高级数据分析技术，从图书馆数据中提取可操作的见解。描述性分析为图书馆提供过去事件和趋势的回顾性视图，而预测分析则根据历史数据预测未来结果。规范性分析更进一步优化图书馆运营和服务的行动。数据挖掘是大数据分析的关键组成部分，专注于发现大型数据集中的模式、相关性和趋势。在图书馆信息管理中，应用数据挖掘技术从不同的数据源中提取有意义的见解，包括用户行为、流通模式和资源使用情况。

在库中常用的数据挖掘算法包括关联规则挖掘、聚类分析、分类和异常检测。关联规则挖掘可识别变量之间的关系，如某些图书类型与用户偏好之间的相关性。聚类算法将相似的项目组合在一起，有助于收集组织和推荐系统。分类算法将数据分类为预定义的类别，便于执行流派分类或用户细分等任务。异常检测算法可以识别数据中的异常模式或异常值，帮助图书馆检测使用模式中的欺诈活动或异常。数据挖掘在图书馆信息管理中的应用涉及馆藏开发、用户服务、资源分配等多个领域。图书馆利用数据挖掘技术来识别流行趋势、推荐个性化阅读清单、优化馆藏管理策略并提高用户满意度。

大数据技术在数据分析和挖掘中的应用，使图书馆能够从其庞大的信息库中获得可操作的见解。通过利用先进的工具、技术和算法，图书馆可以提升决策能力，改善用户服务，优化资源利用率，最终丰富图书馆的读者体验。

（三）数据可视化与呈现

数据可视化工具能够将复杂的数据集转换为直观可视化。这些工具的范围从简单的图表库到复杂的仪表板平台，都可以提供广泛的可视化选项。在库中使用的常用可视化工具包括 Tableau、MicrosoftPowerBI、GoogleDataStudio 和 D3.js。这些工具使图书馆能够灵活地创建交互式图表和其他根据特定需求量身定制的可视化效果。图书馆能够可视化各种类型的数据，包括流通统计、用户人口统计、馆藏使用情况和数字资源分析。条形图、折线图、饼图、热图和散点图等技术通常用于表示不同类型的数据。图书馆还可以利用先进的可视化技术，如网络图、树状图和词云来揭示其数据集中的模式、关系和趋势。

有效的数据呈现对于清晰、引人入胜地传达见解至关重要。采用最佳实践可以确保所呈现的信息具有影响力、可操作性。根据目标受众的特定需求和偏好定制演示文稿，避免杂乱无章的视觉效果和过多的细节，专注于突出关键见解和趋势，并保持演示文稿简明扼要，为所呈现的数据选择最合适的可视化效果类型，选择能够有效传达预期信息并促进理解的可视化效果。通过提供背景信息、说明和注释来分析数据，以帮助查看者准确解释可视化效果。大数据技术在数据可视化和呈现中的应用，使图书馆能够将复杂的数据集转化为可操作的见解。通过利用先进的可视化工具和采用最佳实践，图书馆可以有效传达信息，吸引利益相关者参与，并优化决策流程。

五、图书馆信息服务在大数据时代的发展

（一）创新图书馆信息服务理念

在新时代背景下，图书馆信息服务工作的进一步发展需要对传统的图书馆服务理念进行创新与优化，打破传统思想的禁锢，转变服务思想和服务理念，并对整个管理工作进行必要的创新，为用户和读者提供精准的个性化服务。首先要求图书馆的管理工作人员明确和认识传统工作中存在的问题和局限性，明确新技术对整个行业发展的重要影响和迫切需求。只有在思想上提高认识，才能有效地促进思想的转变和创新，为整个图书馆信息服务工作的质量提升打好坚实的思想基础。

（二）注重图书馆图书信息服务管理工作的创新

图书馆的信息服务管理工作内容相对复杂，工作量大，需要通过不同的分工部门共同合作才能得以完成，不同部门的负责人对部门内的工作内容进行分配，不同工作人员负责不同的工作内容。随着时代的发展，信息技术广泛应用到企业的管理工作当中。在大数据背景下，要提高图书馆信息管理人员的工作效率和工作质量，在合理分工的前提下，注重部门之间的合作，不断地提升工作效率，加强服务管理工作的创新与发展。利用大数据技术条件，对整个图书馆管理工作进行优化，完善工作体系，明确工作目标，建立和健全完善的网络服务体系。目的是为客户和读者提供更加高效的便捷服务，并尊重不同客户之间的服务需求，不断深化分析用户的需求规律，通过真实的数据，合理获取用户的信息，为日后的

管理工作提供重要的数据参考。同时也能实现服务质量的提升，加强信息化图书馆服务工作的管理，有利于提升图书馆管理工作的服务效果。

（三）完善图书馆综合信息服务平台

图书馆信息综合管理平台的创新与优化，为一些精准客户提供高质量服务体验，是最直接的实现途径。在新时代背景下，要求图书馆管理人员做好综合信息服务平台的创新与建设，不断提升用户的服务质量和服务效果，确保客户获取更加良好的体验，有效地实现了时代发展与不同用户需求之间的融合。面对这种情况，图书馆应该完善信息查询系统，包括图书的借还信息管理系统、基础服务信息系统等，为图书馆的扩大与发展提供重要的技术支持。同时对信息平台功能的完善具有重要的意义，有效提高了平台的信息储存的丰富性和多样性，也提高了信息服务平台的服务范围。比如图书馆综合信息服务平台，可以有效地结合多媒体技术、微信平台、微博和比较流行的网络平台等技术，通过技术合作，实现更加高效的信息传递，使整个客户的图书体验感和体验质量得到明显提升，也有利于图书馆构建综合的信息服务平台，方便对客户的需求信息深度挖掘和处理，对日后的服务工作质量提升具有重要促进作用。

第四节 5G 通信技术在图书馆信息服务中的应用

一、5G 概述

（一）5G 概念

5G 是第五代移动电话的移动通信标准全称，也称为第五代移动通信技术。作为新一代无线移动通信技术的 5G，主要是为满足移动通信快速发展的需求而诞生。5G 实现了移动互联网和物联网飞速发展需求的低成本、安全可靠目标，传输速率达到 10Gb/s，端到端时延可以低到 1 毫秒，连接设备的密度增加了数十倍，流量密度增加了近千倍，频谱效率以 500km/h 的速度在最大程度上提高了用户满意度。低延迟，高速度和低功耗是其技术特征。

（二）5G 的特点

低延迟。无人驾驶、工业自动化、智能家居等都是 5G 移动通信技术典型的应用场景。这些应用对通信网络的要求极高，特别是延迟要求，5G 小于等于 1

毫秒的低延迟正可以满足此要求。互联网、物联网、信息系统等设备的及时响应、环境安全及快速传输信息在 5G 技术的支持下都可以得到实现。同时，在 5G 中通过在感知层配置智能传感器，可以大大减少消耗并能更好地保护用户的数据资源。

高速度。这是 5G 移动通信的最大特点。与以往的 4G 移动通信相比，5G 具有更高速的网络传播速度，目前 5G 移动通信基站的峰值，要求都是要高于 20Gb/s。当然，此速度是最高速度，并不是每个用户都能体验到的。随着新技术的应用，这种速度仍有提升的空间。同一个数据，在 5G 通信网中完成传输，时间仅需要33 秒，速度可达到每秒 726Mbps，而在 4G 网络的下载速率仅为 62.2Mbps，完成传输耗时则需要 6 分 25 秒。

低功耗。物联网应用的低功耗要求在 5G 移动通信技术中得到了最好的实现。5G 移动通信可以降低功耗，允许大多数物联网产品每周甚至每月只充电一次。这一特征可以使用户的体验感得到较大的改变，从而促进物联网应用能得到最为快速的普及。

二、5G 技术给图书馆信息服务带来的新改变

"互联网＋"、大数据、物联网、云计算等信息技术在图书馆中的应用，再次把图书馆推向挑战和机遇并存的局面。既推动了图书馆以数字化为主的信息服务发生了改变，也促使了图书馆服务主体（即作为文献信息资源提供者的图书馆馆员），图书馆服务客体（即对图书馆信息资源有需求的读者），以及为读者提供所需文献信息资源的方法、渠道、方式，和读者所需的知识信息内容等都发生了改变。随着 5G 移动通信技术应用的进一步推广，其为图书馆服务的内容、方式、主体、客体改变和创新，为高度数字化的文献资源服务提供了坚实的数字传输基础，也将为图书馆文献信息服务带来诸多全新的改变。具体有如下三个方面的体现。

（一）促进了图书馆信息服务理念转变

创新是现代信息时代的精神特征之一。在 5G 移动通信技术新时代的背景下，图书馆创新馆内的工作模式和服务方式，关键要从提高馆内读者的满意度开始。要达到这一要求，就需要从图书馆服务技术和质量入手。在 5G 技术背景下，图书馆服务质量的发展目标仍然是提高广大读者的阅读体验。核心点是依靠成熟的

信息技术来增加"面向用户"的核心体验，这是借助 5G 技术提高图书馆文献信息资源服务质量的重要途径。提高广大读者阅读体验的措施将会在大部分图书馆中得到充分的运用，图书馆的所有数字资源的建设工作内容和设计方法都在不可避免地聚焦到增强图书馆读者体验的目标上。在图书馆的实际管理、服务中，有关 5G 移动通信技术相关内容的整合也将改变图书馆馆员的思维方式。图书馆信息服务将从现在的"解决读者需求"方式向"读者体验式"服务理念转变。

（二）提高了图书馆文献信息资源服务的便利性

随着现代网络通信信息技术的进一步发展，人们对图书馆纸质文献信息资源的需求量会呈现大幅下降。同时，传统模式中图书馆的资源建设重点通常放在纸质资源上，这就使得图书馆资源、服务的建设和提升受到时间、空间的影响和限制。而在 5G 移动通信时代，ICT 和计算机信息技术广泛应用于社会各个领域，信息传输和信息存储的便利性将得到空前的提升。5G 移动通信技术带来的信息处理的便利性，给图书馆的管理、服务带来了较大的好处。在 5G 移动通信的背景下，图书馆可以通过云端、移动终端 APP 等方式为图书馆读者提供文献信息服务，从而突破图书馆文献信息资源服务的时空限制，随时随地都可以使用图书馆文献信息资源为读者提供所需服务，使图书馆的服务质量和服务能力都能得到更好、更大的提升。

（三）提升了图书馆信息服务的针对性

在 5G 移动通信时代，图书馆文献信息服务模式仍是以读者需求为导向。由于 5G 移动通信技术极大地加强了数据通信能力，从而进一步加强和扩大了大数据、云计算的技术能力，可通过分析图书馆读者借阅的文献信息资源及读者流通信息等数据，并结合图书馆馆内可用文献信息资源及日常管理、服务、检索等工作，借助图书馆的官方网站、移动 APP 和新媒体等以网络在线和离线方式为读者提供服务，也可以通过 QQ、微信、微博等公共社交平台，向读者推送文献信息资源，实现精准定位读者的个性化需求，从而更好地提高图书馆服务的针对性，以提高图书馆的服务能力和服务满意度。

三、5G 背景下图书馆信息服务建设

在 5G 移动通信技术背景下，要建成和实现智能图书馆，图书馆信息化便成为了整个图书馆建设过程中的重要环节。图书馆作为文献信息资源的中心地，坐

拥众多文献、信息资源是其最大的优势。随着全球信息化和互联网技术的迅猛发展，特别是5G移动通信技术在图书馆智能化服务中的应用，建设、开发文献信息资源和读者服务成为主要任务。从而促进图书馆文献信息资源模式提升和丰富，更好地提升读者的体验感，深化图书馆服务能力。

（一）构建基于5G技术的图书馆管理信息系统

图书馆文献信息资源服务的创新始终需要先进的技术来支持，这可以通过建设基于5G移动通信技术的图书馆信息管理系统来实现。在系统建设的初期，图书馆文献信息服务系统的功能需进行独立的设计和规划，以便读者能够链接整个系统。在实施过程当中，应先设计开放式文献信息服务功能，便于后续的开发，提高工作效率，降低创新成本。同时，要重点丰富基于5G移动通信技术的图书馆信息管理系统的功能，在技术服务建设基础上逐步扩大和探究服务功能，综合考虑与图书馆相关的各部门及图书馆内部的信息化需求等因素，达到图书馆文献信息资源的全面、综合优化，以图书馆资源共享和个性化以及智能服务为重点。此外，应及时对图书馆文献信息服务系统进行更新和维护，定期检查每个模块以确保文献信息资源数据的完整性和安全性，并根据实际需要调整系统功能使其能够满足图书馆各种工作及文献信息资源的服务、检索要求。

（二）完善图书馆文献信息数据管理模式

在现代信息社会的背景下，图书馆的信息数据、文献信息资源管理和数据服务是紧密联系在一起的，图书馆建设和发展的重心在于升级数据管理以及增加数据容量和服务内容上。数据的分析、处理在现场完成，结果需要传输到数据中心保存下来。图书馆利用这种数据管理模式，通过广域网、防火墙使人工智能算法以高可用性模式运行智能设备，从而丰富和优化图书馆文献信息服务模型，为完善图书馆文献信息资源，信息数据管理模式提供坚实的技术基础。

（三）强化图书馆相关部门的共享合作

一是基于5G的图书馆管理信息系统，需实现对接图书馆各部门的功能，也需保证数据共享、功能互联及各部门之间能实现信息资源数据的格式和形式协调统一。同时，应继续加强各图书馆与其他图书馆之间的合作，学习先进的服务模型，并推广统一标准的图书馆文献信息资源信息服务模式。二是在图书馆信息管理系统的软硬件资源配置上，要以信息资源的标准统一、传输同步为图书馆各部门建设的重点。图书馆文献信息资源服务需要各相关部门共同参与，使整个基于

5G 的图书馆管理信息系统服务更加灵活，为文献信息资源多元化提供更多的便利，促进图书馆服务创新。三是图书馆行政管理部门方面，应以协助、指导多学科服务为重点，完善和健全管理制度体系，以图书馆持续、开放服务发展为目标，以网络渠道为主要方式建立图书馆信息交流平台。强化、提升各图书馆之间的合作，打通共享信息渠道，不断提高图书馆自身的文献信息资源服务水平。

（四）提升图书馆文献信息服务

在 5G 时代，图书馆文献信息服务模式的发展、创新仍需以读者需求为导向，最终达到图书馆文献信息资源利用的最大化。为此，图书馆可通过如下具体措施来实现这一目标。一是建立健全的图书馆读者支持系统。根据读者需求及读者数据分析，读者反馈等构建相应的图书馆文献信息资源管理、服务及查阅系统，并建立基于 5G 移动通信技术、计算机网络信息技术的读者支持系统，系统具有交互式可操作性，也就是图书馆各种文献信息资源数据间的交互操作，有效支持初步研究、建设、服务和检索图书馆文献信息资源。二是完善图书馆信息建设与文献信息资源服务模式的有机整合。在图书馆的日常管理、服务、检索等工作模式中促进传统数字化资源服务的创新，依据图书馆读者需求，为读者提供个性化的图书馆信息资源定制搜索服务，将系统自动匹配和馆员人工干预结合，积极满足读者的个性化需求。三是丰富图书馆信息资源服务渠道和服务领域。图书馆通过 5G 技术可以有效地打破时间、空间界限，借助图书馆的官方网站、移动 APP 和新媒体等可以实现网络在线和离线服务模型的集成。四是优化调整图书馆文献信息资源服务模式。定期对图书馆读者反馈信息进行汇总和分析，根据分析的数据信息结果，适时调整图书馆读者的需求供给，为读者提供更为优质的服务。

四、5G 技术在图书馆中的应用

（一）无障碍阅读管理

无障碍阅读管理是图书馆管理信息系统中的一个重要模块，旨在提供包容性的阅读环境，以满足视觉、听觉和认知障碍的读者需求。以下是该模块的主要功能和特点。语音朗读功能：该功能通过 5G 通信技术，为视力障碍读者提供文字到语音的转换服务。读者可以选择需要阅读的文本，系统将文字内容转换为语音输出，帮助视力障碍读者获取图书和其他文献信息。阅读辅助工具支持：该功能通过 5G 技术，提供各种阅读辅助工具的支持，例如屏幕放大器、阅读指南、书签等。读者可以根据自己的需要选择合适的辅助工具，以便更好地阅读和导航文本内容。音频描述功能：该功能适用于视觉障碍读者，在阅读图书时提供音频描述。通过 5G 通信技术，图书馆可以为图书中的图片、图表和其他视觉元素提供文字描述或音频描述，使视觉障碍读者能够获得更全面的阅读体验。

（二）VR/AR 管理

虚拟现实（VR）和增强现实（AR）管理是图书馆管理信息系统中的一个重要模块，旨在支持和管理基于虚拟现实和增强现实技术的图书馆服务和资源。以下是该模块的主要功能和特点。VR/AR 资源管理：该功能通过 5G 技术，管理和提供图书馆中的 VR/AR 资源。这些资源可以包括虚拟实境图书馆、虚拟参观、AR 图书馆导览等。图书馆管理员可以更新和维护 VR/AR 资源，确保它们的可用性和质量。VR/AR 应用程序管理：该功能用于管理和提供基于 VR/AR 技术的应用程序。通过 5G 通信技术，图书馆可以提供 VR/AR 应用程序，例如用于学习、研究和文化体验的应用程序。管理员可以管理应用程序的安装、更新和配置，确保其正常运行。VR/AR 设备管理：该功能用于管理图书馆中使用的 VR/AR 设备。通过 5G 技术，图书馆管理员可以跟踪设备的位置、状态和可用性，并进行设备预约和管理。这有助于优化设备的利用率和维护。

（三）超高清视频管理

超高清视频管理模块是图书馆管理信息系统中的一个功能模块，通过 5G 技术来管理和提供超高清视频资源。以下是该模块的主要功能和特点。超高清视频资源管理：通过 5G 通信技术，图书馆可以管理和提供超高清视频资源，包括高清电影、学术讲座、文化节目等。管理员可以更新和维护视频资源的信息，确保其可用性和质量。视频资源检索和分类：基于 5G 技术，图书馆管理信息系统可以提供便捷的搜索和分类功能，使用户可以通过关键字、标签或分类浏览和检索所需的超高清视频资源。视频播放和在线观看：通过 5G 网络，用户可以高速、稳定地播放和在线观看超高清视频资源。图书馆管理信息系统可以提供视频播放器和优化的视频流传输，以确保用户获得良好的阅读体验。视频推荐和个性化推送：基于用户的兴趣和历史观看记录，图书馆管理信息系统可以使用 5G 通信技术提供视频推荐和个性化推送服务。这样，用户可以发现和获取与其兴趣相关的超高清视频资源。

（四）智能化物联书房管理

智能化物联书房管理模块是图书馆管理信息系统中的一个功能模块，利用物联网技术实现对图书馆内物品和环境的智能化管理。以下是该模块的主要功能和特点。物联设备管理：通过 5G 技术，图书馆可以管理和监控物联设备，如智能书架、智能门禁、智能传感器等。管理员可以远程监控设备状态、进行设备配置和维护，以确保其正常运行。实时数据采集和分析：利用物联网技术，图书馆管理信息系统可以实时采集和分析物联设备生成的数据。例如，通过传感器收集环境数据、图书借还数据等，以优化图书馆的运行和服务。设备互联和自动化控制：通过 5G 通信技术，物联设备可以实现互联和自动化控制。例如，智能书架可以与借阅系统连接，实现自动借还书、库存管理等功能，提高图书借还的效率和便利性。异常检测和预警：通过监测物联设备生成的数据，系统可以实时检测异常情况，并提供相应的预警。例如，系统可以检测到图书馆内的温度、湿度异常或者设备故障，并及时发送预警通知给管理员，以便他们采取相应的措施进行修复和调整。

（五）导览导航管理

导览导航管理模块是图书馆管理信息系统中的一个功能模块，通过 5G 技术提供导览和导航服务，帮助用户快速定位和获取所需资源。以下是该模块的主要功能和特点。室内导航和路径规划：通过 5G 通信技术，图书馆管理信息系统可以提供室内导航和路径规划功能。用户可以使用移动设备或者指定的导览设备，获取图书馆内部的地图和导航指引，帮助他们准确找到目标位置。资源定位和搜索：基于 5G 技术，系统可以提供资源定位和搜索功能，用户可以通过输入关键字或者扫描条码，快速定位所需资源的位置信息。这样，用户可以迅速找到图书馆中的图书、期刊、多媒体资料等。人流量监测和热点分析：通过物联网技术和5G 通信，系统可以实时监测图书馆内的人流量，并进行热点分析。这有助于管理员了解图书馆的拥堵情况，优化布局和资源分配，提升用户的体验和流动性。位置提醒和推送服务：基于 5G 技术，系统可以根据用户的位置信息提供位置提醒和推送服务。例如，当用户靠近特定的区域或者资源时，系统可以发送提醒和推送相关的信息，如相关书籍的推荐或者附近的讲座通知。

（六）云计算服务管理

云计算服务管理模块是图书馆管理信息系统中的一个功能模块，通过 5G 技术提供云计算服务，帮助图书馆存储、管理和提供各种服务和资源。以下是该模块的主要功能和特点。云存储和数据管理：通过 5G 通信技术，图书馆可以利用云存储技术存储和管理大量的数据和文献资源。这包括数字图书馆的文献数据库、电子期刊、学术论文等。云存储提供了高容量、高可靠性和可扩展性的存储解决方案。虚拟化资源和服务：通过云计算服务，图书馆可以将资源和服务进行虚拟化，使其能够根据用户需求动态分配和调整。这包括虚拟机、云服务器、应用程序等。用户可以根据需要获取所需资源的计算能力和存储空间。弹性计算和自动化扩展：通过 5G 技术，图书馆管理信息系统可以根据需求进行弹性计算和自动化扩展。当用户对资源需求增加时，系统可以自动扩展计算和存储资源，以满足用户的需求，而不需要手动干预。云服务安全和数据保护：云计算服务管理模块重视云服务的安全性和数据保护。通过 5G 通信技术，图书馆可以采取安全的认证和加密措施，保护用户的数据安全和隐私。异地容灾和数据备份：利用云计算服务，图书馆可以进行异地容灾和数据备份。数据可以在多个地理位置进行备份，以保障数据的安全性和可靠性，同时防止数据丢失和灾难发生时的数据恢复。

第五节 云计算技术在图书馆信息服务中的应用

一、云计算应用于图书馆的优势

高校图书馆的主要任务在于服务高校教育教学，为广大读者提供国内外的论文、著作，收集保存重要的科研成果。利用云计算强大的计算和存储能力，为其提供了很大的资源共享空间。将收集到的不同个体数据信息，进行整理、加工和分析，包括读者的偏好、更新情况、点击率等信息，以大数据的形式传到"云端"，通过相关技术分析后，得到每个读者的需求，从而更经济有效地满足读者的需求，为图书馆建设、发展和服务提供参考。

运算能力超强。高校图书馆使用云计算技术，可充分利用"云"中上百万的计算机提供的强大存储空间，还可随时更新和存储海量的数据，为图书馆日益增长的数据提供解决的途径。另外，图书馆利用云计算技术，可自动将一个任务分解成多个子任务，及时对海量数据进行超复杂计算的联合处理。在短时间内提取有价值的信息，提供优于网络技术的支持，为读者提供巨大的服务支撑。使得图书馆的服务效率、精确性等方面得到极大提高，读者需求也将得到更大满足。

信息资源整合。目前，高校图书馆建立起了大量的数字信息资源，通过局域网服务于读者，因为时间、空间、资源量和服务终端设备滞后等问题，使得图书馆利用互联网提供给读者的服务范围十分有限。云计算的到来，则能解决数据安全性和硬件滞后的问题。"整合"是云计算的根本，云计算提供商提供所有所需的硬件，不仅包含有计算能力的，还包含存储类的硬件，而云计算的主要内容是对存储内容的整合及应用。将云计算服务平台应用到图书馆的资源管理中，图书馆中所拥有的信息资源将被云计算服务平台收录，图书、期刊等文献资料被云计算提供商整合在"云"中。这样，图书馆的信息资源就可以在更大范围内共享，为读者提供更广泛的信息空间。这样，无论读者在何时何地，只要能连入互联网，无须复杂的操作均可获取他们所需的数字信息资源。其资料的数量和种类都远远超出了传统图书馆所能提供的，为读者提供跨空间跨时间的便捷服务。

降低投入成本。传统图书馆为了保证馆内的计算机、服务器的正常运行，需要提供必需的软、硬件平台及网络架构，还应由专业技术人才对终端设备进行维护、升级和更新。另外，图书馆内的数据大多存放于服务器上，而服务器计算能力有限，若众多读者同时提出请求，极有可能会导致服务器停止运行。当终端设备出现问题时，不仅不能为读者提供正常服务，还易丢失重要数据，给图书馆造成不必要的损失。图书馆使用云服务后，云计算模式对用户的终端配置没有要求，技术人员不用为升级图书馆的相关硬件而苦恼。另外，服务器的日常运行，是由云服务商提供的。图书馆工作人员便不必对软、硬件进行升级，即便是较低配置的电脑也可正常运行。这样，图书馆便可以极低的成本，获取高性能、高质量的服务。既解决了用户需求和资金投入间的矛盾，技术人员又从繁重的工作中解脱出来，更好地开展其他工作。这样，在确保图书馆云高标准、高层次建设的同时，人才的价值和作用又得到充分发挥。

数据安全可靠。图书馆引入云计算技术后，"云"的智能管理系统可以为用户提供多节点任务转移服务。当一台或几台服务器出现问题时，利用云计算数据冗余的方式，便可将失效节点转换到正常节点，保证虚拟资源的高可用性。由于其切换速度极快，读者在使用过程中就感受不到服务器曾出现问题，从而为读者提供高品质的服务，使图书馆真正实现无间断的安全服务。另外，图书馆云计算有大规模服务器群，云计算的动态可扩展的虚拟资源服务，具有较强的计算能力，当大量增加图书馆信息时，便可以高效响应读者的服务请求。

二、云计算下的数字图书馆信息服务特点

主动为用户服务的意识。迅猛发展的计算机技术，使得信息资源迅速得到增长，人们身边出现海量数据，而找出有用的信息就非常困难了。在图书馆之前的服务模式中，有效信息是非常少的，人们几乎无法找到，因此图书馆应该引进新的相关的信息技术，使人们在图书馆所能得到的信息更加符合用户需要。数字图书馆着手进行相关的改变，主要有两个角度。就自身角度而言，主要是改变机制，也即服务意识的优化和升级，为用户提供服务时，应该将用户需要作为重点，面向用户需求。图书馆采取培训、激励等举措对信息和人员加强管理，使管理机制进一步升级，从而使数字图书馆信息体系得到完善，达成目标。就用户角度而言，用户在传统图书馆查询信息时，并不要求用户参与信息服务，而用户在数字图书馆查询信息时，为了使图书馆信息能够尽快匹配用户所需有效信息，要求用户应该参与信息服务中。数字图书馆普遍存在信息服务上的"数字鸿沟"。所谓"数字鸿沟"指的是信息资源不匹配用户需求或与其匹配度低的状况。用户对数字图书馆的相关信息服务积极参与、加强交流，有利于图书管理员对用户的真实需求直观地了解，给用户提供相关资源。用户的参与主要指的是评价检索结果等，用户的参与可以使服务质量得到提高，使个性化服务能够达成，使用户参与数字图书馆的信息服务，可以建立用户与图书馆的良性互动。

建立相互沟通与交流的共享平台。共享平台可以通过微博、论坛等各种网络媒体，使得图书管理员借此与读者进行实时交流互动，发表看法、提出建议、改善服务等。这样的交流互动可以在图书管理员与用户间、专家与图书管理员间、专家与用户间、用户间或者图书管理员、用户、专家间。这样的形式，一方面，使用户能够积极参与，为信息查询和服务工作的进步贡献自己的力量；另一方面，有利于发挥管理员主观能动性，能够提高自己的服务质量。用户就所需信息向图书管理员或专家提问，图书管理员或专家以解答问题的方式实现分享与交流信息的目的，使用户需求与图书管理员的信息服务达成平衡。数字图书馆的用户直接参与信息服务，图书管理员就能明确用户需求，更好地为用户提供信息资源，满足用户需要，补充了数字化咨询服务的完整性。

为不同用户打造与推送个性化的信息。互联网是关于网络信息的技术，通过

互联网可以顺利实现通信和上网。由于互联网不断发展，人们通过它得到越来越多的信息，并且在互联网上的评价和分享也会产生大量信息资源。面对大量的数字资源，精确查询信息就是关键的环节。用户对于信息的需求都是不同的，这是由于他们的职业、年龄段、个人喜好、受教育的方式、环境等区别所导致的。如果图书馆想要对用户实现个性化服务，就需要分析这些用户的各种个人信息，这就需要通过对用户平时在使用互联网时的实际浏览状况来确定。而由于图书馆的用户量是巨大的，想要实现对所有用户的贴心服务，就需要处理全部的数据，这就需要相关技术，大数据技术此时就能够大显身手了。利用这项技术对全部数据进行处理，并且对数据间关系进行抽丝剥茧的分析利用，发现有价值的数据间的关系，且找出用户潜在需求，发送有效信息给用户。用户对定制信息进行评价，数字图书馆通过用户评价对提供内容进行调整，进而提供给读者真正需要的信息。

三、云时代图书馆的服务模式创新

目前，传统图书馆的主要业务是非数字化资料的存储和服务，在数字时代，图书馆在知识存储方面，地位在不断弱化，也不再是唯一获取知识的途径。云图书馆信息服务改变了传统图书馆信息的服务模式，利用云技术和新一代互联网技术，可确保最大限度地利用信息资源，从图书馆角色定位，挖掘符合时代要求的服务模式。

（一）为读者提供电子阅读服务

随着互联网的发展，国民的阅读方式发生了较大改变，十二次全国国民阅读调查显示，2014 年我国数字化阅读方式（网络在线阅读、手机阅读、电子阅读器阅读、光盘阅读、Pad 阅读等）的接触率为 58.1%，较 2013 年的 50.1% 上升了 8 个百分点。中国新闻出版研究院院长魏玉山和国民阅读研究与促进中心主任徐升国均表示，相关统计显示数字阅读率首次超过传统阅读率。目前，电子图书市场火热，但价格相对较高，大多免费的电子图书较老，近年的新书、畅销书由于版权、价格等问题，读者所看到的电子书基本是买书而不是借书，数字图书馆就能为读者提供价廉质优的阅读资源。云计算技术就版权问题提供了很好的解决方案，高校图书馆将数据放置在云端，读者通过在线阅读或限时授权的下载服务来实现即时阅读。

（二）打造专业联盟和主动服务

高校图书馆的业务种类繁多，信息服务的管理很难面面俱到，利用云计算开放和用户参与的特性，可为读者提供个性化的信息发布与交流空间。利用云模式的数字参考咨询服务，可以将单个高校图书馆数据资源直接连接到云终端，根据需求与各类图书馆成立云式信息服务联盟，形成一个集多种接入方式于一体的数字参考咨询服务体系。通过云计算模式进行数字资源的整合、系统更新等服务，为读者提供专业的数字馆藏资料，并结合学术、科研主动进行技术服务、资料搜集等。读者通过平板电脑、手机等移动终端设备，以 3G/4G 网络、Wi-Fi 等接入到数字参考咨询服务体系，凡是加入这个联盟的图书馆，均可为读者提供管理和服务，从而提高了图书馆数据资源的利用率。

（三）以读者为中心全方位服务

图书馆利用云技术的虚拟化私有云部署模式，从私有空间、私有资料、知识管理等方面，构建读者私有馆藏空间，通过分析、调查读者的需求，提供专业知识推送、学习、生活等方面的综合服务，从而为读者提供更优质服务。每个读者各不相同，不仅需要图书馆为其提供单一的信息资源检索服务，还需要为其提供多元化的服务，如科学研究、课程学习等方面的内容。在云计算环境下，建立一个知识分享与信息交流的平台，如为有共同兴趣的读者提供交流和知识共享的平台，建立有自己个性的兴趣群体供其交流和分享信息。建立一个以读者与馆员互动的模式，形成一个围绕网络信息服务的网络知识平台，来提高图书馆的信息服务功能与核心竞争力。

第五章　公共图书馆知识产权信息服务发展

知识产权是衡量一个国家创新能力和经济实力的重要指标。知识产权一般分为版权和工业产权两大部分。版权，亦称著作权，是指作者或其他人（包括法人）依法对某一著作物享有的权利，由国家版权局管理；工业产权是指人们依法对应用于商品生产和流通中的创造发明和显著标记等智力成果，在一定地区和期限内享有的专有权，是国际通用的法律术语。工业产权主要包括专利、商标、集成电路布图设计、地理标志、服务标记、商业名称和标志以及反不正当竞争保护等，工业产权由国家知识产权局管理。知识产权制度是智力成果所有人在一定的期限内依法对其智力成果享有独占权并受到保护的法律制度。对于权利所有人而言，未经许可，任何单位或个人均不得在任何情况下，以任何方式，擅自使用其全部或部分智力成果。知识产权信息是伴随着知识产权及知识产权制度的产生而产生的，知识产权信息资源的利用、开发、加工、发布、传播和交流逐渐成了一种新型的专门化信息服务类型和方式。2020年，国家知识产权局制定的《知识产权信息公共服务工作指引》中明确指出："本指引所称服务主体指知识产权信息公共服务体系中的各类节点、网点……网点是提供知识产权信息公共服务的社会化信息服务机构，包括技术与创新支持中心、高校国家知识产权信息服务中心，以及其他高校、科研院所、科技情报机构、公共图书馆、产业园区生产力促进机构、行业组织、市场化服务机构网点等。"显然，公共图书馆是提供知识产权信息公共服务的主体成员之一。在我国实施创新驱动发展战略和科技兴国战略的新形势下，公共图书馆开展知识产权信息服务的优势和潜力正日益显现，也越来越受到重视并将发挥其巨大作用。

现如今，在信息技术高速迭代更新的背景下，公共图书馆面临日益增多的冲击和挑战。各种听书阅读 APP、小程序、公众号、电子图书、期刊、报纸的免费或低价订阅，均不断削弱着公共图书馆的资源优势。鉴于此，出于自身发展和生存的考量和需要，不断调整和优化服务内容是公共图书馆的必然选择。因此，各公共图书馆应紧跟我国从制造大国向智造强国发展的趋势，利用自身资源优势，积极开展知识产权信息服务。务实创新，自觉地承担起应有的服务科技创新的社会责任。夯实基础，逐步成为连接科研成果与社会需求的桥梁，并不断帮助企业提升创新能力和竞争力，持续助力地方经济的建设和发展。

第一节 公共图书馆知识产权信息服务理论基础

一、公共图书馆知识产权信息服务的内涵

知识产权信息服务有多种服务主体，不同服务主体由于自身性质不同，服务侧重也会有所差别。图书馆相对于科研院所、科技情报机构、市场化服务机构等知识产权信息服务主体，具有公共性这一特殊性质。同样都是图书馆，公共图书馆的知识产权信息服务与高校图书馆又有所不同，主要是这两类图书馆自身的性质和特点有差异。除了在馆藏资源方面存在差异，二者主要服务对象也有所不同。高校图书馆主要面向广大师生，以教学科研为中心，为高校科技创新、学科建设、成果转化和人才培养服务。虽然有法律和规范性文件均提出了高校图书馆向社会开放的要求，但高校图书馆本质还是为人才培养和科学研究服务的学术性机构。其知识产权信息服务虽然也对校外企业及政府部门开放，但还是以满足校内用户的需求优先。另外受空间和资金的制约，要求高校图书馆对校内外用户提供同等服务目前较难实现。相较之下，公共图书馆是面向社会大众免费开放的，目的是作为一个继续教育和终身教育的场所，提升公民科学文化素质。因此，公共图书馆服务对象更广泛，更注重社会教育功能。

公共图书馆知识产权信息服务应当以公共图书馆自身的部门或团队为服务主体，以知识产权宣传教育、知识产权文献传递、知识产权资源推广、知识产权信息咨询等基础性信息服务为主要内容，通过多种方式和渠道推动知识产权基础知识传播，旨在加强公众对知识产权的认识和重视程度，提高人们获取和运用知识产权信息的能力。在公共图书馆有余力的情况下也可以扩大服务范围，通过开展专利查新类检索、专利分析、商标检索等更专业的信息服务，促进区域经济和产业发展。需要说明的是，公共图书馆开展的知识产权信息服务仅仅是出于提供信息的目的，在此期间会涉及到知识产权相关法律法规的学习和指导，但只是为了使用户保护和管理个人知识产权以及避免知识产权纠纷，图书馆本身不提供法律

咨询和建议。

二、公共图书馆知识产权信息服务的政策依据

公共图书馆开展知识产权信息服务的政策围绕着知识产权保护和运用以及建设知识产权信息公共服务体系的主题，分别由国务院和国家知识产权局印发，经历了一个由粗到细、由简单提及到具体指导的发展过程，具体内容如下：2016年12月，国务院在《"十三五"国家知识产权保护和运用规划》中将加强知识产权公共服务体系建设作为重大专项提出，指出要"增加知识产权信息服务网点，加强公共图书馆等的知识产权信息服务能力建设"，以实现专利、商标、版权等知识产权基础信息资源免费或低成本开放共享。此规划明确了公共图书馆是我国知识产权信息服务网络的重要组成部分。国家知识产权局于2019年印发的《关于新形势下加快建设知识产权信息公共服务体系的若干意见》，明确了政府主导、图书情报机构等多元主体共同参与承担知识产权信息公共服务工作的基本原则，制定了到2022年在图书情报机构等单位中遴选认定国家知识产权信息公共服务网点100家的目标，并提出积极引导将图书情报机构等作为服务网点，为社会公众和创新主体提供高质量的知识产权信息公共服务，为中小企业提供专业化、个性化服务从而助力其技术创新。这项政策虽然没有明确提及公共图书馆，但提出了图书情报机构的服务网点身份定位。公共图书馆作为图书情报机构的重要组成部分，理应强化知识产权信息服务能力，积极参与知识产权信息公共服务网点遴选，助力知识产权信息公共服务体系建设。

2020年11月5日，国家知识产权局发布了《知识产权信息公共服务工作指引》（以下简称《指引》），明确了公共图书馆作为服务主体中的服务网点，面向社会公众、创新创业主体以及特定领域或特定行业提供基础性知识产权信息公共服务。《指引》指出了公共图书馆类服务网点的工作重点，即发挥场地资源齐备、受众广泛的优势，将知识产权信息服务融合进日常工作中，利用展览、讲座、论坛等日常活动普及知识产权基础知识，利用参考咨询方面的工作经验开展知识产权信息咨询服务。《指引》将知识产权信息服务内容划分为基础性服务和专业化服务，其中基础性服务包括知识产权宣传教育、文献传递、信息咨询、资源推广等。同时，《指引》表示在保证基础性公共服务的可及性和服务质量的前提下，公共图书馆也可以尝试开展知识产权检索分析、专题数据库建设等专业化信息服

务。可以看出,《指引》既明示了公共图书馆在知识产权信息公共服务体系中的地位,也确定了其服务的首要目标,同时对面向哪些用户、采取何种方式开展知识产权信息服务做出了指示,这对公共图书馆开展服务具有重大的指导意义。同日,国家知识产权局还印发了针对公共图书馆等社会化信息服务机构的《国家知识产权信息公共服务网点备案实施办法》,对知识产权信息公共服务网点备案的具体要求、服务网点认定应具备的工作团队、工作制度和基础设施等条件以及对网点的保障和管理作了说明。公共图书馆可以据此审视自身与备案网点要求之间的差距,并有针对性地进行改善。成为网点后,可以获得国家知识产权局在服务能力提升、数据资源、分享交流等方面的支持和各省级知识产权管理部门在政策资金方面的支持,这对公共图书馆开展服务也是一种鼓励。

2021 年 10 月,国务院印发了《"十四五"国家知识产权保护和运用规划》,提出要优化知识产权公共服务网点布局,再度强调要提升公共图书馆等机构的知识产权信息公共服务能力,从而完善知识产权公共服务体系。可以看出,国务院的文件强调的是公共图书馆等机构应当开展知识产权信息服务,国家知识产权局则对服务内容、服务重点、服务保障等进行了细化说明。前者表明了高度,后者明确了做法。因此,公共图书馆开展好知识产权信息服务,对于构建我国知识产权信息公共服务体系、推动知识产权保护和运用具有重要意义,也是促进地区经济科学发展、落实知识产权强国战略、建设创新型国家的重要任务。

三、公共图书馆知识产权信息服务框架和内容

信息服务活动是以信息用户为导向、以信息服务者为纽带、以信息服务内容为基础、以信息服务策略为保障的活动。即信息用户、信息服务者、信息服务内容和信息服务策略是基本要素,通过这些要素的联结实现信息服务。同理,公共图书馆知识产权信息服务活动作为信息服务活动的一种,也是通过各种服务要素的联系和相互作用实现的。目前学者们对公共图书馆知识产权信息服务的研究主要集中在服务内容这一要素上,其中资源也是服务内容的一种,对其他要素研究较少。学者周静在对高校图书馆知识产权信息服务的研究中提出服务内容、服务方式和服务效果是判断知识产权信息服务水平的重要依据,依托团队和依托资源是知识产权信息服务的基础和支撑。

（一）公共图书馆知识产权信息服务内容

服务内容是其他要素的前提，只有确定图书馆开展了知识产权信息服务，才能继续分析服务主体、服务对象、服务方式和服务渠道。服务内容也是目前研究我国公共图书馆知识产权信息服务主要关注的要素。参考《知识产权信息公共服务工作指引》对知识产权信息服务的分类，以及中国专利信息中心对相关服务内容的名称定义，将获得的服务内容分为基础性服务和专业化服务两大类，共计15项服务。

1. 基础性服务

作为由政府主办的公益性机构，面向社会公众提供公益性服务是公共图书馆的本质属性。基础性服务强调的就是大众化和公益性，即所有用户均可以获取的服务，目的是使用户增加对知识产权知识的了解，掌握简单的知识产权信息查询、利用的方法技能。做好这一服务，也是开展专业化服务的先决条件。基础性信息服务主要包括：

知识产权资源推广服务。图书馆拥有丰富的馆藏资源和数字资源，这一服务就是要求图书馆向用户展示、推荐外购的和一些公共的知识产权信息资源，达到使用户了解并尝试利用这些资源的目的。

知识产权教育服务。图书馆通过组织知识产权主题讲座、展览、公益培训，提供公共课程的方式，提高用户对知识产权的基本认识，增强其知识产权信息的获取和利用能力。

知识产权文献传递服务。根据用户申请，为用户检索特定的知识产权文献，并通过网络平台或复制邮寄的方式传递给用户的一种服务。该项服务并不是完全免费的，要依据具体服务要求定量。

知识产权信息咨询服务。包括对专利、商标和版权基本知识的咨询，即知识产权是什么、主要保护什么、如何获取这些信息（工具和教程）等，也包括对专利/商标的申请和版权的注册流程、费用等方面的一般性咨询。

2. 专业化服务

一些公共图书馆收藏着丰富的信息资源，具有很强的信息服务能力，它们因此也承担了一部分竞争性信息资源的服务。由于知识产权专业化信息服务的要求较高，因而不是每个公共图书馆都必须开展或有能力开展的。图书馆应当衡量自身在资源、服务能力等方面的实力，并结合服务对象的信息需求有选择地进行。

专业化服务是针对特定用户的深层次服务，往往采用收费方式进行。主要包括：

专利查新类检索服务。包括新颖性检索、优先审查检索和科技查新检索，也有图书馆称为同族专利检索、可专利性检索，是对所有现有技术进行检索，从而判断发明创造是否具有新颖性、创造性的一种检索服务。

专利侵权检索服务。包括有效性检索、防止侵权检索和被动侵权检索，也有图书馆称之为专利法律状态检索、专利侵权检索等，是对所有有效专利进行及时、全面、准确的检索，进而判定侵权风险。

专利分析服务。对客户关注对象进行专利情报追踪，分析指定行业/技术重点专利及专利权人，描绘（重点）技术发展路线。

专利专题库建设服务。根据用户在特定领域的信息需求，对大量的原始专利数据进行筛选并深加工，从而集合这一专题的专利数据建设成库。

专题检索服务。根据客户的个性化需求制定检索范围，出具检索报告。

专利挖掘及布局。综合考虑技术、市场和法律因素，对技术研发或产品开发中所取得的技术成果进行分解、检索、对比、筛选、延伸和扩展，以确定具备创新性的技术点和技术方案，并对其进行专利布局，明确专利的技术方案、专利类型和专利申请策略，完成从技术研发到专利保护的过程。

专利预警服务。根据客户待研发或入市产品的技术特点，研究目标市场相关专利布局情况，分析侵权风险，拟定规避策略，保障客户产品的顺利开发及销售。

知识产权分析评议服务。综合运用情报分析手段，检索和分析有关经济科技活动中的知识产权，进行综合分析、评估、评价和审核，以防范潜在风险的发生，避免造成重大损失，或预测创新方向，推动技术创新。

知识产权专业培训服务。面向企业、科研机构在专利检索技巧、专利申请、专利保护、专利分析、专利质押融资等相关内容提供各种定制化专业培训。

专利价值评价服务。从专利价值包含的诸多内容、专利价值显现的不同方式出发，根据评价的目的，分析影响专利价值的具体因素，进而选择适合的指标和方法进行综合的评价。

商标检索服务。为满足用户知识产权保护等需求，针对用户的需要，对商标或品牌信息进行收集整理，并出具检索证明。

（二）公共图书馆知识产权信息服务主体

公共图书馆中，针对用户的知识产权信息需求，提供相应的信息服务的部门或团队就是知识产权信息服务者，即服务主体。服务主体在馆内会涉及到多个部门，还会与馆外的机构或团队进行合作共同提供知识产权信息服务。

（三）公共图书馆知识产权信息服务对象

服务对象是知识产权信息服务的接收者。公共图书馆知识产权信息服务对象包括所有有此类信息需求的社会公众、创新创业主体和其他特定的组织。不同群体的知识产权信息需求存在较大差异，对服务对象进行细分有利于使服务更具有针对性，从而高效地满足其信息需求。服务对象的不同也会影响到服务开展所采用的具体方式和渠道。

（四）公共图书馆知识产权信息服务方式

服务方式是用户获取具体服务的方法和形式，也是实现知识产权信息服务的具体手段。丰富的服务方式更容易吸引用户的关注和参与。公共图书馆知识产权信息服务方式可以大致分为主动或被动、免费或收费，根据服务内容不同还可以具体化为公共课程、专题讲座活动、网页推介、融入参考咨询服务等方式。

（五）公共图书馆知识产权信息服务渠道

服务渠道是联结知识产权信息服务主体和服务对象的通道，与服务方式均属于服务策略，也是公共图书馆服务意识的一种体现。多样化的服务渠道则可以使用户更为便利快捷地获取相关信息服务。知识产权信息服务渠道以是否以互联网做媒介，大致可以分为传统服务渠道和新兴服务渠道。传统的服务渠道有到馆、电话等，新兴服务渠道主要以互联网方式为主，包括网页、微信等。

第二节 公共图书馆知识产权信息服务发展存在的问题

一、公共图书馆知识产权信息服务现状

国家图书馆担负引领和协调全国公共图书馆事业发展的职责，在用户需求的引导下，其以传统业务为基础，逐步嵌入多种类型的知识产权信息服务内容。20世纪90年代起，国家图书馆基于参考咨询业务开展了专利检索与全文提供服务、专利查新与专利分析服务、商标影响力评价和诉讼证据检索服务、地理标志信息溯源检索服务，以及媒体监测分析、行业分析等商业信息服务。该馆还向读者免费开放专利数据库和检索分析工具，并开办专题讲座与培训，制作公益视频，线

上线下相结合开展知识产权普及教育活动。此外，该馆依托全国图书馆参考咨询协作网，在公共图书馆界积极推广知识产权信息服务经验，增强了业界开展此项服务的意识，促进了我国公共图书馆知识产权信息服务能力的提升。

上海图书馆是我国最早开展专利服务的公共图书馆之一，是全国专利文献服务网点和世界知识产权组织技术与创新支持中心筹建机构。上海图书馆围绕专利信息建立了多层次的咨询服务体系，服务内容包括知识产权评议、专利分析、专利侵权分析、专利无效宣告分析、技术竞争情报、技术秘密查证等，并与地方知识产权局合作开展专利信息服务与规范化研究。此外，上海图书馆还面向企业和图情业界定期举办专利查新、专利分析、专利地图等培训或研讨活动。重庆图书馆于2016年开设的知识产权法律分馆是全国首家由公共图书馆与基层法院跨界合作建立的知识产权法律专业分馆。作为全国专利文献服务网点，重庆图书馆面向法院、辖区重点企业、公众，开展专题文献动态支撑、知识产权专题文献查询、专利知识宣传与普及等服务。吉林省图书馆是省级专利文献服务网点、知识产权（专利）服务业品牌培育单位和TISC筹建机构，该馆建立了以专利信息导航、专利分析服务、专题专利数据库建设和公益性知识产权讲座为主要服务内容的知识产权信息服务体系。苏州工业园区图书馆作为面向产业园区的地区性公共图书馆，通过与数据库供应商、科技信息服务中介、行业专家等开展合作，搭建分层分级的培训平台，推广知识产权类咨询服务，开展知识产权评价研究，为中小型图书馆开展知识产权信息服务积累了实践经验。

二、知识产权信息服务梯级化服务模式

第一层级，建设知识产权科普中心。各公共图书馆开展知识产权信息服务工作，首先要将重心和重点放在提供知识产权基础性知识支撑服务上；第二层级，创建一站式知识产权信息检索与服务平台。借助于完善的一站式信息检索与服务平台体系，满足受众对于服务的系统性、多样性、时效性等全方位需求；第三层级，构建多元化合作机制。通过高融合的资源共享与多方的深度协调工作，进一步达到信息与服务的同步与高质量发展。

（一）建设知识产权科普中心

重视知识产权信息服务的宣传及推广。公共图书馆应充分发挥受众广泛、服务均等化、无差别、区域无限制等优势，建设知识产权科普中心，这是开展信息

服务的前提和条件，也是一切工作的基石。公共图书馆应积极宣传知识产权信息公共服务相关政策，明示知识产权信息公共服务事项，明确可提供的知识产权信息公共服务内容，采取多种多样的方式和形式，让更多受众知道图书馆能提供此类服务；可以将知识产权信息服务相关内容设置在网页的显著位置向社会公布，介绍该服务的内容、类型、方式、资源和专业人员等情况；可以通过图书馆微信公众号、微博、微视频、抖音等网络工具进行宣传，并借助网上留言、线上调研等，与用户互动交流，搜集反馈意见，提高服务满意度。

定期或不定期地开展知识产权知识普及、教育和培训。各公共图书馆应充分利用网络资源，定期或不定期地以多途径、多方式开展知识产权基础性知识普及和日常咨询服务。在基于基础性普及推广宣传的前提下，通过举办展览、讲座、论坛、沙龙、公开课、阅读推广等活动，增强公众知识产权意识。针对不同群体需求，培训内容可以是知识产权基本知识、渊源、制度、种类、各种保护类型的申请登记程序和规则，也可以是资料检索方法、工具、途径和范围等，同时还可以同读者信息素养教育的讲座、培训结合起来，提供专利信息获取技巧、商标申请检索、著作权保护条例、专利申请新颖性检索、专利文献检索、专利法律状态查询等的培训学习。只有做好了信息服务的宣传推广和知识产权基础性知识的普及培训工作，在公众中建立起一定的可信度和依赖感，才能进一步开展知识产权战略、专利预警、专利评估、版权维权、商标申请策略等情报信息与情报分析方面的深层次服务，知识产权的定制服务也才更有可能逐步实现。

（二）创建一站式知识产权信息检索与服务平台

公共图书馆应根据实际情况，选购适合其馆的文献资源和工具，优化知识产权信息服务资源配置。将商用资源、自建资源、免费资源进行深度的资源优化整合，创建独具地方特色的专业的一站式知识产权信息检索与服务平台。这一平台应能满足公众对知识产权的基础性、普遍性服务需求，使用户能够方便、快捷地发现并获取知识产权信息资源及相关服务，方便市民和企业了解、咨询知识产权相关信息，能快捷地检索和下载国内外免费的专利文献、专利查新、专利数据库、商标注册、国际国内版权公约等信息。同时，还应创造条件，积极接入国家知识产权大数据中心和国家知识产权公共服务平台，提供全流程、全方位的数据支持，进而实现数据资源的统一性、权威性、安全性和共享性；做到和各类专题数据库互联互通，根据需要，不断增加服务内容，从而实现资源的进一步开放与共享。

各馆亦可借鉴和学习吉林省图书馆的做法，使专利文献收藏载体及获取途径多元化，提升基础条件和服务能力，使得专利信息服务对象、服务模式和服务内容发生质的飞跃。

（三）构建多元化合作机制

协同合作模式是各公共图书馆提供高质量知识产权信息服务的有效方式和途径之一。鉴于知识产权信息服务专业性非常强，涵盖学科领域范围广，若各公共图书馆缺乏交流协作，仅凭自身的资源和人才，的确难以提供更加优质、丰富的信息服务。因此，各馆应考虑除了依托原有的公共图书馆服务联盟外，还可通过加强与相关单位的合作，在内因、外力的合力作用下，达到进一步加快和促进本馆知识产权信息服务体系建设和服务能力建设的目的。比如，与科研管理部门多接洽、沟通、交流，保证及时获得知识产权的最新规定、政策和相关法规；与高校、科研院所图书馆合作，共建共享文献资源、技术资源和专家资源，达到优势资源共享和互补；与相关企业合作，为企业提供免费的知识产权信息查询服务平台，提供知识产权资源服务、数据库、出版物、政策法规、新技能培训及相关咨询等服务内容，分享企业专业化数据库资源；与市场化的知识产权信息服务机构合作，分享专有数据库和分析工具，拓展知识产权信息服务能力等。

三、公共图书馆知识产权信息服务存在的不足

（一）政策感知不足，服务能力亟待提升

公共图书馆参与国家知识产权公共服务网络构建工作责无旁贷。然而，调研结果却不容乐观，大多数公共图书馆的知识产权信息服务意识淡薄，认知偏差普遍存在。例如，认为知识产权信息服务是面向小众群体的、专业性极强的服务，与隶属文化系统的公共图书馆关系不大，更与普通读者无关；将知识产权信息服务等同于专利查新服务，认为科技查新业务基础薄弱的公共图书馆没有能力开展此项服务等。调查还显示，公共图书馆的知识产权信息服务发展乏力，处于进退两难的境地。一方面，对传统知识产权信息咨询服务拓展不够、挖掘不足，与读者需求脱节，服务能力不进则退；另一方面，很多公共图书馆受基础条件限制，对于发展专业化知识产权服务无从下手。事实上，相关政策对公共图书馆开展知识产权信息服务的定位、内容、重点等早有规划性说明，部分公共图书馆由于政策感知度较低，服务认知始终得不到提升，加之缺少行之有效的规划指导，久而

久之便陷入"高不成低不就"的发展困境之中。不得不承认，在知识产权信息公共服务的赛道上，公共图书馆确实需要奋起直追。

（二）实践探索欠缺，服务发展有待升级

虽然被调研的公共图书馆几乎都不同程度地开展了知识产权信息服务，但普遍处于初期阶段。调查发现，每年4月的知识产权宣传周，是各地公共图书馆集中开展知识产权宣教活动的时段，其他时间则很少开展。一年一度的"例行活动"，难免内容分散、模式单一，服务效果差强人意。展览、讲座、培训等都是公共图书馆日常采用且擅长的宣教模式，但调研获取到的知识产权类的读者活动案例极为有限，且大多是关于国家图书馆、上海图书馆等发展案例的线索，说明公共图书馆的知识产权信息服务与既有服务模式融合不深，更没有形成多维内容与多元模式间的良性互动。此外，虚拟参考咨询平台是图书馆参考咨询服务的专用平台，但由于种种原因，没有在服务中得到充分利用。综上所述，"常态化"是大多数公共图书馆知识产权信息服务达标的第一步，只有在积极实践的前提下，才有可能实现服务"系统化""品牌化""专业化"的跨越式升级。

（三）专业资源不足，服务团队有待打造

丰富的数字资源是开展知识产权信息服务的物质基础。调研结果表明，信息资源保障不足是限制公共图书馆知识产权信息服务开展的重要因素之一。某些服务项目因为缺少专业资源的支撑无法开展或难以为继，如黑龙江省图书馆因数据库不全面，不得不叫停论文查重业务。但又有些图书馆过于强调外购资源，轻视馆藏文献资源，导致服务特色不足。人才是知识产权信息服务的智力保障。调研显示，公共图书馆的知识产权信息服务整体依托于参考咨询和科技查新业务，很少建有专职知识产权服务团队。一方面，参考咨询员或科技查新员还要兼顾本职工作，用于知识产权服务的精力有限；另一方面，他们中的绝大多数知识储备欠缺，没有知识产权信息服务资质，应付基础咨询服务尚可，对提供深层次、专业化服务力不从心。因此，公共图书馆迫切需要建设一支专业化服务团队，切实提高公共图书馆的知识产权信息服务能力。

（四）获取渠道单一，对接模式有待创新

便利性和创新性是公共图书馆开展知识产权服务应遵循的原则，二者都与服务渠道密切相关。当前信息技术发展日新月异，电话、邮箱等传统咨询渠道虽未正式关闭，但由于利用率较低，有些图书馆已不再安排专人负责。图书馆官网是

其知识产权服务的线上门户，但某些功能隐藏过深或者功能键打不开，给读者使用造成困扰。手机端的微信公众号已经成为连接读者与图书馆的重要渠道。然而调研显示图书馆微信端的知识产权信息服务普遍功能单一，一般只用来推送活动通知，很少直接开展具体服务，在推广服务和提升服务便利性方面作用很小。综上所述，现有的图书馆知识产权信息服务渠道在便利性和创新性方面均有待提升，传统服务渠道需要得到维护和挖潜，新媒体平台亟待得到开发和应用。

第三节 国外公共图书馆知识产权信息服务发展概况

一、英国公共图书馆知识产权信息服务

（一）英国公共图书馆知识产权信息服务的主要内容

基础性专利信息服务，由图书馆提供馆藏资源和基础设施，用户在专业人员的指引下可自主获取服务，包括以下四个方面。公共阅览室（Public readingroom）。用户可以利用公共阅览室配备的检索用机，来检索和获取本国、欧洲和全球的专利文献，图书馆工作人员可提供帮助，指导用户如何开展检索以及如何检索到想要的专利文献。检索服务（Search services），主要是代检服务，服务范围包括从简单的表格检索（如专利号码，申请人或发明人的姓名或申请的法律地位等）到涉及技术领域的复杂的高级检索（如最新技术检索、新颖性和侵权检索等），工作人员还会出具一份专利检索报告，对检索结果进行专业评估。知识产权文档提供服务（Provision of intellectual property documentation），主要是图书馆根据用户需求提供知识产权文件副本（包括纸质版和电子版）。咨询台服务（Helpdesk services），主要是提供申请知识产权相关程序、不同类型的知识产权、提交知识产权申请的要求和产生的各种费用、专利检索可选择的方法等诸多问题的咨询服务。知识产权法律咨询不包括在此服务范围内。

开发性专利信息服务，主要由专业人员完成，通过专利信息管理系统或者在现有资源基础上进行信息开发，生成三次信息产品提供给用户使用，主要有专利监控和专利价值评估服务。专利监控服务（IP monitoring services）。图书馆针对用户需求发布专利监控报告，定期（例如每周、每月或每季度）提供公开的专利和专利的法律状态信息，对于发明专利和实用新型专利，则提供基于 IPC（国际

专利分类）、竞争对手等指标进行的统计分析数据。发明专利经济价值评估服务
（Assessment of the economic potential of an invention）。通过各自开发的软件工具，
图书馆协助评估发明专利的经济潜力，检测其潜在风险并分析市场状况。

知识产权定制服务,由图书馆、用户和第三方协作完成。图书馆提供专利信息、
空间设施,通过图书馆专业人员与其他两方预约沟通,搭建三方合作的"桥梁",
促成第三方为用户提供问题解决方案,主要有专利诊所服务、知识产权商业化和
知识产权战略服务。专利诊所服务（Patent clinics）。该服务由图书馆与专利代
理人合作提供,服务对象主要是中小型企业,因其还没有相当的实力在企业内部
设立专门的知识产权服务机构。图书馆的职责是协调专利律师、企业知识产权顾
问与用户之间的双边咨询会议并提供必要的辅助性资料（如相关文件和初步的专
利检索结果）。知识产权商业化服务（Commercialisation of IP rights）。图书馆
协助参与到知识产权商业化活动之中,帮助潜在的软件使用许可证持有者、软件
使用许可证持有者和相关合作伙伴间建立联系,同时制作并发布"发明简讯"。
制定知识产权战略服务（IP strategy development）。图书馆协助参与用户制定和
实施其知识产权战略。

四是知识产权教育培训服务,一类是针对公众用户的知识产权知识普及的
标准化教育,另一类是由知识产权专家提供的专业性较强的培训。用户培训服务
（User training）。图书馆组织开展的针对普通公众用户的普及性培训,例如专
利数据库搜索技术培训、专利意识、知识产权相关知识的培训课程或研讨会。讲
师授课服务（Lecturer services）。图书馆邀请知识产权专家开展的专业性研讨会,
或开设基于大学课程框架的知识产权教育培训。

（二）"商业与知识产权中心"全国性网络

1.项目发起——Enterprising Libraries 计划

2012 年 1 月,英格兰艺术委员会（Arts Council England, ACE）启动了"展
望图书馆未来"（Envisioning the library of the future）项目,希望通过该项目把
握图书馆未来发展趋势,帮助 ACE 及图书馆界的合作伙伴明晰公共图书馆的价
值目标和角色定位,为面临外部环境变化仍能保证公共图书馆的社区中心地位而
做出应对和指明方向。研究认为:

当前公共图书馆是一个值得信赖、鼓励探索、共享信息、分享求知喜悦的开
放性场所,民众对图书馆服务有着迫切和持续的需求,未来几年公共图书馆也将

面临众多挑战。基于该项目，ACE 与政府部门、组织机构及大英图书馆进行了一系列合作，"图书馆企业服务"（Enterprising Libraries）项目就是其中之一。Enterprising Libraries 项目于 2013 年 7 月正式启动，由 ACE 与英国社区和地方部门政府（Department for Communities and Local Government，DCLC）、英国国家知识产权局（Intellectual Property Office，IPO）和大英图书馆（British Library）合作发起。其中，英国文化教育协会（British Council）出资 30 万英镑，DCLC 出资 60 万英镑，IPO 出资 10 万英镑，大英图书馆出资 37.6 万英镑，共计 130 余万英镑用于合作发展，希望通过该项目充分发挥图书馆社区中心的作用，激励区域经济发展，增强社会流动性。Enterprising Libraries 项目实施分为两个阶段。

第一阶段由大英图书馆联合 IPO、DCLG、ACE 及在英国六大核心城市（伯明翰、利兹、曼彻斯特、谢菲尔德、利物浦和纽卡斯尔）图书馆建立商业与知识产权中心（Business & IP Center）专业服务全国性网络，使其资源在全国范围内得到更广泛的利用，以响应英国政府实施创新驱动发展战略。第二阶段由 Enterprising Libraries 项目以申请的方式对一些地方图书馆实施拨款。获得项目基金支持的地方图书馆除获得资金外，还可以与核心城市图书馆建立长期合作关系，从而充分发挥核心城市图书馆的示范和中心辐射作用。2013 年 9 月至 2015 年 3 月期间，共有 10 个地方图书馆获得了总计 45 万英镑的资助，每个图书馆获赠 4.5 万英镑。2015 年 3 月，DCLG、ACE 在该项目中投入 40 万英镑，以支持大英图书馆提出的"将英国城市图书馆变为企业家和中小企业的家"的倡议，大英图书馆也提供了 25.3 万英镑的资金和其他相关资源。

2. 大英图书馆"商业与知识产权中心"

英国公共图书馆第一个商业与知识产权中心于 2006 年 3 月由伦敦发展促进署（London and Partners Limited）资助在大英图书馆建立。在"全国性网络"创建之前，大英图书馆"商业与知识产权中心"已经接待了 35 万参观者。截至 2012 年底，大英图书馆"商业与知识产权中心"支持创建了 2775 家企业，并为新创企业和现有企业增加了 3345 个就业岗位，这些企业的营业额增加了 1.53 亿英镑，从而为伦敦经济创造了 4710 万英镑的创收贡献。Enterprising Libraries 项目下的"全国性网络"则是在大英图书馆商业和知识产权中心的成功模式基础上建立起来，该模式支持中小企业通过免费或最低费用获取拓展业务和市场的最新信息，并利用知识产权专业知识来保护他们的商业创意。大英图书馆"商业与知识产权中心"为企业家和中小企业提供的服务包括：商业和知识产权信息资源服务，可以免费获取总价值 500 万英镑的资源；研讨会培训服务，包括线上和线下模式，可以获得新技能的培训机会；一对一咨询诊断，通过与专家和成功人士一对一的面谈，获得专业建议；"创新发展"基金项目，创业者可通过申请获得价值 1 万英镑的定制式咨询服务，其中包括知识产权和商业竞争情报服务。

3. 全国性网络的组织模式

"商业与知识产权中心"全国性网络是以核心城市群带动辐射周边城市图书馆和基层图书馆，在全国范围提供更广泛的服务，以此实现更大的社会影响力和经济价值。核心城市图书馆中心为网点图书馆提供基础设施、专业领域指导和技术支持，同时定期开展全国性网络中心的业务交流，以促进相互学习和共同发展。截至 2018 年 10 月，商业与知识产权中心全国性网络成员已达 13 个，均为城市中央图书馆。全国性网络的愿景是到 2020 年，在英国范围内建立 20 个商业与知识产权中心，进而形成一个遍布全国的基层图书馆服务网络。

4. 全国性网络的服务范围与服务效果

商业与知识产权中心全国性网络成员主要针对地方企业（尤其是中小型企业）提供服务，其服务范围主要包括：免费获取商业和知识产权数据库和出版物；提供市场调查，企业数据和有关专利、商标、设计和版权的信息；在图书馆大楼内提供专门的活动使用空间；提出有关创立和经营企业的资金使用的建议；提供营销和品牌支持；为商业人士和企业家举办联谊活动；指导人们把握和创造商业机会。商业与知识产权中心全国性网络的搭建，使得英国城市公共图书馆作为社区中心的地位日益凸显，为促进社会创新、经济增长和社会流动提供了持续动力。据统计，在"创业图书馆"项目启动的两年内（2013 年 4 月到 2015 年 3 月），共产生了 3800 万英镑的经济收入，创造了近 1700 家新企业和 4200 多个就业机会，为每 1 英镑的公共资金创造了 4.5 英镑的回报。另外，该项目在支持特殊群体开展服务方面也有显著成效，如 47% 的网络用户是女性，26% 的用户是 BAME（Black，Asian and minority ethnic，黑色人种、亚裔和少数族群，在英语中指代非白人社区成员），25% 的用户是失业人员。

（三）启示

1. 完善的组织体系是全面开展信息服务的基础

英国公共图书馆形成了"欧洲专利信息中心—英国 PATLIB 中心图书馆"和"国

家图书馆—区域中心图书馆—网点图书馆—社区基层图书馆"的横纵联合的立体化组织格局。在欧洲层面，英国有 15 家公共图书馆是欧洲专利局的 PATLIB 中心，这些公共图书馆均为城市中心图书馆或区域中心图书馆，承担着为国家、区域提供专利信息和培训服务的功能，同时接受 EPO 的指导和资助。在英国国家层面，由政府机构和国家图书馆（大英图书馆）牵头，以六大中心城市图书馆为核心，带动周边网点图书馆的信息服务延伸到基层图书馆，进而形成遍布全国的辐射面。这种组织模式不仅成功依托公共图书馆建立起遍布全英国的公益性专利信息传播体系，还充分发挥了中心城市图书馆的枢纽作用。

2. 成功的信息服务模式为全面发展提供保障

在形成全国范围的知识产权信息服务体系过程中，英国公共图书馆可谓是运筹帷幄、步步为营。在政府的资助下，大英图书馆率先开展知识产权信息服务方面的探索，经过数年实践带来了广泛的社会影响和可喜的经济效益，形成了成功的"大英图书馆模式"。以大英图书馆商业与知识产权中心为模板，首先搭建了纽卡斯尔商业与知识产权中心试点，在纽卡斯尔试点成功的基础上又建立起后续5 个试点，由此而形成全英 6 个核心城市试点。在 6 个核心城市试点成功的基础上，通过中心辐射影响建立合作模式，再创建 10 个二级试点，进而逐渐搭建全国性基层图书馆服务网络。大英图书馆为英国公共图书馆开展知识产权信息服务提供了丰富的商业与知识产权信息资源、资金和成功的服务模式，核心城市图书馆中心为网点图书馆提供了基础设施、专业领域指导和技术支持，同时定期开展全国性网络中心的业务交流，避免了英国公共图书馆在全面开展知识产权信息服务过程中因探索而走弯路或因单打独斗、闭门造车而止步不前的局面，呈现出厚基础、强推力、快速发展、齐头并进的积极势头。

3. 采用立体化协作模式，开展深层次多样性的信息服务

英国公共图书馆开展的知识产权信息服务多达 11 种，其中包括基础性专利信息服务、开发性专利信息服务、知识产权定制服务和知识产权教育培训服务。当今社会环境下，知识产权信息服务涉及的学科领域范围广，专业性强，仅凭图书馆一己之力难以提供优质、丰富的信息服务。鉴于此，英国公共图书馆通过立体化的协作模式，实现了多种深层次的知识产权信息服务。一是通过共建共享的专利信息工具软件，由系统自动完成专利监控报告、发明专利经济价值评估报告等，专业人员可根据用户需求进行定制；二是图书馆提供专利信息资源、空间设

施的同时扮演"桥梁"角色，通过专业人员与用户、第三方（专利代理人、知识产权律师、知识产权顾问等）沟通协商建立合作；三是邀请知识产权专家、大学教授来馆开展培训课程或研讨会。

4. 充分发挥图书馆在知识产权信息服务中的优势地位

英国公共图书馆为企业提供知识产权信息服务的优势主要体现在四个方面。一是图书馆拥有丰富的馆藏资源和完备的专业人员队伍，这是为用户提供优质服务的良好基础；二是图书馆为非营利性机构，提供的服务免费或仅仅收取最低的成本价，让企业在获得优质服务的同时节省了开支；三是图书馆为社会公益机构，值得用户信赖并且可以面向不同种族、性别的用户提供服务，尤其在针对特殊群体（残疾人、儿童等）提供专业服务方面有丰富的经验；四是地理位置优势，全国性网络成员图书馆均是城市（地区）中心图书馆，一般地处区域中心位置，能够更加便利地为用户提供服务。

二、美国图书馆知识产权信息服务发展

（一）美国高校图书馆知识产权信息服务

1. 形成知识产权信息集成服务平台

专业化信息集成服务平台的构建，是高校图书馆知识产权信息服务体系化、规范化发展的基础。依托专业信息服务平台，集齐知识产权多元信息与服务，将促进图书馆知识服务针对性和层次化建设。调研显示，众多美国高校图书馆打造了本馆知识产权信息服务平台，面向校内外提供多种资源，通过在网页设置信息服务专栏实现资源传播，提供培养版权、合理使用、开放教育资源、防剽窃意识、学术交流、商标、专利等方面的知识产权信息素养综合服务。

2. 构建完备的知识产权信息数字资源体系

具有科学体系的知识产权数字资源是提供信息服务的基础。多数高校开通了专业数据资源库，并将国内外、地区和本校的知识产权法律政策和申请流程资源进行整合。知识产权数字资源的体系化搭建有效地促进了信息服务效率化的提升。整体而言，美国高校图书馆在知识产权信息数字资源建设领域体现了文献资源互相揭示的特点，重视馆藏资源与非馆藏资源双向链接，在传统纸质文献基础上，强化了数字时代背景下知识产权信息资源使用特点，不同文献类型按主题与类型展现，有利于用户对应需求，同时可反向形成知识产权模块数字资源的可持续馆

藏建设体系，为用户提供良好的使用体验。

3. 提供基础与技术兼顾的服务内容

现代化高校图书馆知识产权信息服务需要满足用户多元信息需求。与基础的信息服务相比，服务内容的全面化是高校图书馆知识产权信息服务可持续发展的必由之路。在基于网页数字信息资源整合基础上，美国高校图书馆形成了基础服务与技术服务相结合的服务内容，进一步提高了高校图书馆知识产权信息服务层次。服务提供基于专利文献信息分析的情报数据以及用户咨询和检索支持，通过分析科学技术中的潜在载体，制定专利研究策略，在专利活动和知识产权保护方面回应研究人员咨询，促进创新环节中知识产权信息的支持，将科技密集型研究人员可能面临的创新风险降到最低。实践中，基础性服务主要包括信息咨询和知识产权教育培训。佐治亚理工学院图书馆开展知识产权培训教育，开发了 CBT 教程（基于计算机实践的课程），帮助用户进行专利数据库操作培训。技术服务主要集中在专利领域，涉及专利分类指引、专利检索、专利申请流程辅助，部分高校专业化程度更高。伊利诺伊大学图书馆设有知识产权申请保护相关课程，课程内容包括专利保护、商业秘密指导、地理标志基础知识以及全球贸易与知识产权关系等。

4. 打造专业化与多元化相融合的协同服务方式

美国高校图书馆知识产权信息服务在资源与服务内容领域建设较为扎实。与此同时，随着知识产权信息在创新发展中不断发挥重要作用，传统信息服务面临互联网浪潮带来的挑战与机遇，美国高校图书馆在提供知识产权信息服务过程中，注重传统与现代化服务方式之间的合理融合，重点突出服务专业化与多元化协同发展。

美国高校图书馆通过搭建专业、开放的文献资源平台，利用特色馆藏与专业权威资源打造针对本校、本区域用户精准需求的图书馆专业化知识产权信息服务；此外，在专业化信息服务基础上，融合多种服务内容与策略，从传统的信息咨询、专利检索，逐步过渡到多元知识创新服务方式，包括打造院系知识产权信息服务合作共同体、知识产权信息素养教育、创新成果孵化项目合作等多元服务方式。

密歇根大学图书馆打破在知识产权信息服务中存在的"信息孤岛"短板，强调服务合作关系的重构，积极与 STEM 院系开展合作活动，深入开展面向成果创新的信息服务支撑，院系教师与图书馆专业馆员组建项目服务团队，将信息服务融入创新全流程，是在专业化服务基础上面向用户多元需求的一次有效创新。美国高校图书馆依托丰富的知识产权文献信息资源，构建知识产权综合信息服务平台，在结合资源与服务内容的基础上，从专业化与多元化角度出发构建全新服务方式，具体表现在通过紧贴用户需求、强化资源服务支撑体系、积极协同合作、强化教育宣传等方式，最大限度提高知识产权信息服务成效，对提升图书馆服务质量、扩大信息服务受众面等均具有重要作用。

（二）启示

高校图书馆知识产权信息服务，本质上是专业性知识服务。其第一要义是通过服务提高创新效率，充分体现知识产权知识价值及专业信息的增值。高校图书馆知识产权信息服务需要来自制度、资源、合作与多元学科知识的综合支撑。在吸收借鉴国外经验基础上，我国高校图书馆还需着眼于新时代发展方向，推动相关服务的高质量发展。

1. 重视顶层设计，建设完备的高校图书馆知识产权信息服务体系

高校图书馆开展知识产权信息服务的可持续发展，必须有良好的制度引导和保障。创新驱动背景下，高校是知识创新、推动科学技术成果向科技生产力转化的重要力量，高校的知识产权综合管理能力对我国的科技创新和国际竞争力有重大影响。高校图书馆知识产权信息服务体系对知识产权运用具有促进作用，是图书馆服务守正创新之举。完备的知识产权信息服务体系，可以促进高校知识产权信息的有效运用，加快知识产权信息的传播和转化。调研发现，美国高校图书馆知识产权信息服务重点围绕专利服务展开，在版权、商标领域稍显薄弱，这也提醒国内高校图书馆在开展知识产权信息服务过程中应注重全方位服务体系的打造，通过完备的体系，实现知识产权信息服务完整布局，真正实现知识产权全领域服务，为高校、地区多元创新、经济发展提供有力的情报支撑。

2. 强调创新驱动发展战略，服务融入知识产权创新全过程

创新驱动背景下，开展知识产权信息服务既是高校图书馆知识服务守正创新之举，更是构建现代化知识产权产业的重要组成部分，其核心内涵应指向助力创新型社会发展，将信息服务贯穿知识产权创造、运用、管理和保护的各个环节，并积极融入高校知识产权创新全过程。在实践中强化多元利益相关者服务共同体意识，通过多部门合作，打破信息资源壁垒，降低服务成本，提高服务效率，以服务的高质量发展引领高校图书馆信息服务模式创新趋势，回应国家创新驱动发

展战略。

整体而言，目前国内高校图书馆知识产权信息服务内容仍较为单一，建议国内高校树立动态服务理念，把握创新工作特点，将高校图书馆知识产权信息服务融入创新全过程，将服务落至实处。数字信息技术使传统图书馆服务向泛在化延伸，促使图书馆资源与服务逐步在图书馆物理空间以外情景中发挥作用，在创新实践前期、中期、后期，图书馆应积极利用上述分布式服务模式，以校园内部科技人员与机构为服务基础，结合地区社会经济发展，互相嵌入各类科研院所、企业等重点机构开展合作。在此过程中，应重视知识产权数字资源的开发利用，通过知识产权信息服务将该类业务重心从基础的资源建设转移到用户服务领域。一言以蔽之，图书馆在开展信息服务过程中，需利用其专业资源、服务模式、智力支撑等维度，实现服务职能从知识产权信息协助检索、传递、价值宣传到最为关键的支持发现，提供诸如资源共享、专利项目分析等特色辅助服务，通过支持探索发现和创新发展，为科研院所或行业发展提供有价值的信息支持。

3. 发挥多元学科智力支撑作用，完善图书馆知识产权信息服务人才结构

智力支撑是高校图书馆知识产权信息服务高质量发展的关键因素。我国《普通高等学校图书馆规程（修订）》中指出，高校图书馆应加强图书馆多种学科专业队伍建设。整体来看，现阶段国内大部分高校图书馆在知识产权信息服务领域基本处于摸索阶段，不论是功能设置，还是人员数量与素质，均落后于高校知识产权发展的实际需要，在回应高校实践问题方面仍面临诸多掣肘。

很多相关管理人员并不具备专业系统的知识产权事务处理知识，只能凭借经验进行被动工作，将导致相关服务无法落实为计划性、常态性、系列化工作；缺乏高素质的知识产权信息服务工作人员，将在一定程度上影响知识产权信息服务的广度与深度。学科馆员在美国有着较长时间的实践发展和经验积累，伴随图书馆服务内容的变化，图书馆工作人员的学科背景越发丰富，这为提供高效的知识产权信息服务奠定了基础。建议国内高校图书馆积极发挥多元学科智力支撑作用，加大力度引进复合型人才。在知识产权服务领域，除了传统的图情领域专业人才，还应广纳 STEM 学科、法律等相关领域学科人才与社会人员，甚至还可通过建设校企合作基地，与校外知识产权信息服务机构加强合作，适当进行人员交流与专业培训等。

4. 拓展信息服务边界，优化图书馆知识产权信息素养教育

高校图书馆既是重要的文献信息资源中心，也是重要的教育机构。知识产权信息素养对促进学生和科研工作者了解知识产权运用知识及其相关政策法规具有重要意义。知识产权信息素养教育是知识产权信息服务由传统信息咨询服务向创新知识发现服务转变过程中的重要组成部分，是高校图书馆育人阵地的具象表现，也是国家普法教育和全民科学素养提升工作的重点部分。高校图书馆知识产权信息服务需要拓展服务边界，发挥服务高等教育功能。建议图书馆扩大知识产权教育对象范围，面向高校各年级，围绕推广、普及知识产权相关法律政策、知识产权规则体系、尊重保护知识产权意识等关键点展开知识产权信息素养教育。

5. 立足国内实际，紧密围绕政策指引实现攻坚克难

促进社会科技创新、协助知识产权成果有效转化，是高校图书馆开展知识产权信息服务的最终落脚点。随着我国进入高质量发展阶段，我国正从知识产权引进大国向知识产权创造大国转变，知识产权工作与社会创新发展紧密相连，相应的知识产权信息服务工作也要紧紧围绕当前国家政策开展。建议国内高校图书馆知识产权信息服务立足国内发展实际，积极配合高校创新实践，发挥图书馆文献信息资源中心作用，优化整合知识产权信息资源，利用大数据、网络数字技术、新媒体等新兴传播技术，综合提升知识产权信息服务能力建设，推进传统信息咨询服务与网络服务协同发展，满足用户多元信息需求，切实增强学生、学校、地区企业知识产权意识，促进国内关键技术领域从研发、知识产权化到产业化过程的协同创新。

第四节 公共图书馆知识产权信息服务的提升策略

一、明确服务定位，丰富服务内容

明确服务定位是开展具体的知识产权信息服务工作的总前提。找准服务定位，接下来才能确定开展什么样的知识产权信息服务，具体怎样开展。公共图书馆是知识产权信息服务公共体系中的一种服务网点，要根据自身情况提供差别化服务，从而与服务节点和其他网点协同发展。公共图书馆是服务型公益性事业单位，这是其开展一切工作的立足点。因而公共图书馆的知识产权信息服务要先保障其公共性，以提供基础性知识产权信息服务为首要目标。在知识产权基础性信息服务质量得到保证的前提下，鼓励各馆可以开展专业化信息服务。国家图书馆等已经开展了一些专业化服务的图书馆，应继续关注市场发展和用户需求，深化专利信息服务，有计划地拓展商标和版权方面的专业化信息服务。

目前仍未开展专业化信息服务的图书馆，一方面要关注当地的经济发展规划和用户需求市场，另一方面要积极与上述已开展相关服务的图书馆开展交流与学习，吸收其成熟的服务经验，并基于本馆的能力有选择地进行尝试。开展知识产权信息服务需要场地空间、软硬件设施和文献信息资源，前两者对多数公共图书馆来说都不成问题，其本身也不缺文献资源，但知识产权信息服务更多需要的是专业资源。图书馆要想顺利地开展知识产权信息服务，除了馆藏文献，各类专业数据库和分析工具也是不可或缺的。高质量的数据库和分析工具相结合，是知识产权信息服务质量的重要保证。对于公共图书馆知识产权专业信息资源不多，且资源种类并不丰富的问题，各公共图书馆一方面应结合自身情况，争取知识产权信息资源经费支持，根据需求情况购入 Innography、IncoPat、德温特专利检索 DII 等优质信息资源，或者像吉林省图书馆那样自建知识产权专业数据库。另一方面可以像英美等国的公共图书馆那样多多利用公共信息资源，国内免费的知识产权信息资源如国家知识产权局的专利检索及分析平台、商标局的网上商标检索系统，国外免费的知识产权信息资源如世界知识产权组织的 PatentScope（专利范围）、全球品牌数据库以及各国的专利商标局数据库等。

另外，丰富的馆藏资源也要充分利用起来，选择一些具有代表性的介绍知识产权基础知识或提升知识产权检索技能的图书推荐给用户。除了自建、自购和公共的知识产权信息资源，合作共享也不失为一种可行的方式。在专利文献传递服务中，23 家公共图书馆都加入了本省或全国的参考咨询平台，本省公共图书馆不能提供的专利文献资源，可以由其他成员提供。还可以考虑和国家图书馆或当地高校开展资源共享，但要考虑版权问题。除了专业数据库的合作共享，国家知识产权公共服务网以及各高校拥有许多知识产权视频类的课程、讲座资源，公共图书馆可以采用链接的方式，在本馆网站展示这些资源，供用户学习知识产权相关知识。

二、纠正主体认知，加强团队建设

专业的服务团队是做好知识产权信息服务的重要保障。信息服务人员的能力和水平直接影响着知识产权服务效果。针对服务主体方面存在的问题，要从思想和技能两方面解决。纠正错误认知，也是提升服务能力的前提。针对当前许多公共图书馆的参考咨询馆员尚不能正确理解知识产权信息服务的情况，图书馆管理层应首先对国家政策文件和行业发展动态做出响应。馆员更多的是作为执行的角色，因此管理层面的指导意见非常重要。具体来说，图书馆可以采取培训、研讨会的形式组织馆员对国家政策文件、同行实践经验进行学习和交流，在理解的基础上，形成对知识产权信息服务的准确认识，树立正确的服务观念。在加强团队建设方面，由于知识产权信息服务往往涉及多个部门，为了保证服务的系统开展，在明确参与各部门工作职责的基础上，可以在参考咨询部设置一个联络员负责统筹协调。如在开展知识产权展览活动时联动知识产权咨询馆员，在现场答疑解惑等。

另外，要增加馆员的专业知识储备，提升馆员的专业服务能力。知识产权信息服务涉及的知识面广，对馆员的专业能力要求也就比较高。

一方面，公共图书馆要提高现有馆员的服务技能，可以采取如鼓励馆员考取相关职业证书、选派人员参加学习进修、邀请知识产权专家开展培训或指导等方式。图书馆之间建立的各种联盟也是进行学习交流的大好平台，如湘鄂赣皖晋豫组成的中部六省公共图书馆联盟、辽宁省公共高校图书馆联盟等，不仅可以向公共图书馆同行学习，还可以与高校图书馆进行业务探讨。

另一方面也可以考虑适当引进复合型人才，或邀请相关专家在图书馆兼职。还有非常重要的一点，那就是图书馆要制定激励机制。明确奖励措施，鼓励馆员积极提升服务能力，也要对馆员服务质量定期进行考核，目的是总结经验发现问题，长处要继续发扬，不足要尽快弥补。除了靠图书馆内部努力提高知识产权信息服务能力，还可以借助组织的力量。美国有三十余家公共图书馆加入了美国知识产权局（以下简称 USPTO）的专利和商标资源中心（以下简称 PTRC）计划。作为 PTRC 的图书馆，拥有接受过培训的专业馆员是硬性标准之一。USPTO 每年都会为 PTRC 的图书馆提供培训，以使他们了解专利和商标保护的基本规定以及获取专利授权和商标注册所需的检索工具，这在一定程度上保障了知识产权信息服务主体的专业性。大英图书馆则建立了商业与知识产权中心全国性网络，与英国各地的图书馆进行合作，通过核心城市群的图书馆带动辐射周边，从而提升服务的广泛性。除了大英图书馆所在的伦敦地区，该服务网络目前还拥有 21 个国家网络中心，且还在不断地扩展。与之相类似，我国国家知识产权局也表示，会对备案成为知识产权公共服务网点的图书馆提供人才培训等方面的指导，入选世界知识产权组织（WIPO）的 TISC 则可以享受 WIPO 在数据库使用、人员培训、经验分享等方面的支持。当前，我国公共图书馆中仅有上海图书馆和吉林省图书馆是 TISC，国家图书馆已完成服务网点备案，其余公共图书馆也要加紧建设，争取尽快申请成为 TISC 和服务网点，扩展这条人才培养的路径。

三、发现用户需求，细分服务对象

服务就是一个满足需求的过程，知识产权信息服务也不例外。公共图书馆往往位于城市地理上的核心位置，它本身的公益性决定了它并不缺受众。但开展什么样的知识产权信息服务，怎样开展用户喜闻乐见的知识产权信息服务，必须充分发现并尊重用户的需求。公共图书馆可以在网站、微信公众号和馆内设置留言区，持续接收用户的意见、建议，也可以定期进行问卷调查，对用户的新想法进行一次性接收。另外可以采用抽样方式回访曾经在本馆获取过知识产权信息服务的用户，询问他们对服务的看法和需求。通过对用户服务反馈和信息需求的了解，图书馆才好使知识产权信息服务开展得更有针对性，更能对接上用户的需要。公共图书馆知识产权信息服务对象包括社会公众、创新创业主体以及特定领域或特定行业，但目前各图书馆的服务对象主要集中在前两者，对特定领域和行业的服务需求关注较少。

对于社会公众和创新创业主体，图书馆在提供服务时也应该根据服务的具体类型和开展方式进行人群细分。从年龄上划分，可以针对青少年和成年人设计不同的服务，比如针对在节假日安排青少年的知识产权信息普及活动、针对成年人开展知识产权教育和信息检索培训。按社会身份划分，可以分为学生、上班族、创业者等。针对学生可以着重进行版权教育、指导其使用知识产权资源数据库和分析工具，针对创业者进行专利、商标申请和版权注册的流程指导等等。公共图书馆还可以利用自身在信息收集方面的特长，主动关注本地区的发展规划和发展态势，从中解析未来的知识产权信息需求方向，对于以后要重点发展的行业或领域采取建设特色数据库等方式发挥助力作用。

四、深化服务方式，拓展新型方式

对于既有服务方式利用不充分的问题，图书馆要继续进行深化。各公共图书馆可以为知识产权信息服务设置一个独立的网页链接，直接在网页上普及专利、商标和版权的一些基础知识，同时将知识产权公开课、推荐的图书和外购以及公共的数字资源、知识产权文献传递和信息咨询的渠道等等全部集合在一起，既便于用户对资源的获取，也是一个很好的宣传方式。在知识产权教育服务上，我国公共图书馆应当增加讲座、展览、培训等活动的开展次数，设置相对固定的时间间隔定期举办，打造服务活动主题以提升活动影响力。这些活动的开展可以结合社会时事热点，如冬奥会上有"最快的冰""猎豹"超高速摄像机、浑身知识产权的吉祥物"冰墩墩"等，还有逍遥镇胡辣汤、潼关肉夹馍商标侵权案等等都是非常吸引人的活动素材。除了自行举办讲座活动，图书馆还可以通过网络链接的方式向用户推荐一些专业性相对较强的讲座，如国家知识产权局的公益讲座，主题包括"专利信息提升中小企业创新能力""商标和特殊标志保护"等等。每家图书馆都应该确保有一套完整的公共课程，供用户系统地了解知识产权。图书馆若没有条件购买，可以选择共享国家图书馆、当地高校或国家知识产权局的课程资源。在知识产权信息咨询服务中，在发挥参考咨询联盟力量的同时，也要考虑设置知识产权馆员，专门负责知识产权信息检索、专利/商标申请和版权注册流程等问题的咨询。

另一方面，拓展新型知识产权信息服务方式。知识产权教育服务中，可以增加知识产权成果展、知识产权手册发放、知识产权知识竞赛等活动方式。举办不同的活动类型的同时还要注重活动质量，做好用户满意度调查。图书馆还可以采取和当地知名高校法学院、律师协会等合作的方式，定期开展关于知识产权的研讨会和法律咨询活动。通过多样的服务方式，吸引更多用户走近知识产权、学习利用知识产权。

五、巩固既有渠道，开拓新兴渠道

针对个别服务渠道不通畅的问题，图书馆要明确工作职责，由谁负责哪个渠道一定要明明白白，把责任落实到个人，不能出现无人负责的情况。另外，既要在内部定期或不定期对各个服务渠道进行抽检，测试渠道是否畅通，也要欢迎读者用户对这些服务渠道的使用情况进行反馈，对于出现的问题及时记录、检查，如若属实尽快纠正。网络信息技术的发展拉近了图书馆与用户之间的距离，也使用户获取图书馆服务的渠道产生了变化。线上服务渠道由于其便利性，显得越来越重要。作为除了实体馆之外了解图书馆信息的大本营，网站依然是各馆要加强的服务渠道。

根据《指引》要求，图书馆应当在本馆网站上明确可提供的服务内容，在国家知识产权公共服务网上也要积极展示服务内容。微信作为当今人们生活不可或缺的信息获取平台，各公共图书馆对其的开发利用还显得远远不够。在对微信公众服务平台的利用上，各图书馆可以将参考咨询平台以小程序或功能模块的形式嵌入微信公众号，实现微信端的知识产权文献传递和信息咨询服务；开设微信视频号，投放知识产权小知识的短视频或推介知识产权信息资源，与微信公众号既有的信息推送服务一起打造一套完整的微信服务渠道。另外在调查过程中发现我国公共图书馆中有许多还在微博、抖音等社交媒体平台开通了账号，这些日活量极大的平台完全可以用来进行知识产权的普及、信息资源的推介以及图书馆知识产权信息服务成果的展示。不过这些平台的运营模式、用户偏好等存在差别，公共图书馆还需探索如何利用好这些平台，使其充分发挥作为知识产权信息服务新兴服务渠道的作用。

六、完善服务规范，指导服务开展

当前国务院和国家知识产权局已多次出台政策文件支持、指导公共图书馆开展知识产权信息服务。但若想要开展高质量的服务，还需要行业层面制定相应的规章制度。在制定的规则上，公共图书馆界要遵循公共馆的工作特点和发展目标，另一方面还要考虑知识产权信息服务公共体系中其他网点的服务内容、服务重点等，通过提供差异化、特色化服务提升公共图书馆的服务竞争力，与其他机构形成协作发展的格局，同时也节约了服务资源，提高了服务的整体效能，最终实现双赢甚至多赢。与此同时，各公共图书馆也需要在国家政策、行业规范的指导下，根据本馆的服务能力及发展规划，制定适合本馆的服务标准规范。规范的制定可以与同行进行交流协商，也可以向本地的高校图书馆以及吉林省图书馆、上海图书馆等已经制定了相关规范的公共馆进行学习，制定服务管理、人员管理等方面的规章制度，最终要保证服务规范的针对性和可落实性。除此之外，各馆可以将《专利文献信息服务指南》等在服务开展中用到的标准文件展示在图书馆网站上，以便用户随时查阅。

第六章 公共图书馆阅读推广发展

随着人们的生活水平日益提高，人们不仅仅满足于物质上的需求，对于精神上也有了一定的要求，为了提高人们的素质和修养，开展阅读推广成了实现精神满足这一目标的重要举措。对于人们来说获取知识最便捷的地方就是公共图书馆，公共图书馆作为国家文化事业是一个公益性机构，不分年龄不分职位使得任何人都具有阅读权利。公共图书馆阅读推广也是一种信息传播的过程，是把图书馆阅读信息内容向外界传播的过程。阅读推广作为一种方式，是每一个人在日常生活中都需要获取信息的渠道之一，也是每一个人日常生活中必不可少的一个重要组成部分，国家也对于全民图书馆阅读推广这一环节相当重视，加大对于全国公共图书馆的投入支持。

我国图书馆是在古代藏书楼基础上逐渐演变而来的。最初的藏书楼以收藏文献为主，只为极少数社会精英阶层服务，与阅读推广毫无关联。随着社会政治、经济和文化的发展，人们对科学文化知识的需求愈发迫切，社会阅读需求进一步扩大，藏书楼不得不逐渐向社会开放。此时的藏书楼性质已经发生改变，由最初的以收藏文献为主转向收藏与阅读服务并重，图书馆由此诞生。藏书楼与图书馆的最大差异不是资源上的，而在于服务对象和服务方式的不同，即从服务少数贵族到服务社会大众，从读者自主阅读到图书馆推广阅读。图书馆因阅读而产生，也必将为阅读而发展，阅读是图书馆学的逻辑起点，是推动图书馆产生和事业发展的原动力。图书馆也因阅读而产生价值，阅读数量越多、质量越高，图书馆的价值就越大，其社会地位也随之提高。反之，图书馆的价值会减小，社会地位和作用也会降低，甚至可能会从社会生态系统中消失。由此可见，推广阅读就是提升图书馆自身价值最有效的途径，是图书馆的本质所在，图书馆的所有职能均由阅读推广衍生而来。

阅读至少需要同时具备两个条件：作为阅读主体的读者和作为阅读客体的文献信息。读者在合适的时间遇到合适的文献信息，阅读才可能发生。因此，为读者搜集文献信息，这是图书馆开展阅读推广的必要前提和基础，自然属于阅读推广；而为了挖掘读者、提升阅读体验进行的文献分类、编目、典藏、流通乃至文献信息开发以及开展阅读调查与研究、阅读指导、阅读教育、专题培训等等，都毫无疑问属于阅读推广范畴。印度图书馆学家阮冈纳赞的图书馆五定律，即书是为了用的，每个读者有其书，每本书有其读者，节省读者的时间，图书馆是一个生长着的有机体，从不同角度阐释了图书馆全部业务工作本身就在推广阅读。陈幼华先生在研究中发现，国外对阅读推广研究较早，却没有文献对阅读推广基础理论问题进行专门的研究与界定。国内学者在阅读推广理论研究方面也没有提出令人耳目一新的理论观点，这说明图书馆业务本身就是阅读推广，只是在长期的图书馆阅读服务实践中，这种"推广"处于被动隐形状态，没有被充分认识。如今，阅读方式、阅读环境发展巨变，图书馆进入新的发展阶段，人们不得不重新审视图书馆，对图书馆的价值和作用有了新的认识，并逐渐纠正"等、靠、要"的服务状态，从被动服务转为主动出击。很显然，阅读推广正是在主动服务中凸显出来，并非新生事物，说明我们对图书馆的认识上升到新的阶段。

第一节 公共图书馆阅读推广的内涵与特征

一、图书馆阅读推广的内涵

互联网的出现逐渐改变人们的生活方式，同时也改变了信息传播的格局，为媒体的蓬勃发展奠定了基础。随着传媒界的探索以及媒介融合的发展，"全媒体"的概念开始出现。为贯彻落实《国家"十一五"时期文化发展规划纲要》（2006），原新闻出版总署启动的"国家数字复合出版系统工程"进一步促进了"全媒体"的形成与发展。2008年，烟台日报业集团组建"全媒体新闻中心"，全媒体、全媒体运营以及全媒体报道的相关衍生概念随之出现，引起了广泛关注。2019年1月25日，习近平总书记在中共中央政治局的第十二次集体学习中就全媒体时代和媒体融合发展指出："全媒体不断发展，出现了全程媒体、全息媒体、全员媒体、全效媒体，信息无处不在、无所不及、无人不用，导致舆论生态、媒体格局、传播方式发生深刻变化，新闻舆论工作面临新的挑战。"

根据文献调查，关于全媒体与阅读推广，随着热度不断上升，出现了不少研究成果。如：张玥和罗瑞以"移动互联环境下的深阅读"为核心范畴，从用户、环境、文本和技术四个维度，构建出移动互联网环境下的深阅读影响因素整合框架，并基于各维度提出相应的策略。潘永胜从传统图书馆的优劣势来分析全媒体时代图书馆的发展方向。于准则从"四全媒体"背景下读者需求方面出发，提出图书馆应从时空、技术、主体和功能四个维度积极创新，加强阅读的"全程"拓展。邢雪分析了全媒体背景下公共图书馆面临的挑战与机遇，基于读者阅读需求，从读者导向、多功能载体和多元化服务等方面提出服务对策。李浩通过分析全媒体数字时代"浅阅读"的现状，提出经典阅读推广要从"深"和"广"方面下功夫。秦疏影从选好图书、尊重读者的阅读自由、借助学生志愿者、制造话题、利用全媒体环境下的新技术等方面探讨了全媒体环境下开展深阅读的流程、原则和方法。孔超等人采用频率分析、交叉分析等方法围绕大学生的阅读需求进行分析，引导大学生掌握数字化阅读工具，提升数字化阅读质量。

公共图书馆开展阅读推广工作的优势主要包括以下几个方面。首先，公共图书馆本身的设施比较完善。公共图书馆是一座城市的文化标志之一，因此各地区对公共图书馆的建设都十分重视。另外，我国相关规定也指出了需要依据各地区的实际情况建设相应规模的图书馆。从图书馆的建设情况来看，大多数图书馆位于城市中人口较为密集的区域，以体现图书馆文化服务的公益性。公共图书馆中的各类设备比较完善，能够为读者提供一个较为舒适的阅读环境。

其次，公共图书馆的内部资源比较充足。图书馆的资源类型十分丰富，可以满足不同读者的阅读需求。随着我国现代化脚步的不断加快，公共图书馆还利用各类现代化技术为读者提供服务，使读者能快速在大量资源中找寻自己所需要的资源，切实提升其阅读效率。

最后，公共图书馆具有一定的品牌优势。我国公共图书馆本身具有一定的公益性质，且此类公共图书馆对群众是免费开放的。科学开展公共图书馆阅读推广活动，能更好地满足读者的阅读需求，使图书馆的品牌优势得到最大程度的发挥。

二、图书馆阅读推广的基本要素

阅读推广作为一个系统，其包含完备的构成要素，这些要素是阅读推广产生、变化与发展的动因。目前，学界对阅读推广要素尚未达成统一认识。有学者提出，图书馆阅读推广的构成要素即图书馆的构成要素，具体包括馆员（推广主体）、文献信息（推广客体）、读者（阅读主体）和保障要素。但通过文献研究发现，推广主体、推广客体和推广对象作为阅读推广三要素得到了专家学者的普遍认同。

基于此，围绕图书馆阅读推广的三要素进行探究，以便深刻理解和准确把握元宇宙环境下图书馆阅读推广的内涵。

（一）阅读推广主体——虚拟馆员

馆员是图书馆阅读推广最基本的构成要素，其在阅读推广工作中承担重要角色，是图书馆事业可持续发展的基石。元宇宙环境下，馆员通过连接传感器和交互设备实现人机交融，以数字分身方式成为虚拟馆员，从而对图书馆阅读推广工作产生重要影响，具体表现在 3 个方面：

1. 馆员形象再塑造

随着新一代信息技术的迅猛发展，AI 仿真、动作捕捉、算法驱动等技术不断迭代和融合。一方面，图书馆可以真实馆员形象作为原型，生成虚拟世界的馆员，其外貌、神态、声音几乎与真人无异，具有无限趋近于真实馆员的表现力。另一方面，图书馆可根据不同服务群体和对象的需求打造不同类型的虚拟数字人物，如面向未成年人，利用图书馆吉祥物打造虚拟数字卡通形象，以富有亲和力的虚拟馆员拉近与未成年读者之间的距离，更好地开展未成年人阅读推广服务。

2. 专业能力再提高

虚拟馆员不仅可以依托真实馆员的知识储备和沟通能力开展服务，而且具备强大的信息汇集能力和自我学习能力，能够实现海量内容的记忆和输出。如图书馆所有的书籍信息均可预先存储到虚拟馆员的"大脑"中，虚拟馆员可以针对读者提出的问题实时提供答案并推荐相关书籍，甚至能够准确提供书籍的具体位置。此外，人工智能技术使虚拟馆员具备梳理知识结构、形成知识图谱、策划阅读活动及引导阅读行为的能力，其不仅是信息传递者，更是活动策划者和阅读推广者。如 ChatGPT 能为元宇宙提供更加智能化和自然化的语言交互服务，加速驱动虚拟馆员升级迭代，使其知识更全面、响应更快速、服务更精准。

3. 服务效能再提升

馆员的职业素养和服务水平对读者的阅读行为和阅读能力具有重要的影响作用。在元宇宙环境中，虚拟馆员可以延伸和映射出多线程数字分身，这意味着其不但可以完成阅读推广策划、咨询、组织、实施等各流程的工作，实现工作一体化，而且可以直接面对不同读者的需求，在同一时段开展不同类型和主题的阅读推广活动，甚至能够不间断地提供优质、高效、智能的阅读服务。因此，元宇宙环境下虚拟馆员的职业素养将显著提升，工作效率将成倍增长，读者的阅读体验也将螺旋式升级。

（二）阅读推广客体——元宇宙文献

阅读推广客体指具有阅读价值的文献信息。元宇宙是一个全新的互联网生态：人（读者）、书（文献）、场（空间）之间将得到数字化连接，数据、信息、知识、场景将被打通。元宇宙文献是一种新型数字阅读资源，其通过文献信息和虚拟场景相叠加、相融合的方式呈现，具有 3 个显著特征：

1. 阅读内容场景化

元宇宙文献以 AI 视觉、三维设计、智能交互、区块链为技术基础，可将传统文献中文字和图片难以充分描绘和刻画的内容生动形象地展现出来。如国家图书馆依托馆藏文献《永乐大典》，以"5G+VR"技术集成 8K 全景视频拍摄、计算机动画、全息影像等技术手段，将故事转化为立体的动画场景，提供多感官的沉浸式阅读体验。元宇宙技术实现了阅读内容的立体化和场景化，将书籍中的二维平面文字和图片进行转化升级，构建可感知体验的三维立体世界，更易于读者理解和接受。可以预见，未来的元宇宙阅读文献将更加丰富、立体和灵动，必将迎来更广阔的发展前景。

2. 阅读学习交互性

元宇宙文献的内容不仅以场景化方式呈现，还提供交互体验的元素。读者是场景中的一员，能获得身临其境的体验，甚至留下自己的影像和足迹。如在阅读太空科普主题图书时，读者可利用 AI 智能眼镜、数据手套等交互设备观察天体中每颗行星的大小和颜色，还能触摸感受它们的温度。在阅读《论语》时，读者可席地而坐与孔子及其弟子"面对面"对话和交流。元宇宙文献将突破传统纸质图书单向传播的瓶颈，读者在元宇宙环境中阅读，可成为书中情节的参与者和互动者，并切身感受多元交互的实境体验。

3. 阅读边界延伸性

随着元宇宙技术的迭代更新、交互融合和集成应用，阅读资源将突破文字、图片、声音、视频等形式的组合。换言之，元宇宙文献将打破符号媒介的壁垒，并促使新的感知媒介和阅读行为方式的形成。"书"不再是一个名词，而是一个动词；"书"也不再是一种产品，而是信息流，是思考、写作、研究、编辑、分享、社交等行为的持续流动。元宇宙文献将成为产业融合、文化赋能的新力量，让阅读行为拥有更多的可能性，使阅读边界得以无限拓展和延伸，进而让读者真正感受到知识的力量、阅读的力量。

（三）阅读推广对象——虚拟读者

阅读推广对象指图书馆阅读推广的目标人群，即读者。读者是图书馆阅读推广的核心要素之一。元宇宙环境下，读者将以虚拟读者身份进行阅读并获取信息资源，阅读体验的沉浸度越高，其获得的阅读乐趣越多、成就感越强。因此，图书馆要从身体、情感、行动3个层面为读者缔造极致的阅读体验：

1. 具身沉浸体验

元宇宙致力于实现身体、大脑的体验和沉浸，元宇宙阅读行为也会带来极致的体验感、沉浸感，以及智能化、具身化的全新阅读方式。未来，人们身体的不同部位均可与各类传感器、交互设备相连接，尤其是脑机接口将实现人脑与设备的信息交互。读者的肢体将成为连接元宇宙虚拟空间的媒介，而元宇宙设备将成为身体的延伸"器官"，让读者更便捷、更深入地参与元宇宙阅读。由于元宇宙能实现"五觉"的全方位技术支撑，因而在元宇宙环境中读者将从视觉的沉浸走向全身的沉浸，并产生强烈的临场感，从而获得多觉联动、无比真实的沉浸式阅读体验。

2. 情感认知体验

在文字阅读中，读者通过文字描述激活对作品中场景的想象，感受作者的喜怒哀乐，并获得一定的情感认知。在音频和视频阅读中，读者通过听觉和视觉感受作品带来的情感冲击，如央视《朗读者》节目通过精美的背景画面为阅读文本塑造情境，并通过情境演绎方式提升用户的情感共鸣和体验感知。元宇宙文献载体本身就是一种虚拟场景，读者更容易通过沉浸式、具身化的阅读体验感受空间环境，也能更直观地识别人物说话语气、面部表情及肢体语言所要表达的情绪。此外，读者不仅能和作者产生情感共鸣，而且能和其他读者产生思想碰撞和情感交流。在情感认知作用下，读者间更易形成阅读共同体，从而达成情感共识。

3. 互动创造体验

有研究认为，元宇宙图书馆中集成了不同角色的虚拟数字人。换言之，读者可在元宇宙环境中以多元化的数字身份进行体验，通过与其他读者的互动交流，寻找思想共鸣并获得文化认同。同时，当读者在元宇宙环境中开展阅读和参与活动时，其便成为数据的生产主体，其在互动交流中产生的数据均将被记录、保存甚至分享。元宇宙环境下，读者既是文献信息的接收者，又是阅读内容的创造者和贡献者，还是文献信息的生产者。元宇宙虚实融合、社交网络、自由创造等特征不仅给读者带来阅读共创共享的体验感和成就感，而且在很大程度上提高了读者群体的认可度和参与度，能为图书馆阅读推广的多边赋能发展注入新动力。

（四）阅读推广构成要素之间的相互作用关系

图书馆阅读推广各构成要素之间不是孤立的，而是相互影响、相互制约又相互依存。而且，各构成要素之间的相互作用关系均服务于读者与文献信息的阅读关系。

1. 读者与文献信息的阅读关系

阅读关系是阅读主体（读者）与阅读客体（文献信息）之间的相互作用关系，构成了图书馆最原始、最核心的基本矛盾，图书馆的一切活动始终围绕阅读矛盾展开。一个人从降生那一刻起，就对周围的世界产生了无限的好奇。随着年龄的增长和社会阅历的增加，认识自然、改造世界的欲望会更加强烈。为了满足自身的物质文化需要，主体要不断地认识和改造外部世界。……从而使人的实践不断深入、扩大，使自然不断地被人化，社会不断地被改造，主体自身也得到不断改造。主客体的矛盾就是这样不断地发生着、解决着，永无止境。主体对客体的作用和客体对主体的作用，就其现实形式而言是不可分割的。读者与文献信息的阅读矛盾是与生俱来的，文献信息对读者的作用与读者对文献信息的作用是相互的。

在阅读实践中，读者的知识越来越丰富，能力越来越强大，思维越来越活跃，思想越来越深刻，读者自身得到改造，并在此基础上形成了新的认识和经验，产生了新的知识直至新的文献，这样一代一代延续下去，螺旋式上升，直至无穷。阅读主体（读者）本身也会被客体（文献信息）改造，由一个普通读者成长为知识丰富的专家学者。同时，主体在反映客体时也在改造客体，这是一个多层次、多重飞跃的过程。当然，作为阅读主体的读者跟作为阅读客体的文献信息只有通过阅读实践和认识才能发挥各自的作用，才能形成阅读关系。如果说一本书有价值，也只能说这本书对那些阅读过的读者是有价值的，对看不懂它或没有看过的读者而言，就不能说这本书有价值，至少是没有现实价值。换言之，一个图书馆若拥有丰富的馆藏文献，但缺少读者利用，那么其价值也无法实现，只能说是潜在的。图书馆的真正价值是通过读者阅读来体现的，需要将合适的文献信息在合适的时间、合适的地点推送给合适的读者并实现阅读。反过来，将更多的潜在读者转变成现实读者参与阅读、提高现实读者的阅读质量和水平，同样体现图书馆价值。阅读推广的意义在于，让更多的文献信息得到开发和利用，让更多的潜在读者学会阅读、参与阅读、喜欢阅读，让更多的现实读者提高阅读水平。

2. 馆员对读者、文献信息的推广关系

（1）馆员对读者的推广关系

虽然阅读是读者了解外部世界的客观需要，但是，阅读能力并非与生俱来，而是需要读者在成长过程中，不断接受培养和训练，提高阅读能力和阅读认识。图书馆要针对服务对象的层次和类型开展有针对性的读者研究、阅读教育等推广工作，解决读者在阅读观念、认识、能力、方法以及学术研究等方面存在的问题。

挖掘读者。挖掘读者也可称为读者开发，是针对潜在读者实施的推广工作，属于读者学范畴。读者学作为一门交叉学科，不仅出版学、发行学、编辑学要研究，图书馆学也要研究。如读者的需要和爱好、读者的接受能力和对图书期刊的反应、制约读者需要的社会因素和个人因素、读者需要的差异和变化、读者结构、读者层次、读者阅读心理等，都需要从图书馆学的角度去研究。读者作为阅读主体，在阅读活动中发挥着积极、主动的主导性作用，但并不是每个读者都具备阅读主体性，因为阅读本身是一个非常复杂的信息转换过程。主体性是一个哲学概念，是指与客体相对的主体所具有的特性，包括独立性、个体性、能动性及占有和改造客体的能力。读者的阅读主体性是在成长过程中逐渐培养起来的，随着学识和阅历的增加，主体性越来越强，读者的阅读能力和阅读层次会进一步提升。之所以要研究读者，就是因为不同读者的阅读主体性存在差异，主观意愿和阅读能力参差不齐，需要图书馆工作者在研究读者的基础上，把握读者层次和阅读规律，采取行之有效的应对策略，进行分类指导。离开了广泛而深入的读者调查和研究，就难以做到精准施策，更谈不上推广阅读。过去，图书馆在读者研究方面与出版机构相比明显不足，对读者阅读心理、阅读动机、阅读行为等研究相对肤浅，读者研究工作没有得到重视，这或许是图书馆阅读推广工作浮于表面、难以走深走实的原因之一。把读者工作理解成简单的借借还还是图书馆行业的最大误区。研究读者是挖掘读者、推广读者的基础性工作，工作量大、覆盖面广，其价值和意义毋庸置疑。

提升读者。提升读者是图书馆针对现实读者提供专业性阅读指导，帮助其提升阅读能力和阅读效率的过程。现实读者虽然具备一定的阅读能力和阅读经历，但阅读质量和水平不尽相同。图书馆针对现实读者开展专业性阅读教育和阅读指导，一方面，要帮助读者解决主观上的阅读认识问题，从被迫阅读、不愿意阅读到想阅读并愿意阅读，从思想上认识到阅读的重要性和必要性。另一方面，要提升读者的阅读能力，包括识别、理解、检索、利用文献信息形成新的研究成果等等，及时解决读者阅读过程中可能遇到的问题。阅读教育并不是馆员作为推广主体的个人需要，而是社会赋予馆员的基本职责，是图书馆满足社会需要的重要途径。读者接受阅读教育是客观的、现实的、必要的，这是国家教育制度的规定。阅读教育是图书馆文献信息服务的前提和基础，离开了阅读教育，图书馆文献信息服务将大打折扣。在网络信息技术高度发达的今天，尤其是在智慧图书馆建设阶段，文献信息服务很大程度上将被技术设备取代，馆员的工作重心必将转向人性化、个性化的阅读教育上来。此外，图书馆阅读教育不能局限在馆内和到馆读者身上，有读者群体的地方就应该有阅读指导和教育，都应该看到图书馆员的身影。

一直以来，图书馆阅读教育特别是高校图书馆通常采取新生入馆教育、文献检索课教育（很多由二级学院专业教师承担）、数据库培训教育等方式进行，这些教育方式的优点是有规模、成体系、易控制，但是缺乏个性化和针对性，教育效果并不好。图书馆应致力于让所有服务对象都能得到及时有效的阅读教育，不能因为读者不主动利用图书馆资源就成为图书馆忽略或放弃开展阅读教育的理由。

（2）馆员对文献信息的推广关系

读者阅读能否成功，成功的概率有多大，很大程度上取决于推广文献信息工作的质量和水平。

搜集文献信息。文献信息价值的实现在于阅读，而阅读的效果一方面取决于阅读者的认知能力和学识水平，另一方面，也取决于相关文献信息与读者需求的契合度，契合度越高、越全面，阅读会越深入，阅读效果就会越好。图书馆既要帮助读者实现阅读，提升读者阅读意愿，也要尽可能地保障读者实现更充分、更全面的阅读。文献信息从生产到读者阅读，中间需要经历出版、发行、搜集、分类等复杂过程。

由于文献信息遍布世界各地，读者仅凭个人力量获取所需文献信息的难度可想而知，即使在互联网高度发达的今天，及时获取有价值的文献信息也并非易事。传统图书馆（这里指计算机网络应用之前的图书馆）尤其注重馆藏文献资源建设，读者阅读文献信息主要依赖于本地馆藏。当代图书馆特别是数字化、网络化、智慧化图书馆的馆藏文献资源不仅包含实体馆藏，还包括在线的虚拟馆藏。无论读者需要的文献信息是本地资源，还是网络在线资源或馆际资源，馆员都有责任和义务满足读者阅读需要。在搜集文献信息过程中，馆员需要借助自身的专业技术和知识，为读者筛选、过滤、获取文献，最大限度提升文献信息与读者需求的适配性和契合度，实现推广阅读之目标。特别是在网络环境下，各种虚假信息、低俗信息泛滥，文献信息良莠不齐，给读者特别是青少年读者获取优质文献信息带来一定阻碍，甚至可能给他们带来身心伤害。为此，图书馆应为读者阅读营造良好环境、创造有利条件，严把文献信息质量关，取其精华、去其糟粕，把有益于读者特别是青少年读者身心健康的文献信息筛选出来、组织起来、揭示出来，便于其检索、获取与阅读。需要指出的是，图书馆搜集和选择文献信息应考虑服务对象的受教育层次、专业特点和科研方向，这是图书馆搜集文献信息需时刻把握的基本准则。同时，图书馆应对用户的需求广度、频度、强度等进行分析和评价，针对不同需求的资源，采用不同的购买和开通模式。由此可见，了解读者、研究读者是图书馆推广文献信息的必要前提和条件。了解文献、研究文献，是推广文献信息的基础性工作。

揭示文献信息。阅读文献的前提是检索和获取文献，离开了检索文献，阅读效率将难以保证。文献标引是揭示文献内容特征的重要手段，是读者检索服务的桥梁。文献检索的实现有赖于存储过程中对文献的揭示与组织，即对文献的特征进行著录，使其成为一条条文献线索，并将这些线索系统地排列，使分散无序的文献变成有组织、有系统的文献。揭示文献最能体现图书馆专业化水平，没有文献揭示就没有文献聚集，也就不存在知识关联、知识集合和信息检索。图书分类、文献标引、资源典藏等业务均是揭示文献的重要环节，是图书馆阅读推广必须遵循的业务规范和服务流程，揭示文献的程度要与读者需求相一致。网络条件下的文献标引应尽可能详尽地揭示出文献的各种特征，不能让有用的知识和信息因为标引不彻底而被埋没，要把凡是具有检索意义的事物属性和主题因素都标引出来，提供多种检索途径，真正发挥网络的优势，为用户服务。

开发文献信息。文献信息资源是国家重要的战略资源，开发利用文献信息资源将带来巨大的经济效益、文化效益、社会效益和生态效益。信息资源的开发利用既是国家信息化的核心任务，也是信息化建设取得实效的关键，更是网络强国战略的重要议题之一。开发文献信息资源是强化图书馆情报职能、充分发挥图书情报专业技术优势、提供决策服务乃至发挥智库作用的基础。读者对文献信息需求的变化随着时代发展逐渐趋于学科化、专业化、系统化和个性化，特别是针对政府、机关、组织等具有决策职能的团体读者而言，简单的文献信息服务已不能满足他们的需求，他们更需要基于文献信息的市场调研、研究综述、研究报告等，需要基于文献信息开发与知识重组形成的知识体系。

当然，开发文献信息既需要长期的人力、物力和财力投入，也需要必要的市场调研和开发价值评估，做到资源开发与市场需求的高度吻合与衔接。文献信息资源开发价值的确定，既要从社会需求来确认是否具有开发的必要，还要从社会的供求状况来确定文献资源的开发成果是否有被接纳的可能。图书馆服务对象的差异决定了其自身服务层次和服务内容的不同，馆员要保证文献信息的可用性和适用性，不能仅停留在书名或主题的层次上开展文献推广，因为读者需要的可能是一本书、一篇论文、一个章节或解决某个具体问题等。图书馆应针对不同读者的阅读需要，对可用文献信息（包括馆藏文献信息和非馆藏文献信息）进行必要的信息开发和知识重组，让文献信息中的不同知识单元根据读者需要重新组合成特定知识体系，满足特定读者的阅读需求。开发文献信息是馆员开展文献信息推广必不可少的重要环节，近年来推出的学科、决策、科研评价、知识产权运营等深层次服务以及数据商推出的机构知识库等均属于文献信息开发类服务，随着网络化、数字化、智慧化图书馆建设与服务的进一步发展，大数据技术成为图书馆文献信息资源开发与服务的利器，并被视为制定新公共政策的战略机遇，利用大数据和相关技术，图书馆可以提高公共服务质量和效益，更高效地利用信息资源。

三、公共图书馆阅读推广基本特征

人的现代化是全方位、多层次的现代化。通过将现代化渗透到阅读推广的制度、环境、形式、合作等方面，对传统阅读推广进行创造性转化，最终将现代化深入人心。

（一）制度人本化

制度建设是人的现代化的重要保障，也是中国式现代化的显著特征。《中华人民共和国公共文化服务保障法》《国家基本公共服务标准（2021年版）》《中华人民共和国公共图书馆法》的颁布实施，有力推动了我国公共图书馆标准化、规范化、法治化建设。现有图书馆阅读推广制度的形式有很多，如政府促进图书馆阅读推广的政策、法律法规、管理体制设计等，行业管理部门或图书馆行业协会用于规范图书馆阅读推广的标准、指南、战略规划等，以及图书馆或图书馆总分馆系统制定的阅读推广规章、规程、服务政策等。公共图书馆把人的现代化发展置于新的制度框架之内，通过以人为本的制度创新，形成科学规范、运行有效的阅读推广制度体系，包括阅读推广的组织形式、业务流程、服务资源、目标人群、绩效评估等业务活动，同时注重人与制度的协调发展，建立服务管理制度并具体执行，落实"以读者为中心"和"以馆员为主体"的服务原则，推动和保障图书馆阅读推广可持续发展。

（二）环境智慧化

科技创新是推动人的现代化的革命性动力，面向未来的阅读推广也应充分应用科技成果。一方面，公共图书馆努力打造"人的图书馆"，将人的感受和需求放在首要位置，实现人、资源、空间的融合与交互，让图书馆成为寓学习、交流、创新于一体的"第三空间"。如2022年9月正式开馆的上海图书馆东馆，在外部设计上注重与周边环境的协调，将"花园与书房一体"的思想融入设计之中；在内部设计上注重人流、物流和信息流的流畅性，并将阅读广场打造成连接各楼层的枢纽空间，进入图书馆即是阅读的开始。另一方面，建设场景化阅读模式，增强阅读的交互性与具身性。2022年底，临港数字科技图书馆正式开馆营业，该图书馆以大数据和人工智能为核心载体，全面集合AR、VR、MR和5G技术，实现实景与虚拟现实无缝对接，打通线上线下沉浸式互动阅读体验，并通过数字孪生、三维重建、数字资产确认等元宇宙技术，全面对接元宇宙场景。随着现代数字技术的不断发展与迭代更新，ChatGPT能够高效地获取所需知识，拥有强大的信息整合能力、自然语言处理能力。通过与新一代AI智能对话，能够改变学习体验，进入深度阅读。如构建智慧劳动场景，读者可以亲身参与插秧、灌溉、除草等一系列虚拟耕作操作，获得丰收的喜悦；或是穿上MR设备、戴上VR眼镜等，进入全息世界，身临其境地游览各地名胜古迹，学习民间技艺，传承传统文化；抑或利用ChatGPT获得有广度、有深度、有逻辑的阅读回应等。

（三）活动体系化

人的现代化是动态的、不断发展的系统过程，阅读推广应遵循人的发展规律，根据人的年龄特征设计体系化、终身化、个性化的阅读活动。首先，应全年龄层覆盖，包括婴幼儿的早期阅读开发、青少年的学科阅读或经典阅读、老年人的休闲养生阅读等，满足社会不同群体的不同需求，让"每个读者有其书，每本书有其读者"。通过全民阅读、全程阅读、全息阅读，促进人的可持续发展和终身学习。如长春市图书馆"小树苗·绘阅"亲子故事会、浦东图书馆的"浦江学堂"青少年传统文化经典阅读、山西省图书馆的适老化服务"阅读零障碍"等。其次，在阅读推广中还须因材施教，强调个体性和多样性，开展分层、分级、分龄的分类阅读推广活动，细化服务供给，为个性发展提供条件，培养具有创造性与开拓性的人。如上海少年儿童图书馆联合国家社会科学重大项目"图书馆阅读推广理论与实践研究"课题组，编制了《上海地区儿童图书馆阅读推广服务指南（系列）》。该指南根据 0 ~ 3 岁、3 ~ 13 岁、13 ~ 18 岁和特殊儿童的特点，实行分级分类，从服务资源、内容、空间等多个角度，为图书馆工作人员、志愿者以及相关机构提供了一套阅读推广实操手册。

（四）合作社会化

人是置身于社会关系之中的，人的现代化应使人不断突破固有的社会关系，建立新的联系。公共图书馆阅读推广不断增强社会的合力牵引，以全局化的社会参与、网络化的社会布局，不断探索社会化服务路径，通过开展图书馆的社会化合作项目等，为人的现代化发展提供更为优越的环境和条件。如入选上海市公共文化建设创新项目的徐汇区图书馆"汇悦读书香联盟"，联合了区域内的优质文化资源，形成彼此支持的全民阅读区域服务网络。联盟成员包括"书香驿站"28家、"书香行者"23家和"书香坊"95家。"书香驿站"即区域内特色书店、咖啡店、机关和企业书屋等具有阅读元素的文化场所；"书香行者"即开展阅读推广并提供公益阅读服务的组织和个人；"书香坊"即有条件进行书刊借阅和图书漂流的社区、楼宇、商圈。

四、阅读推广的主题

云图书馆是运用移动互联网、云计算和数字出版等技术，快速、方便、低成本地建立一套完整的移动数字图书馆体系。"互联网+"时代的全球化的智慧教育中，提出了云端学习的理念，与先前的信息化教育相比，具有全球一体化的云环境优势。国际图书馆的知识、信息服务已从90年代的个人电脑，到2000年的互联网中拓展开来，并延伸到"互联网+"的社交媒体；在图书馆界则与十九大提出的要建设智慧社会发展中的智慧城市等并称为智慧服务。

图书馆的服务要创新地、无缝地、智慧化地、交互地融入用户及其超大规模的云环境中。美国联机计算机中心在 2015 年强调，图书馆要加入使用网络级别的信息知识技术资源（Internet of Things），并提供场地与设备的服务。除了对语义关联、智能应用的云环境无限互联，图书馆也由此灵活便捷地运用上了学习的场所空间与云资源设备等服务来推广知识与阅读；在分布式计算、并行计算和网格计算发展而来的云计算技术下，云图书馆的云配置与云技术坚实的基础则由智慧图书馆提供，如在传统的知识集成上则将分布式储存的海量知识源进行组织，专门集合知识元素的层次与排列，集成化地将数字资源集群管理，便于形成资源建设的集聚效应，聚集集成并流动传播知识资源要素。现已在开放集成的信息组织上，在分布式的知识系统中多源转换、组织集成、融合优化，最大程度地实现知识资源的丰富、不同知识系统的共享协同，如智慧图书馆中的物联网络、联盟机构建立的包括语义网络检索引擎在内的智能发达的语义资源库，智能应用。可在需求长尾中提供一体化的知识发现过程，如复旦大学历史地理研究中心建立的中国历史地理信息系统，以时间框架整合人、事、物的资讯所形成的数字地球与中华文明的时空架构。它形成了"云图书馆+"的资源阅读推广和智慧化服务创新。要高效便捷地将海量信息资源挖掘并集合集群，随时随地地提供给读者高品质的云数字资源，并且与用户互动、应读者所需，具备信息组织的特征；让他们能够在实践中认识客观世界，提供阅读推广的活动与服务。而在智能计算的数字图书馆服务中，智慧图书馆是指充分利用信息知识和通信技术，以进行阅览图书资料、预约座位等操作的数字图书馆。从感知的角度来看，智慧图书馆是感知智慧化和数字图书馆整合服务中的智慧化的结合体。

由于全球云教育的变革所带来的群体学习方式的多元化、智慧化集研究和创作服务于一体，还有利于从技术上创新发展立体、多元、覆盖化服务的云图书馆，如辽宁师范图书馆的诗歌、音乐与传统文化的阅读推广，跨时空地实施了人性化、个性化、便于阅读困难读者的线上线下数字阅读推广的智慧化服务。这种中国化的教育教学方式，让用户全面感知，使得知识阅读体验更贴近读者的需求。在新的阅读推广中高效快捷地将海量信息资源集合集群，"云图书馆+"与用户互动、协作，应读者所需的内容、所喜爱的方式，在读写执行并行的云端中，实时提供整合化的云服务。

第二节 公共图书馆阅读推广的信息传播与动因

一、公共图书馆阅读推广信息传播过程

（一）受众获知

受众获知是使参与主体知晓并了解阅读推广的阶段，阅读推广是宣传普及阅读的活动，其传播过程离不开扩散渠道的应用，传播渠道的多样性和互动性会在不同程度上影响阅读推广的传播效果，进而影响用户的获知过程。参与者通过人际关系传播，从社会中其他成员的信息共享和引导中，认识并了解阅读推广的存在和服务价值，图书馆或其他社会力量等提供公共阅读环境和阅读空间的场所，依靠组织传播、大众传播以及新媒体传播等扩散方式，向参与主体传达并分享关于阅读推广的信息，便于参与主体了解阅读推广，实现获知过程。

（二）参与行动

参与行动是指参与主体在充分认识阅读推广之后，从心理上是否对其持认可或接纳的态度，以及从行为上能否真正参与其中，即参与主体对阅读推广的主观看法，与创新扩散过程的说服阶段相对应。在阅读推广的实践活动中，参与主体对阅读推广的态度大不相同，有些参与者在看到阅读推广的信息后，选择忽视或无视，认为与己无关，没有想要参与其中的意愿和兴趣；有些参与者可能会为了完成任务而草草应付，虽然参与阅读活动但成效甚微，并非主动参与；还有一些参与者会为了自身需要选择参与其中并积极思考，对阅读推广活动表现出极大的兴趣，其参与意愿较为明显，并从参与者本身的主观情绪上认可并接纳阅读推广，只有真正参与阅读推广活动的主体，即积极参与阅读活动的群体，才有可能接收阅读推广所传播的内容，体会阅读推广的文化传承价值，从而在主观感受中形成共情反哺，进入阅读推广传播模式的下一阶段。

（三）共情反哺

共情反哺是指主体参与到阅读推广活动中，接收传递的文化内容，在主观情绪感受中对阅读推广活动表现出的认同。参与主体在阅读活动中从视觉输入获得文本符号等信息，通过辨别思考进行解构，接收文化知识并理解其中的内涵，在文化体验的过程中感受文化力量，进而对阅读推广活动产生认同，并形成良好的参与意愿。阅读推广活动以主题形式发起，通过创造可阅读空间，融合线上线下

多元形式，传播文化观念，向参加相同主题阅读活动的主体提供认同基础，形成相应的阅读社群，以阅读社群的连接性和互动性反哺并影响其他参与主体。

（四）多级传播

多级传播又称 N 级传播，由两级传播演化而来，美国学者拉扎斯菲尔德指出舆论领袖能够从传播途径中接收及提炼关键信息，而这些信息会经过舆论领袖再度传递到人群中，即信息的传播扩散过程根据"信息——传播媒介——舆论领袖——普通受众"的两级传播流进行。多级传播是根据传播范围的大小，依次在不同用户、不同主体以及不同组织之间相互传递信息的过程，以参与者本身的内向传播为起点，通过社会关系网络形成组织传播，再发展到大众传播，传播的广度和深度逐渐扩大。

参与主体的内向传播是指用户在参与阅读推广活动时，接收文化知识内容，在自己的思想认知世界中与文本或其他文化载体进行交流，从参与者的角度完成社会记忆和文化的传递。人际关系传播是指在社会系统的传播结构中处于人际关系网中心的主体，即舆论领袖、领读人或阅读服务机构等，以传受关系进行信息分享和互动，通过以人为媒介进行消息扩散，呈现出一对多的传播形式，凭借人际交流方式和阅读领袖的影响感召力，在传播者与受传者之间通过网络节点建立起相应的阅读组织或社群，以组织传播的形式与其他主体再度搭建传受关系，形成小范围的社会化传播。值得注意的是，在阅读推广的传播过程中，当阅读服务组织（如樊登读书、豆瓣阅读等）或阅读推广人拥有自己的用户群之后，便具备了大众传播的特性，大众传播是指所有能够传送消息的手段，包括传统媒介和电子媒介，具备即时性传播和互动交叉性等特点，使得阅读推广人和阅读组织在社会关系中形成多层级、网状化的传播渠道。

二、公共图书馆阅读推广动因

（一）微观动因——满足用户诉求

公共图书馆阅读推广包含多主体参与，公共图书馆以平台主体的身份调动社会文化资源，旨在满足用户的需求，并在某种意义上为用户提供情绪价值，用户的需求在不断变化，阅读推广的形式和内容也在不断随之调整。

在阅读推广服务中，公共图书馆等公益性文化组织与社会力量等推广主体与参与阅读活动的群体并非单向的信息传递，推广主体借助书籍文献、真人图书等现实载体，在线下的阅读空间向用户推广并普及阅读，通过数字阅读和新媒体阅读等形式，开拓线上阅读空间，进一步扩大用户基数，向更多用户传播文化知识，用户从中获取信息，满足知识需求和信息需求，用以提升自身的文化修养。同样地，用户想要准确地获取所需信息，需要参与到图书馆的服务过程中，与图书馆一方进行积极的沟通和交流，图书馆了解到用户的诉求，才能为其提供恰当的阅读资源和服务。

用户参与阅读活动，最表层的诉求在于获取相关领域的专业知识和信息，用以消除自身的认知短板，拓宽知识面和思维眼界，并在阅读推广的具体活动中，与推广者通过信息偶遇行为来发现并获取新的信息，从中了解到自己尚未关注到的信息，以此丰富自身的知识储备。阅读推广活动通常以主题形式发起，能够将相同阅读兴趣的用户集中在一起，为用户提供良好的阅读环境和阅读空间，用户可以从纸质文本或阅读推广人的知识传播中切实体会文化传承，从中增强阅读愉悦感和文化获得感。信息技术和网络移动终端技术的应用为线上阅读推广活动的开展提供了诸多便利：一方面，推广方可以通过技术手段保留阅读活动的具体内容，以便留存记录归档或进行二次传播，将知识扩散给更多有所需求的用户；另一方面，线上阅读平台的灵活性和互动性更强，用户可以节省线下的通勤时间，预留出足够的线上参与时间。同时，在共享的阅读交流空间中，用户能够充分发表自己的看法，与推广者进行有效的互动，消除问题并答疑解惑，共同促进知识传播，线上阅读活动可谓是对线下活动的有效补充，在传播广度上有明显的提升。在同一阅读群体中，用户之间以及用户与推广者之间的积极沟通，能够给用户提供获得正向情绪价值的机会，通过寻求外部认同，满足社交需求和情感需求，于阅读推广的具体情境中寻求精神慰藉，获得情感归属，从心理上获得认同感和满足感。

（二）中观动因——建构身份认同

身份认同是对身份的承认或认同，不仅仅是用户个人的心理反应，同时也彰显了个体或群体的社会属性，其形成依据首先源于用户对自我身份的认识，并通过与他人的互动进行归类，自行辨别是否符合用户本身的定位，而后再通过与群体中其他用户的互动进行身份构建。人际关系是进行建构身份认同的基础，用户与他人互动探寻群体身份认同的过程，也会受到社会环境和自我感知等不同因素的影响。

价值共创视角下，公共图书馆阅读推广着眼于全社会情景，在搭建更大平台的基础上，于集体阅读活动中塑造群体的阅读特性，并在特定的文化语境中，确定群体在社会文化秩序中的角色。用户寻求身份认同，在建构过程中需要获取大量的外界信息，进行自我观照、总结与思考。作为信息传播的一种方式，阅读推广能够给用户传递有效的知识信息，影响其自我认知。用户借助获得的信息，通过他人的经历对自身归属进行评判、调整并建构自我认同；社会身份认同则强调集体性的身份认同，是群体中用户自我身份同一性的表现。在数字智能时代，网络媒体工具的支持下，读书小组、阅读社区等凝聚性阅读组织使得阅读活动更具互动性和共享性，数字阅读方式为用户寻求相应的阅读组织提供了更多便利，用户从群体的所属类别和特征进行匹配和甄别，判断其是否符合群体身份，在社会关系中不断进行身份构建，对群体的自我形象进行刻画，并于集体阅读组织中通过他人的联系建构集体性的身份认同。

（三）宏观动因——增强文化记忆

价值共创视角下，公共图书馆阅读推广的宏观动因体现在阅读所带来的文化满足感。阅读推广作为文化传承的手段，向社会传播城市记忆和文化知识。文化记忆是人类记忆的外在维度，通过社会环境中的交互体验对个体乃至群体的行为经验进行引导，是在实践中持续获得的知识，也是在不同时代不断被重构的结果。

公共图书馆开设的阅读推广活动是以集体形式开展，借助文化符号，诸如文本、意象与仪式，向社会公众传播知识与文化形象，于阅读活动中学习、共享和记忆文化知识，促进集体共识的形成来确保文化传承的连续性，并将其纵向传递给后人，引导过去进入现在与未来，以被记忆的形式再现，即通过历时性的手段构成共时性的记忆空间，形成对过去的集体理解和集体建构，这也在一定程度上揭示出人类能够历代相传并维持本质的原因。

依据记忆主体的划分，文化记忆包括身体化的和超身体化的，身体化的文化记忆参与主体是人，可在人与人之间直接发生交互作用，传递文化知识；超身体化的文化记忆通过各种文化交流媒介，以介体的传承在个体之间创设共同的经验范畴，从而进行知识的传播。阅读推广活动是身体化和超身体化文化记忆的融合，在线上线下、现实与虚拟的阅读空间中进行文化的传递，塑造整体性意识和特殊性意识，实现记忆在社会群体中的二次诞生，以便人们认知与交流，并基于现实情境的需要，有选择性地转化为与增强主体意识形态相关联并有价值的内容。

阅读推广活动依靠的媒介通常是社会化的信息材料，部分指向被记住的过去而存在，在时间结构上跨度较大，不受时代记忆的限制，形成历时性的时间轴，以公共性、有组织性的阅读推广活动进行集体交流，依托仪式与文本，在共享过去的前提下，与现实场景融合在一起，在突破物理空间的同时，以超时空的连接方式作用于参与主体，对过去的场景和人物形象进行重现，引导个体进行记忆再现，传播社会记忆并传承文化，充当激发主体进行感知的催化剂，给人提供时空范围内的整体意识和历史意识，借此复原个体或群体的过去和历史记忆，加深个体对社会记忆的认识，使文化记忆得以延续和保存，以集体意识形态倡导民族文化，推动文化事业的发展。

三、大众传播效果理论对公共图书馆阅读推广的启示

（一）议程设置

议程设置是大众传播的一个重要理论，该理论认为，大众传媒是公众的重要信息源和影响源，甚至可以说媒体的议程设置是一种"环境再构造"。也就是说，媒体可以通过自己所选取的传播内容去影响公众对舆论环境的认知。公共图书馆也可以借鉴这种方法，在阅读推广过程中，通过对内容的筛选、整理、加工，选择重要的部分，赋予其一定的结构秩序，再传达给读者，为读者营造全民阅读的浓厚氛围，从而吸引读者加入其中。例如，公共图书馆开展的世界读书日、全民阅读月等活动，就是通过在特定时间的阅读推广宣传，使读者加深对于阅读的认知，从而增强阅读推广活动的影响和效果。

（二）数字鸿沟

数字鸿沟，由"知沟""信息沟"发展而来，是指人们在接触和使用互联网设施设备，使用互联网的知识和技能，互联网的内容特点以及上网意愿、动机、模式等方面的差别造成了人们获取信息时两极分化的状态。在阅读推广中，容易接触到互联网、具备良好使用互联网技能的读者更容易关注到公共图书馆的阅读推广信息，也更乐于参加阅读推广活动。相反，老年人、残疾人等弱势群体接触互联网的时间和机会较少，接收到的讯息也相应减少。经济欠发达地区往往缺乏对阅读推广信息的了解和参加活动的条件。为解决这一问题，公共图书馆的阅读推广工作要实现新老媒体的全覆盖，尽可能覆盖更广的读者群，提高读者媒介素养，关爱弱势群体，促进公共服务均等化。

（三）守门人理论

守门人理论又称把关人理论，守门人是指在信息传播过程中决定信息中转或中止的人。在阅读推广活动中守门人同样存在，尤其是面向少年儿童读者的阅读推广活动。由于少儿读者接触媒介的时间和频率受到一定限制，所以很多信息需要通过家长、老师进行传递。在这个过程中，家长、老师就扮演着守门人的角色，他们在"信息审核"后将适宜少儿成长的信息中转，而将不适宜少儿的信息中止传递，深刻影响着阅读推广传播的效果。所以，公共图书馆在开展面向少儿读者的阅读推广时，要使活动形式、活动内容等适应少儿读者的年龄特点。阅读推广活动不仅要吸引少儿读者，也要吸引家长、老师等守门人，使活动信息能够真正抵达目标读者群。

（四）意见领袖

意见领袖是指在传播活动中积极活跃参与话题、分享观点、引领讨论方向的人，他们在大众传播中起到中介的作用。意见领袖的影响力是巨大的，他们筛选信息、评价信息、引导舆论，具有较高的声望和人格魅力。阅读推广中的意见领袖可以是有关专家学者、作家、活跃的"大V"，也可以是公共图书馆本身。新媒体时代，绝大多数公共图书馆都拥有自己的官方账号，活跃度高、影响力强的官方账号就会成为读者心中的意见领袖，其所发布的阅读推广活动能够得到更多响应。所以，公共图书馆一方面要注意与"大V"进行良好的互动，扩大自身"朋友圈"，另一方面，要好好经营官方账号，塑造良好自身形象，成为阅读推广领域的意见领袖。

第三节 公共图书馆阅读推广的模式与机制

一、公共图书馆数字阅读推广模式分析

（一）传统推广模式的特点和局限性

传统推广模式的特点。首先，传统推广模式主要通过印刷媒体、广告宣传和线下活动等方式，将数字阅读资源介绍给用户，引导其积极参与数字阅读活动。传统推广模式的特点之一是广泛性，它可以通过各种渠道和手段向大众传达信息，帮助公共图书馆获得更多的关注和用户；其次，传统推广模式具有可控性，推广

效果相对可预见，推广活动的成本和效益可以开展相对的评估和调整。此外，传统推广模式还具有一定的稳定性，推广手段相对固定，策略可复制，对于公共图书馆的数字阅读推广起到了一定的推动作用。

传统推广模式的局限性。首先，传统推广模式的传播效果相对有限，信息传播的范围有限，很难覆盖所有潜在用户。其次，传统推广模式由于资源有限，面临着推广渠道和手段单一的问题，使得推广效果难以进一步提升。再次，传统推广模式在传播效果和推广效率方面也存在一定的不确定性，很难对推广活动的具体效果展开准确预估，导致投入和产出之间的关系难以准确把握。最后，传统推广模式倾向于一次性地宣传，信息传播的持续性较差，很难形成长期的用户黏性和参与度。

（二）基于社交媒体的推广模式

社交媒体的概述和特点。如今，社交媒体已经成为人们日常生活中不可或缺的一部分。以其便捷、互动性强的特点，深受大众喜爱。社交媒体借助互联网的力量，让人们可以随时随地与他人分享信息、交流观点、获取新闻和娱乐。通过社交媒体，人们能够与世界各地的人建立联系，扩展自己的社交圈。

社交媒体在数字阅读推广中的应用。在数字阅读推广中，社交媒体可以发挥重要的作用。首先，社交媒体可以提供一个广泛的传播平台，让图书馆的数字阅读资源能够迅速传播给更多的人。通过在社交媒体上发布推广信息和相关链接，图书馆可以将数字阅读资源推送给感兴趣的读者，并吸引更多人关注；其次，社交媒体可以提供互动交流的机会，让读者能够通过评论、点赞、分享等方式反馈和推荐数字阅读资源，不仅可以增加读者与图书馆的互动性，还能够通过读者的推荐和分享，拓展更多读者群体，提高图书馆的知名度和影响力。此外，社交媒体还可以通过个性化推荐的功能，根据读者的偏好和阅读历史，向读者推送更加精准和个性化的数字阅读资源。

（三）利用虚拟现实技术的推广模式

虚拟现实技术的发展和应用领域。虚拟现实技术作为一种全新的沉浸式体验方式，已经在各个领域得到广泛的应用。从游戏、电影到教育、医疗，虚拟现实技术都展现出了巨大的潜力。

虚拟现实技术在数字阅读推广中的潜力和挑战。第一，虚拟现实技术可以为读者提供身临其境的阅读体验。通过虚拟现实设备，读者可以沉浸在书籍所描绘的场景中，感受真实的氛围。比如读者可以穿越时空，亲身体验历史事件的发生或者置身于小说中的故事情节中，与主人公共同经历冒险。这种沉浸式阅读体验将大幅提升读者的阅读兴趣；第二，虚拟现实技术还可以扩展图书馆的空间和资源。借助虚拟现实技术，图书馆可以构建一个虚拟的图书馆空间，将更多的数字资源呈现给读者。通过虚拟现实眼镜，读者可以漫游在世界各地的图书馆，阅读各种文献和书籍，丰富自己的知识；第三，虚拟现实技术在数字阅读推广中面临的挑战。虚拟现实设备的成本相对较高，对于一些经济条件较差的读者来说可能无法承担。

（四）创新的社区合作推广模式

社区合作的概念和目标。社区合作是指公共图书馆与社区居民、社区组织、企事业单位等合作伙伴开展数字阅读推广活动的方式。通过与社区居民展开广泛的沟通与合作，了解他们的需求和兴趣，公共图书馆可以有针对性地提供丰富多样的数字阅读资源，满足不同群体的阅读需求。社区合作的目标是让数字阅读成为社区居民的共同选择，提高数字阅读的普及率和使用率。

公共图书馆与社区合作的机会和挑战。第一，社区合作为公共图书馆数字阅读推广提供了广阔的机会。社区是一个相对封闭的小生态系统，居民之间的联系紧密，信息传播更加高效。因此，在社区推广数字阅读将更具影响力。此外，社区居民的阅读需求各异，通过社区合作可以更好地了解社区居民的需求，提供个性化的数字阅读服务。同时，公共图书馆作为社区的文化中心，与社区居民的距离更近，可以更好地互动和合作，推广数字阅读也将更加顺利；第二，与社区合作推广数字阅读面临的挑战。首先，不同社区的文化背景、经济状况和教育水平存在差异，需要针对不同社区的特点提供差异化的数字阅读服务。其次，推广数字阅读需要公共图书馆具备先进的技术、设备设施和专业的人才支持，这也是一个挑战。

二、公共图书馆阅读推广机制

（一）共识建立机制

共识具备意识形态的内涵，表现为形态上的一致性，既包括已存在的普遍认同，也呈现出社会文化建构的同一性，主体意识存在多样性，在同一活动体系中，需要凝聚并建立共识，满足主体间的共性需求，实现共同目标。共识的形成过程由差异产生，是包含不同价值主体的多元现实诉求，通过在社会实践中，以主体间深层次的思想交流和沟通为依据，在价值观念层面对于某些活动或问题形成的一致理解。共识具有不同的层次性，包括宏观社会层面、中观组织阶层以及微观个体层面，价值共创视角下，公共图书馆阅读推广活动整体上呈现出政府引领、社会参与以及全民践行的特点，以阅读推广活动的全面普及在社会范围内传播社会记忆和文化，创造社会良好的文化氛围；在组织层面，公共图书馆及其可合作对象能够借助文化传承活动提升自身的社会影响力；针对个体而言，能够通过阅读体验来获取知识信息，用以拓宽眼界，丰富文化储备，本质上皆是以利益为导向。利益整合机制是凝聚共识的核心，在大方向上，需要保障社会效益，提升整体文化效应，通过相应的规章制度进行约束，为阅读推广活动的开展保驾护航。同样地，教育引导和文化传播也是促进共识建立的基础手段，教育能够提供价值引导，传播主流意识形态的先进文化，以具体的阅读推广实践活动推进共识的建立形成。

价值共创视角下，公共图书馆阅读推广纳入所有参与主体，包括政府部门、图书馆的可合作主体（推广主体）以及参与主体，对推广主体而言，主体之间的交流是进行价值共创的第一步，在交互过程中进行多维度的信息沟通，了解不同主体间的目标愿景、服务方式以及各自的诉求，通过公共图书馆为中间枢纽，以初步的沟通交流加强对不同推广主体之间的认识，使之彼此理解，达成共识，以多个主体间的互动进行价值识别，以公益性的文化传承活动吸引其他主体的参与和加入。阅读推广服务始终围绕参与者开展，参与主体在接受阅读推广服务的同时，也能发挥主导作用，成为引导者。当前服务生态环境下，关于参与者需求的信息体量十分庞大，以公共图书馆为主的推广主体需要建立有效的沟通渠道，识别并评判参与者的需求，挖掘可用的参与主体信息，与推广主体之间就需求和服务关系形成共识，达成共识建立机制。

（二）主体互动机制

在完成共识建立的基础上，不同主体为达成共同目标、促进多主体共赢，会萌生合作意识，缔结合约，主体互动机制存在于建立共识的过程中。公共图书馆面向用户开设阅读活动，提供阅读场地和设备、电子数据库与纸媒书刊等阅读内容以及馆内工作人员的能力、知识和经验，为用户建立互动机会，用户与图书馆工作人员以及用户与用户之间提供沟通交流，分享阅读喜好，了解各自的阅读层次和特点，以便挖掘用户资源，回馈阅读推广活动。

公共图书馆以平台主体的身份连接社会各界力量，吸引书商、出版发行机构、学校、政府以及非政府组织等多方主体，各主体以资源提供体的角色融入公共图书馆的资源池，作为汇聚社会文化资源的集散地，公共图书馆可以灵活调配资源，在参与主体的现实生活中嵌入阅读资源。同样地，公共图书馆也为主体间展开合作提供了契机，推进主体互动。主体间了解彼此可提供的资源类型，发挥各自的优势，在责任、价值使命等方面进行深层互动和协同发力，借助信息技术和传播渠道，深度挖掘阅读资源，实现多主体联动，力求互惠共赢，助推阅读推广的形式和效果均到达新的高度。

基于主体本身的资源支持，与其他主体在交互过程中通过各种方式进行资源识别，灵活调用可用的阅读资源，以相关工作人员的组织规划、协调统筹、沟通表达以及专业能力等，利用现代技术手段为阅读活动的开展搭建线上互动空间，并结合线下阅读活动的有效互动，与参与主体建构交互通道，实现双向沟通，了解并采纳参与主体对阅读推广活动实施的合理建议，以相应的物质奖励或精神奖励调动参与主体的能动性，完善阅读活动的后续推进，形成双主体（以图书馆为主的阅读活动推广主体与参与阅读活动的主体）相互促进的良性互动。

（三）资源整合机制

价值共创视角下，阅读推广活动依托公共图书馆平台和现代信息技术逐步发展为多主体参与的集体性阅读活动，将所有可参与主体纳入同一阅读活动，通过公共图书馆的中间作用，使得不同领域的各个主体相互协调、共同合作，调动并集结社会公共文化资源，通过某一契机，使不同主体按照相应的规则和原则，进行融合、聚合以及重组等，形成规模更大、效能更高的有机系统，从顶层设计对系统内各个层次和内容的资源进行互相衔接和有机整合。在图书馆阅读推广活动中引入外部资源，实现资源共享、资源互补等方式的资源整合，提升不同主体在阅读推广中的价值创造效率，为阅读推广活动创造更大的价值，体现其整体文化效益。

在公共图书馆阅读推广的实践活动中，以领读人、阅读推广人等为主讲者开设的普及阅读活动较为常见，公共图书馆与学术名人、学校教师以及自媒体作者等展开合作，为其提供场地设施、用户基础及组织规划等资源，针对阅读活动的主题，由主讲人以自身学识和个人见解向用户输出文化内容，传播阅读理念并实现知识扩散；同样地，公共图书馆借助主讲人的个人感召力扩大阅读推广的影响范围，促进推广效果，双方以资源互补的方式为阅读活动创造价值，使得资源效用得到最大程度的利用。公共图书馆与其他领域的主体开展跨界合作，共同推进阅读活动，与合作者以资源提供体的角色进行资源互换，在图书馆内部引进其他文化机构、搜索引擎、新兴传播媒介以及可利用商业空间等，对阅读推广活动进行共同设计和规划，组织并激活各类资源，通过已有资源和其他主体提供的有价值资源的整合，以资源共享的形式充分释放公共图书馆与其合作者的能量，完成不同主体的价值增值过程，在阅读活动的具体实施进程中实现推广效果的最大化。

在阅读推广服务的终端，参与阅读活动的主体在阅读过程中投入实践经验和知识技能等操作性资源，从中感受文化并与文本或其他形式载体所赋予的文化底蕴进行交流，以文化感知体验阅读服务，通过参与者本身的阅读感受向推广主体予以回馈，对于推广主体而言，阅读活动以参与主体为使用情境能够从本质上了解用户的价值诉求，充分调动并发挥参与主体的主观创造性，通过资源交互促进阅读形式的创新，进而完善阅读推广的议程设置。

三、公共图书馆阅读推广实施现状

（一）现阶段公共图书馆阅读推广机制服务特征

公共图书馆阅读推广活动实践资料显示：每年的阅读推广活动集中在 4 月至 6 月，其主要依托 4 月 23 日的"世界读书日"展开，活动时间较短且较为集中，此举无法起到长期引导读者深入阅读的作用，活动结束后读者的阅读热情迅速消退。除此之外，乡镇级公共图书馆推广周期短、活动规模小、参与人数少、辐射效果较差，因此，现阶段阅读推广机制显示出较强的阶段性。从当前各级公共图书馆的阅读推广现状看，阅读推广模式和环节趋于僵化，主要以线下活动为主，新技术、新媒体手段利用少，内容和形式单一乏味，很难激发读者的参与热情，显示出当前阅读推广机制创新乏力。目前，公共图书馆在阅读推广前、推广过程中、推广之后均没有系统的评价机制，只是在活动结束后提交简短的活动总结，缺乏读者活动体验、进出馆人数、图书借阅率的数据统计分析，久而久之导致阅读推广目标不明确，形式化严重。缺乏评价机制是当前推广机制中普遍存在的问题。

（二）现代媒体环境下读者阅读需求的变化

现代媒体技术的发展与广泛应用成为影响民众阅读需求变化的重要因素之

一。以往读者衡量阅读感受的主要标准是能否快速找到目标文献，获取所需知识，但当前读者更注重阅读体验，尤其是情感体验。在具体的阅读推广实践中，读者的需求变化主要集中于以下四点：一是读者希望与图书馆进行无障碍沟通，希望图书馆可以满足他们对阅读内容和阅读形式的相关需求，注重他们的阅读感受；二是读者对数字馆藏的需求量逐年提升，要求数字资源占比提升，优化数字资源质量；三是读者希望实现不拘于时间和地点的数字化移动阅读，丰富文化资源的表现形式，创新服务内容；四是读者希望能够在阅读后与亲友交流与分享。

（三）公共图书馆阅读推广现状

首先，公共图书馆阅读推广活动的开展受到社会各界的重视。在当前经济时代的背景下，越来越多的人开始意识到阅读的重要意义。而随着我国信息技术的快速发展，我国的阅读推广形式也呈现出多样化的趋势。各类阅读宣传活动层出不穷，并获得了比较良好的效果，也使越来越多的人爱上了阅读。以我国经济较为发达的城市为例，这些城市中的公共图书馆常年开展各类读书活动，使图书馆的职能得到了充分发挥，且获得了人们的一致好评。这些阅读推广活动一方面为人们提供了更为良好的阅读氛围，另一方面也使图书馆本身的建设更为完善。

其次，各图书馆对阅读形式进行了积极创新。随着互联网的快速普及与发展，人们获取阅读资源的方式也更加便捷多样，这也从一定程度上改变了人们固有的阅读形式。相较于纸质阅读，当前人们更偏向于电子阅读。电子阅读能打破时间以及空间上的限制，让人们随时随地都可以进行阅读，并有效提升人们的阅读效果。基于此，一些公共图书馆也建立了官方网站，并在网站上上传大量的图书资源以供读者进行阅读，打破了传统图书馆在阅读时间与地点上的限制，以便读者可以更便捷地进行阅读。

（四）公共图书馆阅读推广面临的主要挑战

当前，在智慧图书馆建设中，5G 和大数据技术的应用为我国公共图书馆阅读推广工作注入了不竭动力，推动公共图书馆不断变革服务理念、转变服务方式、提升服务效能，从而为新时代我国公共文化发展和文化强国建设提供有力支撑。但是，这些新的信息技术在公共图书馆的应用也面临一些挑战，主要表现在以下 3 个方面。

1. 大数据应用与读者个人信息保护之间的矛盾

大数据技术不是一种单一技术，而是多种技术的组合，从单一的需求出发点可以分化到大数据的规划、实施、运维等全生命周期的许多不同的细分技术环节。而且，大数据技术的兴起和发展本质上反映的是人类求知的过程，从数据开始，即数据→信息→知识→知识的应用，而后知识运用的结果又反馈到数据中，开始新一轮的循环。大数据的目的在于了解、管理、共享和使用数据。我国公共图书馆庞大的读者基数和流量，使其拥有丰富的数据来源，具备应用大数据技术改进管理和服务的基本条件。国内图书馆界也发表了很多以大数据应用来推动图书馆高质量发展的研究文章，这反映了图书馆人敏锐的观察能力和不甘落后的好胜精神。

然而，大数据技术需要通过不断采集和抓取读者的个人信息和行为习惯为每位读者进行画像，从而实现个性化服务和精准阅读推广。其中就涉及读者个人隐私信息的泄露和保护问题。元宇宙图书馆用户信息收集的海量性、集中性、隐私性，导致数据一旦被泄露，个人隐私的损失将是全方位的。元宇宙图书馆也属于智慧图书馆的一种，因此，这种隐私泄露风险在新一代信息技术应用中是值得关注并需要积极防控的。

2. 社会泛在服务对馆员能力提出了更高要求

在智慧型公共图书馆中，丰富的馆藏资源和专业的馆员服务是支撑其高质量发展的两大基石。为适应大数据时代公共图书馆社会泛在服务对馆员能力提出的新要求，公共图书馆需要着力建设一支智慧馆员队伍。他们既具有图书馆领域的专业知识，熟悉采编、典藏等基本业务，又掌握智慧技术，能够熟练应用数字化及多媒体技术为读者提供个性化服务；既具备沟通交流的能力，可以胜任项目管理以及团队合作等任务，又可在阅读推广实践中进行融媒体运营、活动组织管理以及营销等方面的工作。因此，成为多学科交叉融合背景下的复合型人才，将是生成式人工智能时代智慧图书馆对馆员的职业要求。

为了满足这些要求，公共图书馆馆员必须不断提升信息素养水平、增强信息意识和能力、坚守信息伦理原则，从而更好地应对大数据和人工智能所带来的风险挑战。对馆员开展信息素养教育培训，并进行系统的业务培训，可以使其适应提供个性化服务的新技术，从而提升馆员的综合能力。另外，还要培训图书馆员工如何为残障人士提供服务，了解适应各类残障群体的术语和需求，以确保图书馆服务对每一个人都是开放和包容的。

3. 区域发展差距给公共文化服务均等化带来挑战

联合国教科文组织/国际图联在《公共图书馆宣言》中指出,每一个人都有平等享受公共图书馆服务的权利,而不受年龄、种族、性别、宗教信仰、国籍、语言或社会地位的限制。在我国,公共图书馆作为国家公共文化体系建设的重要内容,承担着重要的文化建设功能,零门槛、全开放、均等化是公共图书馆服务的重要特征,也在一定程度上反映了我国经济社会发展水平。但是,公共图书馆本身的资金来源方式和管理体制,使得区域及城乡之间知识获取和信息利用的"数字鸿沟"在公共图书馆领域普遍存在,并随着新技术在图书馆领域应用的深入而不断变化。公共图书馆的发展,仍然存在城乡、区域不平衡不充分的问题,财政投入有待加强,服务质量效能有待提升,资源汇聚能力有待强化。国内公共图书馆如何借助大数据、人工智能、区块链等新一代信息网络技术,在不同发展水平的区域和城乡之间统筹协调,推动资源和信息共享水平提升,不断提高服务质量以适应不同地区读者需求,是我们必须认真思考的问题。

四、信息技术助力公共图书馆阅读推广发展历程

随着经济和社会的发展,特别是信息技术的快速发展和在社会各领域的广泛应用,我国公共图书馆的阅读推广工作也搭乘信息技术的快车,对知识服务和社会教育等服务内容和工作方式进行了不断改革。Web1.0 时代,纸质阅读变革为 PC 阅读;Web2.0 时代,数字阅读、移动阅读成为重要的阅读方式;Web3.0 时代,智能阅读、虚拟阅读、场景阅读、立体阅读有望在元宇宙数字空间成为新的阅读模式。适应读者新的阅读方式和阅读习惯的改变,公共图书馆必须顺势而为、不断创新,从而在大阅读时代肩负起推广全民阅读的重任。

(一)Web1.0 兴起——传统图书馆进入自动化发展阶段

图书馆自动化系统主要指图书馆自动化集成系统(ILAS)和 Interlib 图书馆集群自动化管理系统在图书馆的应用和发展。ILAS 在我国公共图书馆中的开发应用始于 20 世纪末,是由深圳市图书馆组织和开发的一套系统,经过不断发展探索,已成为我国实用性最强的图书馆自动化集成系统。Interlib 图书馆集群自动化管理系统是新时代背景下应运而生的一个文献信息管理系统,它采用 B/S 模式与开放式相结合的多层结构体系,在 Internet 信息技术的支撑下实现了对传统业务和大量数字资源的管理。ILAS 和 Interlib 系统在国内公共图书馆领域的广泛

应用和快速发展，使公共图书馆进入 Web1.0 时代，它使公共图书馆的服务方式产生了重要变化，为以后公共图书馆功能的转型奠定了基础。与信息来源相呼应，在图书馆 1.0 时代图书馆的业务主要以管理纸质馆藏为中心，在 Web1.0 兴起后，图书馆利用新技术结合已有的 MARC 标准和元数据进行图书馆业务自动化的改进，开启图书馆自动化的发展阶段。公共图书馆自动化业务的引入和开展，极大地提升了公共图书馆业务的服务能力，使得以前单纯依靠固定场馆和有限人员提供的面对面知识服务的部分功能可以依靠机器来实现，从而为公共图书馆阅读推广奠定了物质和技术基础，增强了公共图书馆在群众中的影响力。

（二）数字图书馆拓展公共图书馆阅读推广新途径

随着信息技术的进步和资源数字化的发展，图书馆进入了 2.0 时代。图书馆 2.0 是 Web2.0 在图书馆的应用或者认为是 Web2.0 的思想对人们研究与改进图书馆数字化服务的一种认识与思考。此时的互联网，已从 Web1.0 时代的网页浏览过渡到网页创建者和网络用户互动交流的开放平台，网络使用者可突破图书馆有限物理空间的限制，在不同时空实现信息资源的共建、共享和个性化定制网络信息服务。在这一时期，各类型图书馆纷纷建立数字图书馆项目，保存数字资源，拓展数字化服务新路径。数字图书馆要求以新的方式执行传统图书馆的功能，包括新型信息资源、新的采访和馆藏发展方向与方式（尤其是有更多的资源共享和电子订购服务）、新的存储与保存方法、新的分类和标引方式、与用户新的交互模式、对电子系统和网络更多的依赖性，以及图书馆在人员智力构成、组织和经济等方面的显著变化。数字图书馆的发展拓展了传统公共图书馆馆藏内容，使得虚拟馆藏成为馆藏资源的重要组成部分；同时，随着电子信息资源的增加，公共图书馆建立了新的资源采集标准，开辟了读者服务新渠道，刷新了读者对阅读空间的认知，使得知识获取和资源信息的利用不再局限于固定的场所，而可以是任何有计算机网络的地方，如家里、工作单位以及其他场所，从而大大拓展了公共图书馆阅读推广的途径。

（三）智慧图书馆开辟公共图书馆阅读推广新场景

随着 2019 年 6 月 6 日工信部向 4 家运营商发放了 5G 商用牌照，我国正式进入了 5G 商用时代。作为一项基础性技术，5G 凭借其强大的大宽带、低延时、高可靠性，给用户提供了极致体验，并催生了多种类型网络架构和智慧型组网技术的创新。网络与计算机技术、安全可信技术、虚实融合技术、智能交互技术等新技术方兴未艾，正在深刻改变人类社会的生产方式，重塑我们生产生活的形态。万物互联、大数据、人工智能等相关信息技术的高速发展，使人类社会快速迈入一个普遍智慧化的时代，或者称为 Web3.0 时代。面对新技术的挑战，数字化图书馆已不能满足越来越多的数据类型和 IT 应用的需要，公共图书馆必须在资源建设和服务模式上顺应数智技术的变化，做出相应的调整和变革，于是智慧图书馆应运而生，公共图书馆也随之进入了智慧化的图书馆3.0时代。刘炜等从图书馆业务需求的角度，提出了 5G 在智慧图书馆建设中的 10 个应用场景，分别为无感借阅、导览导航、超清全景互动直播、智慧书房、智慧场馆、云课堂、精准推送、机器人服务、智能安防监控以及区域联盟服务协同。程罗德认为，智慧图书馆围绕人、物、信息和智能等核心要素，运用数字孪生、3D、XR、区块链等核心技术，融合 2D 数字图书馆和 AI 智能图书馆，构建虚实共生的 AI+3D+VR 元宇宙智慧图书馆场景。无论是在哪种场景中，智慧图书馆都将极大地提升读者在利用公共图书馆知识资源进行教育学习和交流分享中的沉浸式体验感，从而有利于公共图书馆打造以用户为中心、虚实融合的阅读推广新场景。

第四节　提升阅读推广服务成效的措施和效果

一、提升阅读推广服务成效的具体措施

（一）基于阅读推广主体的优化建议

1.培养阅读推广人员创新型思维

大多数的宣传都是如在馆内张贴通告或者微信公众号、官方微博等。但是由于这种宣传吸引力大，也正是因为这种宣传吸引力大，才会让很多人认为自己已经进行了阅读推广，但是这也存在一系列问题，由于开讲座，发布公告等这些方式都较为普遍且较为传统，并不能在阅读推广上和其他的公共图书馆区分出来，便显得较为千篇一律。因此我们可以不仅仅利用微信公众号、海报等宣传，也可以通过和各社会组织机构进行合作，如在休息站旁设置二维码，扫码免费领图书，让人们在休息的时候也愿意花时间去读点书，这样不仅可以利用好碎片时间，也可以使得群众对图书有更深刻的印象。

对阅读和推广内容关注度不高的人群大多忙于生活和工作，对阅读的需求也

不是很高，且大多数没有阅读习惯。怎样才能让这种阅读习惯更好地养成？对于此类群体可以利用碎片化时间使其意识到阅读的重要性。如现在交通便利，人们上下班大多是乘坐地铁，可以在地铁每次行驶过程中穿越过的大屏幕那里附上相关的阅读书籍推荐、阅读推广活动介绍等，让人们在坐地铁时也能感受到生活离不开阅读，久而久之，潜意识会在一定程度上督促其进行一定量的阅读。此外，火车站、地铁站，甚至机场都会有播放视频的大屏幕存在，一般情况下播放的为一些航空公司的介绍、城市的介绍或者美食介绍、电视剧等。如果从这一点入手将其换成相关的阅读推广视频，既可以让人们打发时间，也在一定程度上使得人们加深了对阅读的印象，潜意识里觉得需要阅读、阅读很重要。还可以通过加强图书馆与其他行业的合作在一定程度上进行阅读推广的宣传。

2. 构建专业人才体系

阅读推广工作看似是一个并不难的工作，但是也需要专业的团队去完成才能达到更好的效果。基于上章的调查显示，大部分的图书馆工作人员并不是科班出身，很多都是其他专业。在这一点上公共图书馆可以进行改进，如加大对专人才的投入，通过专业对口、严格的考核制度筛选出更加合适的专业型人才。加大对应届毕业生的培养，选取对口专业的学生，从基层培养，不仅仅满足于课程中的教程，更需要在工作中对其进行专业化培训，同时提高专业人员的服务意识，作为图书馆工作人员本身就是一个服务类的人员，因此需要有较强的服务意识，培养一定的耐心和承受力。

3. 优化公共图书馆人员配置

图书馆属于事业单位，大多数人员也是通过相关编制考试等方法进入到图书馆工作的，但是由于编制有限，有时候需要请一些编外人员来进行帮忙，这就需要将两类群体统一对待，特别是编外人员更需要给予其归属感，才能使其更加愿意为图书馆事业乐于奉献。此外，即使是外请的编外人员也需要对其专业性进行考虑，绝不可因为其是编外便降低要求，对专业人员降低要求也是导致图书馆阅读推广工作怠慢的原因之一。此外还需要考虑阅读推广人的奉献意识，图书馆作为服务于读者的机构，一定要有奉献精神和服务意识。这是作为一个图书馆工作人员最基本的意识，这就需要图书馆不断对相关工作人员进行疏导，工作中难免会遇到一些不尽如人意的事情、不易沟通的读者。但既然选择了这个行业就该提前做好这样的心理准备。因此在人员配置上也需要注重，避免人员质量的高低不齐。

（二）基于阅读推广内容的优化建议

1.对阅读推广的内容进行分类

通过阅读我们可以了解自己所未知的世界，从书籍中去感悟人生的道理。当代信息网络发达，人们更加愿意去走马观花式地阅读，却很少有人能够沉下心来，用心去品味一本书。阅读推广的方式也有很多种，推广的内容也是五花八门，但是阅读推广的意义并不是仅仅注重推广，也需要注重内容，注重优质的内容。因此图书馆在实行阅读推广工作时应在注重推广效果的同时注重推广的质量。如面对学生群体可以推荐有利于学习的一些书籍，比如关于学习方法、拓宽思维类的书籍，帮助学生更方便地去学习，以更正确的方式去学习。对于青年群体可以推出一些类似交流之道、如何提高情商等类别的书籍。青年群体大多已步入社会，对其来说更重要的是与人交际。因此这类书籍将会对其有一定的作用，书籍的内容值得学习并运用到生活中。对于老年群体，可以推荐关于养生健康的书籍，这类书籍中的内容需要老年群体去学习，有利于保养更加健康的身体。

2.丰富馆内藏书资源满足更多读者的需求

首先，在资源建设中，要投入充足的经费。要在图书馆的整体财务预算中，把公共图书馆的文献采购经费也计算在内，这样就可以使得资金更加充足。由于面对的读者群体较多，因此需要根据不同读者的特点提供适合的馆藏资源供其使用。这就要求公共图书馆根据群体的不同特征及时识别出什么样的读物最适合哪一类读者，最可以激起读者的兴趣，且给读者的生活带来积极正面影响，这就需要公共图书馆在书籍采购上提高采购量，增加采购的种类，定位好读者的需求，在满足各类读者需求的基础上购进适当的书籍供读者借阅。拒绝千人一面，做到根据读者的不同提供不同的书籍。

（三）基于阅读推广渠道的优化建议

1.阅读推广应充分结合地方特色

由于每个地区都有自己的文化特色，如上海地区地处华东一带，有着悠久的历史，上海的公共图书馆所需要做的就是将当地特色纳入阅读推广中去，如由于中国共产党的诞生地是上海和嘉兴，因此可以在建党周年时大力推出红色文化与上海文化相结合的党政类书籍。使人们更加了解中国共产党的同时也更加了解上海。各个区也是一样，可以将当区的特色和阅读推广相结合，使得读者对推广内容印象更加深刻，有利于提高群众对阅读推广活动的认知度和满意度。地方公共图书馆要充分发挥地方特色和效益，突出优势和影响因素，使他们的本土文化及其影响因素充分参与到推广阅读活动中，结合当地特色可以保障和促进图书馆阅读推广工作的进行，并对以后的阅读推广发展也具有积极作用。

2. 与政府部门建立合作关系

推广全民阅读是关系到国内教育和阅读水平的重要因素，也是提高全民族文化水平的重要手段。近年来，国家对于全民阅读工作的高度重视和认识程度不断提高，政府相关部门也加大了对阅读推广工作的支持力度，资金方面，公共图书馆在经费不充足的情况下也该适当地向政府申请。政府及其相关的部门组织参与到公共图书馆的全民阅读宣传教育活动中，可以很好地调动各级图书馆参与全民阅读宣传教育活动的主体积极性，且由于政府及其相关的部门信息力强、号召力强、更具有权威性，在倡议全民阅读的过程中可以起到重要作用。

二、阅读推广的传播效果

（一）从子弹论到适度效果论

大众传播效果的早期研究认为，大众传播具有不可抵挡的强大力量，受众接收到大众传播的讯息就像中弹或药剂注入身体一般，这种理论被形象地称为"子弹论"或"皮下注射论"。这种观点如今看起来不可理喻，但在当时出现确有其历史原因，并且对阅读推广有着重要影响。在科技与媒介发展并不成熟的时候，阅读是人们为数不多的休闲、学习方式，人们渴望阅读、向往阅读。这一时期的阅读推广活动确实颇具成效，读书会、巡回文库等阅读推广形式颇为流行，受到读者的广泛喜爱。随着时代和科技的不断发展，传播学研究持续深入，"子弹论"被推翻，学者普遍认为大众传播的效果是有限的。这一时期，人们休闲娱乐、学习进修的方式也不断丰富，阅读不再是唯一选择，阅读推广遭遇瓶颈。后来，学者提出"适度效果论"，这也与全民阅读的提出和阅读推广的进一步发展不谋而合。自 2006 年《关于开展全民阅读活动的倡议书》发布以来，全民阅读和阅读推广受到持续关注，并逐步上升为国家发展战略。2023 年我国成年国民对全民阅读品牌活动的参与度达 67.5%，较上一年度增长了 0.8 个百分点，阅读推广影响力持续扩大。

（二）传播效果的影响因素

阅读推广是一个复杂的传播过程，传播效果受多方面的影响。传播主体、传播媒介、传播技巧、传播对象等因素都对传播效果有着不同程度的影响。人们对不同传播主体的接受度是不同的，传播主体的可信性和权威性越高，人们对它所发出信息的接受度越高。公共图书馆具有较高的权威性和美誉度，相比其他机构，公共图书馆发起的阅读推广活动更容易被读者接受。公共图书馆在开展阅读推广活动的过程中，也要注意维护图书馆形象和信誉度，形成良性循环。不同传播媒介的传播效率和传播广度不同，也会对传播效果产生深刻影响。网络媒体特别是移动网络媒体，相较于报纸广播电视等传统媒体具有传播速度快、传播范围广、反馈及时等特点。传播学学者麦克卢汉说："媒介即信息。"使用新媒体开展阅读推广活动，也会使读者感觉公共图书馆的阅读推广形式新颖、活动新潮，从而增强对年轻读者的吸引力。

公共图书馆在进行阅读推广传播时也要注意传播技巧。传播技巧是指传播者为达到传播效果所使用的策略方法等。传播技巧的使用并非一成不变，传播者应该根据不同情况灵活选择使用何种传播技巧，例如明示结论或使用春秋笔法、诉诸理性还是诉诸感情等。

传播对象的属性也会对传播效果产生影响。传播对象的属性包括年龄、性别、文化程度、职业、性格、社会经历等。所以，阅读推广活动在策划阶段就要考虑目标读者的特点，有针对性地进行阅读推广传播，重视意见领袖的作用，从而尽可能增强传播效果。

（三）阅读推广效果的评价

阅读推广效果是阅读推广传播的一个重要环节，也是衡量阅读推广活动成效的重要指标。学界对于阅读推广效果评价方面的研究较少。对于不同形式的阅读推广活动，其效果评价方法也有所不同。对于有明确可计算参与人数的活动，如线下读书分享会、知识讲座、线上阅读打卡、知识竞答等，可以以参与人数作为衡量标准。对于没有明确可计算参与人数的活动如线上好书荐读等活动，可以通过微博微信文章阅读量、转发量、点赞数等数据综合作为衡量标准。另外，还可以通过发放读者问卷等方式，收集读者对于阅读推广活动的评价来衡量效果等。阅读推广活动的效果并不都是即时效果。有时读者看到阅读推广活动或信息并没有立即开始阅读，但是这已经在他们心中埋下了一粒阅读的种子，当合适的时间到来种子自然会发芽。这是潜移默化的力量，而阅读推广的此类长期效果是难以评价的。

第五节 公共图书馆阅读推广组织结构的优化

一、图书馆组织结构的影响因素

从 20 世纪 30 年代起，国际图书馆界开始关注图书馆组织结构，至今已有将近百年的历史。总体上，学者们坚守"图书馆是一个生长着的有机体"的基本定律，普遍认为图书馆组织结构需随时代发展产生适当的变化，但学者们在探讨影响图书馆组织结构变革的因素时，观点各不相同。

（一）技术进步

早在 2007 年，Hoseinpour 就认为通过在组织中使用技术，管理者可以做活动和改善其行政组织的战略目标。有学者在调查了 50 位馆员参与的实证研究中指出有机结构是最理想的结构，技术是决定组织结构的关键因素。他们认为重复技术是阻碍组织结构转型的最大阻碍，必须从改变重复技术开始推动组织结构向更灵活、更柔性化的组织发展。我国学者虽也认同技术因素在组织结构中的重要性，但较关注技术发展作为一种环境因素推动着内部组织结构的变革。胡沈秋馆员总结指出计算机技术和信息技术促使传统的图书馆业务工作流程发生变化，组织技术的多样性导致了组织的分化，互倚性催生了学科馆员和专项小组的出现。

（二）组织文化与战略

20世纪中期，组织文化逐渐成为组织行为研究主题，影响着组织理论的内核。1957 年，美国社会心理学家、管理学家提出强调严格管理员工的"X 理论"和关注员工自身诉求的"Y 理论"，两种截然不同的理论都落在了人本身，展现出关怀人性本身的组织理论，开始出现强调形成共同价值推动发展的研究。有学者提出缺乏将组织凝聚在一起以追求共同目标的上级目标，是组织适应变化速度如此之慢的主要原因。在随后的研究中，组织文化作为图书馆战略资源的论断被反复强调，在外部环境发展的冲击之下，以组织文化作为激发馆员积极性和组织创造力是一种强而有力的管理手段。但学者们通过对图书馆的实证研究发现，图书馆组织文化的构建仍存在较大的提升空间。Krisellen Maloney 等人就急剧变化时代下的组织文化偏好调查提出图书馆组织内部现行的组织文化限制了他们的管理效率。而我国学者开展的一项高校图书馆与公共图书馆的对比调查也同样显示，组织文化建设对图书馆未来发展的重要性认识还有待进一步加强。组织文化作为重要的无形资产可有效带动图书馆服务水平的整体性提升。

（三）新环境发展

组织结构与业务息息相关，用户需求变化和应对环境发展的要求下诞生的新业务对图书馆组织机构也提出了新的要求。国外图书馆在较早时期已经开始探索新业务、新环境下对图书馆组织结构变动的调查研究。早在 2004 年，Wyatt 和 Edward 通过研究纽约公共图书馆拓展服务功能，指出公共图书馆需要构建新的组织结构模式才能使得图书馆的核心业务和其他业务之间的资源分配更合理。同时，组织结构影响着创新性服务的提供。管理学家 Fariborz Damanpour 在 20 世纪 90 年代的研究中已经证明组织结构是组织实现创新的主要原因之一。在 2015 年时，Ronald C.Jantz 在一次美国研究图书馆调查中同样证实了这一观点，同时提出增加探索性的活动和建设跨职能团队可提高创新的效果。国内外的图书馆在对业务岗位、部门的设置中存在差别，但不可否认的是，国内外学者均认同适应环境变化的、灵活性强、专业性强的职能部门能为图书馆新业务开展提供便利。我国学者贾东琴认为在新环境下图书馆应当将传统采编部进行升级和重组，同时她在对国内外高校图书馆组织结构进行对比分析的基础上，指出我国图书馆的升级与重组应该关注用户体验与教育，为了更好地提供可满足用户多元化需求的服务，非常有必要设置用户研究或体验相关部门，同时需要加强营销部门建设，制定并策划营销项目计划，承办各种宣传与推广活动计划等服务。

2018 年，我国学者陈丽娟等通过对比中美研究型大学图书馆的岗位设置，发现美国高校图书馆较国内的用户服务岗位设置，其内容更加广泛，并且较早开始设立了专门的用户教育部门，按需设岗的特征明显，因此提出了图书馆针对服务营销、阅读推广等业务发展变化应当设定该类新兴岗位进行专门的业务管理。无独有偶，刘莎莎在 2021 年时从共性、差异性和特点对新加坡公立大学图书馆组织结构进行梳理，提出为了彰显图书馆职能，需要建立有利于规范化和整体化的专门的图书馆营销管理部门，将阅读推广、服务营销等工作整合。与此同时，面对未来不断变化的服务环境，组织的灵活性也有助于图书馆在新常态中成长。从 2019 年开始，公共图书馆受到新冠疫情的巨大影响，也迫使组织管理者重新审视组织自身应对新变化的能力。2022 年，德拉萨大学图书馆副馆长 Christine M. Abrigo 对图书馆管理者等人进行了调查，总结并指出：一个高度适应和随时变化的图书馆不仅能够生存，而且能够在困难时期茁壮成长，强调了灵活变通对于未来图书馆发展的重要性。

（四）阅读推广

阅读推广作为图书馆创新业务的重要部分，对于组织结构的影响已经日渐显现。2015 年，范并思教授提出了公共图书馆阅读推广的四大发展趋势，其中就包括了图书馆阅读推广部门边界消失。他认为，随着公共图书馆服务的发展，阅读推广从具备部门特征又发展成不再有鲜明的部门特征。阅读推广从图书馆内某一部门的附带工作发展到特定部门的专门工作，直到如今，阅读推广则成为全馆共同参与的重要业务内容。正如新加坡南洋理工大学图书馆员蔡发翔、阮阳在 2007 年发表的文章中谈论图书馆如何应对断裂性的快速变革时，列举了南洋理工大学的案例，该校图书馆为了努力让用户知道图书馆新增的服务，而强化了图书馆向外的结构，新增了图书馆推广部以制定和实施各种宣传扩大活动；晋江市图书馆的王筠筠在晋江市 2018 年的"阅读风尚我引领"巾帼志愿服务活动中发现公共图书馆阅读推广采取"部门联动，馆校合作"的服务模式。嘉兴市图书馆的郑闽辉也在 2020 年的"分地阅读"推广活动中指出公共图书馆地方文献部门对于拓展地方文献阅读推广可进行的策略调整，可见传统的文献部门也需要参与阅读推广工作，并非专门的阅读推广部或活动部才有开展活动的任务要求。鉴于阅读推广具有跨部门的特性，肖红凌表示阅读推广制度建设应摒弃按部门划分的做法，从活动本身出发，考虑需要规范的要素，基本包括资源、馆员、读者、空间、管理五大要素。同时，有学者发现跨部门合作在活动实施时存在各种各样的问题。2021 年，牟来娣在对阅读推广背景下高校阅读推广跨部门协同类型的分析中，发现跨部门协作存在缺乏协同共识、制度化保障等弊病，并从权责关系、制度化、激励机制及技术保障支持提出改善策略。

二、阅读推广导致的组织结构变革分析

（一）权变理论视角下的公共图书馆组织结构变革

公共图书馆的管理方式选择可根据多种因素而转变，权变因素理论的引入有利于厘清当前公共图书馆所面临的内外部环境变化，从而做出恰当的管理行为。

由以上调研可知阅读推广的发展壮大导致组织结构形成时期或变革时期的组织结构被破坏，但新的组织结构未形成，大部分公共图书馆固守原有的机械式组织，无法支撑阅读推广的发展。

1. 战略变化

公共图书馆组织结构形成时期亦是阅读推广开始萌芽的阶段，但此时的公共图书馆办馆宗旨在于收集古今中外图书以供民众阅览。也因早期的图书馆工作内容简单，以图书借阅为主的工作目标决定了其并不需要很大灵活性，"重藏轻用"的特征明显，反而对控制图书外借程序、设定读者阅览图书的规则有更高需求。因而在布局组织结构时也可看出，各馆围绕文献处理、借阅等过程来设置馆内部门，静态推广任务也仅是辅助性工作而非主导。走向阅读推广时期的公共图书馆的发展重心从"藏书"走向了"以人为本"。以《通用章程》为例，章程规定，图书馆旨在"保存国粹，造就通才，以备硕学专家研究学艺、学生士人检阅考证之用，以广征博采供人浏览。"保存图书的重要性可见一斑。而如今全民阅读大背景下的公共图书馆更多以"一切为了读者"作为本馆的办馆宗旨，由此开展了一系列多元化、创新性及普适性强的阅读推广活动实践，也匹配更灵活、柔性的组织结构进行更好的管理。

2. 技术变化

在技术因素上，组织结构形成阶段的公共图书馆的常规性服务也决定了对稳定性的趋向，职责界限清晰的岗位设置形成权责匹配的组织结构，便于管理者统一管理。随着文献的增多，当时的公共图书馆通过规范化的章程界定各部门收集图书、编目、借阅、修缮等任务，使公共图书馆事业在发展初期能稳步地完成对外业务，读书会、图书荐阅等简单的推广活动也并不需要投入过多的管理成本。如今的阅读推广服务与过去常规性业务有极大的区别。图书馆对阅读推广类型、目标人群或服务目标的选择，涉及图书馆开展阅读推广的动机分析。如追求多样化类型活动、特殊人群服务的公共图书馆则需要以不断创新来保持阅读推广的活力，宽松的管理环境、允许跨部门的合作和注重馆员培训指导工作可充分发挥馆员的创新能力。而有些公共图书馆愿意与政府、馆外机构展开合作，依托节日与生活热点开展大型的区域性活动，此时的阅读推广需要的组织结构则跳出了馆内管理范畴，需要有专门的统筹部门或项目小组对外完成项目的合作洽谈，对内妥善管理阅读推广的任务分工。

3.环境变化

在环境因素上，晚清至民国的中国社会面临急剧变革，有识之士认为："改良社会实践不一术，而效果莫捷于图书馆"。各地图书馆也在此背景下纷纷建立，以便对民众进行识字教育从而实现"救国"。此时的公共图书馆正经历从无到有、从封闭到开放、从部分开放到全社会开放的历史过程，直至21世纪后才基本完成。再者，组织结构形成阶段的阅读推广样态与今日所定义的阅读推广有很大区别，当时民众需求等其他因素对图书馆建设的影响也并不突出。如今的社会发展环境依旧面临着重大的变革，阅读推广工作从形式、内容到概念的内涵与外延都发生了巨大的改变，需要建立更加专业的人才队伍或部门、对参与阅读推广的人员进行更规范化的管理等等。

4.规模变化

在规模因素上，可具体到公共图书馆的服务规模和建设规模。于服务规模而言，在公共图书馆组织结构形成阶段中公共图书馆收藏的书籍、馆员及服务民众也越来越多，部门也因业务扩展而增加，带来了管理难度的提升，书面化的规程制度也应运而生。对比20世纪初期和中期的图书馆章程，后者的规定从简单的办事规则逐步扩充至层级递进的总体组织规程、各部办事通则及各部办事细则等。以统一的规定简化复杂问题，按章程办事也成为了当时馆员们处理问题的标准答案，图书馆章程也协助管理者有序带领公共图书馆完成近代化时期的发展转变并走向稳定。于建设规模而言，此时的公共图书馆建设追求的是从无到有，因而此时的建设规模因素影响有限。如今的公共图书馆的书籍、馆员和服务民众同样在不断增长，但更关注读者需求的变动。每一位读者的需求都是值得去尊重的，这就要求图书馆开拓多元化的新型服务，但此时通用性的规程制度显得不那么适用，需要以监督性质的制度替换绝对的标准化，以更好地发挥馆员的主观能动性。

（二）阅读推广导致的公共图书馆组织结构变革总结

我国公共图书馆长期以机械式组织进行管理。从公共图书馆出现开始至现在，由于公共图书馆的业务一直以静态服务为主，除常规性的图书借阅外，还包括了民国时期阅读推广活动中的展览、图书推荐等静态阅读推广，直至组织结构变革时期，公共图书馆阅读推广活动在平日也以静态推广居多，因而在管理上一直注重静态组织结构的建设，对组织内成员采取层级式的集中控制。时至今日，公共图书馆意识到动态阅读推广活动的意义，但部门间缺乏沟通、决策速度缓慢等问题导致公共图书馆在面临新型服务时，难以有效提升整体阅读推广服务水平。

管理者追求组织系统的相对稳定性，但绝非一成不变。无论是过去金字塔式的直线式、职能式，又或灵活柔性的矩阵式、网络式，都存在依各类因素变化而权变的管理行为，权变程度不同最终呈现出来的组织结构也不同。机械式组织的公共图书馆会因为业务需求增添部门，选择在原有组织结构不变的前提下以横向管理规模扩大的形式应对需求变化，又或通过增加职能部门来降低馆长的管理难度，如二分职能式结构的出现。而当管理幅度扩大到难以使用现行结构运作时，新的组织结构模式应运而生，矩阵式结构与网络式结构以部分或全部灵活管理的形式构建组织结构，整个管理系统都保持了因需而变的柔性。但在追求柔性管理的同时公共图书馆也需要考虑内部管理的习惯。阅读推广的新发展提出了新的管理需求，阅读推广要求的灵活机变成为了公共图书馆组织结构走向柔性的有机式组织的最大推动力。阅读推广从组织结构形成时期开始萌芽，采用直线式或直线职能式组织结构进行管理适应了当时的公共图书馆发展环境。在内外部环境处于剧烈变革的如今，传统的公共图书馆组织结构已不能妥善应对阅读推广的新发展需求，当阅读推广服务与原有部门职能脱节时，管理者需要及时地适当调整自身组织结构。

若从两种基本组织结构类型上去对比，在机械式组织管理下的阅读推广，每个项目的创意选择、活动策划、全局部署、项目评估和项目总结步骤都需要管理层的领导和控制，但结合发展实际来看，依赖自上而下管理的推广活动并不能很好地适应读者的多元化需求，无法及时对外界环境的变化做出最直接的反馈。因此，通过对三个阶段的公共图书馆组织结构研究可知，公共图书馆虽以机械式组织管理为主，但在阅读推广服务的影响下，向有机式组织发展趋势下的公共图书馆出现了许多隐性的柔性管理措施作为组织结构选择的过渡，这些柔性的管理措施所形成的新的内部协作与分工模式便是阅读推广组织结构，他们打破了机械式组织下的僵化，可有效促进阅读推广的发展。

三、阅读推广组织结构优化策略

（一）战略因素

在战略层面上，需要明确阅读推广发展战略。组织结构是为了达成既定目标而形成的，因此公共图书馆应明确馆内阅读推广发展目标，同时让所有的馆员都对该目标有清晰的认知。倘若公共图书馆的阅读推广发展目标是带动区域性的阅读推广协同性发展，如总分馆体系下的总馆，则需要在内部建立相应的统筹部门，部门功能注重协调。而若馆内注重创意服务的发展，则更需要能调动馆员们的积极性，活动决策权利的放松与适当的激励制度都能够促进战略的实现。

（二）技术因素

在技术层面上，加强阅读推广培训。可从构建宽松的交流环境出发，打破部门间几乎零沟通的僵局，如定期进行相应的馆内阅读推广头脑风暴的会议，给各部馆员充分的交流机会，强调阅读推广并非活动部或少数人的责任，应当充分发挥每个馆员的能动性。也可鼓励馆员参与图书馆协会的阅读推广培训，与优秀"阅读推广人"交流，促进与他馆的合作，均可有效促进馆内阅读推广创意的持续输出。

（三）环境因素

在环境因素上，公共图书馆应注重拥抱新技术的发展，依托新技术来改善机械式结构带来的管理封闭。公共图书馆意识到可依托多媒体技术开展线上阅读推广活动，与此同时，技术力量也可影响内部的组织结构的调整。诸如企业微信、钉钉、飞书等社交软件可帮助公共图书馆打破部门间的沟通壁垒，几乎可实现与面对面交流同等效果的业务沟通，在不同馆员面对非自己开展的活动时也可向相应的馆员进行反馈，更能及时响应读者的诉求。甚至活动的审批也可放在线上执行并进行存档，提高活动效率的同时方便后续的复盘与监督。有能力的公共图书馆还自行开发项目系统，如佛山市图书馆项目管理系统可完成馆内的项目申报、活动审批、召集项目负责人、总结项目等流程，能协助公共图书馆实现馆内活动的公开与透明，值得其他公共图书馆参考和学习。

（四）规模因素

在规模因素层面，需要改变僵化的规章制度和适度发展"图书馆＋"模式。需求在变，服务也在变，更需要动态管理的原则和基础服务的章程，过度的条条框框难以让馆员充分发挥主观能动性来满足读者的需求，在短期内完全改变原有的机械式状态并不现实，因而从优化规范制度的角度出发，让部门自主管理，允许其自由开展业务的规定显得十分必要，而此时需要规范化的地方则集中在"自由开展业务"的基础上加强对活动流程的总结和监督，让阅读推广服务在合乎公共图书馆服务合理性审视下有序进行。在不断融入柔性化措施的同时，也能有效促进未来实施阅读推广组织结构的整体性转变。而在建设规模上，在"第三空间"

理论的影响下，公共图书馆新建、扩建或改造，空间建设如火如荼，拥有条件的图书馆能为阅读推广创建更有利的发展空间，甚至可减少因资源限制而导致的不同部门开展活动时面临的矛盾和冲突。而条件有限的公共图书馆则可能会受到一定的限制，在如今社会条件相对稳定的情况下，管理者应鼓励馆员跳出规模限制，采取"图书馆+"的形式能在一定程度上缓解建设规模受限带来的创新管理难题，参考"图书馆＋公园""图书馆＋博物馆""图书馆+IP"等方法来实现阅读推广活动内容、形式等方面的创新。

第七章 公共图书馆职能的拓展与发展方向

第一节 公共图书馆职能的坚守与拓展

一、现代图书馆职能的演变

1949 年 10 月 1 日，中华人民共和国成立，标志着帝国主义、封建主义、官僚资本主义统治在中国的崩溃和百余年来的半殖民地半封建社会的结束，中国历史迎来了新纪元。中国图书馆也步入了新的历史发展时期，虽然发展是曲折的，但总体上是前进的，图书馆职能，总体上也是呼应社会历史发展来发挥的。

（一）建设时期（1949—1977 年）

这是由这一时期规定的服务对象、任务决定的。中华人民共和国成立后，国民经济得到恢复，图书馆事业也进入了建设时期。为此，国家出台了一系列相关政策法规。例如，1955 年，文化部发布《关于加强和改进公共图书馆工作的指示》，明确规定了图书馆的定位，公共图书馆是以书刊对人民进行爱国主义与社会主义教育的文化事业机构。

（二）发展时期（1978—2000 年）

1978 年中共十一届三中全会，确立了改革开放的基本国策。1992 年，我国开始确立社会主义市场经济。改革开放和经济建设成为这一时期两项"头等大事"，我国的图书馆事业也进入了稳定的发展时期。宏观层面上，国家出台了一系列指导图书馆的纲领性文件，依照时间顺序，主要有：1980 年，中央书记处通过的《图书馆工作汇报提纲》。1981 年，教育部颁发的《中华人民共和国高等学校图书馆工作条例》。1982 年，文化部发布的《省、（市、自治区）图书馆工作条例》。1987 年，中宣部、文化部等联合下发的《关于改进和加强图书馆的工作报告》。1990 年七届全国人大通过新中国第一部著作权法《中华人民共和国著作权法》。1992 年，中共中央、国务院《关于加快发展第三产业的决定》出台，文件中明确提出，咨询业和信息业是发展第三产业的重点。微观层面上，由于国家制定了一系列促进图书馆事业发展的方针政策，图书馆事业经费投入大幅增长，办馆条件明显改善，图书馆工作逐渐走向标准化、规范化。各类图书馆管理体制逐步健全，图书馆教育空前发展。1949至1977年，只有北京大学和武汉大学培养图书馆专业人才，1977年国家恢复高考招生，1978年6月，教育部在武汉召开会议，制定关于加强高等学校图书资料工作的意见和图书馆学专业教学方案。

自1978年开始，有大批高校设置图书馆学专业，如山西大学、内蒙古大学、湖南大学、上海师范学院、复旦大学、辽宁大学、安徽大学、解放军第二军医大学。1978年，武汉大学和北京大学图书学开始招收硕士研究生（图书馆学、目录学）。国际交流活动日益频繁，随着信息化、网络化时代的到来，国家开启科教兴国战略，改变了图书馆的资源结构和服务方式，在这一历史发展时期，图书馆的各项工作主要围绕服务国家改革开放、市场经济和科教兴国战略，图书馆的基本职能主要体现在呼应社会需要或是政府正式出台相关政策中。这一时期，学界开启对图书馆职能的专门研究，北京大学和武汉大学合编的《图书馆学基础》，提出图书馆的职能：传递科学情报，提高科学文化水平、思想教育、保存文化遗产。吴慰慈、邵巍编著的《图书馆学概论》，认为图书馆的职能：社会文献流整序，传递文献信息、开发智力资源与进行社会教育、搜集和保存文化遗产。这些研究成果至今仍是我国图书馆的立馆之本与决策的理论依据，也是我国现代图书馆成熟发展的象征，与国际图联在1975年提出的保存文化遗产、开展社会教育、传递科学技术情报、开发智力资源的图书馆"四职能"基本上一脉相承，而且还有所发展。

（三）繁荣时期（2001年至今）

进入新千年新世纪的时刻，整个国家站在一个新的起点上，经过改革开放20多年的奋斗，我国改革开放程度进一步提升，社会主义市场经济体制基本建立，科教兴国战略成效显著。中国图书馆在这一时期发展已经不是量的增长，而是质的飞跃。党的十六大提出全面建成小康社会的奋斗目标和任务，国家将公共文化服务体系建设作为全面建成小康社会的战略目标之一，文化建设与图书馆息息相关。进入新时代，我国社会的主要矛盾已经转化为人民日益增长的美好生活需要和不平衡不充分的发展之间的矛盾，人民不仅对物质生活有更高的要求，对文化和精神生活也有更高的要求，中国图书馆事业也进入了新时代。它意味着我国公共图书馆从总体上已经完成了借阅、典藏等传统的基本任务，图书馆进入了一个新的繁荣发展周期。党的十七大将"覆盖全社会的公共文化服务体系基本建立"确立为发展目标。《中华人民共和国公共文化服务保障法》颁布和实施，公共图书馆建设与发展纳入公共文化服务体系的语境平台。

党的十八大以来，确立了构建现代公共文化服务体系在文化建设中的重要地位。《中华人民共和国国民经济和社会发展第十三个五年规划纲要》，明确指出把构建现代公共文化服务体系作为全面建成小康社会决胜阶段的一项重要举措。推动文化事业和文化产业发展，完善公共文化服务体系，深入实施文化惠民工程，丰富群众性文化活动，是党的十九大提出的新要求。在此期间，党中央还提出建设学习型社会、和谐社会的社会发展目标，这也是对图书馆更好发挥社会职能的要求。《中华人民共和国公共图书馆法》自2018年1月1日起实施，立法宗旨对中国特色公共图书馆事业在新时代什么方向前进，坚守什么发展原则和服务理念，承担什么历史重任等都做出了明确指引，公共图书馆在满足人民对精神文化日益增长的美好生活需要，在解决发展不平衡不充分方面，有了方向和定律。这一历史时期，图书馆最主要的职能是文化保障、文化服务、文化传承、文化教育、文化创新。

党的二十大提出，从现在起，党的中心任务就是全面建成社会主义现代化强国，实现第二个百年奋斗目标，以中国式现代化全面推进中华民族伟大复兴。"中国式现代化是中华民族的旧邦新命，必将推动中华文明重焕荣光。"图书馆是国家文化发展水平的重要标志，是滋养民族心灵、培育文化自信的重要场所。在建设社会主义文化强国、建设中华民族现代文明的奋斗和实践中，中国图书馆事业应该如何发展，图书馆的职能如何趋向和定位，这是我们每个图书馆事业的建设者从现在起就急需要研究的问题。我们要坚持正确政治方向，弘扬优秀传统文化，创新服务方式，推动全民阅读，更好地满足人民精神文化需求，为建设社会主义文化强国再立新功。

二、公共图书馆的职能作用

（一）信息咨询功能

公共图书馆是社会咨询的中心所在，当今社会信息技术飞速发展，公众时刻都被包围在信息网中，加之各类信息监管较为困难，许多人都存在被负面信息困扰的问题，问题一时难以解决，心理上又难以接受，很容易会出现各种心理问题，而图书馆作为公共咨询中心，可以用专业的知识帮助公众认清事实、缓解压力。众所周知，公共图书馆具有浓厚的文化气息和广阔的信息资源，并可以依托这些资源为公众提供必要的咨询服务，从生活常识到医学法律，从就学择业到社会纠纷，都可以利用图书馆馆藏资源获得帮助。公共图书馆通过这种咨询服务可以解决社会问题，缓和社会矛盾，从而推动地区经济社会发展，维持社会和谐稳定。随着信息时代的到来，社会公众利用图书馆查阅文献资料的习惯也随之改变，如今的图书馆也不再是读者获取信息的唯一来源，公众获取各种所需信息的渠道数不胜数，各种信息的来源变得复杂，信息的质量也是高低不一。过多的信息源会使社会公众处于一种迷茫的状态，特别是一些垃圾信息多数时候是无法避免的。这样反而会使社会公众陷入一种选择的困境，过多的无用信息增加了社会公众选择所需信息的难度。图书馆必须变被动接受为主动出击，发展交互式的咨询服务，同时把自己作为信息的整理者来看待，尽最大努力来减少社会公众筛选信息的时间，真正将服务深入到公众需要的地方，大力开展网络咨询服务，实现文献传递和资源的远程访问。

（二）收集文献资源和提供借阅服务

《中华人民共和国公共图书馆法》第二章和第三章都明确指出，各级公共图书馆都具备文献资源的收集整理职责，并同时向公众提供资源借阅服务。公共图书馆需要收集各类图书、期刊、报纸、音像资料等，对其进行整理、分类、上架和管理，为读者提供免费的借阅服务，使读者能够充分利用图书馆的资源，提高阅读素养和知识水平。同时，在中华优秀传统文化复兴的今天，公共图书馆对于地方文化资源的收集整理也起着重要的作用。结合本地的历史和文化，对地方文献进行系统的收集整理和展览等工作，保护和传承当地的优秀传统文化，宣传和推荐地方特点文献，妥善保存具有本地特色的文献信息资源和非物质文化遗产是公共图书馆为实现文化振兴必须履行的重要职责之一。

（三）引导公众阅读

一个国家一个地区的文化决定着社会公众的文化认同感，在文化强国的大背景下，公共图书馆要注重强化社会公众的文化认同感。读书是提高个人品德修养和社会发展进步的有效途径，图书馆可以通过各种形式的馆内外读书活动来倡导全民学习，引导市民在学习中获得更多的知识和信息，增强社会公众提高城市文化水平的意识，形成浓厚的文化学习氛围，以此推动城市文化品位的提升。公共图书馆可以通过一些奖励机制来吸引社会公众增加阅读时间，比如：通过各种软件的打卡功能，只要在图书馆所在区域打卡次数超过要求次数就可获取图书馆定制发行的书签、明信片、钥匙扣等奖品,既能在一定程度上宣传图书馆所在区域的独特文化,又能引导社会公众的阅读习惯与阅读品位,还能提升公共图书馆在社会上的认可度。公共图书馆还可以通过举办读书会等活动,组织公众就相关图书进行学习与探讨,激发公众的阅读热情与学习热情。此外,公共图书馆可利用与出版社、供书商的关系,邀请畅销书作者举办读者见面会,提高图书馆在读者中的影响力。

(三)文化职能

一个国家的社会文化传播有很大一部分得益于公共图书馆的普及。图书馆对于传统文化具有保存功能,对于古书文集、历史文献的保护保存和人类文明的延续发挥了极大的作用,同时也具备了文化传播的功能。随着信息技术的发展及其在图书馆中的应用,图书馆成为一个超越时空限制的、大规模的数字图书机构,数字图书馆的发展为我国各地的文化传播以及教育普及带来了新的方式。

(四)智库功能

党的十九大报告强调了文化强国建设与国家文化软实力建设的重要性,从国际社会看,越来越多的国家加快了文化建设的步伐,公共图书馆作为文化发展的重要基地尤其受到重视,图书馆的智库功能得到前所未有的发挥。图书馆拥有海量的信息资源和各领域成果显著的专家学者,既有经验也有经费,具备智库建立的基础条件,图书馆应当紧跟时代发展的脚步,开展智库服务。目前,在我国经济发达地区,部分公共图书馆已经开展了面向政府和企业的智库服务,如上海图书馆和陕西省图书馆等,取得了较好的进展。公共图书馆要建立智库服务,加强与政府相关部门的合作,在政府相关部门意识到智库重要性的基础之上,建立图书馆智库功能与政府相关部门的联系,形成一个稳定和谐的互动平台,为图书馆智库参与政府治理提供基础条件。图书馆智库相关组织也要加强自身建设,提高自身能力,并加强自身运作的规范性,积极为社会建设提供建议,增强智库在社会公众中的可信度。同时,图书馆的智库组织也要依据本地传统建设独具特色的智库系统,并依据这些特色服务打造独属于本地区本馆的核心竞争力。

(五)社会教育职能

公共图书馆是一个面向社会公众的公开、公益的教育场所,具有社会教育的职能,对大众进行社会教育是其基本任务。知识经济时代,个人的知识量与知识结构决定了其在社会上的竞争能力。公共图书馆必须根据社会发展和社会政策的变化，不断调整自己的管理机制。当前，国家大力倡导全民学习和全民阅读，公共图书馆有责任向社会公众提供学习资源。随着信息更新速度的加快与传播速度的蔓延，公众已经不能满足于只追求自身主动所需要的信息，人们更加注重对自我教育的更新，而公共图书馆正是人们进行终身自我教育的最佳场所。公共图书馆要依据当前教育市场的发展及社会的进步，不断调整及完善自身的功能，改变图书馆的工作中心，逐渐转变以提供资料为服务中心的思想，将为全民提供素质教育及终身教育作为主要职能。图书馆开展的很多面向残疾人、农民工、老年人等部分低文化水平者的专项教育活动非常有必要。这些活动可以大大减少信息检索和知识获取的不便，更好地让人们公平自由地获取信息，使文化能够最大限度地被消费。此外，在信息爆炸时代，各种信息良莠不齐，书籍报纸等种类烦琐、质量不一，图书馆工作人员有必要帮助公众挑选，指导大众读书。不仅仅是图书馆，现在很多机构、自媒体都不定期地举行此类活动。只有这样，才能向人们提供符合社会发展要求的精神食粮。

（六）创新职能

党的十九大报告提出，要创新发展传统文化，让中华文化走近大众，改善民俗文化。各地公共图书馆在保护当地物质文化遗产和非物质文化遗产的基础上，应对当地有特色的文化广泛收集，在保护的基础上创新发展，结合现代社会的发展特色及世界各地文化，开办文化展览活动，开发数字资源。各地为了更好地为大众提供服务采取了不同的创新方式。广东省为了促进图书馆资源更好地流动，由广东省图书馆出资，在几个主要县级图书馆放置定量书籍，一段时间后再进行流通，这样几个县级图书馆可以实现图书资源的最大化，实现资源共享，使基层群众接受更多的文化熏陶和文化知识。此外，南方几个发达城市，如上海、杭州等，还通过建立面向所有人群的免费开放的公共图书馆，以及为残疾人和老年人免费送书等，创新发展了图书馆服务。

三、公共图书馆文化传承职能的坚守

（一）从受教育者的角度分析

公共图书馆为受教育者（读者）提供习得优秀传统文化的平台。针对流浪汉入馆而遭到其他读者投诉的事情，杭州市图书馆馆长褚树青一句"我无权拒绝他们入内，但你可以选择离开"的答语，简短有力且富于智慧和人性的光辉。马斯洛将人的需求分为两大类：保障生存安全的物质需求，追求自我价值实现和超越的精神需求，共 5 个层次。"物质追求是人的自然本能，而精神追求却需要社会引导和规范。"按照梁漱溟先生的"人生三路向说"，充分发展物质条件以充分解决"人生路向一"才是人生的本来路向，为什么"流浪汉"会在"保障生存安全的物质需求"尚未充分满足的情况下，"勇敢"地走进图书馆呢？一方面，这说明社会进程的快速发展和变动，使所有社会成员都面临知识更新的需求，都面临"追求自我价值实现和超越的精神需求"。另一方面，这种情况对图书馆来说，是一个"福音"，表明"不断学习已成为……必需，教育尤其是继续教育（终生教育）就显得更为重要……图书馆是进行这种教育的重要场所"；也表明公共图书馆开展社会教育的前提条件已基本具备，那就是有一批热爱学习的人，因为"虽然图书馆教育在形式上是主动的，但实质上是处于被动的地位，取决于读者的现实需要，是读者通过自我教育完成的"。图书馆向所有受教育者（读者）开放，是否意味着图书馆已经发挥了教育职能？答案当然是否定的，原因就在于"让社会公众自行选择知识学习的文献和内容，在自身的成败过程中获得经验，通过比较、选择，最终获得最有效的收益，这是一种理想化的图书馆服务过程设计。在特定的高文化素质人群，如科研工作者群体中，或许是可行的。但在当代社会公众文化水平相对薄弱的环境中，盲目地硬搬理想主义的教条则显然是不合时宜的"。公共图书馆在社会公众终身教育中的导引职能，与前文提及的"精神需求需要社会引导和规范"是一脉相承的。从浩如星汉的社会文化产品中把传统的和当代的优秀文化推荐给读者，发挥主流公共文化的内向整合作用，需要从强化图书馆的教育职能出发；也就是在此意义上，我们说公共图书馆为受教育者提供了一个习得传统文化的平台。

（二）从教育者的角度分析

首先，受教育者（读者）从公共图书馆获取习得传统文化的方法和知识。电影《心灵捕手》里有一句台词："你花一万五所受的教育，用一块五就能在公共图书馆得到。"如何评价这句话？单从一般实用的角度来看，图书馆的馆藏资源涵盖了基本的人类知识，这句话是对的；但从教育学的角度来看，这句话是错的，因为知识就在那里，而你却未必能从图书馆的"知识漩涡"里找到；找到了也未必能理解，理解了也未必敢相信。"昂贵"教育中最重要的是教育者！在公共图书馆文化传承实践中，显性但是次要的教育者是图书馆。之所以显性，原因自不待言；之所以次要，是因为"没有任何'证据'可以证明图书馆员比读者来得高明，也没有任何'原理'可以说明图书馆员所提供的精神食粮要优于读者所选择的"，而且公共图书馆与学校、社会上的其他专业教育机构的"重大差异是不具备专门的教育工作者队伍，组建专业工作队伍的目的也不是让图书馆员'转身'变为教师"，所以正是由于专业队伍的原因，"在图书馆学界，图书馆的教育职能曾引起了质疑，认为用教育的观点来看待图书馆服务是存在局限的"。在不是由馆员主导的公共图书馆文化传承中，隐性但是主要的教育者是"馆藏文献"和社会智力资源。"文献"是公共图书馆教育职能得以实现的主体，是教育三要素之教育者的主体，而公共图书馆在此过程中的职责就是为受教育者找到好的"老师"。

经过历史检验的优秀传统文化，在图书馆是以文献为载体存在的，能留存下来的传统经典文献虽然只是极少数，但绝对数量也是惊人的。就单个公共图书馆而言，传统文化传承要依托馆藏资源的深厚积累，以及切实了解自身所服务的用户群的特定需求。从图书馆行业整体来看，传统文化传承已经成为图书馆的基本社会责任。举凡中华优秀传统文化中有利于促进社会和谐、鼓励人们向上向善的思想文化内容，以及讲仁爱、重民本、守诚信、崇正义、尚和合、求大同等核心思想理念，以及自强不息、敬业乐群、扶危济困、见义勇为、孝老爱亲等传统文化美德，它们以"文献"为载体，经过图书馆的整序、挖掘，成为了传统文化经典的"经典施教者"。

其次，公共图书馆教育职能的履行，是通过有效地调用社会专家资源进行的，并通过两个途径来弥补图书馆教育能力的不足：以相关知识背景的学科专家为主、多种因素共同作用的文献评价和文献取舍；聘请各学科领域知名专家以讲座、研讨等形式，直接传授传统文化知识和学习方法。

（三）从教育影响的角度分析

公共图书馆的优秀传统文化传承是多方共赢的社会教育活动。国家文化安全和文化软实力得到切实维护和显著增强，人民群众文化素养全面提升，中华优秀传统文化的生机与活力进一步激发，而公共图书馆通过传统文化传承，既推广了文献资源，也提高了社会地位。

四、公共图书馆职能的拓展

公共图书馆的管理职能需要完善，并且不断提升服务的质量，侧重点在于使文化教育资源更加普及。

（一）公共图书馆普及文化教育资源

由于我国在农村的公共图书馆建设较为缺乏，并且农村对图书馆的教育需求非常迫切，一定要加大对农村公共图书馆和少儿图书馆的建设，普及公共的文化教育资源，设立专项的文化扶贫工作基金。选择文化和经济较为落后的农村，在居民区和图书馆之间修缮道路，提供专门的交通服务工具。尤其需要增设学校内的图书馆，拓展农村学校图书馆的图书资源和教育渠道，开展读书活动，加强农村的文化教育基础设施建设，给农村的学生提供一些免费图书资源。

（二）提升公共图书馆的服务质量

提高公共图书馆的服务质量有助于促进图书教育资源的普及。首先，提高图书的服务质量需要重视对图书的阅读指导服务，特别是加强图书的咨询服务工作。其次，还需要对图书馆内庞杂的图书种类进行信息化的管理，帮助读者快速找到所需要的图书，提高找书的效率，避免让读者为找书消耗过多的时间。由于公共图书馆内的读者众多，需要塑造一个良好的阅读环境，给读者提供一些基础的茶水服务和饮食服务，能够帮助读者在阅读的同时得到较好的休息。

（三）促进图书馆员的素质水平提升

图书馆员需要加强专业的培训教育，并且需要丰富图书馆员的经验，才能够提高为读者提供服务的水平。图书馆员的门槛也可以因此提高，综合素质水平也能够提高，图书馆员自身需要主动学习，提高学习的自主性。也需要分析图书馆员的自身情况，并且做到结合实际需要，以及需要对图书馆员进行分层管理和培训。除此之外，我国需要重视图书馆员的工作，提高图书馆员的职级，并且需要专业的准入制度和相关的考试政策。

（四）更新图书馆的管理模式

公共服务图书馆的管理模式不能停留在过去，需要引入信息化的工具或者信息化的软件，加强图书网站的建设，完善图书馆的管理模式。为不同类型的读者和不同年龄段的读者，提供个性化的服务，通过图书馆信息化管理模式的建设，能够让读者选择有针对性的图书教育资源，并且还可以提高图书活动的参与积极性。让更多的人加入读者的社区，并且在社区内还可以交到一些具有共同兴趣爱好的书友，促进图书教育资源的普及，提高图书资源的利用效率。

（五）解放思想以及加强宣传

我国的经济一直在快速地发展，大众对社会教育的兴趣也变得越来越高，我国的图书馆事业也得到了非常迅速的发展，但是很大一部分人不知道该地区的图书馆位置，这样就会极大地对图书馆的社会教育功能起到限制的作用。图书馆员一定要进一步的解放思想，可以使用公告板等相应的宣传工具，促进读者的专题讨论会以及信息用户等专题讨论会的进一步发展，保障公共图书馆在大众的终身教育以及文化娱乐当中起到作用。

（六）与学校以及社会共同运营

为了更好地创建图书馆的品牌，公共图书馆一定要密切地关注社会热点以及教育发展的趋势，使得图书馆工作与教育更好地融合，不断扩大自身的生存以及发展空间。我国的人口非常多，可以利用科教兴国的战略培养比较多具备创新意识的高素质人才。图书馆一定要大力响应这一要求，利用其良好的社会声誉，充足的文献资料，优越的地理位置以及完备的设施等，积极地寻求与学校以及社会教育机构的良好合作机会，以设置职业技能、函授教育、社会教育培训基地以及专业技能教育课程等，保障公共图书馆更好地发展为一种社会教育机构，集培训、学术教育、计算机以及其他的一些新技能培训与各种各样专业技能培训于一体的具体场所。比如，可以设置各种各样的讲座、书画课、音乐欣赏以及舞蹈课等。在实施各种各样教育以及培训的过程中，公共图书馆一定要树立相应的品牌意识，重视培育以及发展自身的强项，按照自身特点以及优势，和当地的实际经济社会发展情况相结合，打造一些具备较大影响力的社会品牌。只有这样，才可以在科技飞速发展以及竞争激烈的信息社会当中立足，才可以实现更加健康的发展。

（七）重视内涵建设

建设一支具备社会教育能力以及技能的人才队伍，属于图书馆开展各种各样社会活动以及树立自身品牌的前提以及基础。在信息化的社会发展中，公共图书馆一定要承担社会教育的一些重要任务，需要具备一支良好思想意识以及技术水平的人才队伍，因此图书馆一定要重视内涵建设，使得图书馆员的素质得到提高，培养以及重视内部人才的发展，与此同时，一定要吸引广大优秀的社会人才。目前，劳动分工逐渐完善化以及专业化，因此一定要强化对图书馆员专业知识的持续性教育，研究相应的思想政治理论，还需要重视其他相关知识以及技能的培训。除此之外，我国的高科技一直在不断地发展，新学科也在不断地涌现，图书馆员一定要强化学习，保障自身处在社会的最前沿。

第二节 公共图书馆的发展方向

一、数字化发展

新时期公共图书馆数字化是充分融合当下社会发展中的多媒体技术、信息技术以及网络通信技术而形成的集信息化、便捷化、科技化于一体的新型公共图书馆。综合看，对新时期公共图书馆数字化的内涵理解就是不同于传统的公共图书馆，新时期的数字化公共图书馆大多依托网络信息技术，做到资源共享、知识共享，不仅方便人们查找或者阅读不同的书籍，同时利用数字化信息技术将信息收集到数据库，不仅保证了数据的准确性和及时性，还能够解放相关的管理人员。因此，在社会不断发展变化的过程中，人们对于公共图书馆的要求也在不断变化，相关建设人员要紧跟社会的发展步伐，以满足公共需求，利用良好的方式，快速建设新时期数字化的公共图书馆，从而有利于知识共享，促使社会不断发展和完善。

公共图书馆从本质上来说，就是集合了各种各样的书籍于一体的公众阅读场所，如果将新媒体信息技术和网络科学信息技术与当下的图书馆进行结合，充分建设属于新时期的数字化公共图书馆，这在一定意义上能够推进我国公共图书馆的良性发展。信息技术及网络技术能够推进公共图书馆的网络化传播，从而能够打破由于时间或空间而造成的阅读限制，真正实现了没有时空限制、随时随地进行阅读。传统的公共图书馆采用的是刷卡阅读形式，而真正实现公共图书馆的数字化，人们阅读就没有过多的限制，可以随时随地进行线上阅读、线上借阅以及线上还书。这不仅能够满足大众的碎片化阅读，还能够促进当下我国公共图书馆的不断完善。总的来说，新时期的公共图书馆数字化建设集合了网络化、数字化以及共享化等特点于一体，真正满足了我国社会快速发展变化的需求，符合大众多样化的阅读要求，实现了资源共享、知识共享，从而能够推进公共图书馆建设，进一步加快我国社会的发展和进步。因此，相关人员要不断运用理论知识结合实践经验，加快推进新时期公共图书馆数字化建设，以满足大众的需求变化。

（一）基础设施

"工欲善其事，必先利其器。"新时期，公共图书馆数字化建设发展应重视物质环境的建设，加大资金投入，引进相关设备，完善基础设施，为图书馆的健康、长远发展提供保障。比如，馆内环境创设，一些公共图书馆并不具备支撑数字化建设的硬件环境，只是在部分阅览室或办公室引入了智能化设备，且彼此互不关联，因而整体的数字化建设水平不高，类似"半数字化"的现状。

首先，在工作中可以简单地利用数字技术分类存放图书，管理文献资源，然而随着工作的开展，图书、文献越来越多，积案盈箱，图书和文献混杂在一起，既没有根据内容进行归类，也没有根据馆藏资源的性质进行区别，导致馆藏资源混乱。新进的图书、文献更难以进行合理的分类、储存，难以融入管理系统。因此，图书馆需要提高重视程度，完善基础设施。

其次，图书馆的各类资料存储间，要做好基本的防火、防潮、防盗、防虫蛀等工作，定期打扫卫生、去污、消毒，还要配备烟雾报警器、灭火器、清洁用品等辅助性设备。

最后，有的图书馆通风透光性能较差，为了保证图书、文献不失真，延长存放时间，需引进恒温、恒湿机，以保证室内温度在14℃至24℃之间，上下温差不宜超过2℃；湿度应该在45%～60%，上下湿度差不宜超过5%。每天的上午9点和下午5点，记录图书馆内的温度和湿度。每天下班后，图书馆内要切断电源，关好门窗，日常用品放回原位。控制室非管理人员不得随意进出，如需查找资料，在获得领导同意后，登记信息，才能进入。

（二）丰富资源

数字化图书馆，本质上是传统图书馆与数字化技术的结合，其最终目的是实现图书馆管理、服务及存储的一体化运行。数字化图书馆既保留了传统图书馆的文献资源建设空间，又为文献资料的引入开辟了其他渠道，对保障馆藏资源的完整性起到了重要作用。数字化图书馆的构建，侧重于图书、文献资源的检索功能，以及由传统服务升级而来的数字化参考咨询服务。智能库的核心是建设民主、自由和智慧的信息管理平台。无论是信息资源体系，还是智能库的建设，都离不开先进的软、硬件设施设备。硬件方面，包括计算机显示屏、光纤、无线传输介质、交换机、路由器、网络适配器等。软件方面，包括操作软件、程序语言与开发工具、数据库管理软件、通用应用软件、专用应用软件等等。在数据库建设方面，要增加数据资源的丰富性、动态性，重视区域网络的建设。而在信息检索方面，要做到人性化、智能化、数字化，方便读者高效查询。此外，对于部分可向外公开的资料，要进行严谨有序的整理，深入挖掘开发，从而尽可能拓展资料的使用价值。此外，图书馆数字化建设，需要重视反馈机制，在日常工作中加大宣传力度，并积极增设信息反馈渠道，如线下意见箱、建议栏、留言板等等。在网络管理系统中，可以设置线上信息反馈系统，这一反馈系统应涵盖资源储备、服务状态、活动开展、环境布局等多个模块。

（三）管理方法

高效、便捷的管理方法，是新时期公共图书馆数字化建设的重要一环。图书馆数字化建设，在智能化设备和数字化系统的基础上，还需要优化管理方法，以符合数字化系统的运行逻辑。管理方法在本质上不存有高低之分，只要符合图书馆的工作所需，即是高效的方法。因此，无论采用何种管理方法，出发点均是提高图书馆的工作效率和服务质量，要完全立足于图书馆的实际情况，尽可能拉近图书馆与读者之间的距离。在具体工作中，要在现有的基础上，不断完善图书馆的管理制度。制度是在长期工作实践中总结出的管理条例，至关重要。在相当长的一段时间内，图书馆的管理制度都较为僵硬，人性化思想渗透不足，管理过程中的被动性十分明显。管理的目的是"不管"，所谓"不管"，即工作人员在日常工作中能够自觉忠诚于岗位，自愿履行义务，承担责任。

与此同时，图书馆工作人员要在工作中表现出个人的主观能动性，主动发现工作中的不足，主动反馈缺漏项，在与管理人员交流后，及时改进不足。基于此，图书馆的数字化建设管理制度也需要与时俱进，而融入人本管理思想是关键所在。在完善管理制度和具体开展管理工作时，要能够做到兼容并蓄，将绩效考核、人事管理、网络数据、安全管理等纳入其中，以保障图书馆数字化建设的有序推进。

（四）发挥所长

21 世纪是信息大爆炸时代，以互联网技术为代表的信息技术全面、深入、具体地被应用于社会生产的方方面面。当前，人们的日常生活与工作已经离不开信息技术，离不开各类移动终端产品，离不开网络环境的覆盖与支持。在这样的时代大背景下，图书馆管理工作应当正确看待、观察及思考网络环境下人们阅读方式发生的变化，结合自身实际情况，充分应用信息技术，建设资源丰富、信息准确、检索高效且充满开放和自由气息的现代化图书馆。客观来说，在网络环境尚未全面覆盖人们的日常生活之前，图书馆是广大人民群众获取信息、查找资料及交流互动的重要场所。图书馆在广大群众生活、学习中发挥着重大作用，扮演着不可替代的角色，因而图书馆内总是人来人往，座无虚席。网络环境下，图书馆的唯一性渐渐被削弱，广大群众通过网络即可满足日常的信息获取需求，对图书馆的依赖性有所降低。值得一提的是，网络环境在给图书馆带来挑战的同时，也带来了全新的发展机遇。信息时代，网络信息如潮水一般滚滚而来，虽然体量巨大，应有尽有，但同时良莠不齐、真伪难辨。可以说，人们在网络上获取信息，与其说是获取，不如说是对信息进行甄别。

而图书馆拥有丰富的资源储备和完善的信息梳理、加工流程，在数字化建设中，可立足"快、准、全"三点来开展工作。快，要求提高服务效率，快速检索，节约读者获取信息的时间；准，即图书馆进行信息筛选，自动剔除无用、虚假、低价值的部分，去芜存菁，直奔主题和要点，为读者提供高质的信息；全，即信息获取的全面性，图书馆在信息横向扩散和纵向挖掘上拥有全面性。图书馆数字化建设，要求引入新型的设备和器具，并注重提升工作人员的数字化意识和业务水平。

（五）优化服务

按需服务，尊重个体。不同年龄、职业的读者对图书馆的需求各不相同。以青年读者群体为例，青年读者是伴随数字化技术的普及而成长起来的一代人，他们的生活与工作往往与网络世界紧密关联。但是，网络并非尽善尽美，在很多情况下，网络信息真伪难辨，且在涉及某一领域较为专业的知识与技能时，难以提供有力的支持。针对这类青年读者，图书馆可以为其提供需要的信息，以帮助他们在生活和工作中快速成长。同时，图书馆可以结合读者反馈和咨询服务的内容，定期汇总后筛选出"热点话题"，对青年读者关心、关注的话题，开展相应的主题讲座，让图书馆"活"起来，实现社会教育和公益教育的结合。

与此同时，图书馆可以鼓励青年读者展示自我，如根据青年读者的阅读倾向，设置文学、艺术、医学、科学、社会等方面的兴趣小组，让青年读者在阅读中找到志同道合的群体，以图书馆为起点，将理论与实践相结合，让青年读者的研究热情拥有施展的舞台。公益性、平等性、多元性是图书馆的基本属性，公益性与平等性通过管理制度可以轻松落实，多元性则需要在数字化背景下推动图书馆的立体化建设。图书馆不仅是知识的宝库，还可以成为社交平台，开放性实验室等。此外，部分青年读者进入图书馆，是为了更好地约束自我，如通过阅读增广见闻，拒绝无用的社交和网络游戏。随着社会的多元化发展，不同的读者对图书馆的定位、认知和需求不同，在数字化时代，图书馆应该根据读者的具体需求，提供个性化服务。

（六）完善细节

相对于其他活动，如刷视频、唱歌、聚会等，阅读和学习对环境的要求更高，对环境中细节部分的要求也更多。生活中的大部分活动趣味性较强，不枯燥，更适合用于打发时间，而阅读不仅需要注意力高度集中，大脑皮层保持活跃，还不能分心做其他事情，因此，阅读时间一长，读者就会感觉到疲惫。现实生活中，很多人错误地认为阅读只需要安静地坐在角落中，肩不挑、手不抬，怎么会感到疲倦？事实上，专心致志地阅读十分消耗人体的能量，也十分挑战人的意志力。

图书馆数字化建设需要与阅读推广紧密结合在一起，而阅读推广又需要完备的细节，以提高图书馆的服务质量。之所以强调要完善环境中的细节，是希望通过这些细节帮助人们减轻疲劳感，让整个阅读过程更加充满趣味性，从而延长读者的阅读时间。比如，阅读室可以根据实际情况，错落布置若干绿植，并根据季节的变换，放置不同类型的植物；又如，在阅读室旁边设置休息室，让读者疲惫时可以在休息室内小憩、交流。部分读者好动，长时间保持坐姿后，可以到室外的林荫小道散步，及时放松。图书馆还可以设置多款式的座椅，满足不同群体的需求。此外，一些基础设施，如电源插孔、Wi-Fi、洗手间、热水、随身衣物柜、区域指示牌、垃圾桶等，也需要一应俱全，确保读者在图书馆感到舒适、贴心和便捷。

二、绿色化发展

随着时代的发展，绿色图书馆与时俱进，积极以绿色与可持续发展理念开展基础建设、日常管理、资源建设、信息服务、阅读推广及环境教育等工作，打造良性的图书馆生态。国际图书馆协会联合会（International Federation of Library Associations and Institutions，IFLA）提出"绿色与可持续发展图书馆"的理念，即考虑环境、经济和社会的可持续发展，遵循科学、合理的可持续发展议程的图书馆发展理念。

IFLA 大力倡导"绿色与可持续发展图书馆"理念，于 2002 年发表《图书馆及其可持续发展的声明》，号召图书馆践行可持续发展理念，于 2009 年成立环境可持续发展与图书馆特别兴趣小组，于 2016 年设立绿色图书馆奖，支持全世界图书馆开展绿色环保活动。美国图书馆协会（American Library Association，

ALA）高度关注绿色图书馆的发展，陆续制定相关决议文件，倡导图书馆的可持续发展。此外，ALA 还成立联合国 2030 年可持续发展目标工作组、ALA 国际关系圆桌会议可持续图书馆发展兴趣小组、ALA 理事会可持续发展委员会等组织，推动图书馆的可持续发展。

位于美国佛罗里达州的温特帕克公共图书馆与美国环境组织塞拉俱乐部的一个分支机构于 2008 年联合举办"Going Green Fair"展会，吸引线上线下的零售商通过赞助的方式践行绿色环保理念。位于纽约市的布鲁克林公共图书馆与当地社区合作成立 Greenpoint 图书馆和环境教育中心，面向当地居民开展生态环境科普活动。

（一）全面推动普及可持续发展理念

公共图书馆应积极使用可生物降解产品，节约水、电、纸张等资源，对消耗性办公用品用具进行废物处理，最大限度地减少自身对自然环境造成的负面影响；引导馆员参与学术研究和案例分享，为图书馆的绿色与可持续发展规划蓝图；引导读者认识到减少碳排放的重要性，鼓励他们骑自行车出行、以走楼梯代替坐电梯、阅读绿色环保主题图书、对垃圾进行分类；制定绿色线上打卡等相关激励政策，对认真践行绿色与可持续发展理念的读者进行奖励；开展"走读城市"系列活动，引领读者亲身了解城市的绿色发展现状及新兴环保技术的实践应用情况；与有关部门和机构建立合作关系，打造长效、持续的环境教育服务品牌。

（二）利用科技手段对馆舍进行绿色改造

公共图书馆应利用科技手段对馆舍进行绿色改造，以减少碳排放。公共图书馆可重点使用木、钢等可回收建材构筑低碳建筑结构体系，利用先进的建筑技术保障建筑结构的稳固、耐用；利用自动化技术优化馆内照明、通风、制冷、制热等系统，减少能源消耗；利用数字化技术对馆藏资源进行数字化处理，开展线上线下相结合的借阅服务；利用通信技术宣传普及空气污染治理、生态环境保护等方面的知识，建设城市生态文明专题数据库，吸引读者关注城市的可持续发展。

（三）构建绿色图书馆动态监测体系

目前，大多数公共图书馆由于编制限制，无法聘请专业的碳排放管理员（在企事业单位从事二氧化碳等温室气体排放监督、统计核算、核查、交易和咨询等工作的人员）。因此，建议公共图书馆组建可持续发展专项小组，由办公室牵头，从馆内各部门抽调资源建设、阅读推广、后勤管理等岗位的专业人才参与相关工作。可持续发展专项小组应定期监测公共图书馆的日常碳排放数据，及时调整绿色图书馆的运行状态；探索闲置图书资源的回收与再利用方式，以"互联网+"模式提高闲置图书利用率；安排专人负责收集和保存图书馆可持续发展相关信息，为其他可持续发展项目提供信息支持；不断扩大绿色阅读推广范围，积极关注留守儿童、残障人士、高龄老人等弱势群体的阅读状况。

第三节 公共图书馆提升服务品质，实现高质量发展

公共图书馆是我国重要的公共文化场所和服务机构，为广大人民群众提供丰富的知识信息和文化服务，满足其多样化需求。随着信息技术的不断发展和社会形势的不断变化，人民群众对公共图书馆的服务要求也越来越高。习近平总书记在党的二十大报告中指出，高质量发展是全面建设社会主义现代化国家的首要任务。在此背景下，公共图书馆需要不断创新和改进，提高自身公共文化服务的水平，满足人民日益增长的精神文化需求。

公共图书馆是知识的储存和传播中心，为广大人民群众提供图书、期刊、报纸、影像资料等各种资源。通过提供免费的阅读和借阅服务，公共图书馆帮助人们获取知识和信息，推动了社会的教育和文化发展。公共图书馆的存在使得知识和文化不再是少数人的特权，而是人人都能享有的文化权益。

公共图书馆不仅是提供图书借阅的场所，还是人们学习和交流的重要场所。公共图书馆通过举办各种文化活动，促进了人们的相互交流，增进了人们的社交联系，增强了社区凝聚力。公共图书馆的作用不仅能提供知识，还能营造城乡文化氛围。

公共图书馆是培养人们阅读兴趣和提高其文化素养的重要场所。通过提供丰富的图书和文献资源，公共图书馆引导人们培养良好的阅读习惯，并让他们了解如何获取和利用信息。公共图书馆通过举办培训班、公开课、讲座等活动，帮助人们拓宽知识获取渠道，提升文化素养，提高其在社会中的适应能力和竞争力。

一、服务模式创新

（一）社区参与

在《中华人民共和国公共文化服务保障法》《中华人民共和国公共图书馆法》

及其他公共文化服务相关政策文件当中均有明确条文鼓励和引导社会参与公共文化服务。当前情况下，大部分公共图书馆在如何引入社会力量，如何与社会力量开展合作方面还停留在探索阶段。对于社会力量参与公共图书馆服务，不妨从社区参与开始做起。社区参与是一种重要的服务模式创新，通过鼓励社区居民参与公共图书馆的服务规划和决策，可以提高服务的针对性和满意度。通过举办社区读者座谈会和开展问卷调查等方式，了解读者的需求和反馈意见。通过社区志愿服务，缓解公共图书馆人力和资金压力。开展社区参与，需要因地制宜，符合当地实际情况。

（二）创客空间

创客空间是在公共图书馆内部设立的创意工作区域，由公共图书馆提供创意工具和资源，以激发读者的创新能力和想象力，促进公共文化服务机构与社会力量的合作。建设创客空间可以极大地丰富公共图书馆的服务内容，如3D打印、激光雕刻等技术设备和工具的提供，不仅能够满足读者的创意需求，还能够支持读者参与社区合作项目，提升读者的学习和交流体验。创客空间是新型公共文化空间的一种代表形式，依据城市发展规划和公共图书馆实际情况，按照"规模适当、布局科学、特色鲜明、形态多元"的思路建设新型公共文化空间，满足群众对公共文化服务的多元化需求。

（三）分析人群类型，推广活动精准化

图书馆应该针对不同年龄群体的读者提供不同的服务内容，包括提供适合不同年龄段读者阅读的图书、期刊、报纸等，开展不同形式的阅读推广活动，为不同年龄段读者提供满足其阅读需求的服务。通过分析不同类型读者的阅读兴趣、阅读习惯、阅读历史等数据，为读者提供个性化和精准化的书籍和活动，增强读者的体验和满意度。针对儿童服务，为儿童读者提供适合他们阅读的图书、期刊、漫画等，开展富含童趣的阅读推广活动，如儿童读书故事会、手工制作活动、绘画展等，吸引儿童读者的兴趣和参与；针对青少年，为青少年读者提供适合他们阅读的图书、期刊、杂志等，开展有关学习的阅读推广活动，如青少年读书分享会、讲座、写作比赛等，激发青少年读者的阅读兴趣和创造力；针对成人，要考虑到成年人的工作、生活需要，为成人读者提供有关职场、育儿、心理辅导等方面的图书、期刊、报纸等，着重开展一些无时间限制和空间限制的线上阅读推广活动，提高成人读者的参与积极性；而对于老年人服务，由于老年人的身体和精

力有限，要为老年读者提供易读易懂的图书、期刊、报纸等，开展养生讲座、健身活动等，满足老年读者的阅读需求和文化娱乐需求。此外针对残障人士这一特殊人群，要提供无障碍阅读服务，推广数字阅读，如盲人图书馆、有声图书、电子图书等，让残障读者也能够享受阅读的乐趣和文化的熏陶。

（四）改善空间布局

公共图书馆的阅读环境应该舒适、安静、明亮，让读者感到放松和愉悦。对于建筑年代较为久远的公共图书馆，可以通过室内重新设计和适当装潢来弥补环境的缺点，采取增加自然采光、改善空气质量、增加舒适的座椅等方式来优化阅读环境。除了传统的阅读区域，图书馆还可以增加多功能空间，如创客空间、多媒体区、打印自助区、咖啡厅等，以满足读者的不同需求和使用习惯。同时结合青少年的学习需求，提供多样化的学习空间，提供小组学习区、独立学习区、静默学习区等不同类型的学习空间，以适应不同类型的学习需求。此外随着馆藏量的增加，空间利用率也需要进一步提高，可以通过合理布局、增加书架密度、优化走廊设计等方式来实现。针对新建公共图书馆距离较远的问题，可以通过增加宣传力度、改善交通条件来解决。加大对新建图书馆的宣传力度，让更多的市民了解认识新建图书馆，带动人们对公共图书馆的热情，积极鼓励读者来新建图书馆学习阅读，增加新建图书馆的人气。与当地政府相关部门妥善协商，针对新建公共图书馆改善交通条件，增加新建图书馆附近的公交车路线和地铁路线等，创造较为方便的停车条件，这些措施都会使市民的出行更加便捷，可以提高新建图书馆的入馆率，也提高了公共图书馆的利用效率。

二、服务内容拓展

公共图书馆的高质量发展需要其不断拓展服务内容，以满足读者多样化的需求。数字图书馆服务、社区文化活动推广和个性化服务是当前公共图书馆服务内容拓展的重要方向。通过不断创新、整合社会资源，公共图书馆可以更好地为社会公众提供高质量、多样化的服务。

（一）数字图书馆服务

随着信息技术的快速发展，公共图书馆逐渐走向数字化。公共图书馆通过数字化技术，提供电子图书、电子期刊、多媒体资源等在线资源，使读者可以随时随地获取所需的图书和资料。以昭通市图书馆为例，数字图书馆在年轻人中广受欢迎，图书续借、线上展览、线上观影、线上诵读活动等服务在读者中大受好评。数字图书馆在提供传统纸质图书之外，还能为读者提供在线阅读、在线借阅、远程参与培训和学术交流等服务。通过了解读者的信息需求并整合互联网资源，公共图书馆可以为读者提供更全面、便捷的服务，提高服务质量和读者满意度。随着公共文化服务的发展，推进智慧图书馆建设也将是未来公共图书馆的发展方向之一。

（二）社区文化活动推广

公共图书馆在服务内容拓展中还应重点关注地方文化活动的推广。通过举办各类文化活动，公共图书馆能够促进居民的文化素养提升，推动地方文化建设的高质量发展。公共图书馆可以结合本地特色资源，如历史文化、民俗传统等，组织丰富多样的文化活动，如讲座、展览、读书会、艺术表演等，吸引更多读者。公共图书馆加强与学校、社会组织、企业等社会各界力量的合作，通过开展合作项目，共同推进地区文化建设，形成良好的文化氛围。

三、服务管理优化

（一）加强数字资源管理能力

面对数字化时代的挑战，公共图书馆需要加强数字资源管理能力。这包括数字资源的收集和整理、数字化技术的应用和管理、数字版权管理等方面。公共图书馆需要不断提升工作人员的专业素质和技术能力，以适应数字化时代的发展。公共图书馆的馆藏资源是其核心优势之一，合理规划和管理馆藏资源可以提高资源利用效率和读者的访问便利性。利用新兴技术，公共图书馆可以更加便捷地整理各类资源，确保公共图书馆馆藏资源能够满足读者需求。

（二）促进资源的多元化和持续化

公共图书馆需要得到更多的资源和资金支持，以缓解人力和经费不足的问题。在积极争取政府部门的支持和投入之外，还需要大力推动社会力量参与公共图书馆的发展。公共图书馆可以通过开展各种项目合作和志愿合作，为资源采购和服务提供更多的资金支持和人力支持。在公共文化服务中，公共图书馆不仅要与文化馆、博物馆等其他公共文化服务机构形成联盟，也需要与卫生、教育、工会等其他公共服务领域的部门加强合作，拓宽服务渠道和资源渠道，为读者提供更为便捷的公共服务。

（三）强化人才培养

为了提高公共图书馆的服务水平和服务质量，必须强化人才培养。第一，需要对公共图书馆的工作人员开展培训活动，培养其专业能力。第二，通过建立长期有效的人才培养机制，提升工作人员的专业知识和技能，并建立人才储备库，使其更好地适应公共图书馆服务的变化。第三，加强公共图书馆工作人员管理和服务管理，以职业素质和专业服务软实力提升公共图书馆整体服务水平。公共图书馆是公共文化服务的重要机构，在公共文化高质量发展的背景下，在文化强国目标的指引下，应进一步推动公共图书馆的高质量发展，从理论指导实践、创新服务模式、拓展服务内容、强化服务管理等方面出发，以优质服务推动公共图书馆的高质量发展。

第八章 高校图书馆智慧服务建设

目前，我国多数图书馆正处在由数字图书馆向智慧图书馆转型的发展阶段，信息技术的革新起着重要的推动作用。数字图书馆是伴随着互联网的普及而形成发展的，相较传统图书馆具有明显的数字化、信息化、网络化特征，以及显著的超时空、快传输优势。随着信息类型和信息数量的急剧增长，人们除了对信息内容的获取需求外，对图书馆的服务功能和服务手段也提出了更高要求。在物联网和人工智能等新技术的催生作用下，智慧图书馆应运而生并成为图书馆发展的新形态。它通过将智能技术融入图书馆，使其成为高度自动化的智能建筑，可主动感知读者需求，为读者提供个性化、精准的文献信息服务，以及更加舒适的阅读环境和阅读体验。

智慧图书馆具有高度的泛在性、互联性和共享性特征。泛在式的网络环境、知识环境和学习环境，以及立体交叉式的互联网络使信息可以在馆舍、馆员、读者之间自由联通，实现充分共享。新技术的应用，使智慧图书馆比数字图书馆具有了更加显著的高效便捷、个性互动和节能环保优势，服务效率显著提升，读者参与的主动性大大增强，更加注重空间利用和绿色发展，成为图书馆发展的主要趋势。

智慧图书馆的转型发展不是一蹴而就的，通常会经历一个从智能化到智慧化的过渡阶段。智能图书馆主要是人工智能技术在图书馆中的实际应用，是通过物联网联结的各种智能化设备和提供的各种智能化服务所形成的统一整体。智慧图书馆则是智能图书馆的更高级阶段，是在新技术支持下致力于实现深度知识服务和智慧服务的图书馆形态。两者的区别主要在于，智能图书馆特点主要是技术的智能化带来的便捷性，属于技术导向型；而智慧图书馆则突出的是在智能技术应用下的人机交互系统，属于知识导向型。智能图书馆主要通过对外在服务手段的转变来解放图书馆人力，提高服务效率；智慧图书馆则主要通过提高内在资源的整合深度和服务精度，提升图书馆的服务质量和服务效果。智能化图书馆是智慧化图书馆发展的基础，是其发展的必经阶段，而智慧化图书馆是智能化图书馆发展的更高形态。由依靠工具和设备到依靠技术和知识，这正是图书馆服务由"智能化"向"智慧化"发展的本质体现。

第一节 高校图书馆的智慧服务模式

一、高校图书馆智慧服务概述

（一）定义

高校图书馆智慧服务是指基于信息技术和智能化手段，利用大数据分析、人工智能、云计算等先进技术，将图书馆的资源、服务和管理进行整合与优化，以提供个性化、智能化的服务，满足用户的信息需求并提升用户体验。

（二）特点

数据驱动。智慧服务模式以数据为基础，通过收集、分析和挖掘用户的行为数据、阅读偏好和需求，以及图书馆馆藏资源的元数据等信息，为用户提供个性化的服务。数据驱动的智慧服务模式能够更好地理解用户的信息需求，并通过精准的推荐和建议满足用户的阅读和研究需求。

跨平台整合。智慧服务模式通过整合移动应用、智能设备和在线平台，实现图书馆服务的跨平台应用。用户可以通过手机、平板电脑等移动设备随时随地访问图书馆的资源和服务，并与其他平台进行无缝连接和互动。

个性化服务。智慧服务模式通过分析用户的阅读历史、兴趣偏好、学科领域等个性化信息，为用户提供定制化的服务。图书馆可以根据用户的需求，推荐符合其兴趣的图书、期刊文章、学术论文等资源，提供个性化的参考咨询和学术支持。个性化服务能够提高用户的信息获取效率和满意度，增强用户对图书馆的依赖和使用。

二、高校图书馆智慧服务模式特点

（一）智慧化服务模式的特点

1.构建图书与人有效的交流平台

高校图书馆管理工作以人性与个性化发展为目标，图书馆应用信息技术、智慧服务以数字化模式储存原有固化的书籍资料。智慧图书馆从技术方面为图书馆管理提供了支撑，同时指引图书馆管理工作，为图书馆信息储存、分享、传阅及留言管理创造了更加便利的条件，纸质资料融合成有效沟通渠道，便于人们利用相关设备随时随地实现人机与人人互动，不受时空限制。以主动服务为主导，多元化、个性化、定制化、智能化是智慧图书馆的主要特征。

2. 实现跨技术管理变革

"互联网+"图书馆管理模式创新图书馆管理思路。图书馆管理中，先进技术、方式应用非常重要，智慧化服务有利于图书馆实现人性化管理目标，增强主动服务意识。利用云计算，大数据可充分发掘读者的需要和自身管理上的缺陷，可多方面促进图书馆管理创新，优化服务。针对用户的具体需求，依托图书馆专业能力与丰富的文献信息资源与工具，为用户提供了有效支持与解决方案，包含知识资源的全网立体集成和知识服务生态链条的全域连通。

（二）高校图书馆智慧服务模式的特点

1.主动性服务

以往的图书馆服务，大多是在长期积累问题后，图书馆针对这些问题给出相应的解决措施，形成特定的服务。图书馆虽然是提供服务的一方，但这种服务的提供是被动式的，图书馆难以及时了解用户切实的需求，因此在服务的效率和专业性上都有所欠缺，服务有一定程度的滞后性。教育大数据的融入，使图书馆服务进入数据化模式，可以解决这一问题。教育大数据视域下的智慧服务的优势在于，高校图书馆通过各部门数据信息接口获取信息后，处理数据，得出分析结果，根据分析结果制定精准服务策略，及时更新服务内容，通过数据预判用户的信息需求或者服务需求，主动地提供针对性服务。

2. 系统性服务

教育大数据视域下的高校图书馆智慧服务模式是系统化的服务模式。技术是实现数据采集、数据处理、数据分析的基础，组织环境和服务品质决定了提供的服务质量如何，用户对图书馆所提供的智慧服务的感受，是否能切实地感受到智慧化。数据的采集、处理、分析决定了图书馆能够得到什么样的数据结果，这也直接影响着图书馆的决策制定以及服务的精准度。各要素之间层层递进，环环相扣，体现了教育大数据视域下的图书馆智慧服务模式的系统性。

3. 个性化服务

只有切实地了解到用户的需求才能提供真正的个性化服务。用户在图书馆查阅资料产生的数据，在学习过程中产生的数据以及选课、考试等数据，从一定程度上真实地反映了用户的学习状态、兴趣偏好以及学习需求。高校图书馆若能在智慧服务中有效利用教育大数据，发挥教育大数据的价值，就可以在满足用户的个性化需求的同时，为用户创造知识的过程提供帮助，提升用户学习水平或者科研能力。之前的调研了解到用户愿意接受图书馆提供个性化服务，个性化服务相比较普遍性服务来讲，不仅仅可以满足用户，还可以带动图书馆的发展。不断地了解用户需求，提出对策，提供服务，能够带动图书馆的发展，促使图书馆进步。

三、高校图书馆智慧服务模式类型

智慧服务模式，即图书馆在开展各类智能化及智慧化服务时所提供的主要内容和运用的主要方式。目前，高校图书馆还处于智慧化建设的初步阶段，新技术应用下的智慧服务模式结构较为单一，多是在馆员参与下围绕某一项新技术而形成。根据图书馆要素和技术特点，大致可分为四种类型。

（一）管理型智慧服务模式

1.物联网技术下的管理型智慧服务模式

物联网技术在高校图书馆的应用，起到技术框架的整体构建作用，从"感、联、知、控"的多个方面塑造智慧服务模式。物联网中分布在各处的传感器、红外设备、定位系统、射频识别等装置，可以主动感知馆内图书、人员、环境、设备的位置、状态、轨迹，以及声、光、电、热等信息。通过网络实时传输，实现人、机、物的泛在交流，并通过控制终端完成资源整合，依托智慧云服务平台，为资源匹配和服务管理提供可视化的数据信息和决策支持。它变被动接收为主动获取、单向交流为双向互动，使图书馆服务由线性模式向网状模式转变，各要素的参与度都显著提升。它的整体感知、可靠传输和智能处理特征使其在管理应用中节省了大量的人力和时间，也在一定程度上促进了馆员工作效率的提升。

2.人脸识别技术下的管理型智慧服务模式

人脸识别技术在高校图书馆主要用于读者管理服务，构建具有保密性的读者信息管理体系。相较传统的校园卡识别、指纹识别方式，人脸识别技术克服了易丢失、易损坏、易伪造的弊端，利用人脸结构的独特性和稳定性达到高安全性的识别，疫情期间还可同步进行体温监测，与RFID、自助借还机、馆员工作站等馆内其他设备的融合应用也催生了多样化的服务功能。人脸识别技术应用于门禁系统，可有效解决读者入馆高峰的拥堵现象，以及避免因校园卡丢失造成的身份冒用现象，保障读者身份的真实性；用于借阅系统，使读者不再需要携卡借阅，提高图书借阅的便捷性；用于座位预约系统可实现座位与读者的相互关联，利于建立座位预约的诚信体制，避免入馆高峰造成的"抢座位"现象，以及预约而不使用的"占座位"现象，保障馆内资源利用的有效性。

（二）知识型智慧服务模式

1.知识挖掘技术下的知识型智慧服务模式

数据信息的爆炸式增长，在增加人们信息拥有量和自主选择性的同时，也给信息精准获取造成困难，"信息爆炸""数据冗余"问题严重。也正因如此，图书馆的信息情报作用愈渐凸显，知识挖掘也成为高校图书馆学科服务的一项重要内容，即根据读者需求，运用一定方法从数据信息集中识别出有效、潜在、可用信息内容的整个过程，一般以构建知识库与知识图谱为主要表现形式。这种深层次信息服务的开展主要针对精准的信息需求展开，知识挖掘通过读者的语言和行为表达，获取读者的显性阅读需求，判断和推理读者的隐性阅读需要。通过确定应用领域、建立目标数据集、数据预处理、选定算法、解释与评价、更新知识库等步骤，对知识进行筛选、提取与重组，实现信息提炼与增值，有针对性地提供知识导引和知识推介。借助重点学科服务平台，开展参考咨询、学科服务等内容，有利于节省读者信息查找与获取的时间，增强资源与读者匹配的精确性、合理性。

2.关联性学习技术下的知识型智慧服务模式

关联性学习强调知识学习的网络性、关联性和互动性，应用于教学科研的各个方面，成为一种主流的学习方式，有利于激发群体智慧和群体创新力，形成智慧化的学习模式和知识沟通方式。高校图书馆作为教学科研保障的重要场所，依托专业的设施设备和信息服务，为读者学习提供强有力的软硬件支持，一方面，通过专业的情报分析工具和经验丰富的学科馆员，为读者提供知识挖掘，构建知识关联，使读者可以直观、清晰地了解知识内容，快速检索和获取相关的文献资源，提高学习质量和学习效率；另一方面，通过建设学习共享空间、学科研讨室等增设公共学习场所，构建学习者关联。此外，通过举办学术论坛、专家讲座、读书会等线上线下活动构建学习过程关联，形成全方位的学习关联体系与智慧化学习服务模式。

（三）需求型服务模式

1.用户行为分析技术下的需求型智慧服务模式

用户行为分析是指图书馆通过门禁系统、检索系统、阅读管理系统等设备采集读者静态属性数据与动态活动数据，从中了解读者阅读需求、分析读者行为、了解读者阅读习惯、预测读者阅读趋势，有针对性地开展文献信息服务。传统的用户行为分析所运用数据和过程较为简单，主要通过数量上的对比显示读者阅读喜好，指导图书采购和馆藏优化。随着图书馆智能水平的提升，数据采集方式更加多样，过程更加便捷，可用于分析的数据量也大大增多。通过构建数据标签模型形成读者用户画像，可精准反映读者的阅读状态全貌。在此基础上，一些高校图书馆还进一步尝试在个人用户画像的基础上，通过聚类分析形成读者群体画像，对引导读者交流和开展群体服务都具有重要作用。

2.用户交互技术下的需求型智慧服务模式

相较传统的读者交互服务模式，高校图书馆智慧化建设下的泛在智慧环境、先进技术设备、丰富的线上线下活动为读者提供了更加多样的交互条件和交互方式，也为图书馆领域中的科研学术交流、阅读经验分享和阅读推广活动开展提供了极大的便利条件。图书馆在空间布局上更加考虑人性化和实用性需求，结合馆藏特色、资源利用、空间架构、色彩搭配综合进行馆舍区域设置，合理划分阅读学习区、研讨交流区、娱乐休闲区、用户体验区等活动范围，动静相宜，满足读者的各种交互式需要；联机检索系统、导航服务系统、智能咨询系统为读者交互提供技术设备支持，提升读者交互过程的便捷性和体验度；读者荐购、读者留言、阅读沙龙、阅读论坛等阅读推广活动也为读者交流提供了多种场所及渠道，形成全方位的读者交互服务模式。

（四）人文型智慧服务模式

1.情境感知技术下的人文型智慧服务模式

随着智慧服务内容和类型的增多，预约书柜、流动书箱、电子阅读等智慧产品和服务的提供，以及线上服务和活动开展的跨时空特征，使读者和资源由集中走向分散。相较传统的通过问卷调查、访问座谈等形式了解读者感受，情景感知技术可通过智能感知、智能分析、智能交互实现对资源、读者、环境的智慧化管理与服务，具有及时性、灵敏性、强辨识性和易定位性特征。对图书可随时获取其位置状态信息；对读者可及时了解其图书借阅及座位使用状态；对环境可实时获取其温度、湿度、光线状况，并及时做出调整，优化环境氛围和情境感受。情境感知技术下的人文型智慧服务模式，也在一定程度上体现了高校图书馆作为教学科研服务保障机构的人文关怀。

2.移动阅读技术下的人文型智慧服务模式

高校图书馆移动阅读服务的开展主要通过开发移动图书馆手机客户端进行，围绕丰富的电子资源、个性化的信息推送以及便捷化的自助服务展开。移动阅读打破传统纸质阅读习惯，对图书馆的电子文献资源建设提出了更高要求，馆藏资源和馆藏结构要做出相应调整。图书馆应着力引进各类电子图书报刊资源和情报信息数据库，满足读者多样化的电子文献需要，同时提升移动设备和移动技术能力，对数字化的电子资源进行有效分类整合，提供智能咨询、智能检索、智能预约、智能借阅等多种服务功能，使读者在移动设备上即可独立完成和在馆内一样的查找、外借、续借、清缴等操作。独立的阅读终端使移动技术后台可实现对读者阅读行为和阅读状态的精准分析，提供智慧化的信息推送、资源推荐和阅读分析，使读者可随时随地享受方便快捷的智慧化移动阅读服务。

四、高校图书馆智慧服务模式的目标愿景

（一）实现利益相关者的职责与义务

更好地发挥服务主体职责。高校图书馆作为高校文化核心部分，是高校开展科学研究工作的重要组织之一，也承担着为高校师生教学、科研提供服务的责任。高校图书馆有资源、空间、馆员基础，这是其自身优势。但仅靠图书馆自身，难以完成在教育大数据视域下建设智慧服务模式的目标，图书馆还需要其他部门的协助，共同组成一个服务主体。构建教育大数据视域下的高校图书馆智慧服务模式要先界定相关的服务主体。美国经济学家弗里曼界定了利益相关者的概念，利益相关者是指能够对实现目标的过程产生影响的个人和群体，或者这些个人和群体会被企业的目标所影响。高校图书馆作为高校的一部分，可以看作一个利益相关者组织。利益相关者理论为智慧服务模式的研究提供了理论解释框架，界定智慧服务模式的利益相关者，保证智慧服务模式构建的合理性和可行性，在综合考虑利益相关主体权益和职责的基础上，明确各主体的地位和角色。

通过数据实现用户参与。图书馆决策在高校图书馆利益相关者中，除了服务主体之外，用户是核心利益相关者，用户是图书馆智慧服务的直接受益者，从这

一角度来看，用户使用服务受益，应让用户也参与到图书馆决策管理中来，这是作为利益相关者的义务，但从目前环境来看，受客观因素影响，实现这一目标较难。但是读者的需求决定了图书馆的资源结构以及服务形式，因此图书馆通过在教育大数据视域下构建智慧服务模式的方式，利用教育大数据，以数据代替用户，根据用户数据，了解用户需求，以此制定服务策略，通过这种信息化的方式来实现用户参与管理决策的愿景。

（二）形成良性循环的智慧服务生态信息

生态理论是指在某一个环境里，由人、行为、技术等构成的系统。在信息生态系统理论里，核心是"人"，技术和行为都为人服务。在智慧服务模式中，智慧馆员是实际为用户提供服务的人，智慧馆员是与用户联系最为密切的人，接受用户的咨询，为用户传递资源，用户的需求是开展智慧服务的核心，通过教育大数据更好地了解用户需求，以此制定更贴近用户需求的服务策略，这符合信息生态理论的以"人"为核心的要求。通过在高校图书馆智慧服务模式中融入教育大数据，以期实现馆员和用户的双向互动，馆员为用户提供服务，用户在接受服务之后，通过门户网站服务评论区或者留言板，反馈需求信息和对服务的评价，馆员利用这些信息，对服务内容再升级。良好的数据组织环境以及教育大数据与智慧服务的相关技术构成了智慧服务模式的基础，同时智慧馆员的素养也是开展智慧服务的基础之一，馆员素养提升受用户需求升级的影响。在信息生态理论下构建融合教育大数据的高校图书馆智慧服务模式像是一棵树，技术、环境、素养为树根，对数据的采集分析为大树主枝干，为用户提供的服务像是分叉的枝节，用户的知识产出是果实，果实落地后对大树有滋养的效果，即用户通过知识反馈促进图书馆整体提升。

（三）打造更贴合用户使用习惯的线上智慧服务习惯

理论影响着人们的思维、具体行为和对事物的认知，具有重要的意义。图书馆传统服务模式，依赖于纸质文献的传递和人工的服务，研究显示，当代超过80%的学生习惯于通过网络获取信息，将习惯性理论带入到图书馆领域，也可以说明当代学生更倾向于应用网络进行阅读。人们在日常生活中已经习惯了智能手机、平板电脑等设备上的各种APP为其带来的便利服务，也习惯了信息交流。若高校图书馆仍然使用繁杂的传统服务模式，难以匹配用户的习惯，图书馆的发展会陷入困境。因此构建教育大数据视域下高校图书馆智慧服务模式的目的之一是，通过引入教育大数据，根据用户习惯及时调整服务内容，使服务不局限于实体的图书馆中，还可以延伸到广阔的网络平台中，将用户数据分析得出的结果应用在个性化阅读推荐等服务中，通过移动图书馆、微信公众号等网络平台进行资源的推送和推荐。以此实现打破空间和时间限制的服务，使用户获取信息更加便捷。

第二节 高校图书馆智慧服务模式建构

一、高校图书馆智慧化服务创新现状

（一）高校图书馆智慧化服务创新的现实境遇

1.智慧型知识服务是高校图书馆智慧化服务核心

随着云计算以及大数据等科技的不断进步，图书馆服务大体上经历了三个发展阶段：文献服务、信息服务和知识服务，智慧图书馆的大潮流推动图书馆服务迎来了智慧服务时期。其中最为核心的便是智慧型知识服务。其特点在于突破了空间对知识获取的限制，利用分析处理物联网、云计算等感知数据为用户获取所需知识提供帮助，其个性化与智能化的特点有利于激发读者对知识的创新并提供了知识增值的渠道。

2.数据驱动是高校图书馆智慧化服务的内核动力

在"互联网+"与"数据驱动"的双重背景下，高校图书馆智慧服务需要应用多种社交工具，服务中伴随着统一要求却又有部分随机化的数据。这些数据主要是指用户在网络上获取信息的行为统计数据、资源数据以及服务过程中产生的存档数据等。它们是高校图书馆智慧化服务的重要资源。高校图书馆应该遵从大数据的思维形式，判断服务建设过程中的潜在问题，将大量资源投注于大数据建设，以数据为导向改善图书馆服务质量，以数据为依据进行方案设计。

3.数据挖掘是高校图书馆智慧化服务的重要工具

数据挖掘技术主要是针对庞大、多类型，以及快速增长的数据进行处理和分析，是高校智慧化服务的重要科技手段。高校图书馆中包含大量的纸质资源以及电子资源等文献资料，利用数据挖掘技术对海量信息进行深度挖掘，在保证用户获取到所需知识的基础上，动态串联知识资源与用户大数据，通过知识整合促使用户创新知识应用，以最大限度开发知识价值为前提实现高校图书馆智慧服务。

（二）高校图书馆服务模式存在的问题

随着时代的进步，信息技术水平不断提高，基于传统服务模式的高校图书馆不断延伸其服务模式，拓宽了新服务内容与方式。例如，高校图书馆为用户提供信息检索、咨询及素质教育等服务，此类服务模式发展逐步走向正轨并获得了学校领导与师生的高度认可。但是传统服务模式依旧是现阶段高校图书馆主要服务模式，其存在如下一些问题。

1. 资源利用率低下

传统高校图书馆纸质文献、期刊占图书馆总资源的大头。而且纸质文献最大的缺点是必须到馆借阅，逐本阅读查找，无法像百度、知乎那样快速检索到读者想要的内容词条，跟不上现如今读者的快餐式阅读方式的潮流，导致资源利用率逐年下降。以浙江海洋大学为例，除去考研资料部分，其他图书馆资源的利用率均在40%以下。一些专业性的图书馆更是在15%以下。

2. 服务模式落后

传统高校图书馆服务多为被动服务，等待读者借阅、归还及现场咨询。这极大地增加了读者的时间成本和获取资源的难度，且服务范围小，校外读者很难获取高校图书馆文献资源和服务。这也是导致图书馆服务资源和文献资源的利用率低下的原因之一。

3. 新书更新频率较慢

实际工作中无法及时跟踪热点，也不能及时更新读者对纸质书的需求，比如人工智能书籍更新缓慢，与读者需求相差甚远，如果读者需求比较急就要自己先买。这降低了图书馆使用效率，此种情况下高校图书馆用户流失比较严重。

4. 宣传理念有待创新

高校图书馆一般是利用馆内电子广告屏与图书馆网页宣传与发布信息，馆内广告电子屏宣传读者到现场才会看到，空间影响范围比较小。尽管图书馆网页宣传有较强的针对性，很多学生还不习惯去图书馆浏览网页，所以实际宣传效果差强人意。互联网时代，大学生习惯用手机获得信息资源，高校图书馆服务理念比较落后，无法很好地吸引大学生阅读。

（三）高校智慧图书馆建设新趋势

1.信息服务系统全面智能化

在高校图书馆发展建设中，可运用"智能＋"技术重新审视传统价值链与信息服务系统，改变服务思维、创新服务模式，如：将传感技术、计算机技术等运用于图书情报服务中，自动化、智能化完成信息处理流程。在"智能+"时代，技术的创新和应用能够实现高校图书馆服务系统的全面智能化，高校图书馆的信息传递、智能化处理能够迅速完成，进而使图书馆服务更契合用户需求。

2. 深度挖掘智慧资源

"智能+"时代背景下，高校智慧图书馆建设更加依赖数据资源，以图书资源、数字资源、行为数据为基础资源，以大数据、云计算等为代表的海量互联网技术资源，为用户提供精准的信息资源服务。在服务期间，对数据资源的深入挖掘需要运用"智能+技术"，通过智能化手段进行处理，挖掘其中的新知识，运用到高校图书馆资源建设中。

3. 拓宽智能化服务边界

新一代智能技术的更新和应用，从底层上可实现高校图书馆服务及内容的变革。基于人工智能技术、智能化信息处理模式构建图书馆物联网，进一步拓宽高校图书馆智能化服务边界。同时，在图书馆服务中，各类型数据信息的生成成为人工智能深入分析对应领域需求的基础。人工智能可基于分析结果不断深入拓展服务，充分开发、利用图书馆资源与人才优势，以智能化方式精准定位用户需求，精准提供图书信息服务。

二、"智能+"时代的高校图书馆智慧服务可行性分析

（一）高校图书馆具备"智能+"升级改造条件

就"智能+"布局来看，数据、计算能力与算法是其布局的基础和前提。在能够产生大量数据的领域中，更容易出现人工智能。在大数据和云计算的不断发展下，高校图书馆的数字资源可实现海量扩容，以传统文献为代表的馆藏资源逐步被数字资源取代，已成为高校图书馆中非常重要的信息资源。高校图书馆将用户行为以数据的形式记录，大量数据的积累和分析，可进一步为高校图书馆改造和优化服务提供参考依据。高校图书馆在运行和发展的过程中，可进一步深挖大数据的价值，实现对自身竞争力的提升。与此同时，高校图书馆对学科服务结构进行优化，能够进一步凸显出高校图书馆在服务高校和师生上的价值和作用。此外，如今大多数高校图书馆在对硬件进行升级改造时，会引入大型服务器和计算机，以满足图书馆云计算技术的应用环境，提高高校图书馆知识信息服务的能力。

高校图书馆队伍越来越多元化、专业化，这对于"智能+"技术的应用也具有较好的支持作用。总的来说，高校图书馆现有的技术环境为实现"智能+"应用提供了条件。

（二）用户对智能化的迫切需求

作为知识信息的集散地和学生的第二课堂，高校图书馆传统的管理模式和情报信息服务已难以满足广大师生的需求，高校图书馆智慧化服务的呼声日益高涨。"智能+"在高校图书馆中的应用，是新时代高校图书馆发展的必然要求。在图书馆与读者之间"智能+"可起到桥梁中介的作用，借助人工智能可提高高校图书馆搜索引擎的精准化与便捷性，使高校图书馆整体服务效能得到显著提升。图书馆整体服务水平的提升会增强用户的依赖性，一旦遇到知识情报方面的困惑，用户首先就会想到图书馆。因此，高校师生对于高校图书馆智慧服务的需求日益迫切。

三、数据驱动下高校图书馆智慧化服务创新的推进路径

（一）技术应用

1.智慧检索

高校图书馆用户可以通过图书馆智慧检索服务，快速地检索出需要的信息，比传统检索更加有效率。同时用户的检索记录被整理，并纳入数据库。这能够帮助高校图书馆智慧检索服务迅速定位用户的个性化需求，并将相关的搜索结果呈现给用户。对于高校图书馆的用户而言，检索结果是一种直接的视觉呈现，检索结果准确性与贴合率高低对最终的满意度有很大的影响，因此，高校图书馆智慧检索服务需要在用户获取到搜索结果后，收集用户的评价并做记录，随后以此为基础智能调整搜索推荐，使得搜索引擎提供的信息资源能够高效匹配用户需求。

2. 智慧推荐

高校图书馆智慧知识推荐服务以分析用户过往检索记录为前提，向用户智能化推荐知识信息，帮助用户迅速过滤并发掘检索结果。该信息智能服务机制深刻分析了用户的行为特征和信息偏好，根据用户的兴趣提供信息与服务，打造出为用户提供专属信息的特色推荐平台，切实满足用户对专属信息智能推荐的检索诉求；分析现有文献，并对其进行自动化分类，并以此为基础把握用户的位置、检索目标以及情景等信息，为用户提供智能分类服务，帮助用户获取更加简洁迅速

的借还服务。

（二）服务机制

1.学科服务智慧化

如今，智慧服务已经在高校教育领域得到了广泛的推广，高校图书馆智慧化学科服务必须完善服务内容，花费大量资源与精力用于建设个性化学科服务，根据用户所学专业与课程为其提供具有针对性的课程指南。高校图书馆在对学科数据进行管理时，不仅需要划分学科类别和学科板块，在此基础上建立静态的数据学科库，还需要掌握用户数据使用的频率等信息，划分出不同层次的动态数据，为用户提供更加精简的查询和使用入口。

2. 互助服务智慧化

随着 5G 网络使用的不断推广，图书馆服务引入人工智能技术，不仅可以提高图书馆现代化管理与服务的水平和效能，而且可以更好地满足现代社会读者多元化的精神文化需求，强化用户体验，降低用户获取知识的难度阶级，提升用户对知识咨询平台的信任。与此同时，高校图书馆应该大力整治馆员的被动服务，鼓励馆员以饱满的服务热情为用户解疑答惑，引导馆员自愿倾注大量的精力与时间，为用户提供更加优质的参考咨询服务。

3. 移动服务智慧化

高校图书馆智慧移动服务的服务形式主要包含两种：虚拟移动图书馆服务和实地移动图书馆服务。在我国高校图书馆界，虚拟移动图书馆服务应用得更加广泛，用户可以突破时间和地域的局限，根据自身的需求，利用所有智能移动终端，在线获取任何种类的数字资源。针对这一问题，高校图书馆可以设置自助图书馆，帮助用户 24 小时查询所需的信息资源，同时有效地引进自动化技术，方便用户借阅书籍，减少用户归还书籍受时间等因素的影响，帮助用户更便捷地检索资源。

4. 反馈服务智慧化

完善智慧反馈服务能够推动高校图书馆服务实现质的飞跃，使高校图书馆服务在用户群体中收获广泛好评。评价反馈功能对其而言具有十分重要的作用。图书馆网站应该将评价反馈模块放置在网页一级目录栏的显眼位置上，扩大用户群体对这一功能的使用率。随着高校图书馆智慧服务的不断优化，以及移动互联网技术在图书馆服务上的广泛应用，图书馆在微信公众号和官方微博等平台上也设置了这一模块，使其变成了虚拟参考咨询服务的重要载体。高校图书馆针对微信公众号和微博受欢迎程度高和时效性强等特点在线向用户分发调查问卷，广泛深入地了解用户需求，明确服务需改进的方向。

（三）智慧管理

1.业务部门的解体与重组

高校图书馆的智慧服务建设对图书馆业务以及职能部门产生了巨大的冲击，尤其是对业务部门的影响较大。因此，重组业务部门的需求应运而生。由于高新技术被不断应用于图书馆的日常服务管理工作中，高校图书馆日常图书借还、上架等工作也转移到各类智能硬件设备，如 RFID、智能机器人等，馆员的工作不再是枯燥的整理工作，而是转变为提供各种智慧服务。技术支持部主要负责图书馆网站的开发及维护、电子资源的整合、图书自动化管理系统以及硬件设备的日常维护等；读者服务部需要提供参考咨询服务、学科服务、各种电子资源的培训使用讲座等；信息拓展部需要对用户群体宣传图书馆的发展历史、介绍图书馆的辉煌时刻，在图书馆举办活动时进行跟踪报道，打造高校图书馆的正面形象。

2.智慧馆员的栽培与点拨

由于馆员在智慧服务工作中的任务不同，可以将高校图书馆馆员划分为两大类：学科馆员、参考咨询馆员。图书馆对这两大类馆员设置不同的工作标准。如学科馆员自身素质以及服务质量是学科服务的重要保障，因此要求这类馆员具备较强的学科专业知识储备，且选拔馆员更倾向于选择学科领先者以及青年教师。青年教师的工作激情较为饱满，往往具备着较高的耐心，能够细心解答用户的疑问与诉求，在此过程中，青年教师也可巩固自身所掌握的专业知识，同时提升其教学和科研素质。参考咨询馆员需要积极发挥主观能动性，具备超强的学习能力，能够紧跟时事发展，熟练应用图书馆新进的高科技电子设备，掌握丰富的设备操作技巧，同时注重加强自身的服务意识建设，自觉发现用户的内在需求，学会反思与总结，找寻提升工作效能的渠道。

四、教育大数据在高校图书馆智慧服务模式中的应用

（一）教育大数据对智慧服务模式的支持分析

1.融入教育大数据开展智慧服务的必要性

与传统数据相比，教育大数据具有实时性、持续性、综合性的特点，数据的分类更加细致。传统数据收集之后的分析程序仅仅是将数据进行简单的汇总概

括；而教育大数据的分析一是对学生整个阶段或者某一时间段的数据的变化进行分析，通过数据的变化来了解学生学习的变化，二是分析数据了解学生的个性化需求。因此教育大数据较传统的简单数据而言，优势不仅仅在于数量上，更在于价值。如今随着招录人数的增加，高校教育数据量与日俱增，教育数据类型也朝多元化发展。当前国内高校缺乏对教育数据的有效利用，数据存在冗杂的问题，教育数据的管理分析工作还不够到位。这都是当下教育大数据在高校内所面临的现实问题。所以高校各部门应各司其职，将教育大数据利用起来，而不是将大量的数据"堆积"在同一个地方。高校各部门对各自的职责有一个清晰的认知，发挥主动性，将教育大数据应用起来，充分发挥教育大数据的作用，发展个性化教育教学，培养创新型人才，也进一步促进高校的转型发展。

2. 教育大数据获取与支持分析

在具体应用教育大数据之前，首先要确认通过何种方式采集教育大数据，明确数据采集的范围，哪些数据可以支持图书馆智慧服务。需做好前期准备工作，以更好地实现教育大数据的价值，发挥支持作用。

（1）教育大数据的采集

教育大数据产生于教育活动中任何一个实践环节，既包括校园中的教学、管理、科研、校园生活、图书馆借阅等，也包括在学校之外的学习活动，例如家庭学习、课外辅导班。无论是通过网络进行的教学，还是在校园内开展的教学都会产生教育大数据。教育大数据的构成核心包括"人"和"物"，"人"是指学生、教师、学校管理和家长，"物"是指产生或者收集教育大数据的信息网站、多媒体等教学设备。在教学过程中，由学习管理系统和各类移动设备所记录下来的各类数据，是进行教学分析的基础。数据类型包括学习过程中产生的行为数据，对学习结果进行评测的评价数据，科学研究过程中产生的科研数据等。物联网感知技术主要用于采集各种设备上的数据，其中部分数据是图书馆智慧服务所需要的，例如图书馆行为数据，这一类数据基本是图书馆内部数据，即在图书馆内产生的数据，包括学生刷卡进入图书馆的相关数据。采集此类数据可以分析学生对图书馆服务使用情况。学生使用校园卡借阅图书的数据，可用于分析用户阅读偏好需求，图书馆日后的采购也需要此类数据的支撑。利用平台采集技术可以采集网上学习以及教研与管理活动过程中产生的数据。

正常情况下，在线学习类平台主要负责采集教学数据，例如课程信息、学生完成作业情况、学生对课程的反馈信息等；管理类平台一般是由教务部门掌握，主要采集学籍信息、教师的人事信息、资金运用情况等。这些数据大多为图书馆外部数据，高校图书馆若想利用此类数据，需要和教务管理部门、教育数据中心建立联系，加强合作，从这些部门获取相关数据，再由馆员对数据进行分析。在数据采集之前应提前做好规划设计。高校每天会产生大量的教育大数据，因此应规划好数据采集的范围、内容，明确数据的应用，还需要考虑数据的存储问题、数据的规范性机制等。采集数据的过程应该是连续的，连续的数据才能反映出高校师生的教学或者学习规律，间断性的几次采集无法保证数据反映得是否全面和有效，数据的采集也应该是长期积累的。在数据采集中还有非常重要的一点是，数据采集应有一个合理的边界，并且在规定的界限中采集数据。在合理范围内的采集，避免使用户产生不信任感或者反感情绪，要注意遵守道德问题、保护师生的隐私。

（2）教育大数据前期分析

分析教育大数据是高校图书馆制定服务决策，确定服务内容的前提。分析教育大数据得出用户需求结论，应用在智慧服务模式中，对智慧服务模式起支持作用。

图书馆行为数据分析。从用户刷校园卡进入图书馆那一刻开始，就产生了行为数据，通过分析进出图书馆的数据，可以得出用户的行为偏好。通过分析用户使用空间服务的数据，及时掌握当前图书馆智慧空间服务是否能够完全满足用户对于图书馆空间的需求，据此对图书馆空间服务内容进行调整。用户在借阅平台上检索自己所想要借阅的图书，系统会根据当前图书馆是否拥有该书给出信息反馈，分析这一过程产生的数据可以了解当前图书馆的馆藏是否能满足用户的需求，便于进一步进行整改补充，大数据平台可以通过用户多次检索的内容进行分析，以此了解用户的兴趣偏好，还可以获取到用户在某一时间段对某一类书籍或者某一领域文献的需求，这就是提供个性化的阅读推荐服务的依据。

学习行为数据分析。分析学习数据目的是了解并理解学生具体行为和表现，以探寻学生兴趣点、学习习惯等学习性质，动态监测学生的学习状态。在高校图书馆智慧服务模式中，高校图书馆智慧馆员通过分析此类数据了解学生的学习动态，根据学生的兴趣点或者是专业薄弱点，为学生推荐有助于专业学习的书目或者相关文献，为用户提供个性化的智慧服务。另一方面，还可以对学生的考试信息进行分析,开展相关讲座或者推送与考试相关的文章等,为学生用户提供更丰富的信息。教师方面,高校图书馆智慧服务可以基于分析教育大数据提供教学支持服务。通过分析学生的学习行为、学习表现和学习过程,得出分析结果反馈给教师,辅助教师及时对教学内容、课程方向进行修改补充。通过分析学生的学习行为数据,可以比较不同的教学方法,分析教育的整体效果,并找到学习中的薄弱环节。同时我们可以建立一个主要的索引系统,通过建立模型的方式,使该系统具有统计性和预测性,帮助教育管理者做出更优化的学生教育管理决策。

科研数据分析。分析学校师生科研过程中产生的教育大数据,可以了解科研内容、科研方向,有利于高校图书馆制订服务计划,加强科研支持服务,了解学校最近科研热点,可以将与之相关的书籍、文献,在网站或者公众号上进行推荐。还可以对科研群体进行分析评估,分析教师、研究生的科研成果,了解科研群体的科研动向,科研项目的进展程度,所分析的数据结果可以提供给管理人员,实现对数据的分析共享,以便于管理人员制定更优化的决策。

(二)教育大数据在高校图书馆智慧服务模式中的应用方式

随着用户对知识需求的提升,对服务水平要求的提高,高校图书馆不能仅依靠图书馆馆藏资源来为用户提供服务,用户更希望图书馆能根据自己的信息来提供特定的资源或某一主题的知识。针对用户的需求,高校图书馆应主动为用户提供所需要的服务,而不是在用户有问题之后被动地提供服务,在教育大数据视域下,高校图书馆先分析用户的数据,得出结论,对用户的需求做预判,以此为参考为用户提供相关服务。这种服务模式,一是能体现以用户需求为中心的服务理念,二是实现了主动性服务,完成了服务形态的转化,提高了服务效率。

1.高校图书馆融合教育大数据开展智慧学科服务教育

大数据在学校科学研究中能够发挥特长和价值。一方面,可以将教育大数据视为教育研究的数据源,通过对教育大数据进行深度挖掘分析,能够透过表面看本质,由此可以产出基于事实的科研成果;另一方面,对大量、多角度的数据进行分析,分析结果能够起到引导的作用,有助于科研工作者及时掌握学界的最新动态和研究方向。高校图书馆若想将教育大数据引入自己的智慧服务模式中,开展智慧学科服务,需要与高校各个院系沟通联系,搭建起双向的信息桥梁,各个学院为图书馆提供所需要的教育大数据,再由学科馆员对大量的学科信息进行整理分类。学科馆员是学科服务的关键,学科馆员针对用户的学科需求,运用自己对数据搜索、分析、整理、总结的能力，为用户提供所需要的信息资源。乔治华盛顿大学建立了图书馆与学术创新服务部（GW Libraries and Academic Innovation，GWLAI），GWLAI的作用是融合学校科研工作，并对用户的教学提供支撑，实现资源共享，国内高校可以学习类似的模式。

大部分学校都建立了自己的学科服务平台或者学科导航。在此服务的基础上，高校图书馆可以依托教育大数据，升级学科服务平台，建立起关于各个学科的资源信息平台，图书馆完成学科服务之后，向各个院系反馈学科信息，帮助院系及时了解学科发展状况。建立高校图书馆与各学科用户之间的直接联系，及时沟通，获取需求数据，以此了解用户对资源的需求，完善图书馆资源和服务的配置。高校图书馆还可以组织学科馆员，成立一个专门服务学科工作的组织，为各个院系配置专门的学科馆员，将学科馆员分散出去辅助用户进行科研方面的工作，最后将所有信息汇集到组织内，以方便图书馆集中掌握学校学科动态，更新服务内容。高校图书馆融合教育大数据开展智慧学科服务，发挥教育大数据的价值，建立健全学科服务体系。考虑到馆员是学科服务的实际提供者，高校图书馆要集中各类学科背景的馆员，组建专业团队进行学科对接，以实现专业的学科服务。

2. 高校图书馆依托教育大数据开展个性化教学支持服务

2014年新媒体联盟在报告中提到，将来图书馆可能会面临"将大学图书馆嵌入课程，重新思考图书馆员在其中作用和专业体现"的挑战，同时新媒体联盟认为将高校图书馆嵌入高等教育课程是一项可以完成的挑战，这也已经成为世界上许多高校图书馆的首要任务。在传统的教学模式中，教师是主动传授者，学生为被动接受者，但教师一个人面对许多学生，难以面面俱到地了解各个学生的学习动态，教学主要依靠教师的职业素养和日积月累的经验。在高校中，一位教师通常要面对许多个班级的学生，甚至会面对不同专业的学生，无法及时掌握学生们的信息，缺乏个性化教育，导致一些决策难免失之偏颇。

在现在这个数据量爆炸的时代，高校图书馆在信息化方面有着诸多挑战，传统的教育支持模式是单一的、单向的服务，尚停留在传递课程资源的层面。图书馆无法及时地掌握教师的教学动向，难以掌握学生的信息，教师在教学方面希望获得的支持无法得到满足，服务缺乏沟通和交流，图书馆在教学方面起到的作用微乎其微，难以真正地支持教育教学。在教育大数据视域下，高校教育数据部门的数据平台依托技术、算法模型，获取教师学生的数据信息并对数据进行预处理。

高校图书馆可以通过部门数据接口获取经过处理的数据，对数据进行分析，并把分析结果融入图书馆的日常管理与服务之中，完善服务模式，更新服务内容。高校图书馆可以帮助教师及时获取每一类甚至每一位学生各个阶段的学习信息，不同的分类侧重点有所不同，分类可以按照专业划分也可以按照学习情况划分。高校图书馆对学生的考试成绩、对教师及课程反馈的信息、平时作业完成情况、选课情况、课题研究动态、对课程的兴趣程度等教育大数据进行分析。高校图书馆将处理过的数据结果分类反馈给教师，帮助教师掌握不同班级或者不同专业的学生的学习动向，以此解决因学生人数过多而顾及不暇的问题。透过数据看本质，了解学生对课业的掌握完成情况，教师可以分门别类适当调整教学进度和课程内容，实现个性化教学。

另一方面，为了提升图书馆个性化教学支持服务的水平，图书馆应做好基础工作，引进优秀人才，进一步培养智慧馆员，培养智慧馆员的数据分析能力、平台操作能力、分析能力等，为教育支持服务工作打好基础。在之前的调研中也可以看出，目前大部分高校的重点是智慧学科服务，对提供教学支持服务不够重视，平台建设不完善，在图书馆网页的界面上也难看到教育支持服务的踪影，高校图书馆还应加紧教育支持服务平台的建设，为教师提供更多元化的教学支持服务。

3. 高校图书馆利用教育大数据提供面向学生的个性化需求服务

（1）智慧空间服务

智慧空间服务是用户在高校图书馆中最经常使用的服务之一，调查用户去图书馆的目的，有超过50%的学生选择了"自习"这一选项，可见发展智慧空间服务的重要性。从图书馆构成的方向分析，高校图书馆由馆藏资源、馆员、各种设施组成，随着大数据在各个领域的兴起，数据资源也成为图书馆资源的重要组成部分。在高校图书馆中应用教育大数据，更有助于智慧空间服务的建设。虽然现在大部分高校图书馆都有座位预约平台，但是还是存在学生预约不上位置，或者位置浪费的情况。在这种情境下，将教育大数据和智慧空间服务相融合，图书馆可以从数据的角度分析，什么时间段自习位置需求量高，什么时间段需求量低，对自习室的空间进行调整。例如考试将近，去图书馆自习的人数增多，图书馆是否可以考虑扩大自习空间或者增加自习位置，在人数少的时候，可以考虑适当地关闭部分自习室，减少自习空间，这样也可以减轻服务人员的管理工作量。

（2）个性化阅读推送服务

近年来，为了响应国家"倡导全民阅读、建设书香社会"的号召，阅读活动如火如荼地开展中，但是随着用户阅读需求的提升，传统的阅读难以满足用户的需求，应用教育大数据可以成为这一问题的突破口。需求的提升实际上就是用户需要个性化的服务，而不是宽泛的服务。高校图书馆首先要对用户的阅读需求有一定的了解，才能开展下一步的个性化阅读推送服务，更好地激发师生的阅读兴趣，扩大服务的效果。高校图书馆通过收集分析用户的数据，了解用户在图书馆借阅图书的时候，哪些关键词出现频率最高，某一用户对哪一类图书更感兴趣，还可以通过数据分析了解用户近期的课业安排。图书馆对用户数据进行分析之后，可以有针对性地为用户推荐相应的书目文献。馆藏资源是构成图书馆的关键要素，也是图书馆开展阅读服务的基础。高校图书馆在对馆藏资源进行扩充的时候应考虑到学校的学科设置并结合用户的阅读需求，要充分利用教育大数据，根据图书的被检次数和借阅次数，结合读者荐购平台的后台信息，以此数据为馆藏资源改扩建的依据。高校可以将资源进行分类整合，例如清华大学图书馆为使学校图书文献信息资源及服务形成合理布局，在学校的大力支持下，将已有的学院图书馆资料室转为相应的研究型专业图书馆，更方便开展个性化的阅读推送服务。在这种模式下可以实现学院教育大数据直接与学院图书馆对接，更加便捷，更有利于开展专业服务，这种模式应得到推广。高校图书馆还可以利用互联网将实体的资源转化为线上资源供更多用户使用。通过以上具体服务内容，实现真正的个性化阅读推荐服务。

（3）针对用户考试需求的服务

高校学生无论是在学习过程中，还是在就业问题上，都离不开考试这一项。高校学生在准备考试时，高校图书馆一般是其首选的场所。因为高校图书馆能给予用户适合学习的氛围、场地以及资源。高校图书馆将教育大数据融入智慧服务中，开展有利于用户考试需求的服务，将会为图书馆用户带来更人性化的服务体验。图书馆可以分析学生的考试数据，为学生准备有助于考试的讲座，也可以通过公众号等社交媒体，为学生推送与考试相关的考试疏导或者专业知识，充分发挥高校图书馆的职能。

4. 教育大数据视域下信息与数据素养培训服务

信息素养的本质是在全球信息化的背景下要求人们具备的一种基本能力。信息素养这一概念包括文化素养、信息意识和信息技能三个层面。即能够判断何时需要信息，学会如何去获取信息，最后要具备评价获得的信息和利用信息的能力。大数据时代和信息技术的发展使得科学研究对数据获取与利用的需求不断增强，提高自身的信息素养，学会如何掌握信息，是高校学生的一项必修课。提升信息素养有助于日后的学习、科研工作顺利进行。

信息素养教育主要包含如何在大数据海中找到自己所需要的信息，如何有效地收集数据，如何提升数据分析能力。高校图书馆有培养大学生信息素养的责任，高校图书馆在开展信息与数据素养方面有着天然的优势，在之前的调研过程中发现绝大部分的高校图书馆都针对新生开设了信息素养课程，或者举办信息素养相关讲座，以此来帮助学生提升信息素养。但是课程和讲座开设的范围非常宽泛，缺乏针对性，目前很多学校的信息素养教育课程少与学生专业知识结合，难以对学生本专业的信息检索问题，提供准确的指导。学生在检索具有专业内涵的问题时，往往难以求得有效的帮助，高校图书馆的学科馆员在这一方面可以发挥其专业优势，收集用户在专业方面的信息检索问题，在数据中心提取统计关键问题，专业性强的问题可以由学科馆员进行对接，针对基础的问题，图书馆可以发挥其职能，举办讲座或者开设针对专业问题的信息素养教育课程。高校图书馆开展信息素养教育也可以体现高校紧跟大数据和科研数据环境的发展需求，提升学生的信息素养也可以促进图书馆资源的充分利用。

五、人工智能技术在高校图书馆智慧服务模式中的保障措施

（一）完善智慧图书馆基础设施建设

在高校图书馆中，智慧服务模式也成为一个重要的发展趋势。为了更好地实现智慧服务模式的目标，需要对现有的基础设施进行全面升级和优化。加强硬件设备的支持力度。目前，许多高校图书馆仍存在一些老旧设备的问题，如电脑配置不够强大、网络速度较慢等。因此，应加大投入力度，引进先进的计算机系统和高速、稳定的网络连接器，以提高用户体验和工作效率并注重软件系统的开发与更新。当前，很多高校图书馆使用的是传统的管理信息系统，功能单一且难以满足现代化需求。因此，应积极引入新的智能化管理信息系统，并定期对其进行维护和更新，以保证高效、稳定运行。重视数据安全保护。随着信息化程度的加深，越来越多的数据被收集和存储。然而，这些数据如得不到有效的保护和管理，

可能会遭受黑客攻击或有信息泄露的风险。因此，必须建立健全的数据保密制度和安全防护体系，确保数据的安全性和完整性。

（二）推进移动物联、深度感知和智慧互联网络的建设

推进移动物联、深度感知和智慧互联网络建设，是实现高校图书馆智慧服务模式至关重要的一环。因此，需要加强对移动物联的支持与推广。通过建立智能化的校园网络系统，可以将各种设备连接起来，形成一个完整的无线通信网络。这样就可以让师生们随时随地都能享受便捷的图书馆服务。通过将各种设备连接到网络上并使用 AI 算法处理数据，可以提高院校的智能化水平。

大力支持深度感知的发展。深度感知是指利用计算机视觉、语音识别等技术进行数据分析的技术手段。它能够帮助图书馆管理员更加准确地理解读者的需求，为读者提供更好的个性化服务。要积极推动智慧互联网络的发展。智慧互联网络指的是以互联网为基础的信息交流平台。通过构建这样一个平台，可以让学生们更方便地获取各类资源资料，同时也能促进学术交流和合作。因此，推进移动物联、深度感知和智慧互联网络建设非常必要。

（三）突破传统的数据壁垒，构建交互式的智能服务体系

通过智能化技术，高校图书馆可以提供更加便捷、高效的服务，帮助读者实现科研、学习、教育和其他需要帮助的活动。这些技术可以帮助读者更好地理解和掌握知识。随着社会发展的加快，高校图书馆的智能化服务日益受到重视，其中最重要的原因就是满足学生的学习和研究需求。因此，高校图书馆通过开发和推出各种智能化服务，可以吸引更多的学生参与，从而实现学习和研究的双赢。

然而，传统高校图书馆的数据管理方式存在一些问题。由于数据存储的方式不同，导致数据难以共享和整合；此外，由于缺乏统一的标准和规范，使不同的数据库之间无法相互连接或交换数据。这些问题限制高校图书馆的发展和创新能力。为解决这些问题，提出一种新的解决方案——打破传统的数据壁垒，建立一个交互式、智能化的服务系统。这种系统的核心是将所有相关数据进行集成和共享。这样一来，各个部门之间的数据就可以互相交流和分享，从而提高效率并减少重复工作；同时，该系统还可以为用户提供个性化的服务体验。例如，可以通过分析用户的历史记录和行为习惯，为其推荐相关的书籍或课程资源。因此，要制定一套完整的标准和规范，以确保各部门的数据能够顺利地集成在一起，采用先进的人工智能算法对数据进行处理和挖掘。

第九章 新媒体下高校图书馆读者服务的创新

第一节 新媒体阅读的内涵及特点

一、新媒体的内涵

（一）新媒体的概念

有关新媒体概念的解释，当前尚未有统一的定义。不同的视角，所给出的定义、解释方式也不尽相同，目前主要从技术和时间两个方面来对新媒体做出相对客观的界定。

从新媒体技术支撑角度来定义，认为是由于现代科学技术、计算机技术的迅猛发展，进而催生出新媒体技术，使媒体发展进入以通信技术和网络技术为重要依托的新媒体时代。任何有关网络技术的工具，都是其展开传播的媒介，如手机、数字电视等。

从对比传统媒体的视角来定义，认为"新"是一个相对概念，"新媒体"与"旧媒体"只是在时间性和历史性的概念上有所区别。比如，相对于过去盛行的报纸，电视属于新媒体，若再将之与网络媒体进行比较，电视则属于传统媒体，网络媒体为新媒体。

（二）传统媒介与新媒介

一般来说，传统媒体代表着旧媒体。一直以来，传统媒体在大众传播时代一直处于核心的位置，代表政府、企业以及其他机关部门行使话语权和传播权。从传统媒体延伸到传统媒介，首先需要区分媒体和媒介这两个不同的概念，媒介更多地被赋予了物理性中介的特点，媒体则更多地被赋予了社会性中介的特点。正如，互联网是一种媒介，而电视台就是媒体，媒介是媒体存在和延续的基础，媒体是媒介的社会化呈现。从传统媒体到新媒体的趋势来看，新媒体不像是平面媒体、电视媒体那样的稳定概念，恰恰相反，每个时代都会拥有属于自己的"新媒体"。时代的发展使得"新"与"传统"或是"旧"在形式交替中进行发展。简单地理解: 对于报纸来说, 广播就是新媒体, 对于电视来说, 社交网站就是新媒体。

在当前，新媒体主要利用数字传输技术以及互联网、无线通信网等技术，通过手机、电脑、电视机等终端进行内容传播，向用户提供信息服务。在讨论新媒体的时候，一般来说会从以下四个层面进行理解：首先在技术上，新媒体主要是利用数字传输技术、网络技术、移动通信技术等进行信息传播的，它的"新"在于需要多种技术的承接，与传统媒体相比，它对技术的要求更高。其次，从渠道层面看，新媒体主要通过互联网、宽带局域网、无线通信网等渠道来实现。再次，从使用终端层面看，伴随着互联网技术与移动通信技术的发展，相较于以前以电视机、电脑作为接收端，当下主要通过手机、平板电脑等移动终端进行接收。最后，从服务方式上看，新媒体主要是通过上述的各种技术来实现信息的传输，主要是向用户提供视频、文字、图片、音频、语音、游戏、教育、直播等内容与服务，且伴随着信息技术的发展和成熟，其呈现的内容更加多样。

总的来说，传统媒体与新媒体主要有以下几个区别。第一，传统媒体是媒体所主导的，采用单向、线性的传播模式，而新媒体则更加强调用户思维，受众可以依据自己的兴趣去选择媒体，因此其传播模式是双向的。第二，传统媒体在呈现信息时，受制于其接收的媒介，即电视、报纸、广播，其在内容传播上较为局限，以文字、音频、视频为主。反观新媒体语境下，从内容的采编，到传输，再到呈现，形式变得更加多样。另外，由于"人人都拥有自己的麦克风"，所以内容的发布和信息的传播更加自由，打破了以往相对固化的传播形式，用户可以在法律规章规定的范围内自由地进行内容分享。

（三）新媒体时代的特征

1.数字化

新媒体环境下，伴随着媒介技术的发展，数字化的传播特征更加明显。尤其是在当前互联网的传播环境下，数字化的理念得到了进一步的深化。基于互联网的开放性，互联网平台中的内容大多是对用户直接开放的，用户可以根据自己的偏好对信息进行选择、传播和分享。近年来，随着互联网技术的发展，新媒体传播更应顺应技术的发展与时俱进，不断加强改革，始终保持创新的思维和能力，在此基础上，所谓的新媒体时代下的数字化，也就是融合与发展。融合不仅仅是技术与行业的融合，同时也是行业与行业间的融合。互联网的发展虽然赋予各行各业巨大的发展机遇，但是机遇总与挑战相伴，只有秉持多元化的发展思维，加强跨界、跨领域合作，才能积极汲取各行各业的优势，实现优势资源的互补，最终才能促进自身与行业的良性发展。

2. 交互性

传统媒体是一种单向、线性的传播媒介，不论是广播、电视，还是报纸等，都是单向地对信息进行传递，在此过程中，媒体处于相对强势的位置，决定着传播信息的内容和形式，因此，用户很难进行反馈，用户与媒体之间的交互性较差。在新媒体环境下，交互成为加强用户黏性的主要手段，如何让用户在媒介接触的过程中实现沉浸式体验，提升参与感，成为各大媒体平台的重要课题。其次，交互性也是资源开放共享的前提，目前，百度文库、优酷视频、哔哩哔哩等便是一种资源共享的平台，它可以突破地域、行业、类型的限制，用户可根据需求自由地选择媒介，在不同的平台上对资源进行上传或者下载，这大大地拓宽了互联网的交互性能。最后，触屏时代的到来，也让交互性的发展更上一层楼，智能化设备扩展了交互的形态，人机交互开启了更高效、更自然的交互方式，改变了用户和媒介之间的关系。

3. 个性化

互联网环境下，新媒体传播能够降低用户之间交流沟通的成本和障碍，且基于互联网自身的匿名性，在合法合规的前提下，言论自由在一定的范围内得以拓展。同时在大数据、云计算等互联网技术的支持下，新媒介可以基于用户的使用偏好和习惯，整理出相关的用户画像，从而向用户提供定制化的内容。

4. 超时空

首先，超时空意味着内容的传播可以超越时空的限制，任何时间任何地点都可以实现信息的传递，这也意味着在新媒体环境下，我们的时空观从即时到全时、从连接到超链接的转变。其次，在互联网时代，信息的存储更加便捷、高效，同时信息也更加海量，新媒体凭借强大的技术手段使海量的信息以简短、精炼的形式在各大媒介平台上进行呈现，于是，内容也逐渐变得碎片化。最后，在超文本、超链接的背景下，各种应用都提供多媒体支持，新媒体背景下，文件可支持的内容格式更加多样化，而超链接也使得网民能够更加方便、高效地使用网络资源。

二、新媒体阅读的特点

（一）阅读时间碎片化

在新媒体环境下，纸质印刷媒体阅读已经难以满足大学生日常学习和生活的需求，越来越多的大学生更青睐于通过互联网在线获取自己所需的知识或讯息。不同于传统的阅读学习方式，新媒体环境下的阅读表现出显著的碎片化特征。碎片化阅读打破了传统学习与娱乐的边界，阅读也不再是单纯获取知识和信息，而是将阅读融入更为常态化的生活场景当中。大部分大学生碎片化阅读都集中在晚上睡觉之前、早上起床之前、吃饭休息的间隙，如大部分学生会通过刷微博、刷抖音等方式来了解讯息，整体而言，新媒体环境下的大学生碎片化阅读的频率较高，几乎所有的大学生每天都会利用手机等媒介来进行碎片化阅读，而且进行碎片化阅读的时间段不一样，主要根据大学生个体的生活习惯和爱好而确定，整体阅读的频率较高。

（二）平台选择多样化

在所有新媒体阅读的终端设备中，大学生最普遍使用的是手机、电脑等设备，当今大学生的学习离不开电脑，很多课程作业和学习任务都需要通过电脑来完成，因此电脑成为了校园内阅读最普遍的设备之一。除此之外智能手机是大学生使用频率最高的阅读设备，并且几乎所有大学生都使用手机阅读，随着时代的发展，智能手机几乎成为所有大学生的"标配"，大学生随时随地通过智能手机来实现阅读，智能手机是大学生最便捷、最常用的阅读工具。另外对于阅读平台的选择，大学生普遍会利用APP、网页、自媒体等渠道来进行碎片化阅读，尤其是APP和自媒体平台是最常用的阅读平台，其中包含了微博、微信、知乎、豆瓣、小红书等。也正是因为大学生热衷于通过手机等智能设备来进行阅读，而手机的阅读功能实现也需要通过APP提供内容，大学生可以非常便捷地通过浏览器来进行检索，只需要在搜索栏输入主题关键词，就能找到相关知识信息。

（三）主题内容复杂化

阅读渠道和平台的多样化，使得阅读已不再是通过传统的文字形式来展现，新媒体环境下，有声阅读、音频动画、图片阅读等众多形式层出不穷，多样化的阅读内容不仅仅有助于吸引读者的兴趣，还能够更加生动形象地帮助读者开阔眼界。当代青年大学生阅读的内容组成十分复杂，常见的如有新闻热点、娱乐明星、旅游地理、网络小说、课程资料等。总的来说，新媒体环境下的大学生阅读，主要是以休闲娱乐为主，利用手机阅读进行专业学习所占的比例较少。大部分大学生认为，新媒体环境下通过手机等智能终端来进行阅读，具有便捷、快速、数量多、个性化、娱乐性强、增长知识、缓解压力、更新及时等优点，而众多的优势当中，便捷是最核心的优势，能够帮助大学生随时随地进行阅读，获取到想要的知识和信息。以往在互联网和智能手机没有普遍应用的时候，要想了解到某方面的知识，必须通过图书馆或书店查阅来实现，而在当下，一部智能手机就可以帮助大学生随时随地进行阅读。但同时，新媒体环境下的阅读方式的变革，也会对大学生带来消极影响，过度依赖手机阅读，学生的自学能力会受到严重干扰，也容易焦虑和浮躁，很容易出现离开手机就不愿意阅读的局面，另外，随着大学生对于手机阅读的使用黏性增强，大学生的价值取向也会潜移默化地受到影响，很难进行正确的价值观评判和选择，很难在纷繁复杂的网络信息中辨别是非，尤其是受到不良思潮文化的影响，就会导致其自身的价值观混乱，对大学生的成长成才造成负面影响。

三、新媒体时代阅读行为的变迁

（一）技术裹挟：交互阅读与媒介延伸

1.从纸质到电子：阅读形态的变迁与交互发展

1964 年，传播学者麦克卢汉在《理解媒介——论人的延伸》中提出"媒介即人的延伸"，指出三次媒介革命是人类的三次延伸：拼音是口语向文字的飞跃，即从听觉走向视觉的延伸；机器印刷是拼音文化向近代机械和科学文化的飞跃，即从视觉走向肢体的延伸；电子媒介是机械文明向电子文明的飞跃。纵观媒介演进的历程，大致经历了以下的几个阶段。

（1）印刷媒介与文字符号

第一阶段是印刷技术的发展推动着印刷媒介的出现。在远古时代，人们通过结绳记事的方法来记录信息，绳结样式和大小的不同，代表着不同的事件和信息。在这个语言刚出现、文字又未产生的时期，虽然还没有形成较为成熟的符号语言系统，但是结绳记事中，通过不同的绳结来记录具体的事件和内容，在一定程度上也可以看作是符号的萌芽。结绳记事，利用自定的识别系统，将其转化为有意义的相关信息，在一定程度上，这已经接近于我们传统意义上的阅读行为了。

随着时间的推移，文字符号的产生大大地突破了传统结绳记事的局限性，阅读行为的发展也渐趋成熟。楔形文字是迄今为止发现的最古老的文字之一，它由苏美尔人所创。这种文字书写的最初目的也是对一些信息进行记录，但不同的是，这些内容源于声音，所以它是有声语言具象化的符号。另外，文字的发展也可以通过文字载体的发展历程来体现。古人通过龟甲记录卜辞，通过青铜器记录铭文等，在文字和载体的发展过程中，阅读的行为也渐趋成熟。但是受到古代技术水平的限制，当时许多的文字内容和信息无法广泛传播，且传播的阶层也比较固化。但是随着之后媒介技术的进步与发展，阅读行为也渐渐得到了发展。

文字的出现以及文字载体的发展，使得文字与文字的记录形态变得更加成熟。文字的发展使得文本式阅读方式出现。蔡伦对造纸术的改良为文字发展带来了一次巨大的变革，而印刷术的发明，更是使文字这一符号体系变得更加完善，同时也是从此刻开始，以纸质书籍为载体，以文字为形式的阅读方式才得以成型。再往后，古登堡印刷术的出现不仅解决了许多历史上的遗留问题，还推动了一个行业的出现和发展——出版业。在印刷技术的发展下，最初出现了书籍，紧接着是报纸，印刷技术的发展使得信息的传播不再像原始时期那般困难，也使得平面媒体的大量复制成为可能。正是因为古登堡印刷术的发明，大大降低了印刷成本与阅读门槛，其优点逐步显现，越来越多的人开始投身于印刷行业中，推动着印刷业的发展。此后，书籍不再是奢侈品，而是人们信息传播和交流的重要渠道之一，更是重要的传播媒介，由此世界信息传播的方式也逐渐发生了变化。

（2）光电技术与图文符号

第二阶段是电子技术和光电转化技术的发展推动着广播、电视等媒介形式的出现。自印刷媒介发展以来，各类印刷品始终处于统治地位，同时，伴随着文字符号的发展，人们不再拘泥于阅读长篇的文字，而是开始探索更加方便、有趣的内容。于是"文本＋图片"的阅读方式逐渐走进了人们的视野。图文阅读利用"图片＋文字"的方式，大大拓展了内容的传播效率，同时也吸引了更多的读者进行阅读。另外，书籍这一阅读载体的快速发展，也使得阅读的交互形式逐渐变得单一。

广播的出现宣告着印刷媒介占统治地位的时代走向终结。广播拥有传播对象广泛、传播时效性强、传播方式灵活等特点，这些是传统的传播媒介所不具备的。广播的诞生对社会的发展产生了巨大的影响，实现了媒介向人们耳朵这一器官的延伸，听觉成为重要的传播中枢，并形成了人类体外化的声音信息系统。另外，在光电转化技术的发展下，二十世纪三四十年代电视媒介也正式诞生并进入初步发展的阶段，声画合一的出现，又进一步拓展了媒介的内容容量，这是人类传播历史上的第一次多媒体传播。电视媒介具有感染力强、覆盖面广、娱乐性强等独特的传播优势，有线电视的发展对电视业的变革产生了巨大的动力，频道专业化也为传播带来了重大变革，分众传播电视媒介的发展进一步实现了媒介对人的延伸，画面、声音、图像的综合性内容实现了人们眼睛和耳朵的延伸，人们对媒介的依赖性逐渐得到强化。

（3）互联网技术与交互阅读

第三阶段是互联网技术的发展推动着新媒体技术和新媒介的出现。随着新媒体技术的发展，以文字为主的、较为单一的阅读形态被改变，新媒体的融合性拓宽了内容嫁接的范围，也拓宽了信息的传播范围。H5、有声书、播客等各种形式的交互阅读的出现和发展，打破了传统时代依靠文字来传播信息的阅读形式，在新媒体环境下，人们开始去探索更加多样化、交互式的阅读形式，而在此过程中，阅读的本质和阅读的理念也得到了进一步的拓展深化。互联网技术的发展使得传播媒介不论是在传者层面还是在受者层面，传播的价值都被重构。在互联网技术的推动下，不仅有传统大众传播媒介时代的文本、图像、声音、视频等，还有 3D 动画、AR、VR 等先进技术的嵌入，使得传播的内容更加丰富和立体。从某些方面看，互联网可以说是对我们身体全方位的延伸，人类在延伸的基础上正式拥有了能够在"赛博空间"畅游的机会。

纵观媒介的发展历程，从图像符号到文字符号，从纸质文本到电子文本，技术的发展推动了用户阅读媒介的改变。媒介发展同时也增强了读者与文本之间的交互能力。读者的阅读不再依赖于纸质书籍为载体的文本内容，而是拓展到了各种电子屏幕当中，内容更加多样，形式也更加丰富，所以，读者的阅读行为在媒介技术的扶持下，沉浸感、体验感不断加强，阅读的交互感也得到了大幅度提升。

2. 从互联网到物联网：媒介延伸与身体传播

（1）媒介延伸：泛化与截除

加拿大传播学者麦克卢汉指出媒介即人的延伸，而他所指的延伸更多的是对于媒介拓宽人们感官的感知范围的理解，即媒介对于人体物理器官的重塑。而在新媒体环境下，伴随着媒介社会的发展，延伸之于媒介来说，早已不限于物质层面的延伸，而是从物质层面拓展到了精神层面。尤其是当前，媒介在文化塑造中扮演着极其重要的角色。媒介的发展以及新媒介的出现不仅代表着一种新技术的诞生，同时也代表着一种新的文化结构和社会环境的出现。很多的时候，人们都不会刻意去了解和思考技术的价值和意义，仅仅将其当作一个工具，而媒介技术只是作为信息传递的中介，为生产生活提供便捷。

但是，媒介本身其实并非被动的，社会活动以及人类的生产生活方式都会受到媒介的影响。总的来看，媒介不仅是对人的延伸，同时也是对社会形态与文化的延伸。当下，我们走入了一个泛媒介的时代，一切的物体都带上了"中介"的属性。所谓的泛媒介，是指在当前社会环境下所呈现出来的一种普遍的、广泛的、数字化的生存状态。尤其是随着移动终端的发展，辅之以大数据、云计算、传感器等技术，我们迈入了一个"万物皆媒"的时代，作为技术创造者和使用者的我们，也被赋予了媒介这一属性，我们和万事万物连接在一起，所以，媒介化也意味着人与社会的全面延伸。

彭兰认为，"媒介"与"非媒介"之间的界限正在淡化、模糊，甚至会消失。万物皆媒的时代即将到来，泛媒介化的表现在于物体媒介化、人体终端化以及人机合一。在当前媒介化的时代，我们需要关注的不仅是传递的信息，同时也要关注我们所使用的媒介，关注媒介所带来的影响和传播效果。不论是从整体的视角去理解社会和群体，还是从个体的角度上去理解用户和受众，他们都正在走上媒介化的发展道路，智能媒体在此过程中，不仅发挥着延伸的作用，同时还能促进群集、产生社会关系的变革。在新媒体环境下，媒介将每个个体联系在一起，同时也将其隐藏的文化结构相互联结，从而实现了对当下社会文化的延伸，呈现出一种拟态环境，或者是拟态环境的环境化效果。

正如当前社会泛娱乐化倾向越来越明显，同时视频传播的形态也越来越成熟，我们所生活的社会在社交媒体的影响下，现实社会出现了虚拟社会的映射，这种映射更多地体现为人们产生电视剧、电影甚至是短视频里的一些"理想化"的行为，网络上的一些虚拟的行为或者内容被作用于现实社会，且这种作用在无限地放大。

麦克卢汉在提出媒介是人的延伸的同时，也提出了媒介的"截除"功能。在工业化时代，技术的发展使得人体的部分功能被延伸或是增强，如广播延伸了人们的听觉系统，报纸延伸了人们的视觉系统，电视延伸了人们的多感官系统，这些延伸使得个体形成了对延伸体的依赖，从而降低了本体功能的使用。例如当我们都在依靠移动终端来进行信息记录与传输的时候，我们渐渐地将写字的行为向打字的行为转移，我们更加依赖这些工具，某些时候甚至会出现突然忘记某一个常用字怎么写的情况。另外，依靠手机进行记忆也会导致记忆力的衰退。所以，在媒介对人身体各部分感官进行延伸的同时，也会使得我们身体中部分的感知能力受到压迫或者被截除，使得人的某些能力退化。所以在这个环境下，人在技术的影响下变得更加割裂。

智媒时代，随着媒介技术的高速发展，我们正式进入了一个泛媒介化的社会。社会生产生活的各个方面都与媒介紧密相连，人类更加依赖于智能设备来实现各种目标而不愿发挥自我的价值与功能。媒介在对人体赋能的同时，也开始影响到使用者的思维习惯与行为。技术赋予人更多权利的同时，人也在此过程中受到更多限制。人的本体越依附于延伸体的功能，本体功能的弱化和截除效果就更明显。美国的社会理论学家马尔库塞也对这种"人为媒介所截除"的现状进行了深刻的反思，他认为统治者利用技术控制大众，使人们成为"单向度的人"，即失去批判思维、否定维度的人。

麦克卢汉指出，观看、使用或者感知任何技术形式的延伸时，都需要将这些延伸纳入自己的系统，就必然需要各种感知关闭或者感知位移。这意味着：首先，媒介延伸了人体的部分功能，甚至是强化了这些功能，但是这种延伸在一定程度上，是以对其他功能的截除为代价的；其次，当人们在使用媒介的时候，人们关注的更多是媒介对自身功能的强化，从而使我们在非自觉的过程中放弃或麻痹我们本体的功能。

当下智能化社会的环境下，媒介技术的发展更加成熟，其对人体功能的拓展能力更强，在此基础上，我们越来越习惯于利用电子大脑来进行思考和生活，反而对我们自身主体能动性的调动程度越来越低，因此媒介对人体的截除功能和效果也更加突出。

（2）身体传播：融入与异化

随着当下社会科学技术的发展和经济生活水平的提升，信息世界的发展速度令人震惊，互联网的出现和发展，极大地提高了信息传播的方式和速度。自20世纪50年代计算机诞生开始，人类正式踏入数字时代。1969年，美国首次建立了世界上第一个互联网，使得计算机之间的信息传输成为可能，人类由此踏入了互联网时代。2000年后，随着智能手机的发展，移动互联网开始崛起，新的万物互联、大数据以及人工智能逐渐演变成为主流，我们正式开启了物联网的新时代。

所谓的物联网即采用射频识别、传感网络、M2M系统框架以及云计算等作为手段，实现物与物之间的联通。互联网时代，媒介技术重构着人们对自身能力的认知与社会关系的形态。而在物联网时代，这一关系得到进一步的强化。物联网的"全面延伸"不仅重塑着当前传播的生态环境，更是延伸了人们对"媒介"这一词意义的理解。物联网时代下，诞生并孕育出一种全新的传播形式——具身传播，这种传播形式既区别于以人际传播为主的口语传播时代，也区别于以报刊、电视、广播等为主的大众传播时代，它是在技术支持下，新型媒介的发展对我们生活方式的重塑。20世纪40年代，莫里斯·梅洛－庞蒂提出了"具身主体性"，打破了传统研究中的身心二元论的认知困境，从而开启了当下对身体研究的转向。他认为，人的主体性是物质的身体与物质的世界互动而形成的。他将身体视为人与世界连接的媒介，"身体是在世界上存在的媒介物，拥有一个身体，对于一个生物来说就是介入确定的环境，参与某些计划和继续置身于其中"。总的来看，身体传播也即唐·伊德所言的"人—技术—世界"。而具身传播或身体传播可以表述为：有意识地强调身体在传播中的基础性地位，将传播视作"媒介—信息—身体—环境"之间的有机互动过程。随着互联网技术的发展，媒介演进速度的加快，当前，媒介不仅是信息的载体，帮助人们获取或传播信息，媒介更是逐渐地将内容的呈现以及表达方式默认为我们自己身体感知的一部分。随着互联网和物联网的发展，智能手机、可穿戴设备等移动终端的跟进，媒介技术与人们之间的关系越来越紧密，尤其是与人们身体的关系越来越紧密，人的身体被嵌套进技术发展的逻辑中去，以至于技术与身体的关系变得更加"暧昧"。

在互联网和物联网环境下，在出版业阅读生态中，身体传播呈现多器官参与、思维与身体剥离两个特点。

其一，多器官参与。随着媒介体外化趋势的扩展，以点读笔、AR、VR、Apple Pencil 等为代表的数字出版产品，融合了智能语音技术、图像识别技术、智能传感技术等，依靠技术的力量实现了人类听觉、视觉、触觉、体感等多维度的延伸，这些技术既方便了人们的阅读行为和理解方式，更符合当下阅读的语境，同时也使得人的感官系统和中枢神经系统在此基础上得以延伸。

其二，思维与身体的剥离。电视的诞生和发展孕育出了大量的"沙发土豆"。"沙发土豆"主要代表那些围绕着电视节目，每天拿着遥控器的"电视人"，描述的是电视对人们生活方式的改变。随着移动终端设备的普及，"沙发土豆"逐渐让位于双眼，呈现出从屏到屏的实时传输，屏幕在此过程中发挥着巨大的作用，虽然看起来人们阅读的仅仅是一块屏幕，但思维却逐渐复刻于一个个的设备当中，导致身体成为工具，设备成为大脑思考的场所。正如当下一些畅销书，它运用了AR、VR等技术对内容的呈现方式进行拓展，以至于我们在阅读这些信息的时候，更多的是关注这些特效、画面所带来的体验感，而忽视了内容价值，所以，内容的意义不再成为阅读最核心的意义。

如果说媒介形态的发展带来的是交互能力的提升，那么媒介技术的发展带来的则是身体的延伸。技术的发展重新界定了媒介与人的意义，也成为了麦克卢汉口中所说的媒介即人的延伸。在媒介与读者间的交互性不断提升的同时，我们对于媒介的依赖程度也不断加深，最终造成了媒介对人体机能的延伸。而随着人对媒介依赖程度的加深，当前对于媒介与身体关系的研究也从功能的延伸拓展到了身体的传播，身体不仅仅是传播的终端，充当传递和接收角色，而是成为了媒介，不仅可以传播信息，还可以储存、生成信息，人在当中充当着介质的角色。

（二）时空切割：多元的"在场"与"缺席"

传播活动总是在特定的时间和空间所组成的场景中发生的，安东尼·吉登斯认为，社会系统的时空构成恰恰是社会理论的核心。媒介的发展，打破了传统的时空观念，时空被切割为若干的碎片，这也是我们当下所说的碎片化。伴随着生活节奏的加快，碎片化的程度仍在不断地加剧。

1.碎片化：分离与延伸的重叠

碎片化的形成和移动终端的发展密不可分。从传统媒体时代到新媒体时代，媒介的发展始终都在与时间作斗争，以时效性为基础。但即使是直播类的电视节目，仍在不同程度上保留着滞后性。互联网的出现基本实现了信息传输的实时化。手机作为一个阅读载体，集合了报纸、广播、电视乃至其他多种功能，是一个多媒体产品，在此基础上，手机的发展更加符合碎片化时代的要求。

人类的发展史可以说是一本媒介技术发展的"史书"，而媒介发展的历史同时也映射着人们阅读行为演变的历程。在传统的印刷时代，人们阅读纸质书籍是在特定的时间，并寻找合适的场所进行阅读，而现在，伴随着移动终端的发展，人们的阅读不再需要传统"阅读空间"的"在场"，"缺席"式阅读行为逐渐成了主流。公众号、短视频、微博等一类依托于社会化平台的短内容以及各种阅读平台的出现，让我们的随时随地阅读成为可能，尤其是当前如果想听一堂课，无须到达指定的地点，通过互联网便可以实现直播上课，即使是听录播课程也很方便。另外，碎片化也意味着阅读的连贯性被打破，阅读的时间被分离，当我们无法在短时间内读完一定篇幅的内容时，可以通过收藏、标记等方式，有些平台也会帮助用户自动记忆，当下一次进入时，便会自动定位至上次浏览处，且平台的记忆量远大于传统的"书签式"标记。2015年苹果公司推出了一款名为"Apple Pencil"的电子智能触控笔，再次为我们的阅读行为画上了浓墨重彩的一笔。纵观人类的书写历史，用笔书写扮演着尤为重要的角色，更是衍生出来"好记性不如烂笔头"的民间俗语，而电子触控笔让电子时代的屏上书写"奇迹"也重新回归，传统纸笔式的书写历史逐渐分离，用"笔"书写的可能性无限延伸，甚至成为价值创造的主体。

2. 场景化：界面与现实的交互

媒介的介入与发展让场景的划分更加复杂，以互联网为代表的新媒体技术，不仅突破了传统时空距离的限制，同时也重塑了我们的时空观。

传统认知中的时空场景既包括了固定的物理空间，例如：家、学校、图书馆等静止空间，也包括了地铁、公车等一类的移动空间，这类移动空间是传统空间观和媒介所塑造的交往空间的叠加。阅读的场景化从根本上是为了提升用户阅读体验，使人们的阅读行为不再限制在某一固定的时空场景内，而是可以在不同的场景中实现跨场景、跨媒介阅读，人们可以根据自身的需求和偏好来选择媒介进行媒介活动。一方面，媒介技术的发展让信息的传输可以超越时空的限制，人们在获取信息和阅读特定的信息时，无须到达特定的场合进行搜集，是一种"缺席"的状态。另一方面，沉浸式技术的发展，帮助用户建立起一个场景化阅读的体验渠道，依靠界面的屏上力量，提高了界面与现实的交互能力。

其次，在大数据、云计算等技术的推动下，当前场景化的趋势还体现在"按需分配"的算法模式。通过对用户生活、消费、阅读等场景的数据挖掘，精准推送符合用户需求的内容，这不仅实现了用户"缺席"的"在场"，也是用户"在场"的"缺席"。读者根据需求进行选择，甚至无须选择，便可以接收到符合自己口味的内容。于读者和用户而言，这大大提高了他们对内容的阅读兴趣和阅读质量，精准化的推送模式使人们接收到更多自己"喜闻乐见"的信息内容，这样的喜闻乐见不仅是空间场景维度的适配，更是兴趣场景、需求场景等多维度的适配。

3. 融合性：深阅读与浅阅读的叠加

同样地，由于碎片化的冲击，传统黄金时段的概念被打破，以往以深阅读为主的阅读形式逐渐转化为深阅读和浅阅读相叠加的形式，其中"深"与"浅"的意义被重构。移动网络把一切碎片化的时间重新利用，将一切的时间打散。以往长时间阅读一本纸质书被称作是深阅读，其中"深"包含着沉浸式、长时间、深理解的特点。而现在观看一篇有深度的微信公众号文章，沉浸式看一个短视频等，这些都可以被称为深阅读，"深"不再以时间的长短和阅读体量来界定，而是以阅读的质量和效率为标准。

当前，以短视频、公众号文章等为代表的体量小、时间短的微内容占据了主要地位，但是在此过程中"微"并非代表着无意义、低价值的内容，而更像是一种"浓缩的精华"的形态。"微"所体现的是在短时间内尽量提供最充足的信息，或是对人们最有用的信息，在此基础上实现知识、价值与意义的有效传递。特别是在碎片化时代，生活节奏的加速让人们无法拥有大量的剩余时间来进行阅读，因此当人们逐渐提高对阅读功能性需求的时候，"微"的特性在一定程度上推动了内容的有效变现，它不仅传播了知识也传递了价值，使得短时间内的深阅读成为可能。与此同时，对于阅读中身体与身份"在场"和"缺席"的价值也被重新定义。

技术的发展打破了传统的时间观念，信息的传播、分享、阅读可以超越时间、空间的限制，实现随时随地、随走随看。时空观念的发展带来的是碎片化、场景化、融合性的传播观念和内容形态的转变。碎片化意味着内容更加短小、琐碎，人们对于长时间、长内容的阅读逐渐不感兴趣，反而对一些短平快的内容充满了兴趣，在此基础上，我们对于深阅读与浅阅读概念的理解也发生了变化。我们不应以阅读的时长与内容来界定阅读的"深"与"浅"，更应该以阅读的沉浸感、阅读的质量以及通过阅读而取得的收获等，来界定阅读的"深""浅"。此外，为更好地提升阅读体验，场景化阅读也逐渐成为当下阅读行为发展的重要趋势。场景化首先意味着阅读行为发生场景的多样化，其次意味着阅读内容的场景化，平台会根据用户所在场景推送相关的有针对性的内容，以此来提升内容投放的有效性。基于此，在时空观的演变下，阅读呈现出碎片化、场景化、融合性的特征，这也造成了读者的阅读行为多元的"在场"与"缺席"。

第二节 新媒体对高校图书馆读者服务的影响

一、高校图书馆新媒体阅读持续发展要素

实现高校图书馆新媒体阅读的持续发展，需要选择合适的方式进行新媒体阅读推广。推广过程中要求明确推广主体、媒介、设备、内容，在推广活动的影响下强化阅读推广的影响力，并且主动接受意见和反馈进行不断的调整，最终通过新媒体阅读推广实现高校图书馆的持续发展。

（一）主体

推广的意义在于扩大高校图书馆新媒体阅读的影响范围并最终实现持续发展。新媒体阅读推广的主体是参与一系列推广活动的策划者、组织者、实施者、管理者，即高校图书馆本身，新媒体阅读在高校的主要应用场所即图书馆。高校图书馆对于广大校内师生是知识的天堂，同时也是学校进行教研、科研活动的主要阵地；对于全社会而言，高校图书馆蕴藏海量的文献知识，是辽阔的知识海洋。因此，高校图书馆无论从校内还是全社会的角度出发都具有重要的价值和作用，通过推广新媒体阅读高校图书馆可以扩大其影响力，在为全社会创造价值的同时也实现自身的持续发展。

（二）客体

新媒体阅读的用户均为推广的客体，并且客体的群体范围是由主体决定的，因此，主体对于客体具有可选择性，相应的客体由于自身的属性也会依据阅读方式进行选择。新媒体阅读客体具有多元化、广泛化的特性。而在新媒体阅读的背景下，高校图书馆的推广客体不仅为在校师生，还需要走向社会服务大众。高校图书馆新媒体阅读客体的增加，从根本上提升了高校图书馆的资源利用率，并且随着新媒体阅读高校图书馆客体数量的增加，相应客体的类型、知识水平、素养等多方面也开始逐渐出现差异，伴随高校图书馆新媒体阅读影响范围的不断扩大，客体的多元化特性表现得更为明显。

二、新媒体对高校图书馆读者服务工作的多重影响

（一）新媒体对高校图书馆读者服务创新的推动

1.基于读者需求的服务供给

新媒体带来的是阅读资源的丰富、阅读方式的多元、阅读空间和阅读时间的

自由。读者对高校图书馆的服务有了更多元的要求和需求。一方面，读者服务要朝着资源数字化、服务现代化等方向发展，使读者得以打破时间、空间的束缚，可以充分地享受高校图书馆所提供的便捷服务。另一方面，要应用数据技术分析读者阅读兴趣及喜好，结合读者个性化的需求提供针对性的服务。在读者服务供给中，还应将图书馆打造成可以学习与交流的场域，以满足新媒体背景下读者从知识消费到知识整合、创新的创作需求。以读者为中心，是高校图书馆服务不变的坚守；从读者多元需求出发，是新媒体驱动下高校图书馆服务创新的必然选择。

2. 基于新媒体平台的宣传推广

新媒体融合互联网、信息技术、网络媒介，实现了海量数据的处理分析与信息的实时共享，信息的传输更便捷、传播方式更多元、传播效果更理想。在全民阅读的新时期，新媒体的发展，为高校图书馆依托各类新媒体平台进行阅读推广，激发阅读兴趣、提升阅读体验感等提供了保障和支持。得益于新媒体的驱动，图书馆可以通过各类线上平台组织开展多元的阅读活动，可以与读者进行即时沟通互动，可以传递服务信息，可以打造阅读品牌，提升阅读效果。通过新媒体平台的宣传，提升高校图书馆的影响力，使更多的读者产生阅读的兴趣，激发他们阅读的动力，在图书馆借阅各类图书，搜集各方面信息资料，推动阅读推广效果优化提升。

3. 基于合作思维的服务便捷

新媒体环境下，高校图书馆更注重合作思维。在提供读者服务的过程中，不再以独立服务的模式展开，而是与其他主体展开合作，打破传统模式发展中的资源壁垒、区域壁垒等，建构形成新的服务模式。这与互联网包容、共享的特点相契合。基于合作思维的读者服务开展中，高校图书馆得以与其他主体互动交流、分享资源，获得外部组织机构的支持，可以借鉴学习其他地域不同类型图书服务组织机构在读者服务方面的先进做法。以合作思维促图书馆资源拓展与丰富，以共享理念助推图书馆服务延伸与提升，使新媒体的优势可以更好地发挥，用户群体可以获取、接受更优质、更便捷的读者服务。

（二）新媒体背景下读者需求对高校图书馆服务创新的要求

1. 服务体验场景化

场景是新媒体的新要素之一，也是直接体现用户目标的因素之一。特定的场景，可以表达出用户群体对信息及服务的需求，基于场景而提供的服务，也会更契合用户的需求。要实现服务的目标，不仅要提供最基本的读者需求服务，而且也要从特定场景中收集信息，了解读者对阅读服务体验的需求及要求，以提高服务的针对性。高校图书馆应当构建形成基于真实用户场景的新媒体服务模式，从读者在真实场景的体验中收集、掌握读者需求的信息，通过对信息的整合与利用，提供相应的读者服务，以改善新媒体服务质量，提高用户的满意度。

2. 服务需求个性化

新媒体背景下，高校图书馆面向的读者在服务需求上呈现出多元化、个性化的特点。不同类型的读者对图书馆馆藏资源、服务等有了不同的期待和要求，这也意味着更应当围绕读者这一核心，不断优化服务，提供针对性、个性化的读者服务，才能获得读者的认可。新媒体时代，读者获取各类信息的渠道更广泛，读者的想法和见解也因此更加多元化。大学生作为高校图书馆服务的主要群体，其思想的个性化特征更显著，对高校图书馆的服务也提出了更高的要求。因此，无论是从服务对象的变化而言，还是基于新媒体时代多元传播媒介与载体的支持，都应当通过服务创新满足读者个性化的服务需求，以个性化读者服务需求的满足促进图书馆服务质量水平的提升，实现读者与图书馆的共赢。

3. 服务模式多元化

新媒体背景下，VR 技术、AR 技术等都有了快速发展，得益于技术发展，用户在接受服务时可以获得综合性的感官体验，可以实现听觉、视觉、触觉等多器官的联动，这也为读者服务的优化提供了技术层面的支持。新媒体背景下，读者对图书馆服务创新有了更高的要求，更强调读者服务模式的多元化，以综合利用各类技术，使读者在服务中获得更丰富的体验和感受，可以获取以各种形式呈现出来的信息与资源。服务需求及体验的多元变化，推动着图书馆在服务模式创新上采取措施，不断应用现代数字技术、网络技术等，完成信息的汇总、处理，提供更直观的服务与体验，充分利用服务模式多元化实现服务质量的优化提升。

第三节 新媒体下高校图书馆读者服务的现状与创新

一、新媒体环境下高校图书馆读者服务现状及问题

当前市场经济的发展及新媒体技术不断完善为高校图书馆的发展带来了较大机遇，同时广大学生对高校图书馆服务质量和水平也提出了更高的要求。传统的管理和服务理念导向下的高校图书馆现行管理方式和服务质量已经无法满足读者的实际需求，并存在较多问题，这也成为影响高校图书馆发展的重要因素。

（一）缺乏创新的传统管理与服务观念，无法适应新媒体环境下读者服务的发展要求

建立高校图书馆的初衷是为广大学生提供海量的学术资料，创造良好的阅读环境，满足广大学生的阅读需求，逐步提高学业水平与精神境界。简单来说就是能为广大读者提供最大便利获取所需知识资源，这才是高校图书馆正确的管理方式和服务宗旨。但是，现实情况也存在诸多不尽如人意之处，比如部分高校图书馆上至管理者下至一线服务人员服务创新意识不足，没有理解与时俱进做好读者的服务工作对于高校图书馆发展的重要意义；囿于传统观念的影响，部分高校图书馆服务人员的服务理念停滞不前，导致整体服务质量和水平无法满足消费者的实际需求。同时管理者亦未能紧跟时代潮流，做到与时俱进，没有将数字化技术真正运用到高校图书馆管理工作中去，甚至部分管理者因为接触少不了解新媒体技术，从观念上就没有意识到可以利用新媒体技术进行读者服务、扩大宣传。

（二）高校图书馆工作人员专业素质有待提升

随着科学技术的不断发展，更多新兴技术被广泛应用到各个行业，为促进各行各业的发展提供了有利的条件。数字化管理就是在信息技术发展的基础上产生的一种技术形式，它对操作人员的专业知识和技能有很高的要求。因此，高校图书馆在利用数字技术进行读者服务时，必须要着重关注技术人员须具备相应的专业能力，这样才能真正发挥数字化技术的作用，有效提升高校图书馆管理与服务工作的质量。但是，一些高校图书馆管理者受到传统理念的影响，片面认为高校图书馆的工作简单、易操作，为了降低运营成本降低对招聘人员的要求，很多高校图书馆人员配备方面无法紧跟当前时代发展的实际需求。工作人员专业能力不足，故步自封，接受新事物的速度慢，必然无法满足数字化技术对操作人员所需

专业性与技术性的要求。此外，我国很多高校图书馆未能建立完善的培训机制，极少定期对现有服务人员进行专业培训。即使少量的高校图书馆会开展培训工作，但培训形式大于内容，无法调动员工的积极性，未能取得预期的培训效果。总之，高校图书馆工作人员专业能力不足，缺乏足够的技术支撑，既无法发挥数字化技术的作用，又增加运营成本，更不利于为读者提供高效精准的服务。

（三）数字化技术支撑不足，信息技术应用存在困难

新媒体背景下，数字技术开始被应用于高校图书馆管理与服务中，但是如果管理者与服务人员思想上缺乏重视，将不能真正理解与掌握数字技术，以至于无法真正发挥数字化技术在管理与服务中的作用，仅仅流于形式。此外，受到传统管理模式的影响，后期技术维护与管理不到位，致使从业人员服务读者的水平与当下数字化技术发展不匹配，也严重制约高校图书馆服务质量和水平的提升。总之，缺乏创新，局限于传统的管理模式已经无法满足当前时代发展与读者的实际需求，导致诸多单位数字化技术应用面窄，效率低下。

二、新媒体时代高校图书馆读者服务模式的转变

信息化时代互联网技术的不断发展，为广大读者开展阅读活动带来巨大的便利，电子书、微博、百度头条、抖音短视频等新的阅读平台如雨后春笋般应运而生，不但打破了时间与空间对阅读的限制，同时也使得广大读者的需求发生很大改变。这些改变也促使高校图书馆的服务模式进行创新与变革。基于此，处于新媒体背景下，高校图书馆必须要转变服务观念，创新读者服务模式，从而更好地满足时代发展与读者的需求。

（一）由单一向多元化转变，读者需求多元化

新媒体时代的到来，为读者提供更加多元化的阅读平台和资源环境，打破时间与空间的限制，也使得广大读者的阅读需求朝着多元化的方向发展。高校图书馆不再只为读者提供基本的查询、借阅等传统服务，而是打开视野，紧跟时代潮流，借助新媒体技术和平台，构建了数字高校图书馆，为广大读者提供数字化资源。这就是由单一向多元化转变的过程，以读者的实际需求为出发点，从服务资源、方式等多角度实施多元化的转变，以此推动高校图书馆构建更加紧跟时代需求的现代化服务体系。综上所述，高校图书馆要想实现稳定发展，必须明确读者需求多元化的发展方向，以此为基础，科学升级管理模式、优化服务资源等，为

广大读者提供更加多元化的服务。

（二）由浅层向深层转变，服务方式深层化

囿于传统滞后的管理观念，部分高校图书馆仅仅为读者提供文献资料的查询、借阅等服务，但随着时代发展，这种传统单一的服务模式已经远远落后于广大读者的实际需求。基于新媒体视域下，高校图书馆要由传统的浅层次向深层次转变，可以利用互联网技术构建线上线下一体化服务体系，以此满足更多读者的阅读需求，打破时间与空间对阅读的限制，多方面多维度为读者提供深层次的服务，以此提高读者的满意度。首先，高校可以借助新媒体平台，建立大数据资料库，创建跨平台的信息数据检索入口，动态满足读者多元化的需求。其次，打破传统单一的线下模式，利用互联网技术开展线上线下服务模式，在线上随时随地为读者答疑解惑，定期收集整理读者的阅读记录，利用大数据技术为读者提供并主动推送数据库检索服务，丰富线上资源获取途径。总之，高校图书馆的服务要由浅层向深层转变，满足时代发展与读者的需求。

（三）由单一向多样转变，资源载体多样化

在高校图书馆的服务构建中，新媒体发挥着重要的载体作用，更是为高校图书馆资源库的构建提供了载体保障。由于线下图书主要是以纸质文献为主，馆藏量限制了借阅时长和人数，而且实体文献极容易出现磨损、丢失的情况，需要花费大量的时间和精力进行收集和整理，无法满足消费者多样化的需求。而利用新媒体平台，可以建立完善的数据资源库，获取整合海量文献资源，读者只需要利用数据检索平台，短时间内就能搜索到自己所需要的文献资源，省时省力。因此，新媒体时代，高校图书馆应当充分利用技术的发展，逐步实现资源载体由单一的纸质文献向多样转变，深度挖掘和利用高校图书馆资源，极大地提升文献资源的利用率。由纸质文献到数字化资源是时代发展的必然发展趋势，采用线上线下一体化的服务方式，是高校图书馆发展的有效途径。

三、新媒体环境下高校图书馆读者服务创新优化的实施策略

（一）以数字馆藏资源建设满足读者阅读需求

新媒体背景下，高校图书馆要优化读者服务，应当与时俱进，不断加强数字馆藏资源建设，以使读者可以获取丰富全面的资源，满足读者最基本的阅读服务需求。发挥出新媒体技术优势，有效整合图书馆的数字资源，健全图书馆的信息

资料，可以夯实读者服务的基础。积极创建不断完善数字资料库，综合运用多种信息采集方法与分析技术整合文献资源，丰富数字化文献资源的类型，以满足读者基本的阅读服务需求；应用新媒体技术对电子图书进行分类，融合各类信息，更新电子资源数据库，以使读者可以顺利通过新媒体平台获取相关的资讯、信息。在新媒体环境中，高校图书馆不仅要丰富数字馆藏资源，而且要积极通过新媒体平台宣传推广，使读者了解已有的各类馆藏资源，便于其检索、获取，从而使文献资源发挥出最大作用。借由新媒体平台对馆藏文献资料进行宣传，可以通过文献的数字化传播、文献信息编写形成的项目数字传播以及文献分析探究衍生出的信息传播等方式展开。发挥出高校图书馆图书资源丰富的优势，利用新媒体平台信息获取的便利，提供高效方便的文献检索方法，精准满足读者的图书需求，实现各方主体的共赢，推动高校学术研究的高质量展开。

新媒体时代，读者的服务需求更多元化、更个性化。要尽可能地为读者提供丰富、全面的文献资源，也要求高校图书馆加强对针对性文献的发掘，以创建完善资源数据库体系。除了结合本校师生专业需求拓展文献资源，还应当注重具有地方特色专题馆藏资源的拓展与延伸。通过对各类特色化、地域化、个性化文献信息资源的搜集、整理、存储、分析、评价，并形成数字化资源，可以使图书馆具备有别于他馆的特色馆藏资源。不断拓展文献资料的获取渠道与方式，充分利用新媒体形式归集文献资料，注重与其他主体的合作共享，以使高校图书馆可以为读者提供更全面、详尽的文献资源支持，提升馆藏资源建设水平，夯实发展的根基，助力读者服务水平的提高。

（二）以辅助阅读服务方式提升读者服务质效

新媒体背景下，高校图书馆不仅是各类图书文献资料的储存机构，也应当成为数据分析与传送的信息组织。善于发挥数据资源与信息的优势，以辅助阅读服务的方式，提升读者服务质效，以阅读服务的智能化、现代化，为读者阅读广泛深入地展开提供支持。加强新媒体渠道建设，可以从图书馆门户网站、微博、微信公众号、小红书账号、抖音账号等方面具体展开。通过多种渠道，提供适宜不同用户群体的读者服务内容及方式，便于读者在不同平台上获取文献资源与信息，促进图书馆与读者的即时互动沟通，以向目标用户群体提供更高效、更完备、更准确、更全面的服务，赢得读者对图书馆工作的认可。

高校图书馆承担着阅读推广的重任，必须要以调动起读者阅读的主动性为理念和宗旨。新媒体具有高度的开放性、共享性与互动性，更易于为读者所接受和使用。立足这一优势，依托新媒体平台展开读者服务，可以丰富服务内容及形式，注重与读者的沟通互动。比如在微博、微信公众号等平台举办读者可以共同参与的有奖活动，激发读者阅读的兴趣，可以提供语音、视频讨论群，打造知识化的讨论平台，为读者在获取信息、吸收并创造知识等方面提供支持。在读者服务中，注重与读者的对话和沟通，使高校图书馆的读者服务更主动，也能发挥出图书馆的优势，实现阅读推广的积极效果。新媒体普及程度高，高校图书馆可以依托新媒体平台，吸引用户群体关注，与读者进行快捷的互动交流，为读者提供更多元、更具有针对性的优质服务，辅助读者阅读的高效进行。

新媒体时代，不断拓展延伸高校图书馆读者服务的内容，以辅助阅读服务的方式，增加读者服务的角度，延伸读者服务的路径，彰显读者服务的与时俱进，更利于实现阅读推广的积极效果。网络背景下，读者阅读的方式在不断变化，碎片化阅读成为常态。基于读者阅读特点及方式的变化，高校图书馆应当与时俱进，结合读者阅读模式的变化，以优化创新服务方式，为读者带来更契合的阅读体验。通过大数据分析读者的阅读爱好与习性，为读者提供更精准的辅助阅读服务，为读者检索获取各类文献资料提供帮助；借助新媒体平台，展示出新鲜、趣味、丰富、多元的阅读内容，激发读者获取、阅读文献资料的积极性。例如做好新媒体平台内容的图文排版，吸引读者的兴趣，使读者第一时间接收到优质的文章。对于部分更喜欢纯文字信息的读者，可以在新媒体平台中推送文本信息。基于读者的需求推送不同类型的信息，能满足读者获取信息的需求，也能契合碎片化阅读时代的特点，从而留住用户群体，更吸引读者产生阅读兴趣与动力，在阅读中实现成长与进步。

（三）以信息技术支持促进读者服务体验升级

网络技术与移动 5G 技术的发展，为高校图书馆读者服务创新优化提供了支持。新媒体背景下，加强高校图书馆信息基础设施建设，以技术赋能服务，通过先进技术的应用，提升高校图书馆读者服务的专业性、灵活性、自主性与持续性，促进读者服务体验升级，实现事半功倍的服务成效。新媒体时代高校图书馆读者服务创新，要体现出服务的专业性。图书馆工作人员应当不断提升读者服务公众的专业性，也要积极学习掌握新媒体技术，从而兼具新媒体平台的应用管理与推广营销能力，以为服务模式创新优化以及读者服务质量提升提供人才支持。加强技术团队建设，一旦出现资源失效或故障，技术人员可以迅速采取措施应对解决，以免对读者产生不利影响。提高工作人员服务的主动性，更注重与读者的沟通，能更好地从读者的需求出发提供相应的读者服务，从而赢得读者的信任和支持。新媒体时代高校图书馆读者服务创新，要体现出服务的灵活性。高校图书馆的读者服务主要是面向师生群体展开，基于用户群体的多元需求，提供精准化、个性化的服务，方能体现出服务的灵活性。得益于新媒体平台的助力，高校图书馆可以积极与用户群体沟通互动，以信息技术支持，引导读者表达不同的需求与诉求，打造定制化的读者服务，切实满足读者个性化的服务需求。

新媒体时代高校图书馆读者服务创新，要体现出服务的自主性。以人为本理念下，图书馆要尊重读者阅读主体地位，鼓励读者自己服务自己、自己管理自己。现代信息技术发展为读者参与到图书馆服务之中提供了更多的便利和契机。读者可以依托新媒体平台，自行查阅借阅信息，查询图书馆的服务与管理制度，自行完成图书的借还。高校图书馆则可以开辟畅通的读者自主服务渠道，比如在微信公众号中提供读者自我服务的渠道，便于读者自主完成图书的查询、借阅等一系列活动。以新媒体平台为依托，鼓励读者自我服务，更凸显出图书馆管理的智能化、现代化与服务的便捷性、高效性，也减轻了图书馆工作人员的压力负担，提高了服务的效率与质量。

新媒体时代高校图书馆读者服务创新，要体现出服务的持续性。高校图书馆读者服务是系统、长期的工作，应当要提供可持续的服务。新媒体平台提供了读者评价图书馆服务的支持，通过读者的反馈、评价，对高校图书馆的读者服务水平做出判断，帮助图书馆工作人员及时发现读者服务工作的疏漏与欠缺，从而有的放矢采取措施应对与解决。建立长期的用户使用反馈渠道，通过新媒体平台保持高校图书馆与读者的紧密沟通状态，持续追踪读者服务效果，以体现服务的可持续发展能力。以持续的服务彰显图书馆对读者负责的态度，以及时反馈促进图书馆服务改善与优化，循序渐进地促进图书馆读者服务质效的提升。

第十章　公共图书馆跨界融合发展

新时代，各行各业发展势头迅猛，公共图书馆需要借助各行各业发展进行跨界融合，形成优势互补、相互渗透、共同发展，更新服务理念、转变服务方式、提升服务效能，进一步促进社会经济文化繁荣发展。跨界融合通常是指不同发展模式、不同行业之间进行优势互补共同发展的一种新颖模式。互联网信息网络发展颠覆了传统思维模式，网络信息的运用跨越了时空和地域的局限性，促使各种不同行业之间的联系更加密切。公共图书馆跨界融合发展具体指互联网网络信息发展技术结合传统技术，促使公共图书馆融合发展，共同促进市场进步的一种发展模式。各种传统行业必须依附互联网进行各自领域的创新和转型。

第一节　公共图书馆跨界融合概述

一、公共图书馆跨界融合发展的内容与动力

我国图书馆跨界融合的研究始于 2006 年，早期图书馆跨界融合的研究与实践主要以技术驱动为起点，围绕传统的图书馆文献信息服务与 Web2.0 等技术的融合展开，如图书馆 2.0 的应用原则研究、基于 Mashup 理念的跨界检索系统研究等。2015 年互联网兴起，图书馆"互联网＋"是新的图书馆发展生态等理论相继被提出。随着云计算、区块链和人工智能等技术的进一步发展，用户情景感知日益精细和敏感，"以用户为中心的智慧服务模式"愈加深入人心，学者认为"智慧图书馆将在更广范围、更深程度、更高水平上实现业界和跨界的融合发展"。综上研究可以看出，跨界融合思想贯穿于图书馆事业的发展史，是数字图书馆、"互联网＋图书馆"和智慧图书馆等图书馆服务形态的共同理念和关键要素。

（一）公共图书馆跨界融合内涵

公共图书馆跨界融合是指公共图书馆与其他行业领域的机构相互渗透融合，实现互利共赢的发展过程。其中，融合的本质是资源整合和优势互补，公共图书馆能够与其他行业领域通过资源融合、服务融合、平台融合等方式实现互利共赢，

协同发展；跨界是指公共图书馆在确保其公益性质不变的前提下，创新社会化发展模式，在其他行业领域开展公共文化服务。

（二）公共图书馆跨界融合发展内容分析

跨界融合发展能够打破不同领域的服务界限，实现不同领域的相互交叉、融合，进而产生新的创新成果。目前，公共图书馆跨界融合发展的重点主要包含馆藏资源优化、文化空间扩展和推广活动开展等三个方面。

推动跨界融合，促进阅读资源优化。当前，民众的文化水平逐年提升，读者对资源的要求也在不断提升，单纯的纸质文献已不能满足读者的文化需求，地方特色文献、网络文献等成为当下读者需要的热点资源类型。通过跨界融合，公共图书馆能够积极寻求外部助力，以多方协作的方式为用户提供优质、特色、多元的资源供给体系。基于跨界融合的公共图书馆知识服务体系能够优化阅读资源建设结构，对图书资源供给链、图书馆、用户需求进行精准对接，实现一体化精准服务。跨界推广能够有效拓展资源引入范围，公共图书馆可以以此为桥梁与科研院所、出版社等单位开展合作，通过专题书架等形式进行不同类型资源的系统化收藏，满足读者多样化的需求，拓展文献收藏的包容性。跨界融合推广也为公共图书馆阅读推广提供了多样化渠道，能够满足读者知识获取的个性化需求。

赋能平台建设，实现阅读空间改造。公共图书馆阅读空间为各类文化活动的开展提供了理想的环境，是读者与书籍、读者与读者之间交流的必要平台，阅读空间建设是阅读推广工作的重要组成部分，需要充足的资金、开阔的场地、专业的人才和智能化设备的支持。当前条件下，仅凭公共图书馆一家之力很难完成阅读空间的重塑与改造，必须借助合作共赢的方式吸引社会力量积极参与其中。目前较成熟的阅读空间跨界融合改造类型有两种：一种是基于多方合作拓展阅读空间，如：公共图书馆与社区、中小学、政府部门等开展合作，建立分馆或阅读室，明确管理结构和职责。另一种是利用跨界合作的技术融合实现阅读空间的升级改造，如：部分图书馆通过引入智能设备，借助社会单位的人才优势搭建网络虚拟阅读空间，深受读者好评。整体而言，公共图书馆的跨界推广合作能够促进阅读空间的升级与改造，使空间功能持续丰富，提升读者的阅读体验和科技体验。

引导品质服务，形成阅读活动品牌。品牌文化服务是公共图书馆服务能力提升的重要衡量指标。通过跨界融合发展的方式，公共图书馆能够集多家所长，充分调动社会化资源，在服务内容、服务形式、服务流程等方面形成标准化体制，成为业界文化服务标杆。公共图书馆的跨界融合发展能够推动情境化文化服务的发展，让读者在阅读时充分享受休闲放松的过程，运用多种表达形式向读者呈现阅读盛宴。同时，跨界融合发展能够有效激发公共图书馆的文化服务创新活力，避免馆员队伍闭门造车、墨守成规，转而汇集多方创新力量群策群力，以融合促创新，以创新谋变革，促进各方的深度合作取得实效。

（三）公共图书馆跨界融合发展的动力

法律与政策的推动。《中华人民共和国公共图书馆法》第一章第四条明确规定，鼓励公民、法人和其他组织自筹资金设立公共图书馆；县级以上人民政府应当积极调动社会力量参与图书馆建设。《中华人民共和国国民经济和社会发展第十四个五年规划和2035年远景目标纲要》提出要推进公共图书馆、文化馆、美术馆、博物馆等公共文化场馆免费开放和数字化发展。《"十四五"文化和旅游发展规划》提出要推动公共文化服务与旅游、教育融合发展。另外，《关于推动公共文化服务高质量发展的意见》提出要推动公共文化服务与教育融合发展；推动公共图书馆、文化馆、博物馆、美术馆、非遗馆等建立联动机制，加强功能融合，提高综合效益。各项法律和政策的出台在大力推动公共图书馆跨界融合发展的同时，也为其提供了法律与政策保障。

科技发展的推动。随着高科技的迅猛发展，公共图书馆不仅能够利用新技术创新开展管理与服务工作，还能够利用新技术搭建融合发展平台。

公共图书馆自身发展要求与人民群众的文化需求。随着社会的发展，各行业之间的竞争日益激烈，并相互渗透融合，对公共图书馆的信息保障、文化传承、社会教育、休闲娱乐等服务功能造成了一定的影响，使其亟须向外转型发展。同时，人民群众对多元化、个性化、高品质的文化生活的需求越来越多，而当前的公共图书馆服务模式难以有效满足。

其他行业领域的发展需求。公共图书馆的发展离不开其他行业领域的支持与帮助，其他行业领域的发展也离不开公共图书馆的智力支持与文化浸染。

（四）公共图书馆跨界合作对象

公共图书馆对跨界合作对象进行深入分析能够做到知己知彼，通过分析双方合作意图、合作基础及最终目的积极调整自身行为，提升协作吸引力。能够与公共图书馆开展跨界合作的部门较多，图书馆也应积极与各领域开展广泛合作，汇集多方资源，提升文化服务品质和创意，加强宣传。就目前的社会文化环境而言，公共图书馆可开展合作的对象主要分为四类：第一类是文旅部门、科研院所、政府机关，该类单位群体有着与公共图书馆相类似的管理体制，能够为图书馆提供政策引导和宣传空间；第二类是科技型企业、高新技术单位，公共图书馆能够利用这些单位的技术优势，同时为他们提供知识供给服务；第三类是出版社、数据商等，公共图书馆与该类企业合作能够汇集更多优质资源；第四类是文联、妇联等公益性社会团体，公共图书馆能够协助其更好地发挥文教职能。除了上述四类合作对象，民间阅读组织和新媒体等也是公共图书馆的潜在合作对象，其在一定程度上契合了用户需求，且双方能够进行资源交换，各取所需，实现利益共赢，但限于沟通途径等因素，目前公共图书馆对外合作较少，因此，公共图书馆应以积极的态度主动沟通，与其建立联系。

二、公共图书馆跨界融合的性质和特征

资源融合，数智赋能。这里的资源指的是广义的资源，既包括跨界各方所拥有的实体空间、人、财、设备设施和文献信息资源等外在和显性的资源，也包括虚拟空间、智力资源、信息情报、技术优势和管理方法等内在和隐性的资源。资源融合和数智赋能不是1+1等于2的资源叠加，而是在人工智能、云计算、区块链、5G等数字化和智能化技术的支持下，实现显性资源和隐性资源的交叉融合，达到优势互补和赋能图书馆服务转型升级的效果。国家图书馆与中国进出口总公司、华为集团联合建设的5G阅读体验中心、上海图书馆的POD体验空间等都是资源融合和数智赋能的典型实践。

理念融合，服务创新。跨界融合的缘起和归宿都是理念上的融合，即服务用户的共同愿景。理念融合意味着公共图书馆要改变传统的、"有界"的思维，实现思维的嬗变，与使命交叠的教育、信息和文化等机构求同存异，渗透融合，发展和服务共同用户，实现服务的创新和事业的转型。比较典型的实践是公共图书馆与社会力量合作打造品牌服务，如大连图书馆的"白云"品牌、宁波市图书馆的"天一"品牌，无不蕴含着社会事业社会办、跨界融合、服务大众的理念。

三、公共图书馆跨界融合发展的基础与合作要点

（一）公共图书馆跨界融合发展的基础

公共图书馆跨界融合是在保证自身公益性不变的前提下，创新知识服务的形

式，激发有利要素，形成知识服务的新型供给模式。在当前政策环境下，公共图书馆知识服务的社会化发展符合公共文化体制改革的基本要求，也能充分发挥社会多元力量对文化建设的支撑作用。党的十九大报告明确指出，民众对文化服务的需求已由原来的"缺不缺、够不够"转移到"好不好、精不精"上来，民众希望获得高水平、高品质的知识供给服务。自2015年以来，关于公共文化服务的各项法律法规相继出台，其目的均为着力推进公共文化服务高质量发展，鼓励公民、组织等积极参与文化服务建设，创新指数服务和管理模式，形成开放多元、活力持久的文化服务体系，以科技为支撑促进公共文化事业与科技、旅游等产业的跨界融合和协同发展。政策的支持、法律法规的逐步健全和智慧互联技术的深入发展，为公共图书馆知识服务的跨界融合提供了坚实的可实施条件。

（二）智慧互联环境下公共图书馆跨界合作的要点

智慧互联环境下，公共图书馆知识服务跨界融合发展的出发点是新时期读者的实际需求，最终形成"以用户为中心"的智慧互联服务体系。图书馆的社会化合作建立在用户价值基础之上，应充分考虑不同类型读者的实际需求，提供优质、高效、个性化的知识服务。跨界合作的基础是理念创新，因此，公共图书馆应着力创新服务思维，树立合作共赢的发展理念，以先进理念引导形成新的知识服务模式。智慧技术和通信技术是公共图书馆得以实现跨界融合发展的关键所在，以大数据、云计算等为代表的智慧技术能够快速分析海量数据并辅助决策，因此图书馆应加强智慧技术的深度应用，提供精准知识服务；以5G通信技术为代表的互联技术能够为信息的传输提供更丰富、更快速的途径，优化用户获取体验，智慧技术和通信技术的融合应用能够形成新的知识服务模式，也为公共图书馆知识服务更好地对接、融入和服务社会提供了更多的便利条件。

四、促进公共图书馆服务融合发展创新的需求

目前广大读者对公共文化服务的需求变得多元化，只靠少量的信息机构根本无法提供丰富完善的文化产品，同样也不能顺应网络信息化的新变化。公共图书馆是重要的文化服务机构，在文化服务方面具有优势资源，公共图书馆需要积极主动地协同其他公共服务机构，重组不同行业的资源，来弥补公共文化服务中存在的劣势，提高公共图书馆的专业技能水平，带动公共图书馆行业向科学、合理、健康的方向发展。除此之外，与其他公共机构合作开发集成管理系统或者数字化

资源共享，有助于公共图书馆业务的规范化建设，这种模式不但解决不同公共文化服务之间产生的矛盾，也是符合服务创新发展的必然趋势。

跨界融合的基本条件。网络信息时代公共图书馆阅读宣传的跨界融合，不是简单地与其他行业展开合作，而是以科学合理的技术方式与必要的物质作为保障，在准确定位合适布局的条件下，规划科学的跨界融合服务方式。

主体思维。公共图书馆应该深入考察本身在阅读宣传方面存在的优势和劣势，在此基础上结合网络信息的思维方法，充分发挥网络信息化的优势平台和客户群体进行互动，保证阅读宣传、推广服务效果。网络信息化发展中存在很多信息交换的渠道，方便公共图书馆和其他公共机构之间的沟通、交流、合作，同样也为客户信息查找提供了很大的便捷。但是，网络信息自身发展参差不齐，不同网络机构的数据格式、考核指标存在很大不同，造成信息共享方面存在一定的局限性。若想快速地实现和其他公共机构、不同行业的跨界融合，公共图书馆应以借助网络信息交互、合作共赢为指导理念，整合成统一规则来进行有效阅读资源传播，以此提升阅读推广服务质量。公共图书馆有效结合网络信息化合作发展，可以提供任何时间、任何地点的数字阅读服务，改变以往客户单一的阅读服务方式，方便用户自由选取自身所需要的各种阅读资料，为用户带来了更好的阅读体验服务。

实现要素和基本模式。网络信息化发展背景下，伴随着客户服务需求量极大增长，要想实现和其他公共服务机构的跨界融合发展，公共图书馆一定要拥有丰厚的信息资源提供保障。要求图书管理人员以网络资源为发展重点，大范围扩大数字化资源，充分运用网络信息化对资源共享的规划，基于馆际合作实现不同数据库信息的有效对接，关注文献资源流通的准则、规范。与此同时，公共图书馆员应该具备灵敏的信息资源整合思想，丰厚的知识存储，能够快速发现、理解、处理问题，确保图书馆跨界融合的人才需要。另外，应该创立阅读扩大服务平台作为跨界合作坚实的基础，运用各大网站的信息网络优势资源，进行各种学科的不同分类，让客户可以直观、便捷地寻找到自己需要的知识，从而带来非常好的服务体验。公共图书馆应该有目的、有机会地推行阅读跨界服务，站在客户的角度去感受顾客的真实需求，充分挖掘自身优势资源，选择高质量的跨界融合方式，创造更多带有市场竞争力的阅读扩张产品，形成综合化跨界发展的服务理念。在信息网络化的发展下，大多数客户都是通过网络来得到信息资源的，文化知识的来源、扩张，都是依托信息网络平台实施的。

第二节 公共图书馆跨界融合可持续发展

一、公共图书馆跨界融合的实践现状

（一）与营利性机构的合作现状

1.与一般商业机构的合作

公共图书馆利用自身的文化特色与公信力，与地产、餐饮和商超等商业机构通过合建阅读空间、联办主题活动与共建特色资源等形式，打造服务新业态。如，江阴图书馆的"三味书咖"、杭州图书馆的主题图书馆等。合作意义：公共图书馆与一般商业机构的合作，弥补自身财力与人力等资源上的劣势，通过城市书房、主题图书馆和小型阅读吧等多样灵活的呈现形式，既拓宽公共图书馆的服务半径，增强社会效益，也彰显合作方的企业担当，为其赢得良好的社会赞誉，实现双方的共赢。

2.与信息服务上游机构及互联网企业的合作

一是与信息服务上游机构的合作。图书馆与书店、出版商和数字资源提供商等信息服务上游机构天然相关，其合作形式主要呈现在读者决策采购、纸电同步与合建"馆店一体"空间等领域，以用户需求为导向的融合发展模式为合作双方带来良好的经济和社会效益，更为满足群众文化需求带来极大便利。

二是与互联网商业的合作。在"互联网+"环境下，公共图书馆界充分利用移动互联网、5G、大数据与云计算等新技术，依托微信、微博、支付宝、京东和抖音等互联网平台，与互联网教育、互联网书商、数字资源服务商等力量合作，精准对接用户需求，创新服务方式，通过数字资源海量供给，采取云上办活动、移动图书馆和视频直播等形式，完善数字化服务体系，拓宽服务半径，节省读者时间，为读者提供个性化、品质化的"菜单式""订单式"服务，满足读者日益增长的多样化阅读需求。

国内公共图书馆与信息服务上游机构以及互联网商业的跨界合作日趋成熟。例如，内蒙古图书馆与新华书店合作的"彩云服务"以"你选书，我买单"的形式，将读者从用户变为图书馆资源的建设者，打造图书馆与馆配商跨界融合的新业态，而后浙江图书馆、淄博市图书馆相继推出的"U书快借"服务，将图书馆与京东图书、支付宝和微信等互联网平台有机结合，利用在线办证打通读者网络

荐购壁垒，让读者足不出户畅享图书借阅服务。图书馆通过与信息服务上游机构及互联网商业平台的合作创新服务业态，彼此助力，优势互补，实现公共图书馆跨界合作中虚拟资源和实体资源的完美融合，深化资源整合与利用。

3. 与旅游机构的合作

公共图书馆与旅游机构有着灵活多样的合作形式，较为典型的有浙江青田县图书馆的"图书馆＋民宿"模式、上海图书馆的"图书馆＋文创"模式，首都图书馆的"图书馆＋交通"模式等。此外，研学游与非物质文化传承体验等活动也在图书馆与旅游机构的跨界合作上添了炫彩的一笔。合作意义："图书馆＋旅游"，打造文旅融合新业态，既激活文旅资源新活力，提升公众的体验感与获得感，又丰富公共图书馆的服务供给，让诗与远方相得益彰。

（二）与非营利机构及用户的合作现状

1.与政府、社区和社会组织的合作

公共图书馆与政府、社区、社会组织的合作，较为典型的实践是通过场地联用、品牌联创、活动联办和平台联建等多元化形式发展公共文化事业。例如，许多城市采用市、县（区、市）、乡镇（街道）、村（社区）四级联动方式共建大书房和小书屋并存的公共图书馆服务体系，与妇联、残联、阅读联盟和公益团体等社会组织联合打造品牌服务，满足各类群体的文化需求。合作意义：公共图书馆与政府、社区和社会组织的跨界合作将政府的统筹力、保障力与图书馆及社会组织的专业性和服务精神融为一体，在弘扬公平、公正和公益层面有着不可比拟的优势。

2. 与教育机构的合作

公共图书馆的自身使命使其与教育事业的发展密切相关。我国公共图书馆与教育机构的跨界合作在与时俱进中创新发展。比如，广州市图书馆智慧图书馆建设项目、深圳少年儿童图书馆"常青藤"公益服务项目、淄博市图书馆阅读定制服务等。通过开设分馆，成立校外志愿服务基地、建设特色学科资源、开展主题阅读推广等方式，不断完善馆校融合的长效合作机制。合作意义：公共图书馆与学校通过跨界合作塑造服务新业态，共同履行社会使命，彰显社会价值，对图书馆事业以及教育事业的发展都起到良好的助推作用。

3. 与用户的合作

公共图书馆鼓励用户通过决策采购、家庭图书馆和主动服务等形式，用自己的智慧、经验和传播力来创造价值，助力图书馆事业发展。例如，杭州图书馆"市民合唱团"和佛山邻里图书馆等项目在国际舞台上获得认可，充分展示公共图书馆关注用户参与价值共创的必要性。合作意义：公共图书馆与用户的合作，一方面，让用户成了图书馆的价值共创者，另一方面，从根本上缩小图书馆与用户之间的距离，为打造优质均衡的服务提供有力补充。

（三）公共图书馆在跨界融合中存在的问题

1.发展不平衡问题

我国公共图书馆跨界融合的发展在地域上存在着较大的不平衡性。经济、技术和人员等因素的制约造成跨界融合在大城市实践较为成熟，而在基层地区实践少，发展困难。如，部分社区图书馆因宣传不足而少为人知，许多乡村图书室因缺少专人管理而形同虚设。

2.发展不稳定问题

发展不稳定问题在公共图书馆与营利性机构的合作中表现得尤为突出。营利性机构在经济、技术和管理等方面的优势，会相对削弱公共图书馆在跨界合作中的主导力，而逐利性与公益性的冲突容易造成合作的不稳定，如因商业机构的经营变迁而造成合作中止等。

3.发展不充分问题

目前，公共图书馆跨界融合的力度和深度都有待提高。在力度层面上，跨界融合服务大多围绕文化交流与阅读推广等视角展开，服务内容的同质化导致参与群体趋于小众，对边缘化群体需求的关注不够；在深度层面上，联办展览与讲座等分散性和浅层次的合作居多，跨界融合的系统性、主题性和创意性亟待提高。

二、公共图书馆跨界融合可持续发展路径

（一）树立跨界融合理念，完善合作制度和管理规范

图书馆跨界融合发展需要逐步与其他行业建立合作关系，促进资源的优化利用，细化服务内容，实现优势互补。当前，公共图书馆可以合作的领域较多，在合作过程中要注重合作价值的实现。公共图书馆树立融合发展理念能够不断拓宽跨界融合发展视野，主动寻求发展机遇和发展空间，实现信息资源共享，提升自身服务水平，不断满足读者的个性化需求。公共图书馆的融合发展需要在国家的政策法规框架下实施，同时也需要图书馆内部制定合理的合作制度和管理规范，

明确合作双方的管理职责，以便在出现管理问题时能够按照既定流程规范处理，保障跨界合作的长期稳定开展。

（二）拓宽跨界融合服务广度，深化跨界融合服务内容

从跨界融合服务的广度和深度来看，公共图书馆应从以下大众服务的视角定主题，谋创新，拓展服务广度，深化服务内容：构建优质均衡的服务空间，将服务重心向基层下沉；促进数字包容、消弭数字鸿沟，进一步加强对各类群体的信息保障；注重教育公平，关注留守儿童等未成年人的成长；加强就业指导，促进共同富裕；加强科学、环保、健康和法律等知识的普及，促进社会的进步。

（三）拓展跨界融合主体，进一步关注用户的价值创造力

跨界融合的本质是人文智慧的融合，而群众的智慧是无穷的。经济、技术与人员等因素造成的不平衡、不稳定和不充分等发展困境，可以通过用户的智慧来加以改善。公共图书馆应进一步关注用户的价值创造力，为其提供学习、展示和创造的平台，把用户发展为价值创造者、智慧传播者和理念推广者，以星星之火可以燎原之势为跨界融合可持续发展注入生机与活力。

（四）优化网络运营环境，构建智慧互联服务平台

当前，人们对精神文化的需求呈上升趋势，而公共文化服务不能完全满足读者多样化的阅读需求，因此，公共图书馆应引入线上文化服务模式，将信息技术融入文化服务中，推动数字化阅读的深化发展。网络运营环境对数字阅读服务质量的影响巨大，注重通信及网络安全管理能够有效保障图书馆及读者的信息安全，注重人工智能的深度应用能够优化文献检索、阅读、反馈服务流程，提升图书馆的综合服务能力。新技术的融合能够从时间和空间两个维度推动文化服务朝着多元、立体方向发展，公共图书馆可以与科研院所或高新技术企业开展合作，研发阅读APP，丰富活动形式，拓展辐射范围。公共图书馆在智慧互联环境下还可以开展精准文化服务，提升服务的精细化水平，满足读者的动态阅读需求。在跨界融合发展过程中，公共图书馆应始终秉持共赢的基本原则，积极利用网络的智慧和互联优势，深度挖掘信息价值，采用最佳的信息传输渠道，搭建智慧化知识服务平台。

（五）融合各界优势元素，打造智慧阅读服务品牌

借助现代信息技术和互联网技术，公共图书馆可成为集资源和休闲为一体的文化空间，数字阅读已成为主流趋势，公共图书馆文化服务也逐渐从封闭化向社

会化方向转变，互动交流已成为影响读者积极性的主要因素之一。公共图书馆在跨界融合发展的过程中应加强与科技型单位的合作，利用技术元素和实体环境优化打造虚实结合的阅读空间，便于读者阅读、交流，实现良性互动，打造品牌服务。单就实体阅读空间而言，公共图书馆可以与设计部门合作，以阅读为主要目的，将书作为重要元素，营造集人、书、绿植、音乐、空间等为一体的浓郁书香氛围，吸引读者参与其中，凸显品牌服务特色。

第十一章 公共图书馆未成年人阅读服务的发展

第一节 公共图书馆在未成年人阅读推广中的作用

一、公共图书馆未成年人阅读推广的读者需求

不同年龄段的未成年人，认识能力和接受知识的能力具有很大的差别，只有根据不同年龄特点进行分层次的阅读推广活动，才能真正激发未成年人的阅读兴趣，提高未成年人的阅读水平，达到阅读推广活动的目的。

低龄幼儿阅读需求。在多数公共图书馆，针对 0 ~ 3 岁低龄幼儿这一特殊阅读群体，尚没有引起足够的重视，绝大多数家长没有受过相关的专业指导，也缺乏对低龄幼儿的阅读引导经验，低龄幼儿阅读工作没有有效开展。实际上，低龄幼儿及其家长的阅读需求巨大，阅读推广工作极具潜力。公共图书馆针对低龄幼儿开展阅读推广服务，要布置幼儿喜爱的阅读场景，设置对幼儿具有吸引力的动物、海洋、花海等主题，使幼儿受到良好阅读氛围的影响，培养幼儿从小养成良好的阅读习惯。

学龄前儿童阅读需求。根据心理学相关研究，4 ~ 6 岁的学龄前儿童，思维正发生较大变化，从针对符号的表象思维逐步转变为抽象思维，语言能力也快速发展。阅读对学龄前儿童的思维和语言训练十分重要。公共图书馆对学龄前儿童可以选择一些文字简单、情节性强的阅读材料，开展学龄前儿童的阅读启蒙教育。公共图书馆针对学龄前儿童开展阅读推广服务，要注重对读者进行有效引导，指导学龄前儿童选择合适的阅读材料，使学龄前儿童通过阅读积累更多的阅读量和词汇量，也可以通过开展故事接龙、角色扮演等活动，将科学知识融入其中，提升学龄前儿童的参与积极性，培养表达和社交能力。

青少年阅读需求。6 岁以后，青少年学习方面压力逐步增大，但 6 ~ 15 岁是人生阅读的黄金期，公共图书馆可以提供大量的阅读资料进一步拓宽青少年的视野。青少年也可以在公共图书馆阅读更多学习过程中的相关知识，提升自身的实践技能。公共图书馆针对青少年阅读推广服务，为确保青少年正确的世界观、

人生观、价值观的形成进行科学指引，为青少年的健康成长选择更为适宜的阅读资料。同时，辅导青少年在海量的网络信息中检索到需要的各种信息资源，通过开展志愿者服务活动，提升公共图书馆阅读推广工作的成效。

二、公共图书馆在阅读推广工作中的独特优势

资源优势。公共图书馆有着十分丰富的资源，包括数字资源与传统的纸质资源。互联网时代，很多公共图书馆在加强网站建设的同时，还开通了微博、微信公众号等，使广大读者可以通过平板电脑、手机等移动终端设备随时获取阅读资源。在大数据时代，公共图书馆逐步积累了丰富的数字资源，包括万方数据库、超星电子书等。同时，图书馆并非孤立的平台，其也是一站式搜索系统、OPAC系统、集成管理系统与文献传递系统的集成，具有较强的应用服务能力。

技术优势。公共图书馆具有一定的技术优势，能够较好地满足未成年读者的需求，使不同年龄段的未成年读者都能够在图书馆中获取智能服务，在满足未成年读者需求的同时使其获得较好的阅读体验。例如公共图书馆在运行过程中，可以应用大数据技术，对一定时间内未成年读者的检索记录进行收集与分析，以更好地掌握未成年读者的阅读需求，在后续工作中精准地为其推送相关信息。同时，还可以应用数据挖掘技术对馆藏资源进行进一步挖掘，在挖掘出读者需要的内容后，及时地为未成年读者推送，使其获得及时、准确的图书信息服务。

人员优势。阅读推广工作离不开图书馆工作人员的支持，尤其是在文旅融合背景下，图书馆馆员需要具有良好的专业素养、图书馆学相关知识，以及良好的思维、表达与操作能力。公共图书馆有较多高水平的工作人员，这些工作人员不仅具备图书馆学专业知识，还掌握了较多计算机、心理学方面的知识。在开展未成年人阅读推广工作时，这部分工作人员能够较好地发挥自身优势，在充分关注未成年人心理状况的情况下，进一步提高服务水平，增强推广服务的精准性。

环境优势。与学校、家庭等环境相比，公共图书馆的氛围更适合未成年人进行阅读，公共图书馆在软硬件、基础设施方面体现出了较大的优势。尤其是在文旅融合背景下，国家对全民阅读的重视程度不断提高，各级政府在政策、资金方面都加大了支持力度，很多图书馆建设了新的馆舍，对原有馆舍也进行了改造与升级，使读者获得了更好的阅读环境。很多公共图书馆针对未成年人设置了借书专区与电子阅览室，在这部分阅览室中，书架、休息区的设计更多地考虑到了未

成年人的特点，能够使未成年人更好地投入阅读。

三、公共图书馆在未成年人阅读推广工作中所发挥出的重要作用

（一）拥有丰富的阅读资源

现在的基本情况是，未成年人群体在进行阅读时，其所需文献资源基本上都是从校内图书馆和公共图书馆中获取的，还有一些文献资源则是从实体书店、网络书店中购买的。和校园图书馆进行对比后不难看出，公共图书馆中的文献资源数量非常多，且文献资源更新速度极快，可大幅度降低未成年读者的阅读成本。众所周知，公共图书馆是具备公益性特点的公共文化服务部门，主要负责为广大人民群众提供阅读服务，再者公共图书馆内部文献资源载体、介质等也呈现出了显著的多元化特征。譬如，公共图书馆能够为广大未成年读者提供纸质图书资源、报刊资源以及音视频资源等，正是因为内部资源丰富，所以能为未成年人阅读推广工作的高效开展奠定坚实基础。从实际角度来说，校内图书馆是学校的从属机构，所以校内图书馆中的资源基本上是以教学辅助资源为主，此时便不能全面保证未成年读者按照自身兴趣偏好去自愿参与相关阅读活动。公共图书馆具备综合性特点，馆藏资源丰富多样，可以基于未成年读者的阅读需求为其有针对性地提供文献资源，如此便可在进一步提升未成年读者满意度的同时，使未成年人形成良好的阅读习惯。

（二）拥有完善的人才体系

几乎所有的公共图书馆中均会配备专职服务未成年读者的馆员，这些馆员主要负责为未成年读者提供借阅指导服务，并且馆员也拥有先进的阅读推广理念及服务技能，同时也能够为未成年人家长提供相关服务，使得家长可以更好地帮助未成年人制定一系列的阅读规划，通过家馆联合，便可促进广大未成年读者养成良好的阅读习惯。

（三）具备优质的阅读环境

未成年人心智尚未完全成熟，其思维很容易遭受外界因素的影响，常会对一些新鲜事物抱有好奇心理。与此同时，未成年人群体还具备一定的社会化特征，他们渴望与外界进行沟通、交流，希望获取更多信息。很多公共图书馆针对未成年人的发展特点，为其设计了符合其兴趣爱好的内外部环境，并营造出了良好的阅读氛围。另外，就未成年人来说，亲子阅读是一种十分有益的阅读模式，而公

共图书馆恰恰可以为亲子阅读活动的开展提供优质的场所、丰富的资源，之后在此基础上便可吸引未成年人和家长一同参与阅读、共同成长。

四、公共图书馆未成年人阅读推广方法

推荐文旅书籍。文旅融合背景下，公共图书馆要充分根据文旅融合理念，为未成年人推荐一定的旅游书籍，通过这种方式扩大未成年读者的知识面，开阔其视野，加强他们对文化、旅游的认识。近年来，很多出版社基于文旅融合理念出版了一些少儿、青少年读物，专门介绍我国的旅游景点，有些书以翻翻书的方式展示了我国的风土人情与历史名胜。这种类型的书可以使少儿在阅读时更好地了解我国的风景与文化。在推荐旅游类书籍的同时，公共图书馆可以在馆内设置旅游主题书籍展，从未成年人的需求与阅读特点出发，向未成年人统一推荐文旅相关的馆藏资源，使其在展览中增强对相关图书的了解与兴趣，并在展后主动阅读相关图书，在阅读当中感受我国的传统文化与美丽风光。

创新馆内活动。公共图书馆可以结合自身实际在馆内开展文旅活动，帮助未成年读者在活动中增强文化感受。一是传统文化讲座。公共图书馆可以开展以传统文化为主题的讲座活动，向未成年读者介绍我国的传统文化经典作品，包括《孙子兵法》《论语》《孟子》《史记》等。在讲座中，由专家为未成年读者生动地介绍我国的传统文化经典作品，帮助未成年读者从中更好地感受我国的传统文化，并增强对传统文化经典作品的阅读兴趣。二是传统文化体验活动。目前，未成年人的生活环境与传统文化之间还存在一定的距离。为了拉近这一距离，使未成年人近距离感受传统文化的魅力，公共图书馆可以开展中国四大发明体验活动、古籍抄写体验活动等，以此吸引未成年人积极参与其中。在该类活动的开展过程中，因该类活动的形式较为新颖，未成年人往往会积极地参与到活动当中，在活动中亲身体验我国传统文化的魅力，并在活动后主动阅读、学习相关书籍。三是非遗技艺展示活动。非遗是我国传统文化的重要组成部分，同时也是很多地区的旅游主打品牌，公共图书馆可以从此方面入手，举办非遗技艺展示活动。在活动中，可以邀请本地的非遗传承人为未成年读者展示相应的非遗技艺，使其可以从中深入了解我国的传统文化，这对传统文化的传承与发展具有重要的作用。

根据年龄段做好未成年读者分类。公共图书馆开展阅读推广工作时，需要对未成年群体进行精准的区分。根据年龄段做好分类，以保证阅读推广的精准性与

有效性。对于年龄较小的幼儿，图书馆可以设置专门为幼儿服务的阅览室，使父母能够同幼儿一起阅读。这样不仅不会打扰馆中的其他读者，还有利于幼儿在父母的引导下参与阅读。考虑到幼儿年龄小及其喜欢新奇事物的心理，可以将此区域粉刷成绿色，打造具有自然特征的阅读环境，使幼儿仿佛处在自然环境中阅读。对于学龄儿童，其已经能够独立自主地阅读书籍，可以为其提供相对浅显易懂的书籍，如关于旅行、自然的连环画、童话书等。对于青少年，图书馆在为其提供旅行相关图书的同时也需要选择一些传统文化类的书籍，使其在阅读当中能够感受到我国优秀传统文化的内涵，形成良好的价值观。同时，青少年读者对网络资源有着较大的需求，图书馆应为其提供相应的资源。上述方式的应用可以满足不同年龄段未成年人的需求，为其提供所需的阅读资源，帮助他们更好地参与阅读活动。

五、公共图书馆未成年人阅读推广的发展趋势

围绕未成年人的特点将阅读推广作为核心工作。当前，我国文化建设的氛围逐渐浓厚，并且在文旅融合的背景下，我国更加注重阅读推广，同时也重视以未成年人作为主要推广对象。基于此，公共图书馆将会越来越注重扩大对未成年人的阅读推广范围，充分为其提供个性化阅读服务。同时注重发挥公共图书馆的教育功能，通过长久化和日常化地开展阅读推广工作，强化对未成年人阅读习惯的培养，促使其阅读能力得到提升，并进一步与学校教育形成良好配合，共同营造全民阅读的良好社会氛围。所以，公共图书馆在制定未来发展战略时，将会强调以未成年人为主体，将阅读推广工作提升到核心层面，从而扩大阅读推广的影响范围。

缩小阅读推广差距。地区发展的不平衡导致公共图书馆的资源分配存在不平衡问题。在未来发展阶段，为了充分满足未成年人的阅读需求，公共图书馆将会通过加大资金投入、增加未成年人书籍引进比例等方式，缩小与其他地区的阅读推广差距，进而为未成年人阅读推广活动的开展奠定良好的基础。同时，公共图书馆也将利用信息化技术构建资源丰富、阅读便捷的图书共享平台，将传统书籍转化为漫画、动态视频等形式，满足未成年人的阅读需求，保障未成年人的阅读权利。

重点推广经典书籍阅读。公共图书馆作为文化传承与传播的主要阵地，在面向未成年人提供阅读服务时，应当强调优秀传统文化的传承与弘扬。同时，未成

年人对知识的接受能力较强。因此，公共图书馆通过在阅读活动中推广经典书籍，能够有效增强未成年人的文化自信，让未成年人深入了解我国历史悠久的传统文化，掌握我国的历史发展脉络，从而树立良好的人文品格。由此，公共图书馆在未来发展期间将注重发挥自身优势，通过全面免费政策吸引未成年人加入经典书籍的阅读活动，并设计多样化的阅读活动、文化传承活动等，以增强未成年人的文化自信，与学校知识教育和道德教育、家庭教育形成互补，传承和发展优秀传统文化。

第二节 公共图书馆未成年人阅读服务创新发展

一、公共图书馆未成年人阅读推广活动存在的问题

（一）服务资源配置不充裕

公共图书馆阅读推广活动良好开展的基础，就是图书馆馆藏资源充足。尤其是适配未成年群体的图书馆馆藏资源类型与内容限制性更强，对公共图书馆资源的配置需求更高。目前来说，公共图书馆阅读推广活动形式多以征文、手工以及竞赛为主，活动形式局限性、单一性较强，未成年人参与活动的兴趣不高，无法实现公共图书馆阅读推广活动服务的针对性供给。此外，因为许多图书馆缺乏对未成年人阅读需求与认知特征的考虑，单项阅读推广活动涉及年龄群体较为宽泛，难以实现针对性的未成年人阅读知识推广。馆内阅读推广形式局限性较强、内容单一性明显，对未成年人阅读需求的独特性与阅读兴趣掌握度不高，公共图书馆阅读推广活动服务的指向性不强，无法维持活动的持续开展。

（二）推广服务形式需拓展

公共图书馆阅读推广活动开展形式多以纸质版图书为载体，不仅限制了阅读推广活动的开展渠道，未成年人也缺乏良好的阅读体验。数字化时代下信息载体与信息呈现形式发生了翻天覆地的变化，未成年人的阅读习惯与阅读形式也发生了改变。公共图书馆缺乏对这一因素的考虑，阅读推广活动形式单一，活动吸引力不够。此外，许多公共图书馆在开展阅读推广活动前缺乏对未成年群体的阅读兴趣与阅读需求调研，推广计划缺乏针对性、活动参与度与吸引力不高。与此同时，公共图书馆阅读推广活动开展内容同质化问题严重，活动创新性不足，难以

为未成年群体提供个性化服务，缺乏对未成年群体个体的关注以及后续影响效果的观察，阅读推广服务形式亟须进一步拓宽。

（三）多元合作渠道不全面

信息技术赋能下社会运行过程中的信息传递与信息呈现方式越发复杂化与多元化，尤其是未成年群体与互联网平台的接触时间较长，信息接收习惯也发生了一定改变。因此，公共图书馆阅读推广活动就需要从多方渠道整合资源并加强合作，有效契合未成年群体的阅读习惯与信息接收方式。但是从实际情况来说，公共图书馆的合作推广意识不强烈，与互联网平台对接程度不高，与当地学校的联系不充分，资源共享程度不明显，未能实现图书馆阅读网络与当地社区学校的有效对接，难以满足未成年群体的阅读需求。此外，家庭是未成年人群体阅读的第一载体，公共图书馆却没有形成与未成年人家庭合作的阅读活动推广理念，使得未成年群体难以获得多元化的阅读资源供给。

（四）品牌意识薄弱待提升

公共图书馆作为公共文化服务机构，其阅读推广活动如何构建出活动品牌，加强阅读推广项目的品牌意识对于对接未成年群体阅读需求、加强推广活动的社会影响力均有着不可替代的作用。一方面，公共图书馆需要针对未成年群体进行针对性调研，充分了解目标读者的阅读需求，实现推广方案与未成年群体的充分对接。另一方面，公共图书馆需要具备一定的组织策划能力。借助活动策划与执行，保障阅读推广活动影响力与执行效果的有效凸显。目前来说，公共图书馆品牌意识薄弱集中体现在以上两方面，活动主题与品牌意识不充足，阅读推广活动影响力与号召力缺乏持续性，导致未成年群体的推广活动参与度不高，也缺乏对活动特色与自身文化内涵的设定。

二、公共图书馆未成年人阅读服务创新发展策略

（一）加强资源建设，优化空间服务

1.完善馆藏资源建设

完善的图书馆馆藏资源是吸引未成年人走进图书馆的前提条件，公共图书馆的馆藏资源建设包括线下馆藏资源和线上馆藏资源，二者都是时代发展需求，缺一不可。为了更好地服务未成年人，我国公共图书馆应当根据国家颁布的未成年人阅读政策，发放专项资金，根据不同阶段未成年人的需求和爱好，合理分配资

源，以满足未成年人对阅读的需求，提升未成年人的阅读体验，让其在阅读中获得更多的乐趣和知识，同时为了保证未成年人的阅读需求，我们必须严格控制资金的使用方向。我国各地区公共图书馆可以通过线上调查、线下调查、读者推荐以及和到馆读者的交流更深入地了解未成年人对于阅读的需求，结合当地的文化习俗有特色地开展未成年人阅读推广活动。公共图书馆在购买未成年人阅读书籍时，需要考虑到不同年龄段未成年人的认知水平和阅读理解能力，结合未成年人的阅读偏好购买书籍，使得公共图书馆的馆藏资源得到充分利用。

在数字化时代，除了公共图书馆的线下实体馆藏资源外，我国公共图书馆还应考虑到线上的数字化阅读推广活动，增加线上馆藏资源，做到足不出户就可以增加阅读量，提升阅读兴趣，线上线下同时开展，确保有更多的未成年人群体能够参与到活动中。未成年人心智不够成熟，在数字化时代背景下极易被网络的不良信息所诱惑，我国图书馆在开展线上阅读推广活动的同时也需要开展相应的讲座等来指导未成年人如何正确利用线上馆藏资源，积极参与到线上阅读推广活动中，切实考虑到不方便到馆参加活动的未成年人群体。我国公共图书馆应当设置专门的馆藏资源查询服务，在查询服务中按照年龄段和书目类别设置分类，对未成年人阅读书目相关信息做详细介绍，简单明了，方便未成年人及家长的查找和借阅。

2. 打造轻松阅读氛围

马克思主义曾经指出，"人创设自然环境，同时自然环境也创造人"。良好的阅读环境可以极大地激发未成年人的阅读热情，从而提升他们的学习能力。公共图书馆需要针对未成年人的阅读需求创造个性化阅读环境，打造针对未成年人喜好的、个性化的阅读活动环境，提高图书馆阅读资源空间的利用率，吸引未成年人群体参与到图书馆开展的阅读推广活动中去。我国公共图书馆应为未成年人设置专门的阅览室和活动室，根据未成年人的喜好将阅览室装饰成轻松愉悦的风格，对未成年人是一种极大的吸引。当未成年人在阅读环境中感受到身心愉悦时，会增加停留在图书馆内阅读和活动的时间，也会更加愿意参与到图书馆内举办的未成年人阅读推广活动。定期推出未成年人阅读推广活动，多形式、多种类的活动配合有趣的活动环境，提升未成年人对推广活动的兴趣，增加活动的参与度。苏州市图书馆为 0 ~ 3 岁婴幼儿设置了色彩鲜明、形象生动的立体书，增加了手感柔软的布质书籍，同时还将阅读区域装饰成森林模样，墙壁和地面做了童话彩绘，色彩明亮的阅读环境使得婴幼儿更容易产生情感共鸣。营口市少儿馆开设"小海豚"绘本馆和童学书院，营造玩中学、学中阅的阅读环境。

3.提升专业馆员服务水平

人才是社会发展的基石，图书馆员的专业技能、职业素养和道德品质对未成年人的成长发展具有重要的影响。我国公共图书馆应适当调整馆内人员结构，既能保证图书馆内读者群体服务水平的稳定，又能兼顾未成年人阅读推广活动的顺利开展。为了提升公共图书馆员的服务水平，公共图书馆应该定期举办培训活动，并举办各类研究学习活动。除此之外还应该定期举办馆员学习成果和经验分享交流会，以进一步提高对馆员专业技能的要求。通过这些活动，可以帮助图书馆员提升自身素养，并为未成年人提供更优质的阅读服务。这些图书应该具备文学性、思想性、知识性和趣味性，能够满足他们的身心发展特点和认知能力。公共图书馆规划未成年人阅读推广活动时，能够利用自身的高专业水平出谋划策，打造合理、持久的阅读推广活动，在引导未成年人参与阅读推广活动时，将自己的专业知识充分运用，完美融入针对未成年人的阅读服务中，将优质图书尽可能全面、完整地呈现给读者，将活动内容和活动影响力尽可能极致发挥，引导未成年人有效阅读。北京市西城区少儿图书馆积极对校内图书资料专业技术人员进行继续教育培训,内容以图书馆知识为主,辅以参观,促进校园图书馆信息资源的有效利用。

（二）丰富传播渠道，增强跨界合作

1.智媒助力，打造立体宣传

在互联网背景下，各大新媒体和网络的应用延伸了阅读推广活动的范围，丰富了阅读推广活动的形式，拓展了阅读推广的手段。智媒体时代是基于互联网开放精神、共享和智能融为一体的全新时代，不仅为各个领域都提供了新的发展方向，同时也为公共图书馆的阅读推广提供了新思路。在智媒体时代下，抖音、快手、微博等社交网络平台活跃在大众视野，据统计抖音日均活跃用户突破2.5亿。为了更好地推广未成年人阅读，我国公共图书馆应该抓住智媒体时代优势，如充分利用抖音和快手等短视频网络平台，制作独特的宣传视频，依据大数据用户画像，将活动宣传视频精准投放给用户，吸引更多家长和未成年人的关注，新的教育改革使得学习、阅读不再是枯燥的课本知识，无论是线上还是线下都开始出现更为新鲜的学习形式和方法。同时各大图书馆还可以积极借助微信、移动图书馆等进行未成年人阅读活动的线上推广，打造全方面立体化宣传。

2. 多方合作，促进协同发展

未成年人阅读是我国推广全民阅读活动的重中之重，仅靠公共图书馆自身的力量远远不够。合作共建是社会的发展趋势，未成年人阅读推广工作除了是公共图书馆的社会责任以外，还可以和学校、社会等进行合作，互帮互助，增加阅读知名度，能够取得"1+1>2"的效果，实现互利共赢。在馆社合作过程中，公共图书馆应坚持不断创新合作模式，实现活动的可持续发展，不断拓展合作图书馆与社区、出版社、机构等的合作范围，寻求优质合作资源，丰富未成年人阅读推广活动发展模式，提升未成年人活动参与度。学校是未成年人除家以外学习时间最久的地方，学校知识无法完全满足未成年人对课本以外知识的渴望，公共图书馆应积极和学校进行沟通，促进双方合作。由老师定期带领学生走进图书馆，参与阅读推广活动，同时图书馆与学校可以建立联合机制，打造创新阅读活动，将课本内容与课外阅读知识相结合，举办生动有趣的推广活动。公共图书馆积极达成与多方的合作，全方位为未成年人阅读推广活动创造全新活动模式，促进公共图书馆阅读活动的协同发展。营口市少儿馆联合教育局等社会机构开设统一阅读服务平台，打造阅读资源共享体系；嘉兴市图书馆通过馆校合作，开展"图书馆第一课"阅读推广项目，将图书馆资源和服务体验带进校园；深圳市少年儿童图书馆积极与中小学校合作，"以评促阅"鼓励学生进行自我阅读和表达。

（三）树立品牌意识，推动创新发展

明确主题，丰富活动形式。在适合未成年群体的众多阅读种类中，选择某一种具体种类作为核心，构造出自身独有的阅读推广品牌活动，比如苏州市图书馆的"悦读宝贝计划"、江西省图书馆少儿部"兰姐姐故事会""年度十大好书"等阅读推广活动，拥有明确的阅读主题，结合各地公共图书馆所处的地理位置、馆内条件等构建出具有鲜明特色但又受众面广的未成年人阅读推广品牌活动。形式是一种表达方式，它可以通过不同的形状和结构来呈现。当公共图书馆拥有一个明确的阅读主题时，应该着手制定有吸引力的阅读活动，以便更好地推广阅读内容。图书馆内的馆员配合阅读主题科学地组织规划、精心设计出形式多样、活动丰富的阅读推广活动，在活动推出后根据未成年群体的兴趣取向和活动参与度以及社会影响力做出及时的调整。在不断的改进中，将未成年人阅读推广活动吸引力逐渐扩大，通过丰富鲜活的活动形式和内容给大家留下深刻的印象。天津市少儿图书馆采用线上官网、微博、微信公众号、短视频等与线下海报、广告等形式宣传"好书伴我成长"系列读书活动，不仅在宣传中突出了品牌活动的特色和主题，更是让更多的未成年人被活动的内容和形式所吸引。

加大营销，促进品牌持久。品牌营销是建立良好品牌形象的重要手段，我国公共图书馆应当采取多种方式，包括主题营销、形象营销、新媒体营销等，以便更有效地推广品牌。其中，主题营销尤为重要，公共图书馆应该突出阅读主题，制定针对性的活动营销策略，以达到最佳的传播效应。为了打造持久的未成年人阅读推广活动，我们需要确保品牌活动能够持续发展和常态化，并产生持久影响。否则，活动的成效和深远影响会逐渐消退。要想提升未成年群体的参与度，我国公共图书馆必须要树立创新意识，对品牌发展进行战略部署，深层次挖掘品牌的核心内容和价值，并将目标定位于活动的长远发展方向。同时，我们还应该保持敏锐的洞察力，不断把握未成年人的价值取向和阅读理念的变化。通过不断创新阅读推广品牌活动的内容和形式，可以确保未成年群体能够感受到新鲜的冲击，激发他们的参与热情，从而提升阅读推广活动的参与度。在创新的基础上，各地公共图书馆结合本土特色，彰显当地特色文化品牌发展个性，增强品牌活动的辨识度，尽可能充分发挥未成年人阅读推广品牌活动的影响力。

参考文献

[1] 冯莉.公共图书馆阅读推广服务体系发展与思考——基于儿童阅读的视角 [J/OL]. 图书馆, (2024-09-23):1-10. http://kns.cnki.net/kcms/detail/43.1031. G2.20240919.1314.010.html.

[2] 张炜.大数据时代高校图书馆咨询服务的高质量发展 [J].文化产业, 2024, (27): 61-63.

[3] 郑晓庆.公共图书馆知识服务的"智慧"发展[J]. 文化产业, 2024, (27): 64-66.

[4] 路厚旺.公共图书馆总分馆建设的服务标准化与差异化[J]. 文化产业, 2024, (27): 79-81.

[5] 许海涛. 推动文旅融合 公共图书馆如何创新服务[J]. 文化产业,2024,(27): 34-36.

[6] 薛洁.公共图书馆数字阅读服务调查与分析——以青岛市图书馆为例[J]. 图书馆研究与工作, 2024, (09): 48-51.

[7] 刘小凤,龚金国.基于REDUCE理论的高校图书馆服务营销高质量发展研究[J].四川图书馆学报, 2024, (05): 52-59.

[8] 蔡瑜婉. 浅析乡村振兴战略下公共图书馆乡村阅读推广服务创新[J]. 兰台内外, 2024, (25): 79-81.

[9] 吴玮.高校图书馆的社会服务革新之旅 [J].文化产业, 2024,(25): 64-66.

[10] 郑荔文.公共图书馆智慧化转型趋势下的读者服务创新探讨[J]. 江苏科技信息, 2024, 41 (16): 118-121.

[11] 邱蓉蓉. 公共图书馆微信公众号阅读推广服务栏目探究[J]. 传播与版权, 2024, (16): 44-47.

[12] 李通. 基于5G技术的高校图书馆智慧服务模式探索[J]. 中国高校科技, 2024, (08): 97.

[13] 李立从,李国俊. AI赋能的高校图书馆情报服务提升研究[J]. 图书情报导刊, 2024, 9 (08): 18-22+29.

[14] 赵琨. 公共图书馆抖音短视频服务现状及创新路径研究[J]. 中国传媒科技, 2024, (07): 71-74. DOI:10.19483/j.cnki.11-4653/n.2024.07.015.

[15] 练臻青. 互联网时代公共图书馆服务创新路径分析[J]. 采写编, 2024, (07): 101-103.

[16] 侯璞.基于读者隐性需求的公共图书馆服务创新策略研究[J]. 国际公关, 2024, (13): 13-16. DOI:10.16645/j.cnki.cn11-5281/c.2024.13.056.

[17] 郭虹良. 市级公共图书馆空间服务创新策略研究——以山东省16所市级公共图书馆为例 [J]. 江苏科技信息, 2024, 41 (11): 89-92+111.

[18] 李东泽. 5G驱动下公共图书馆儿童阅读服务创新图景[J]. 河南图书馆学刊, 2024, 44 (06): 21-23.

[19] 吕超.加拿大公共图书馆科技创新服务研究[D]. 河北大学, 2024. DOI:10.27103/d.cnki.ghebu.2024.000051.

[20] 童娟. 数字化转型下公共图书馆服务创新[J]. 河南图书馆学刊, 2024, 44 (05): 36-38+41.

[21] 侯晨雪.日本公共图书馆服务科技创新的策略研究[D].河北大学, 2024.

[22] 刘超. 公共图书馆少儿绘本阅读推广服务转型创新分析——《公共图书馆低幼儿童服务理论、模式与保障研究》荐读[J]. 情报理论与实践, 2024, 47 (04): 207.

[23] 裴珑,王建涛,耿宁. 智慧图书馆公共文化服务模式构建的创新策略 [J]. 科技资讯, 2024, 22 (03): 183-185.

[24] 董林麟. 公共图书馆管理与服务模式创新[J]. 文化产业, 2023, (36): 94-96.

[25] 冉莉.数字驱动下公共图书馆服务模式创新研究[J]. 焦作师范高等专科学校学报, 2023,39 (04):48-50.

[26] 李辕. "双减"政策下的公共图书馆儿童服务创新研究[D]. 黑龙江大学, 2023.